JN409517

중일전쟁과 화북교통

중국 화북에서 전개된
일본제국의 수송전과
그 역사적 의의

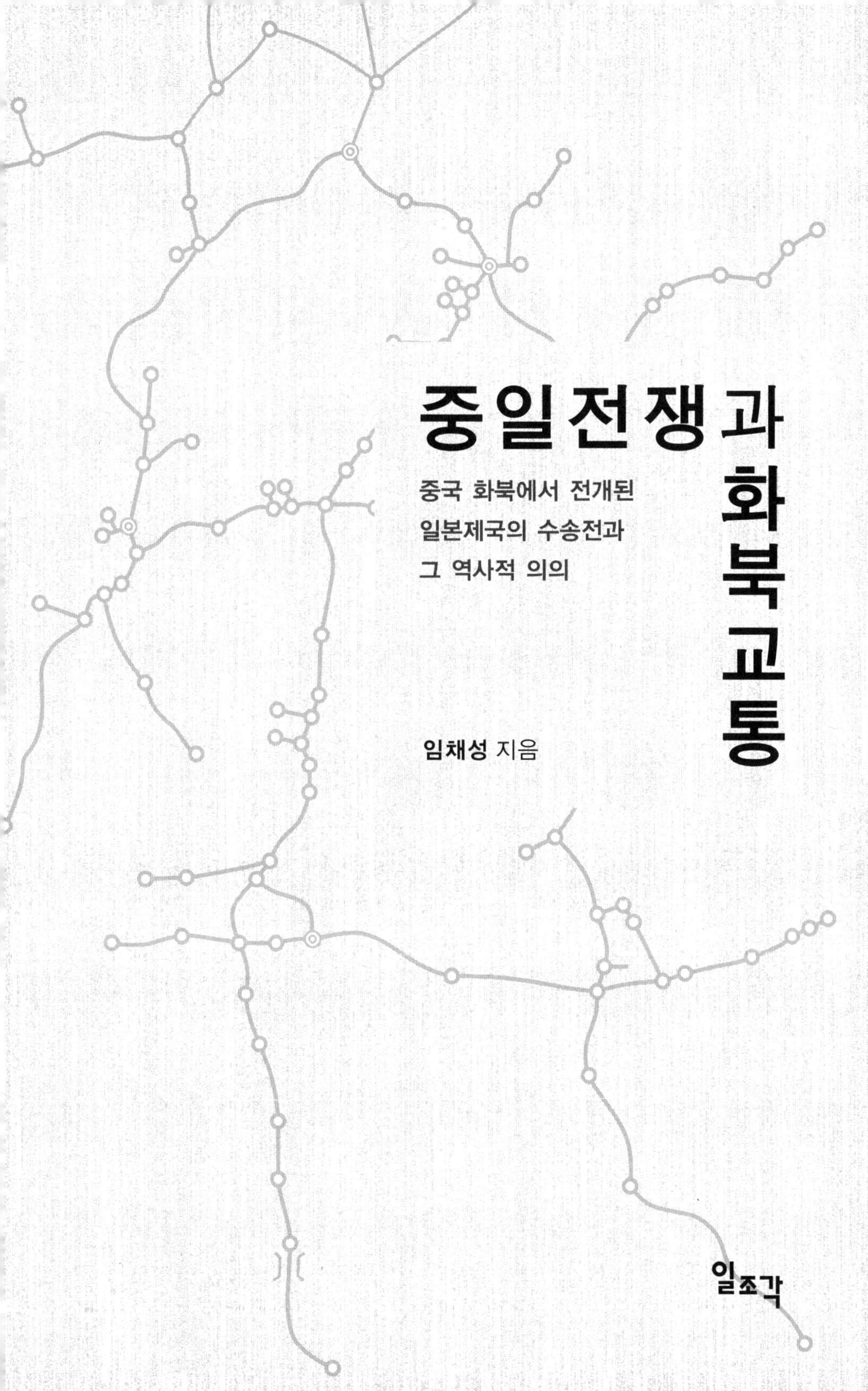

중일전쟁과 화북교통

중국 화북에서 전개된
일본제국의 수송전과
그 역사적 의의

임채성 지음

일조각

일러두기

1. 중국과 일본의 인명·지명 등의 고유명사 표기는 해당 국가의 원음을 국립국어원 외래어 표기법에 따라 표기했다.
2. 일반적으로 일본은 '철도', 중국은 '철로'라는 용어를 사용한다. 만철은 일본 측 용어를 사용했으나, 화북교통은 중국 측 용어를 많이 사용했다. 이 책에서는 고유명사와 인용의 경우에만 철로라는 용어를 사용했다.

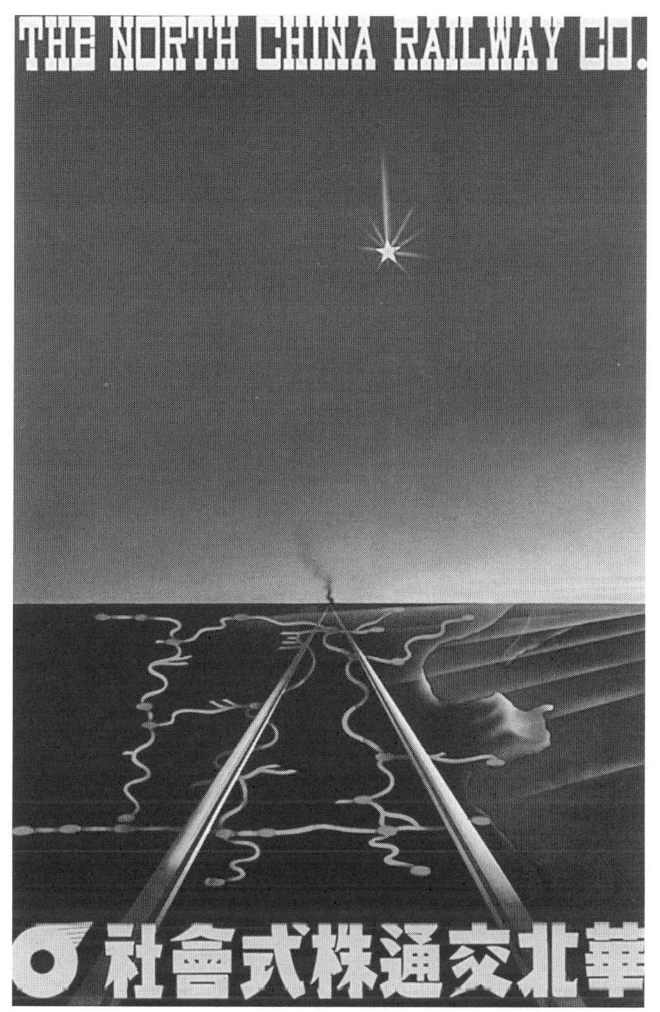

중일전쟁을 일으킨 일본이 중국 화북지역의 교통을 관할하기 위해 설립한
화북교통주식회사의 선전 포스터.

화북교통이 운영한 철도노선의 주요 간선지였던 구베이커우 인근의 만리장성.

화북교통 창업 조인식. 오른쪽에서 두 번째부터 오무라 다쿠이치 만철 총재, 왕커민 중화민국 임시정부 행정위원회 위원장, 오타니 손유 북지나개발 총재. 왼쪽에서 첫 번째가 우사미 간지 화북교통 총재.

베이징 시내의 화북교통 본사 사옥.

중일전쟁 당시의 산하이관 참(역).

중일전쟁 당시의 베이징 참(역).

중일전쟁 발발 이후 중국 화북지역의 철도는 끊임없이 파괴와 복구가 반복되었다.

애로촌 부녀대의 일본어 학습. 화북교통은 화북의 주요 철도에 인접한 촌락들을 애로촌으로 지정하고 주민들을 포섭하여 일본에 대한 신뢰와 의존도를 높이려 했다.

중일전쟁 당시 중국군과 일본군의 전투 도중 파괴된 중국 측 화차.

수륙 교통의 요지 바오터우 인근 황허 강변의 물자 집산.

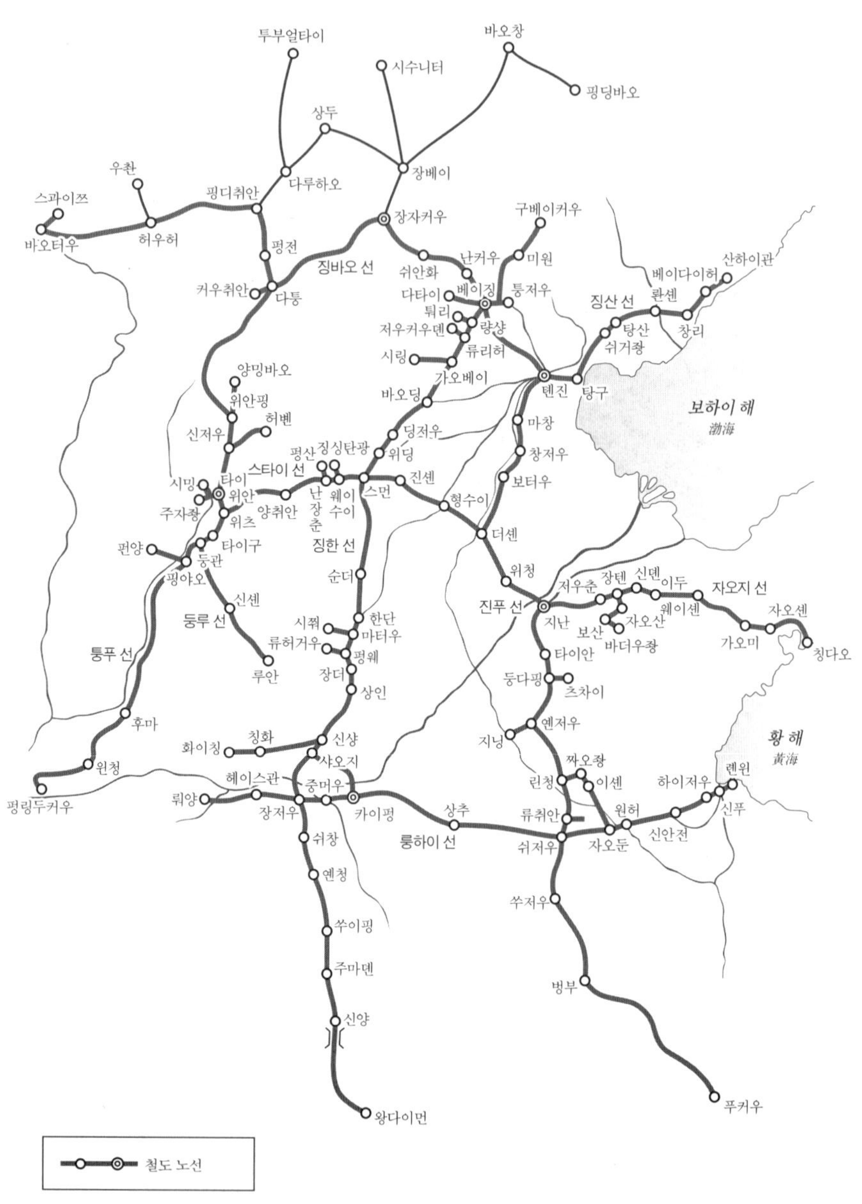

투부얼타이
바오창
시수니터
핑딩바오
상두
장베이
다루하오
우촨
핑디취안
스파이쯔
바오터우
허우허
장자커우
구베이커우
평전
징바오 선
쉬안화
난커우
미원
커우취안
다퉁
베이징
퉁저우
다타이
퉈리
저우커우뎬
량샹
시링
류리허
징산 선
롼셴
베이다이허
산하이관
탕산
창리
쉬거좡
톈진
탕구
가오베이
바오딩
양밍바오
위안핑
신저우
허볜
당저우
위딩
마창
창저우
보하이 해
渤海
스타이 선
평산
징싱탄광
타이위안
스먼
진셴
시밍
주자좡
양취안
난장춘
웨이수이
보터우
형수이
위츠
타이구
편양
둥관
핑야오
징한 선
순더
더셴
위청
저우춘
장텐
신뎬
이두
자오지 선
진푸 선
지난
웨이셴
자오산
보산
바더우좡
자오셴
가오미
칭다오
신셴
한단
시쥐
마터우
류허거우
둥루 선
평웨
장더
상인
루안
퉁푸 선
타이안
둥다핑
츠차이
옌저우
후마
지닝
황해
黃海
화이칭
칭화
신샹
샤오지
원청
헤이스관
중머우
짜오좡
린청
이셴
하이저우
롄윈
펑링두커우
뤄양
장저우
카이펑
상추
류취안
원허
신푸
룽하이 선
쉬저우
자오둔
신안전
쉬창
옌청
쑤저우
쑤이핑
주마뎬
병부
신양
푸커우
왕다이먼
철도 노선

화북교통의 철도 노선도.

책을 펴내며

'화북교통주식회사華北交通株式會社, The North China Railway Co.'의 포스터가 이 책의 앞 부분에 게재되어 있다. 10년이 넘도록 봐왔지만, 보면 볼수록 그 치밀한 계산에 놀랄 따름이다. 북극성이 빛나는 새벽녘 중국 동북부에 위치한 만주국滿洲國에서부터 화북, 화중을 향해 멀리서부터 열차가 달려오고, 이를 동녘에서 떠오르는 태양, 즉 일본제국이 찬란한 빛으로 축복하고 있다. 참으로 세심하게 의도된 프로파간다인 것이다. 그러나 팍스 자포니카Pax Japonica는 달성되지 못하고 오히려 중국이 해방과 문화대혁명 그리고 개혁개방을 거쳐 이제 새로운 패권국으로 부상하고 있다. 팍스 시니카Pax Sinica에 다름 아니다.

이 책은 2005년 도쿄대학출판회에서 발간된 졸저 『전시경제와 철도 운영: '식민지' 조선에서 '분단' 한국으로의 역사적 경로를 찾는다戰時經濟と鐵道運營 :「植民地」朝鮮から「分斷」韓國への歷史的經路を探る』의 자매서에 해당한다. 동아시아에서 전개된 전시경제를 규명함으로써 중일전쟁 이전에서 전후로 연결되는 역사적 경로historical path를 밝힌다는 문제의식을

공유하고 있기 때문이다. 그 과정에서 일본 유학 시절 일본제국철도의 전시戰時 변용이라는 큰 틀에서 폭넓게 자료를 수집하지 않았다면 접근이 불가능했을 화교호조회華交互助會의 보관 자료를 발굴·이용할 수 있었던 것이 큰 보탬이 되었다. 화교호조회는 일본이 중국 화북지역을 점령하고 이를 운영하기 위해 설립한 회사인 화북교통주식회사에서 근무하다가 패전 후 귀국한 전前 사원들이 도리어 낯설게 된 일본 땅에서 생활을 꾸리고 서로 돕고자定着援護 만든 귀환자 단체였다(1946. 4.~2000. 10.). 회사 조사부에 속했던 참모본부 촉탁 이토 세이지伊藤清司가 수많은 회사 관련 극비 자료를 화교호조회에 기증했고, 또한 사사社史를 편찬하면서 전국 각지의 회원들이 갖고 있던 자료들도 이곳으로 모였다.

필자가 박사 학위논문을 쓰기 위해 한국의 대학도서관·국립중앙도서관·정부기록보존소, 일본의 대학도서관·국립공문서관·방위연구소 전사열람실·국회도서관·우방문고 등은 물론 미국의 국립문서기록보관청NARA까지 걸음을 했던 것에 비하면 너무나도 쉽게 그 자료가 손에 들어왔다. 그것도 내부 1차 자료가 말이다. 여러 차례 찾아가 부탁을 했음에도 불구하고 화북교통주식회사 보관 자료의 유무에 관해 일언반구도 없었던 분들이 2001년 말 사무실을 폐쇄하면서 비로소 자료가 남아 있다며 도쿄대학 경제학부에 기증하고 싶다는 뜻을 전해 왔을 때 참으로 묘한 느낌이 들었다.

필자는 박사 학위논문을 완성하고 귀국을 고하며 그 자료를 도쿄대학 경제학도서관·경제학부 자료실에 두고는, 누군가 이 자료를 이용하여 훌륭한 연구를 해주기를 바란다고 주위에 당부했다. 그러나 귀국하고 몇 년이 지났건만, 그 자료를 이용해서 연구를 해주는 사람은 그 누구도 없었다. 그만큼 일본에 좋은 자료가 넘친다는 의미이기도 하겠지만, 자료는 그 가치를 아는 사람만이 이용할 수밖에 없는 것이고, 그렇기 때문에 소중한 자료가 방치되고 있다는 느낌이 심리적인 부담으로 다가왔다. 대학에 자리를 잡고 연구에 돌입하여 일본과 한국에서 연구 성과를 일부 발표했고 이를 통해 여러 연구자들과 이런저런 교류를 할 수 있었다. 그 과정을 거쳐 이렇게 책을 묶어 세상 앞에 내놓게 되었다. 천박비재淺薄非才한 필자로서는 자신의 우둔함을 세상에 또 한 번 피력하는 것 같아 부끄러울 따름이나, 그렇게 연구 성과를 겸허히 드러내고 여러 선생님에게 정직한 비판과 코멘트를 듣는 것이 학문 하는 자의 도리일 것이다.

이 책을 내면서 많은 이에게 감사를 표하고 싶지만, 연구 성과의 누추함을 훌륭하신 선생님들의 존함으로 덮으려는 듯하여, 본 연구를 수행하는 과정에서 관여하신 분들의 존함만을 거론하여 고마움을 표한다.

누구보다도 먼저 감사를 드려야 할 분들은 와타나베 마코토渡邊眞 전 이사장님을 비롯한 화교호조회 분들이다. 한국에서 온 일개 유학생을 믿고 귀중한 자료들을 기증해주신 것이 감사할 따름이다. 또한 화교호조회가 자료 기증 의사를 밝힌 후, 직접 자동차를 몰고 도쿄 긴자의 사무실에서 자료를 날라주신 도쿄대학 은사 다케다 하루히토武田晴人 교수님에게 감사를 표하고 싶다. 교수님은 필자가 귀국한 후에도 이 실증 연구에 많은 가르침을 주셨다. 또한 필자가 유학 중 도쿄대학을 퇴임하신 하라 아키라原朗 명예교수님의 대동아공영권 실태 비판론을 접하지 않았더라면 동아시아를 바라보는 눈을 갖지 못했을 것이다. 필자가 귀국한 후에도 언제나 제자의 원고를 읽어주신 은사님이 고마울 따름이다. 처음으로 베이징 시 당안관을 찾았을 때 낯선 곳에서 물심양면으로 도움을 주신 서울대 김형종 교수님에게도 감사드린다. 또한 올 봄부터 홋카이도대학에서 강단에 서게 된 한재향韓載香 교수님에게도 신세를 졌다. 도쿄대학 모노즈쿠리경영연구센터 특임교수로 활동하는 바쁜 일과 속에서도 사진 자료들을 스캔해 보내주셨다. 중국인 유학생 장르주張日洙 연구보조원은 틈틈이 중국 인명과 지명 발음들을 한글로 표기해주었다.

그리고 마지막으로 이 책의 출간 여부를 문의드렸을 때 흔쾌히 답변을 주시고 출판에 관한 코멘트와 더불어 꼼꼼하게 교정을 해주신 일조각 편집부에 심심한 감사를 표한다.

2012년 새해를 맞으며

관악산 기슭에서

임채성

차례

머리말

1. 연구 과제

이 책은, 중일전쟁기에 중국의 철도를 점령한 일본이 화북교통주식회사를 설립하여 화북지역에서 전개한 수송의 실태와 내부 자원 동원을 밝히고, 그것이 전쟁 이전 중국국민당의 중국 통일화 정책과 전후 중국공산당의 신국가 건설이라는 역사적 단면에서 차지하는 의의를 되새기기 위하여 썼었다.

신해혁명 이후 청나라가 무너진 중국에서는 '중체서용中體西用'의 종착과 부정으로서 근대국가 실현을 둘러싸고 각 세력이 분열한 채 대립하고 있었다. 앙시앵 레짐은 붕괴되었지만, 이를 대신할 근대적 국가권력은 형성되는 중이었던 것이다. 그리하여 지역마다 독자적인 무장력을 기초로 성립한 군벌 정부들이 경합하는 군웅할거의 시대가 도래했다. 특히 1919년 베이징北京의 학생들이 일으킨 5·4운동 이후, 쑨원孫文의 영향하에 중화혁명당이 중국국민당으로 개조되고 제1차 국공합작國共合作을 통하여 민중성을 확보한 후, 중국을 재통일하기 위한 북벌을 준비했다.[1] 쑨원이 세상을 떠나자 장제스蔣介石가 총사령관에 오른 국민당의 국민혁명군은 중국 통일을 위한 실행에 들어갔고, 1926년 7월에 '북벌선언'을 하며 북벌 전쟁을 시작했다. 국민혁명군은 이 과정에서 상하이上海 쿠데타를 일으켜 공산당과 노동자들을 무력으로 탄압했다. 국민혁명군이 1928년 6월 베이징에 입성하고, 일본군의 암살로 부친 장쭤린張作霖을 잃은 동북 군벌 장쉐량張學良도 '동북역치東北易幟'[2]로 국민당정부에 합류하자, 공산당이 배제된 중국의 통일이 완결되는 듯했다.

그러나 국민당을 중심으로 신중국이 건설되는 노정에서 최대의 교란 요인은 국민당 내부의 반反장제스 전쟁이나 외부의 공산당이라기보다는 대륙 진출을 꿈꾸는 일본이었다. 일찍이 장제스의 북벌군이 만주에 영향력을 미치는 것을 막으려 했던 일본은 산둥山東에 군사를 보내고, 중화민국의 초기 군벌정치가로 북양 군벌北洋軍閥의 흐름을 이은 펑톈파奉天派의 총수 장쭤린을 폭살하여 러일전쟁 이후의 기득권을 유지·확대하려 했다.[3] 이후 만주사변滿洲事變을 일으켜 청나라의 '마지막 황제' 아이신줴뤄 푸이愛新覺羅 溥儀를 수장으로 하는 괴뢰 만주국을 수립한 일본은 영·미와의 협조 노선을 포기하면서까지 중국을 분할 점령하기 시작했다. 중국에 근대국가가 등장하면 기득권을 상실할 수 있음을 염려하여 침략→점령→분할 경영이라는 제국주의적 국가 전략을 모색하였던 것이다. 이러한 국가 전략 끝에 중국과 전면전을 벌이게 된 일본은 영·미 관계에서도 대립하는 수준을 넘어 미국과 전쟁을 벌이기에 이르렀다.

1 橫山宏章, 『中華民國史: 專制と民主の相剋』, 三一書房, 1996年(요코야마 히로아키 지음, 박종현 옮김, 『중화민국사』, 신서원, 2000년).

2 북양정부北洋政府가 사용하던 오색기五色旗에서 장제스가 이끄는 국민당정부의 청천백일기靑天白日旗로 바꾸어 달았다.

3 沈予, 『日本大陸政策史(1968~1945)』, 社會科學文獻出版社, 2005年.

한편 중국공산당은 이러한 중·일 양국의 전면전으로 재기할 시간과 공간을 얻었고, 광대한 '바다'인 농민 속에 뿌리를 내리고 인민혁명을 승리로 이끌 주도권을 잡았다.[4] 이것은 '강한 중국'이라는 미국의 전후 아시아 정책이 '강한 일본'으로 궤도 수정을 일으키는 역사적 요인이 되었다.[5] 뿐만 아니라, 그 결과는 한국전쟁에서 볼 수 있듯이 한반도의 냉전체제를 북쪽에서 뒷받침하는 하나의 조건이 되었다. 이처럼 역설적이게도 일본이 일으킨 전쟁은 동아시아에서 전쟁 이전의 제국주의적 질서가 전후 냉전체제의 질서로 변용되는 계기가 되었고, 동시에 제국으로서의 일본을 부정하게 만드는 계기가 되었다.

이러한 파멸적인 국가 전략의 동력은, 메이지헌법 체제하에서 통수권이 독립되어 자유로운 행동을 허락받은 군부에 있었다. 그러나 그 과정에서 지렛대 역할을 한 것은 만주사변과 중일전쟁에서 '대일본제국'의 '동인도회사' 역할을 한 남만주철도주식회사South Manchuria Railway Company(이하 만철)였다.[6] 만철은 러일전쟁 이후인 1906년에 설립되어 일본이 패전하기까지 중국 동북부인 만주에서 철도를 비롯하여 항만, 탄광, 제철, 전력, 시멘트 제조, 목축, 호텔, 상사, 학교, 병원, 부속지 행정 등 대단히 폭넓은 사업을 전개한 국책회사로, 일본의 만주 경영의 중핵이었다. 만주사변 이후 만주국이 성립하는 데 막대한 공헌을 한 만철은, 만주국의 통제경제가 새로운 국책회사인 만주중공업개발주식회사를 중심으로 재편되자 1937년 7월 7일 베이징 서남쪽의 루거우차오에서 일본군과 중국 국민혁명군 제29군이 충돌한 루거우차오 사건蘆溝橋事件 이후 화북에서 종합 국책회사로 변신하기 위해 다른 어느 회사보다도 적극적으로 움직였다. 반면 남

4 劉大年·白介夫 編(曾田三郎 外 譯), 『中國抗日戰爭史: 中國復興への路』, 櫻井書店, 2002年; 윤휘탁, 『중일전쟁과 중국혁명: 전쟁과 혁명의 이중주, 전쟁혁명』, 일조각, 2003년.

5 竹前榮治, 『占領戰後史: 對日管理政策の全容』, 雙柿舍, 1980年.

6 三浦康之, 『滿鐵と東インド會社, その産聲: 海外進出の經營パラダイム』, ウェッジ, 1997年.

북통일을 달성하고 중국공업화 10개년계획을 세운 국민당은 그 선결 조건으로 '철도 관리 통일'을 목표로 삼고 신노선 건설과 중앙통제력 강화를 추진하고 있었다. 이렇듯 중국의 철도는 중·일 양국이 대립하는 가운데 일본 군부에게는 중국을 침략하여 세력권을 확대해가는 기반이었고, 국민당정부에게는 통일국가 수립과 국민경제 건설을 가능하게 하는 물적 기초가 되었다.

이런 가운데 중국과 일본 사이에 쌓여 있던 긴장의 에너지는 루거우차오 사건을 발단으로 중일전쟁 발발을 야기하였고, 그 결과 일본은 화북, 화중, 화남이라는 광활한 점령지를 확보할 수 있었다. 이곳의 점령철도는 중국 대륙의 점령지를 유지하고 장제스의 충칭重慶정부에 대한 군사 작전을 가능하게 하는 병참logistics 기반으로 작용하였고, 나아가 일본 전시경제의 재생산에 필요한 석탄 광물 등의 주요 물자를 중국 대륙에서 일본으로 공급하는 선행 조건이 되었다. 이러한 철도는 일본에는 새로운 네트워크의 확장이었기 때문에, 그 운영을 위해 외부에서 대규모 물적·인적자원을 조달하고 새로운 철도 운영 주체를 만들어내지 않으면 안 되었다. 또한 회사 체제를 정비하며 경영자원의 공급원인 기존 철도와의 관계를 새롭게 정립하는 것이 요청되었다. 실제로 만철, 일본 철도성, 조선 철도국의 대규모 인원과 철도차량이 화북으로 조달되었고, 이를 기반으로 화북교통주식회사라는 새로운 교통 주체가 창출되었다.

그러나 자원이 극단적으로 제약된 상황에서 철도가 운영된 만큼 자재 할당과 요원 확보에 언제나 어려움이 있었고, 요청된 수요에 충분한 수송력을 공급할 수도 없었다. 그럼에도 불구하고 화북교통은 끊임없는 초과 수요를 배경으로 전쟁 이전에는 생각지도 못한 높은 수준의 수송 효율화를 실현했다. 이와 같이 일본제국의 대륙철도 시스템은 중일전쟁이 전면화함에 따라 조선과 만주에서 중국 대륙으로까지 확대되었고, 이는 해당 지역의 경계를 넘어 만주와 조선에서의 정책 전개와도 밀접하게 연동하며 대륙철도 시스템 전체의 재편을 가져왔다.

한편 아시아태평양전쟁이 발발한 이후에는 대외 수입 능력을 대신하여 해상 수송 능력이 일본의 물자동원계획을 규정하는 요인이 되었다. 그러나 미군이 집요하게 일본 선박들을 공격하자 해상 수송 능력의 감퇴가 불가피했다. 이로 인해 일본 전시경제 운영이 위태로워지자 그 대응책으로 해상 수송을 철도로 대체하는 육운전가수송陸運轉嫁輸送이 개시되었다. 이처럼 중국 화북에서 만주와 조선을 경유하여 일본에 이르는 대일 물자수송이 중요해지자, 다른 대륙철도와 통일적으로 운영할 필요성도 높아졌다.

이러한 중요성을 띠고 있던 화북교통은 중국인들 사이에서 대항하고 파괴해야만 하는 대상으로 떠올랐고, 중일전쟁 발발에서 일본 점령이 종식되기까지 8년간 끊임없이 항일 게릴라들의 공격에 노출되었다.[7] 자연히 일본의 중국 점령 지배는 '점과 선', 즉 철도와 도시를 중심으로 할 수밖에 없었고 그 외연적 확대 역시 극히 제한되었다. 이는 일본의 지배가 중국사회 전면에 침투하지 못했다는 것을 의미하는데, 바로 이러한 점에서 중국은 어디까지나 일본의 '식민지'가 아니라 '점령지'였던 것이다. 그러나 화북교통이 10만 명 이상의 중국인을 채용하여 교통시설을 운영한 부분은 어떤 식으로든 전후 중국의 철도 운영에 영향을 미치지 않을 수 없었다. 요컨대 화북교통은 중국 인민을 경제적으로 수탈하는 기구이면서도 다른 한편으로는 전후 신중국의 건설을 위한 물적 기반이라는 양의적 존재였던 것이다.

화북교통에 대한 이러한 검토는 일본의 침략과 지배가 중국정부의 철도

---

7 철도가 중국 인민에게 어떠한 투쟁의 대상이 되었는가는 『鐵道遊擊隊』(知俠, 上海 新文藝出版社, 1954年)에 확연하게 묘사되어 있다. 이 책은 진푸 선津浦線 린짜오臨棗 지선을 중심으로 전개된 철도 게릴라의 활동에 입각하여 재구성한 논픽션 소설이다.

정책에 미친 의미를 밝히는 동시에, 만철이 어떻게 점령철도 운영을 개시하여 새로운 철도회사를 세우고 결국 그 한계에 달하였는가를 중일전쟁 발발부터 아시아태평양전쟁 패전에 걸쳐 증명하는 사례이다. 이러한 사례 연구는 일본의 점령 경제정책이 형성·전개되어 파탄에 이르는 과정을 파헤침으로써, 어떻게 중일전쟁 이전의 중국경제 건설이 일본에 의해 부정되어 전후 중국의 경제 기반이 만들어지는가 하는 역사적 이행에 관한 전제를 밝히는 것이다.

2. 기존의 연구

이상에서 논한 바와 같이 화북교통이 일본의 대륙정책 전개와 전시경제 운용에서 중요한 의미를 가지고 있는데도 불구하고, 관련 연구는 만철에 비해 대단히 빈약한 상태다.[8] 중국철도에 관한 연구는 청나라 말기부터 중일전쟁 이전 국민당정부의 중국 통일까지의 차관철도 건설과 관리 통일

8 安藤彦太郎, 『滿鐵: 日本帝國主義と中國』, 御茶の水書房, 1965年; 松本俊郎, 『侵略と開發: 日本資本主義と中國植民地化』, 御茶の水書房, 1988年; 金子文夫, 『近代日本における對滿州投資の硏究』, 近藤出版社, 1991年; 高橋康隆, 『日本植民地鐵道史論: 臺灣, 朝鮮, 滿州, 華北, 華中鐵道の經營史的硏究』, 日本經濟評論社, 1995年; 小林英夫, 『滿鐵: 「知の集團」の誕生と死』, 吉川弘文館, 1996年; 蘇崇民著 · 山下睦男 · 和田正廣 · 王男 譯, 『滿鐵史』, 葦書房, 1999年(原著 『滿鐵』, 中華書房, 1991年); 松本俊郎, 『「滿洲國」から新中國へ: 鞍山鐵鋼業からみた中國東北の再編過程 1940~1954』, 名古屋大學出版會, 2000年; 小林英夫, 『近代日本と滿鐵』, 吉川弘文館, 2000年; 松村高夫 · 解學詩 · 江田憲治 編著, 『滿鐵勞働史の硏究』, 日本經濟評論社, 2004年; 庾炳富, 『滿鐵撫順炭鑛の勞務管理史』, 九州大學出版會, 2004年; 加藤聖文, 『滿鐵全史: 「國策會社」の全貌』, 講談社, 2006年; 小林英夫, 『滿鐵調査部の軌跡 1907~1945』, 藤原書店, 2006年; 藤原書店編, 『滿鐵とは何だったのか』, 2006年; 原田勝正, 『滿鐵』, 日本經濟評論社, 2007年(岩波新書 『滿鐵』, 1981年の增補版); 滿鐵會 編, 『滿鐵四十年史』, 吉川弘文館, 2007年; 松村高夫 · 柳澤遊 · 江田憲治 編, 『滿鐵の調査と硏究: その「神話」と實像』, 青木書店, 2008年; 岡部牧夫, 『南滿州鐵道會社の硏究』, 日本經濟評論社, 2008年. 만철에 관한 연구사 정리는 岡部牧夫, 「滿鐵硏究の步みと課題」(『南滿州鐵道會社の硏究』)가 상세하다.

정책에 집중되어 있다. 전시의 대응에 관한 분석도 주로 충칭을 항일 거점으로 삼은 국민당정부의 철도정책에 쏠려 있다. 이처럼 화북교통에 관한 연구는 극히 저조한 상황이며, 약간의 기존 연구에서도 전쟁 장기화에 따른 경제의 계획화, 심각해지는 자원 부족, 그리고 전국적으로 영향을 미친 전황의 변화가 충분히 주목받지 못하고 있다. 그 결과, 변화에 대응하여 취해진 화북교통의 수송 과정 효율화와 계획화, 대륙철도 수준의 수송 체제 재편이 제대로 논의되지 못하였다. 또한 그 대응 양식이 한계에 달하여 발생한 전시 수송의 붕괴 과정도 역사적 분석이 이루어지지 않았다.

여기서는 중일전쟁 이전 국민당정부의 중국철도 운영을 분석한 제반 연구를 총괄적으로 소개한 다음, 일본의 화북 점령철도 운영에 관한 연구를 중심으로 기존 연구를 비판적으로 음미할 것이다.

먼저 전쟁 이전의 중국철도에 관한 연구를 살펴보자.[9] 장궁취안張公權(1974), 미루청宓汝成(1987), 진스쉬안金士宣·쉬원수徐文述(1985), 우치다 도모유키內田知行(1988), 장돤더張端德(1991), 리잔차이李占才(1994), 하기와라 미츠루萩原充(2000) 등의 연구는 중국철도가 그 일부를 제외하고는 청나라 말기부터 제국주의의 차관철도로 건설되었기 때문에 서구와 일본이 경영권을 비롯한 이권을 장악했으며, 운영도 반드시 중국을 위해 이루어졌다고 볼 수는 없다는 의견을 제시했다. 그 때문에 노선별로 독자적인 운영 시스템이 정비되고 운영되어 총체적으로 볼 때 결코 효율적이지 않았다는 것이다. 또한 이들은 국민당정부가 북벌전쟁을 통해 남북통일을

9 張公權, 『抗戰前後中國鐵路建設的奮鬪』, 傳記文學出版社, 1974年; 宓汝成 著, 依田憙家 譯, 『帝國主義と中國の鐵道』, 龍溪書店, 1987年; 金士宣 · 徐文述, 『中國鐵路發展史(1876～1949)』, 中國鐵道出版社, 1985年; 內田知行, 「抗戰前中國國民政府の鐵道建設」, 東洋文庫近代中國研究委員會, 『近代中國研究彙報』, 第10號, 1988年; 張端德, 『中國近代鐵路事業管理的研究』, 中央研究院近代史研究所, 1991年; 李占才 編, 『中國鐵路史(1876～1949)』, 汕頭大學出版社, 1994年; 萩原充, 『中國の經濟建設と日中關係: 對日抗戰への序曲 1927～1937年』, ミネルヴァ書房, 2000年.

달성하면서부터 철도부를 중심으로 철도 관리 통일 정책을 추진하여 자금, 자재, 요원, 경찰력에 대한 중앙통제력을 강화했다고 파악했다. 물론 이 연구들은 시대와 지역에 따라 성격과 내용이 다르다.

그중에서도 주목해야 할 연구가, 중국 대륙의 연구자로서 철도 건설과 운행 상황을 분석한 미루청의 견해이다(1987). 그는 제국주의 열강이 중국의 철도 건설을 둘러싸고 격렬히 경합한 끝에 결과적으로 중국 침략과 압박 강화를 가져왔다고 주장하는 한편, 철도운수의 사회·경제적 영향을 지적하며 제국주의가 중국의 반동 지배집단과 결탁하여 철도운수를 지배함으로써 반식민지·반봉건화가 진행되었다는 점을 밝혔다. 이러한 논점은 국민당정부의 철도정책이 극히 제한적이었다고 평가한다. 이에 대하여 타이완의 장돤더는 국유철도의 내부 경영에 주목하여, 중앙통제의 강화와 경영합리화가 일정한 효과를 얻었다는 점을 지적했다(1991). 또한 이처럼 국민당정부의 철도정책을 어느 정도 긍정적으로 평가할 수 있지만, 이러한 개혁이 철도 관리 기관의 관료화, 업무 효율의 침체, 낭비 발생 등의 문제점을 띠고 있었기 때문에 근본적 개혁에는 이르지 못했다고 지적하고 있다. 이러한 철도정책이 대외 열강과의 긴장 관계 속에서 추진되었다는 점에 주목한 견해가 우치다 도모유키(1988)와 하기와라 미츠루(2000)의 연구다. 특히 국민당정부의 철도 건설을 통일이 진전되는 과정에서 추진된 정책 중 하나로 파악한 하기와라는 그 건설을 둘러싸고 중·일 양국의 대립이 고조되었다는 것을 밝히고, 그것이 전쟁의 서곡이 되었다는 점을 지적하고 있다.

타이완의 장궁취안, 대륙의 미루청·진스쉬안·쉬원수·리잔차이 그리고 장진張勁(1996)[10]은 분석의 범위를 전쟁 이전의 철도 운영으로 한정하지 않고 항일전쟁기(중일전쟁기)와 전후 국공내전기까지 포함하고 있으나,

10 李占才·張勁, 『超載: 抗戰與交通』, 廣西師範大學出版社, 1996年.

전시에 대한 분석은 주로 중국의 운수를 대상으로 했기 때문에 일본 측의 점령철도 운영에 관한 언급은 극히 적다. 물론 자료가 적기 때문이기도 하겠지만, 이들의 문제의식은 제국주의 침략론 내지 수탈론의 관점에 입각하여 침략주의를 고발하는 측면이 강하거나, 민족 해방운동의 관점에서 일본의 철도 운영에 대한 중국의 투쟁을 평가하고 있다. 제국주의의 침략성에 관해서는 엄정하게 비판하지 않으면 안 되겠지만, 화북교통이 10만 명 이상의 중국인 사원을 채용하여 철도, 자동차, 내륙 수운을 운영했다는 점에서 일본의 철도 운영은 전후 중국의 철도 운영에 어떤 식으로든 영향을 미치지 않을 수 없었다. 따라서 중국사회와의 접점이라는 관점에서도 일본의 철도 운영에 관하여 심층적으로 분석할 필요가 있다. 그러나 중국의 연구는 화북교통을 일본의 침략과 경제 침탈을 뒷받침하는 경제기구로 파악하였기 때문에, 극단적으로 자원이 제약된 상황에서 화북교통이 대응한 양식에는 주목하지 못했다.

화북교통에 관한 일본의 본격적인 연구로는 다카하시 야스타카의 견해를 들 수 있다(高橋泰隆 1995).[11] 경영사적 관점에서 만철의 화북 진출, 화북교통 성립과 영업 실태를 분석한 그는 만철이 주도한 화북철도 운영안이 부정되었다는 점, 회사 설립 후 운탄 철도의 성격이 강해졌다는 점, 화북교통에 대한 투자와 융자가 북지나北支那개발주식회사를 경유하였고 일본의 국가자본과 민간자본이 주도하였다는 점, 그리고 일본의 점령에 의해 중국 철도가 통일적으로 경영되었다는 점 등을 밝혀냈다. 또한 조직 내부의 직제 개혁과 신분별 구성의 변화에 주목하여, 인사에 '일본인 중심주의'가 관철되어 다른 식민지 철도와 달리 용원 자격의 일본인이 존재하지 않았다

11 高橋泰隆, 「日中戰爭下の中國鐵道支配」, 『日本植民地鐵道史論』, 日本經濟評論社, 1995年(이는 다음 저서의 일부로 발표된 바 있다. 「日本帝國主義による中國交通支配の展開」, 淺田喬恭二 編, 『日本帝國主義下の中國』, 樂游書房, 1981年).

는 점, 반면 중국인 용원이 종사원의 대부분이었다는 점, 민족별 구성에서는 중국인이 급증해서 80퍼센트를 넘었다는 점 등을 지적했다. 특히 다른 식민지 철도와 비교 분석하는 관점을 제시한 것은 주목할 만하다.

그러나 다카하시의 분석에서는 화북교통이 전쟁 도중 경영체로서 대응해나간 전체상이 보이지 않는다. 달리 말하면 전황의 변화가 운영에 미친 영향과, 이에 대한 화북교통의 대응 양식이 충분히 고려되지 않았다. 극한적인 자원 제약과 항일 게릴라의 공격, 그리고 미군기의 공습 속에서도 최대의 수송력을 발휘해야만 했던 화북교통이 높은 생산성을 실현하고 육운전가수송을 개시한 후 조직 운영의 변화를 이루어냈다는 점도 설명하지 못했다. 특히 조직 내부의 인적 운용의 특징이 전쟁 당시 일본제국에서 전반적으로 나타난 노동문제[12](노동력 부족과 질적 저하·유동화, 생활수준의 저하 등)와 어떠한 관련이 있는지, 그리고 그것이 전황의 악화와 더불어 어떠한 움직임을 보였는지를 분석하지 않았다. 또한 인적 운용의 일본인 중심주의를 지적하면서도 그 내용을 전면적으로 해명하지 않았다. 나아가 경영수지 차원의 경영 파탄과 철도수송 차원의 수송 위기가 뒤섞여 논의되어, 경영 파탄의 시나리오가 전시경제에 내재되어 있었다는 점이 충분히 설명되지 않았다.

화북교통에 관한 중국 측의 연구로는 만철의 화북 침략과, 점령 이후 북지나개발주식회사 중심의 화북 경제 운영을 분석한 셰쉐스의 논의가 있다(解學詩 2007). 그는 만철이 자회사인 흥중공사興中公司와 더불어 화북 분리 공작의 추진 주체로서 점령지 운영을 꾀했지만 일본 내외의 반대 때문에 종합 국책회사로의 탈피가 불가능했고, 그 결과 설립된 북지나개발주식회사의 자회사로 화북교통이 세워져 전략 자원의 약탈에 기여했다고 봤

12 法政大學大原社會問題硏究所, 『太平洋戰爭下の勞働者狀態』, 東洋經濟新報社, 1964年; 東條由紀彦, 「勞務動員」, 原朗 編, 『日本の戰時經濟: 計劃と市場』, 東京大學出版會, 1995年.

다. 또한 화북교통이 주요 철도에 인접한 촌락을 묶어 '애로촌愛路村'으로 지정하고 철도 중시 사상을 보급하며 지도자를 양성하여 점과 선에서 면으로 영향력을 확장하려 했지만, 이에 대해 중국 인민들이 항일투쟁을 전개했다고 지적했다. 이러한 논점은 앞에서 지적한 대로 기존 연구에서도 확인할 수 있는 제국주의 수탈론과 민족 해방운동론의 관점에 입각한 것으로, 점령철도의 수탈성과 민중의 저항 과정을 파악하는 데에는 대단히 유용하다. 그러나 자원이 극도로 제약된 상황에서 내부의 경영자원을 동원하여 수송력 확대를 꾀하였던 화북교통의 운영 실태는 여전히 불명확한 채로 남아 있다.

기존 연구 검토와 관련하여 지적하지 않을 수 없는 것이 화북교통주식회사 혹은 전前 사원들의 모임인 화교호조회華交互助會가 발간한 사사社史이다.[13] 『화북교통주식회사 창립사創立史』(이하 『창립사』, 1941)는 고노 야스노리幸野保典가 「해제」(1995)에서 지적한 바와 같이[14] 사내의 편찬위원회가 2년 4개월에 걸쳐 완성한 것이다. 이 책은 회사 설립 이전의 화북 교통 개황, 회사 설립 경위, 회사의 성립과 그 내용이라는 3편으로 구성되었는데, 당시부터 군사기밀로 취급되었을 만큼 회사 성립까지의 상황을 비교적 상세히 소개했다. 이를 요약하여 출판한 인물이 후쿠다 히데오였다(福田英雄 1983). 『창립사』는 앞에서 언급한 기존 연구에서는 충분히 활용되지 못하였다. 물론 점령자의 시점에서 서술되었기 때문에 국민당의 노력을 적극적으로 평가하고 있지 않으며, 자료상의 제약 때문에 일본 측 철도 운영의 취약성과 경영수지상의 불안정성이 서술되지도 않았다.

13 華北交通株式會社創立史編纂委員會, 『華北交通株式會社創立史』, 興亞院華北連絡部, 1941年; 福田英雄 編, 『華北の交通史: 華北交通株式會社創立史小史』, TBS ブリタニカ, 1983年; 華北交通株式會社社史編集委員會 編, 『華北交通株式會社社史』, 華交互助會, 1984年.

14 幸野保典, 「華北交通株式會社創立史解題」, 『華北交通株式會社創立史 第三分册(復刻版)』, 本の友社, 1995年.

『화북교통주식회사 사사社史』(이하 『사사』, 1984)는 화교호조회가 『창립사』를 요약한 다음, 전후 중국 국민당정부의 교통부 핑진구平津區 특파원 판공처 주석접수위원 스즈런石志仁에게 제출하기 위해 작성된 『화북교통의 운영과 장래華北交通の運營と將來』(이하 『운영과 장래』, 1945)를 기초로 발간했다.[15] 물론 그 과정에서 사사편집위원회가 구성되어 회원의 개인 자료와 회고록 등이 참조되었다. 이러한 경위와 자료적 제약 때문에 『사사』는 사업별, 부문별, 철로국별로 기술되어 있어서 전체상을 파악하기 어렵다. 『운영과 장래』는 전쟁 도중의 기밀 취급, 수송 통제 등이 많이 생략되어 있으며, 전시 수송 가운데 드러나는 화북교통과 중국 현지의 접점, 즉 중·일 대립의 긴장 관계가 주요하게 나타나 있지 않다. 그러나 『창립사』와 『사사』가 식민지 철도사와 중국 점령사를 연구하는 데 빼놓을 수 없는 기본 자료라는 점은 분명하다.

화북교통 관련 당사자의 분석으로는 후쿠다 히데오와 야마구치 도오루의 견해를 들 수 있다(福田英雄·山口亮 1947).[16] 전 직원이었던 후쿠다와 야마구치는 화북교통의 경영 위기가 인플레이션과 운임의 격차 때문에 발생했다고 지적했다. 물가와 운임의 격차 문제를 경영 파탄의 원인 중 하나로 설명할 수는 있지만, 이들의 주장은 물가와 운임의 협상가격차 현상鋏狀價格差現象(가위를 벌린 모양으로 크게 나타나는 가격 차이)을 가져온 그 근저에 관한 인식이 약하다. 이들은 또한 공습과 게릴라에 의한 피해, 그리고 대륙 물자수송에 따른 경영 악화를 그리 중시하지 않았다. 당시의 경영 파탄 과정을 살펴보면 대륙 물자의 육운전가수송이 결정, 감행됨에 따라 저운임 화물이 급증하고 고운임 화물과 여객이 급감하는 등 큰 변화가 발생하여

15 華北交通株式會社, 『華北交通の運營と將來』, 1945年.

16 福田英雄·山口亮, 「インフレーション下の華北鐵道經營に就て」, 『インフレーションと鐵道』, 運輸調査局, 1947年.

경영 위기가 나타났다. 이에 여객수송에서 화물수송으로 내부보조(외부적인 현금 보조금 수수가 아닌 내부적인 회계를 통해 이루어지는 보조금 지급)가 이루어지고 감가상각의 '미계상未計上'이라는 특단의 조치가 실행됨으로써 겨우 흑자경영을 유지할 수 있었다는 점 등이 간과되었다.

이상과 같이 기존의 연구는 '부족 경제shortage economy', 경제 운용의 변화, 육상 운송전가 결정, 전황 악화라는 외부 조건의 변화에 대응하며 외부 자원 조달을 재편하여 효율적인 수송 체제를 구축하려 한 화북교통의 적응 양식에는 주목하지 못했다. 그래서 이 책에서는 다음과 같은 시각을 제시하려 한다.

3. 분석 시각

이 책에서는 화북교통을 외부 환경의 변화에 능동적으로 대응한 경영체로 파악한다. 이를 위해, 새로운 경영체가 어떻게 성립되고 운영되었으며 패전과 더불어 그 경영체의 속성이 어떻게 중국 국유철도로 흡수되었는지에 관심을 둘 것이다. 물론 전쟁 이전에서 전시를 거쳐 전후에 이르는 과정에서는 단절의 측면이 명확하지만, 기나긴 기간을 본다면 중국철도가 전국적인 네트워크로서의 통일성이 높아졌다는 점도 사실이다.

또한 이 책의 내용은 다음과 같은 연구사와 연관성이 있다. 우선 전쟁 이전의 중국 통일화 논쟁이다.[17] 야나이하라 다다오는 장제스의 국민당정부

17 矢內原忠雄, 「支那問題の所在」, 『中央公論』, 1937年 2月; 尾崎秀實, 「支那の産業開發と國際資本」, 『自由通商』, 1937年 5月; 大上末廣, 「支那資本主義と南京政府の統一政策」, 『滿州評論』, 12卷 12～17號, 1937年; 中西功, 「支那社會の基礎的範疇と『統一』化との交涉」, 『滿鐵調査月報』, 1937年 8月. 이상의 논문은 『中國統一化論爭資料集』(アジア經濟硏究所, 1971年)에 들어 있다.

본이 전시경제에 필요한 자원을 약탈하기 위해 가혹한 경제 통제를 실시했다고 지적했다(王士花 1998).[22] 또한 판리는 전쟁 당시 화북의 산업구조, 경제 통제, 노동시장을 분석하여 통제의 실태를 명확히 하는 한편, 중국인들의 생활과 점령 지배에 대한 대응도 분석의 시야에 넣어 전시경제로 인한 중국 측의 변용을 지적하였다(范力 2002).[23] 앞에서 거론한 셰쉐스도 북지나개발주식회사를 중심으로 일본의 화북지역 산업 통제와 자원 약탈을 분석했다. 그는 일본의 재벌이 이윤 추구를 위하여 점령지의 산업시설을 경영했고, 이를 통해 생산된 물자가 대량으로 약탈되어 엔 블록하에서 대일 무역의 격증으로 나타났으며, 지역 내에서는 물자 부족을 동반한 전시 인플레이션이 심각했다고 지적했다. 또한 그 결과 공업이 기형화하고 '식량 공황'이 발생하여 노동자 등의 기아와 사망이 이어져 일본의 점령 경제 운영은 총체적 위기를 맞았다고 봤다.

또한 황메이전 등은 화중 점령지 경제에 대해서도 분석했다(黃美眞 2004).[24] 점령 기구가 정비됨에 따라 화중의 금융·산업·교통·자원 부문에서 감행된 통제와 약탈이 분석되어 일본의 경제적 침략성이 규명되었을 뿐 아니라, 상공업·금융·농업의 쇠퇴, 생활난의 가속화, 도시 인구의 감소 등 점령지 사회에 미친 명백한 악영향이 지적되었다. 이 논점들은 일본의 점령지 운영이 화북의 자원을 '약탈'하는 데 머물지 않고 일종의 계획성을 띠고 있었으며, 전국戰局이 악화되면서 파국에 이르렀지만 중국 측에도 이로 인한 변용이 생겼음을 염두에 두어야 한다는 것을 의미한다.

그럼 이제 일본 전시경제에 관한 연구에 주목해보자. 하라 아키라는 '평시경제에서 전시 통제경제로, 시장경제에서 계획경제로의 이행'을 중시하

22 王士花, 『"開發"與略奪: 抗日戰爭時期日本在華北華中淪區的經濟統制』, 中國社會化學出版社, 1998年.

23 范力, 『中日"戰爭交流"研究: 戰時期の華北經濟を中心』, 汲古書院, 2002年.

24 黃美眞 編, 『日僞對華中淪區經濟的略奪與統制』, 社會科學文獻出版社, 2004年.

여 '이행기', '전형기'의 특징이 전시경제에 있었다고 지적했다(1996).[25] 국가의 지령에 의해 자원이 배분되었다는 그의 관점은 많은 연구자들에 의해 계승되어 각 부문별로 전시경제에 대한 연구가 진행되었다. 그중에서도 야마자키 시로의 연구는 현 수준에서 볼 때 일본 전시경제에 관한 실증 분석의 도달점이라고 볼 수 있다(山崎志郎 2010).[26] 그는 방대한 실증 분석을 통해, 20세기 시장 조직화의 관점에서 전시경제 총동원하의 시장 제도 설계는 패권적 안정성을 추구하는 자급경제권 구상과 모색, 기업 및 경제단체의 시장 정보 장악과 정책 협조적 수급 관리 방법의 개발, 전략적 산업 육성과 자원 동원 수단 개발 등의 변화를 가져왔다고 봤다. 그리고 이러한 제도적 변화는 전후 개혁 등을 통한 변천 과정을 겪으며 일본 경제에 각인되었고 어느 정도 긍정적인 기능을 했다고 보고 있다. 이러한 전시체제론에 대해 시모타니 마사히로는 전쟁 당시 외부 환경의 변화에 대응해 가는 전시 기업론에 관심을 기울이고, 통제경제와 자원 부족 속에서도 이윤과 자본 축적을 추구하는 기업의 행동 양식을 밝혔다(下谷政弘 1992).[27]

이들의 연구 성과에 입각하여, 필자는 당시 일본의 철도 운영에서도 평시경제에서 전시 통제경제로의 이행 과정이 보이며, 외부로부터의 자원 조달 과정에서 평시와 달리 요소 시장에 직접적으로 개입하는 동시에 수송 과정에서도 전시 통제를 추진하여 수송력의 사전 배분이라는 관료적 조정bureaucratic coordination을 이루었음을 지적했다(林采成 2005).[28] 이러한 이론적 방법론으로는 역사상 사회주의 계획경제가 자본주의 시장경

25 原朗,「日本戰時經濟分析の課題」,『土地制度史學』, 151, 1996年 4月.

26 山崎志郎,『戰時經濟總動員體制の硏究』, 日本經濟評論社, 2011年.

27 下谷正弘・長島修,『戰時日本經濟の硏究』, 晃洋書房, 1992年.

28 林采成,『戰時經濟と鐵道運營: 「植民地」朝鮮から「分斷」韓國への歷史的經路を探る』, 東京大學出版會, 2005年; 林采成,「日本國鐵の戰時動員と陸運轉移の展開」,『經營史學』 46-1, 2011年 6月.

제로 전환되는 과정을 분석한 야노스 코르나이János Kornai, 레세크 발체로비치Leszek Balcerowicz, 모리타 츠네오盛田常夫, 마리 라빈Marie Lavigne 등의 '체제 전환의 경제학' 혹은 '이행의 경제학'을 참조하고 있다.[29]

물론 중국은 '일본 내외지'와는 다른 점령지였고 전시의 통제·운영도 일본·중국국민당·중국공산당 '3파의 물자 쟁탈전'이라고 표현될 정도였기 때문에 일본이 화북 경제를 완전히 제패했다고는 할 수 없다. 그러나 일본이 만주 경제를 모델로 화북 경제를 통제·운영하고자 했고, 나아가 알루미늄을 함유한 반토혈암礬土頁巖을 비롯하여 석탄, 철광석, 면화, 유지 등의 전략 물자를 압도적으로 확보하고 있었던 것이 사실이다. 특히 철도 운영의 경우, 화북의 거의 모든 노선을 일본군이 점령하여 화북교통으로 통합했다. 운영 방식도 평시와는 달리 군사수송을 최우선시하여 전체의 물자동원계획과 연계된 계획성을 추구했으며, 경우에 따라서는 '불요불급不要不急'으로 분류되는 일반 화물과 여객을 통제했고, 내부의 경영자원 조달도 전체 계획과 밀접하게 연결되어 있었다. 따라서 일본의 중국 점령지 경제에 관한 연구에서, 경제 운영의 전시 통제화에 기업 측이 대응한 양식을 검출하고, 이를 통해 전시경제 운영의 실태를 파악하는 것이 가능하다. 또한 그 대응으로 인해 의도치 않게 나타난 결과가 전후 중국의 경제에 영향을 미쳤다고 파악된다.[30]

---

29 Janos Kornai, *The Road to a Free Economy: Shifting from a Socialist System, the Example of Hungary*, Norton, 1990; 盛田常夫, 『ハンガリー改革史』, 日本評論社, 1990年; 盛田常夫, 『體制轉換の經濟學』, 新世社, 1994年; Leszek Balcerowicz, *Socialism, Capitalism, Transformation*, Central European University Press, 1995; Marie Lavigne, *The Economics of Transition: from Socialist Economy to Market Economy*, St. Martin's Press, 1995.

30 이러한 문제의식을 전면적으로 제기하여 전후 재편에서 일본의 지배가 가진 유의성을 실증한 연구자가 마츠모토 도시로(松本俊郎, 『「滿州國」から新中國へ: 鞍山鐵鋼業からみた中國東北の再編過程 1945~1954』, 名古屋大學出版會, 2000年)이다.

4. 이 책의 구성

이 책은 앞의 분석 시각에 입각하여 중일전쟁 이전 국민당정부의 국유철도가 일본의 점령철도 운영을 거쳐 전후 공산당정부의 국유철도로 재편되었다는 점을 중시한다. 또한 그 이행 과정에 착목하여 전체를 전쟁 이전기, 전시기, 전후기(및 내전기)로 나누고, 화북교통의 대응 양식을 검출하기 위해 논의의 중심이 되는 시기를 중일전쟁 발발, 회사 설립, 아시아태평양전쟁 개전, 수송 위기 발생, 패전이라는 단면으로 나누어 분석하려 한다.

제1장에서는 일본의 점령철도 운영의 전제를 명확히 하기 위해 전쟁 이전에 화북철도가 세워진 과정을 분석하고, 외국의 이권 성립에 따른 철도 운영의 실태를 고찰한다. 또한 국민당정부가 중국 통일을 위해 전개한 철도 관리 통일 정책을 검토하고, 그것이 일본 육군과 만철이 중심이 된 화북분리 공작과 필연적으로 대립하지 않을 수 없었다는 점을 지적했다.

제2장에서는 중일전쟁이 발발한 이후의 전시동원 수송 체제를 분석한 다음, 점령철도를 운영하기 위해 설치된 만철 북지사무국이 어떻게 외부에서 경영자원을 조달하고 전쟁 피해 시설을 복구하여 전시 수송을 했는지를 밝혔다. 그리고 화북의 정세가 안정됨에 따라 점령지 운영에 대한 일본의 정책이 구체화되는 가운데 만철의 주도권이 부정되고 새 회사가 설립되는 정책 과정을 검토했다. 이를 통해, 만철의 화북철도 위탁 경영이 불가능했지만 만철이 여전히 새 회사의 설립 모델이 되었다는 점을 지적했다.

제3장에서는 화북 개발이 추진되어 수송 수요가 급증하자 수송력이 부족해지고 화물들이 역 구내에 쌓여 이른바 체화현상滯貨現象이 발생하자 화북교통 측이 수송력 증강 계획을 수립했지만, 자재 조달과 사원 채용이 계획대로 추진되지 못했고 개주건종改主建從(기존 철도시설 개량을 중심에 두며, 철도 건설은 부수적으로 실행한다)의 투자가 불가피했다는 점을 명확히

했다. 나아가, 화북교통이 이러한 자원 제약을 극복하기 위해 어떤 자재 조달 시스템과 인적 운용 시스템을 구축하여 철도수송을 계획적이고 효율적으로 달성하였는가를 분석했다. 이를 통하여 전쟁 이전과는 다른 철도 운용 시스템이 구축됐다는 점이 밝혀지리라 생각한다.

제4장에서는 아시아태평양전쟁 개전 후 해상 수송력이 급감하자 취해진 전시 육운 비상체제, 즉 육운전가가 화북교통의 철도 운영에 어떤 영향을 미쳤는지를 밝혔다. 즉 자원 제약이 심각해져 육상 경로의 수송력이 강화되지 않았는데도 불구하고 일본의 전시경제에 결정적 영향을 미친 대일對日 물자를 수송하기 위해 화북교통이 취한 조치들을 검토했다. 또한 그 결과 내부 노동시장이 더욱 확대되고 기존의 인센티브 제도에 커다란 변화가 생겼다는 점, 새로운 수송 방식이 검토·실행되었지만, 그것이 효율성과 경영의 안정성을 해쳤다는 점 등을 지적했다.

제5장에서는 1944년도 제2분기부터 현실로 다가온 수송 위기transportation crisis를 검토했다. 경영자원의 운용력 저하, 항일 게릴라의 공세, 미군기의 공습 등 여러 요인 때문에 나타난 수송력 감퇴를 분석하려 한다. 또한 화북교통이 이 위기에 대해 어떤 수송력 확보 대책을 취했는가를 고찰하고 그 실태를 평가하고자 했다. 이와 더불어 1945년 전반 미군이 상륙할지도 모르는 상황을 대비하여 취해진 일본군의 중국철도 관리, 화북교통의 자활자전自活自戰 태세 확립, 그리고 결전수송의 실태를 고찰했다.

제6장에서는 일본의 패전 후 화북교통이 중국철도로 재편되는 과정을 밝히고자 했다. 국민당정부가 화북교통을 접수하고 미국의 원조 지원을 받아 철도 운영을 개시했지만, 화북의 정세가 국공내전과 얽혀 복잡했던 만큼 운영에서도 통일성을 상실하였다는 것을 지적했다. 또한 중국의 철도는 내전이 깊어지면서 다시 전시동원되었지만, 중국공산당이 승리함에 따라 신국가 건설과 계획경제의 물적 기반이 되었다는 점도 제시했다.

I 중일전쟁 이전의 화북철도와 중·일 양국의 갈등

1. 화북철도의 운영

(1) 화북철도의 성립과 열강 이권의 형성

이 절에서는 일본의 점령철도 운영을 논하기 전에 역사적 전제인 중일전쟁 이전의 중국[1]철도 상황을 검토하고 그 특징을 밝히고자 한다.

표 1-1과 표 1-2를 통해 화북철도가 중국의 철도에서 차지하는 비중을 보면, 화북에 철도의 대부분이 몰려 있음을 알 수 있다. 본래 화북이 수운水運의 편의가 적은 육운지대일 뿐만 아니라 정치·경제의 중심부로 지하자원도 풍부하였기 때문에 구미제국의 경제적 침략이 집중된 결과였다.[2] 성별로는 허베이 성河北省이 영업킬로가 가장 길어 전국에서 수위를 차지

1 이 책에서는 중국, 화북, 화중, 화남을 공식용어로 사용하지만, 당시 고유명사나 인용문에 따라 '지나支那', '북지나北支那', '중지中支', '남지南支', '일·만·지日滿支', '선·만·지鮮滿支'도 사용함을 밝혀둔다.

2 東京商工會議所調查部 編, 『支那經濟年報』, 改造社, 1937年版, 406쪽; 滿鐵調查部 編, 『支那經濟年報』, 改造社, 1940年度版, 211쪽.

표 1-1 중국의 성별 철도 연장 (1933년도, 단위: 킬로미터)

성명	간선	지선	합계	성명	간선	지선	합계
허베이河北	1,228	212	2,219	후베이湖北	336	3	435
허난河南	1,330	2	1,645	후난湖南	252	58	340
산둥山東	817	13	1,240	푸젠福建	28		28
산시山西	322	21	426	광둥廣東	423	54	557
산시陝西	6		13	합계	6,128	427	8,735
장쑤江蘇	773	23	1,042	지방별			
저장浙江	203	6	263	화북	3,703	248	5,543
안후이安徽	280		340	화중	1,973	126	2,706
장시江西	128	35	187	화남	451	54	585

자료: 화북교통주식회사, 「중일전쟁 전의 중국 육상교통 관계 통계자료日支事變前ニ於ケル支那陸上交通關係統計資料」, 연도 미상.
주: 합계에는 기타 포함.

했고 허난 성河南省과 산둥 성도 간선망이 길었다. 그 밖에 화중 및 화남에서는 장쑤 성江蘇省의 철도 연장이 가장 길었다. 노선별로는 베이핑北平(지금의 베이징)을 중심으로 베이닝北寧철도와 핑쑤이平綏철도가 화북의 북부 지역을 동서로 횡단하고, 룽하이隴海철도가 화북의 남부 지역을 횡단했다. 이러한 화북을 남북으로 종단하는 경로인 진푸津浦철도와 핑한平漢철도가 정치·경제의 기본망을 형성했다. 산시 성山西省에서는 퉁푸同蒲철도가 중부를 남북으로 관통했고, 산둥 성에서는 자오지膠濟철도가 동서로 종단하여 진푸철도와 맞닿았다. 그리고 정타이正太철도는 핑한·퉁푸철도와 연결되어 있었다.

이 노선들이 형성된 과정을 보면, 중국정부의 재정적 취약함과 전략적 사고의 부재 때문에 철도가 사실상 열강의 구체적인 시장 분할 수단이 되었음을 알 수 있다.[3] 화북지역의 철도 역시 외국의 자본과 기술로 주로 청

3 중국의 철도는 1876년의 상하이와 우쑹吳淞 간의 경편철도가 효시였지만 얼마 후 철거되어 레일이 타이완으로 보내졌다. 그 때문에 본격적인 교통기관은 1881년에 건설된 탕산唐山·쉬거좡胥各莊 사이의 역마 견인 철도로 여겨진다. 이 철도는 베이닝철도의 발단이 되었다. 東京商工會議所調査部 編, 『支那經濟年報』, 改造社, 1937年版, 400쪽.

표 1-2 중국의 노선별 철도 연장 (1936년 6월 말, 단위: 킬로미터)

	노선명	구간	간선	지선	합계	주요 목적
화북	핑한(징한)	베이핑-한커우漢口	1,214	104	1,752	운탄
	베이닝北寧	베이핑-산하이관山海關	428	37	923	해항과의 연락
	진푸	톈진天津-푸커우浦口	1,009	95	1,362	재료 수송, 연락철도
	핑쑤이(징쑤이)	베이핑-쑤이위안綏遠	817	58	1,118	운탄, 연락철도
	정타이	스자좡石家莊-타이위안太原	242	36	387	운탄
	다오칭道淸	다오커우道口-칭화淸化	150	2	186	운탄
	자오지	칭다오靑島-지난濟南	394	58	668	운탄, 광물 운반, 연락철도
	룽하이	롄윈連雲-바오지寶鷄	725	33	886	운탄, 해항철도
	소계		4,979	423	7,282	
화중·화남	징후京滬	난징南京-상하이	311	18	471	
	후항융滬杭甬	상하이-항저우杭州-닝보寧波	273	12	336	
	카이허開河	카이펑開封-허난	184		230	
	퉁시潼西	퉁관潼關-시안西安	132		158	
	광주廣九	광둥廣東-주룽九龍	143		164	
	웨한 북단	후베이湖北-후난湖南	417	95	575	
	난순南潯	난창南昌-주장九江	128		147	
	웨한 남단	광둥廣東-한커우漢口	223	50	324	
	소계		1,811	175	2,405	
합계			6,790	598	9,687	

자료: 「중일전쟁 전의 중국 육상교통 관계 통계자료」, 연도 미상.

주: 합계에는 기타 포함. 다오칭철도는 1935년 12월 중국철도부령에 의하여 핑한철도에 합병되었다.

나라 말기에서 중화민국 초기에 건설되었다.[4]

4 東京商工會議所調査部 編, 『支那經濟年報』, 改造社, 1936年版, 376~406쪽; 支那駐屯軍司令部乙囑託班, 『平漢鐵道調査報告: 總務關係』, 1937年 6月; 支那駐屯軍司令部乙囑託班, 『北寧鐵道調査報告: 總務·經理關係』, 1937年 7月; 支那駐屯軍司令部乙囑託班, 『隴海鐵道調査報告: 總務·經理關係』, 1937年 7月; 支那駐屯軍司令部乙囑託班, 『正太鐵道調査報告: 總務·經理關係』, 1937年 7月; 支那駐屯軍司令部乙囑託班, 『平綏鐵道調査報告: 總務·經理關係』, 1937年 8月; 陳暉, 『中國鐵路問題』, 三聯書店, 1955年, 21~55쪽.

베이닝철도(후에 징산 선京山線)는 1881년 탕산唐山과 쉬거좡胥各莊 간의 11킬로미터를 카이핑광무공사開平鑛務公司(후에 중국철로총공사)가 건설하기 시작하였고, 영국계 훼이펑滙豐은행에서 얻은 100만 냥의 차관을 투입하여 1894년에 산하이관까지 개통했다. 그 후 다시 훼이펑은행과 독일계 더화德華은행에서 40만 파운드, 중영공사中英公司에서 230만 파운드의 차관을 얻어 1907년에 펑톈奉天까지 노선을 연장했다. 만주사변이 발발한 이후에는 펑산 선奉山線의 일부가 분리되어 만주국 국유철도에 편입되었다.

중국의 자건자영自建自營철도로 계획된 징쑤이京綏철도(국민당정부하에서는 핑쑤이 선)는 1909년에 베이징과 장자커우張家口 사이의, 1915년에는 장자커우와 펑전豊鎭 사이의 노선이 개통되었다. 그러나 이후 자금 부족으로 공사가 중지되어 일본의 도아흥업주식회사東亞興業株式會社로부터 차관을 얻은 끝에 1923년에 바오터우包頭까지 노선을 연장할 수 있었다.

징한京漢철도(국민당정부하에서는 핑한 선)는 1896년에 정부 출자금 400만 냥을 가지고 기공했지만, 결국 자금이 부족하여 벨기에 신디케이트로부터 1억 2,500프랑을 차관으로 받아 1906년에 전 구간을 개통했다. 이 차관은 영국과 프랑스의 500만 파운드 차관으로 차환되어 경영권이 청나라로 회수되었다.

진푸철도(후에 진푸 선)는 원래 톈진과 전장鎭江을 잇는 철도로 계획되었지만 톈진과 푸커우浦口를 연결하는 진푸철도계획으로 변경된 후 영국과 독일의 차관으로 1911년에 준공·개통되었다.

자오지철도(후에 자오지 선)는, 1898년 자오저우 만膠州灣계약으로 철도 부설권과 경영권을 획득한 독일정부가 더화은행을 대표로 한 신디케이트에 철도 부설권을 부여하여 1904년에 칭다오青島와 지난濟南 사이 노선이 개통되었다. 그 후 제1차 세계대전 발발과 더불어 일본이 점령하여 운영하다가 1923년에 중국 측에 넘겼고, 그 대가로 4,000만 엔의 중국 국고증권을 얻었다.

정타이철도(후에 정타이 선)는 산시 성의 최대 자원인 석탄을 개발하기 위해 가설된 게이지(궤간) 1미터의 협궤철도였다. 러시아·프랑스·벨기에 3개국의 차관으로 1907년에 건설되었으며, 경영관리권과 회계 감독의 실권을 프랑스 재단이 장악했지만, 1932년 차관 완제로 국민당정부 철도부가 환수하였다.

퉁푸철도(후에 퉁푸 선)는 산시 성 독군督軍인 옌시산閻錫山이 국민당정부 교통부에 부설을 요청하고 성정省政 10개년 건설계획으로 책정하여 1933년에 타이위안太原을 기점으로 남북 양단에서 동시에 공사를 착수하여 1미터 협궤 노선의 대부분을 준공했다.

룽하이철도(후에 룽하이 선)는 1905년에 기공된 카이펑開封과 뤄양洛陽 간의 볜뤄汴洛철도를 모체로 벨기에 신디케이트의 차관으로 건설되었다. 공사 도중에 중국이 이권을 회수하려는 움직임을 보였지만 자금난에 빠져 다시 벨기에 신디케이트의 차관을 받아 1934년에 개통되었다.

화북철도를 둘러싼 서구 열강의 이권 쟁탈전은 청일전쟁을 전후로 치열해져 중국 시장을 본격적으로 분할하는 단계에 접어들었다. '삼국간섭'의 대가로 러시아가 카시니밀약(1896)을 통해 시베리아와 연해주를 연결하는 동청東清철도 부설권을 얻자, 이에 자극을 받은 영국·프랑스·독일·미국·벨기에·네덜란드가 이권 쟁탈에 돌입하였다.[5] 일본도 러일 강화조약 체결과 더불어 동청철도의 남부 노선(만철)과 관련된 이권을 손에 넣었다.

화북의 철도는 이런 환경에서 건설되었기 때문에 외국 자본이 자금의

5 중국 동북부에 러시아가 건설한 철도가 동청東清철도(혹은 동지東支철도)이다. 러시아혁명 후 소련은 이를 중동中東철도라고 불렀다. 러일전쟁 결과 남쪽 노선이 일본에 양도되어 남만주철도주식회사가 되었고, 일본은 북쪽 노선을 북만철도라고 부르게 되었다. 북만철도는 일본이 매입한 후 만주국의 국유철도가 되었고 만철의 위탁 경영을 받았다. 일본이 아시아태평양전쟁에서 패함에 따라 소련과 중국이 합작하여 중국창춘長春철도를 설립했다.

표 1-3 화북철도의 외국 자본 차관 (1938년 1월 1일, 단위: 1천 위안)

국가	베이닝	핑쑤이	핑한	다오칭	진푸	자오지	정타이	퉁푸	룽하이	합계
일본		9,596	13,904			40,000				63,500
영국	9,219	534		11,357	39,630					60,740
독일					93,340					93,340
벨기에									98,609	98,609
네덜란드									59,818	59,818
영국·프랑스			4,210							4,210
프랑스·벨기에					1,300					1,300
만주국	1,111									1,111
합계	10,330	10,130	18,114	11,357	134,270	40,000			158,427	382,628

자료: 화북교통주식회사 창립사 편찬위원회編纂委員會, 『화북교통주식회사 창립사』, 흥아원 화북연락부興亞院華北連絡部, 1941년, 16쪽.

주: 1. 이 표의 금액은 장기차관 및 계약금이며 재료외채, 잡외채를 포함하지 않는다.
2. 각국 화폐 환산은 1937년 12월 31일 훼이펑은행이 발표한 은행 매가를 기준으로 한다.

대부분을 조달했다. 그 액수는 자본채 약 3억 7,559만 엔, 재료채 약 7,602만 엔으로 도합 4억 5,161만 엔의 거액에 달하여 내외 차관 5억 463만 엔의 90퍼센트를 차지했다.[6] 표 1-3을 통해 화북철도의 외국 자본 차관 현황을 보면, 일본 16.6퍼센트, 영국 15.9퍼센트, 독일 24.4퍼센트, 벨기에 25.8퍼센트, 네덜란드 15.6퍼센트, 영국·프랑스 1.1퍼센트, 프랑스·벨기에 0.3퍼센트, 만주국 0.3퍼센트이다. 자본 차관이 주로 일본, 영국, 독일, 벨기에 4개국에 집중되었음을 알 수 있다. 또한 철도별로는 베이닝 2.7퍼센트, 핑쑤이 2.6퍼센트, 핑한 4.7퍼센트, 다오칭 3.0퍼센트, 진푸 35.1퍼센트, 자오지 10.5퍼센트, 룽하이 41.4퍼센트였고, 진푸와 룽하이의 철도가 차관의 76.5퍼센트를 차지했다. 다만 정타이철도는 앞에서 지적한 바와 같이 차관 완제에 따라 중국이 경영권을 회수했고, 퉁푸철도는 처음부터 차관이 없었기 때문에 외국의 지배를 받지 않았다.

6 滿鐵調査部 編, 『支那經濟年報』, 改造社, 1940年度版, 206~207쪽.

이 차관들은 각각의 계약 조건에 따라 외국 측의 다양한 권익을 보장했다.[7] 즉 ① 일정 연한 내의 철도 사업 관리, ② 철도 부설 공사 청부, ③ 채권자가 추천하는 기사장, 회계주임 등 임용, ④ 철도 공사에 필요한 자재 공급의 우선권, ⑤ 이자, 수수료 및 이익 배당, ⑥ 철도 정비의 담보 충당, ⑦ 차관 상환 기한에 관한 계약 조건에 따른 차관 제공 측의 경영 간섭권, 경영 대행권, 우선권, 배타권, 담보권, 정치 관계상 제 권익이 설정되었던 것이다. 이 가운데서 주목할 만한 것은 철도 관리권과 경영 간섭권이다. 철도 영업권이 외국 측에 위임되자 중국철도의 정상적인 발전이 저해되지 않을 수 없었기 때문이다. 이에 국민당정부는 관리권을 장악하는 데 돌입하여 중국 측 독판督辦(기관장으로, 여기서는 철도 총재에 해당)의 명령을 통해서만 외국인 기사장이 임명될 수 있도록 하였다. 그러나 채권자의 임명권이 부정되는 일은 거의 없었다. 그래서 중국 측은 차관 변제를 통하여 철도의 관리, 재정 및 재료권을 회수하고자 한 것이다.

(2) 철도 운영의 분립

화북철도는 열강 자본이 경쟁을 벌인 시기에 건설되었기 때문에 각 철도가 독립적인 경영체로서 운영되었고 서로 연락조차 제대로 되지 않았다.[8] 철도의 규격 역시 차관을 제공한 해당 국가들의 기준에 따라 건설되었기 때문에 아무런 통일성이 없었다. 철도의 기본이 되는 궤도를 봐도, 정타이철도와 퉁푸철도는 간선망이라고는 하지만 게이지가 1미터였기 때문에 다른 노선과의 직통이 불가능했다. 레일의 중량과 형식도 제각각이어서 적재량과 운행 속도에도 제약이 있었다.[9] 그뿐만 아니라 건설 과정에서 중

7 東京商工會議所 調査部 編, 『支那經濟年報』, 改造社, 1938年度版, 301~303쪽.

8 滿鐵調査部 編, 『支那經濟年報』, 改造社, 1940年度版, 206쪽.

9 宓汝成 著, 依田憙家 譯, 『帝國主義と中國の鐵道』, 龍溪書店, 1987年, 346~349쪽.

국의 사정 때문에 자금과 자재가 절약되었고 완공도 서둘렀기 때문에 시설이 불완전한 곳이 많았다.

단순히 설계상의 궤도와 교량의 강도를 보면 일본 측의 만철에 필적할 만한 노선은 베이닝철도의 탕산과 친황다오秦皇島 노선, 자오지철도의 칭다오와 장뎬張店 노선, 핑쑤이철도의 난커우南口와 캉좡康莊 노선, 그리고 룽하이철도밖에 없었다.[10] 그나마 이 구간들도 불완전한 부속 시설과 차량의 정비 불량 때문에 수송력을 충분히 발휘할 수 없었다. 게다가 내전과 수해 때문에 부식된 침목이 전 노선의 30퍼센트에 달하였다. 그중에서도 가장 취약한 곳은 핑한철도로, 교량은 기차를 지탱하는 부담력이 L-12 정도에 불과했고[11] 레일도 부설된 지 30년 이상 지나 부식되어서 운행 자체가 위험할 정도였다. 또한 급수와 신호 등 중요한 운전 시설도 취약하여, 시설이 어느 정도 완비된 곳은 베이닝철도 정도에 불과했다. 특히 통신시설의 경우 회선이 적고 통신 방식과 시설도 구식이어서 거의 모든 노선이 전화 회선도 없이 철선 전신에 의존했고, 1935년이 되어서야 동선을 도체로 하는 열차 운전용 사령 전화 회선을 어느 정도 이용할 수 있게 되었다. 즉 고주파 통신시설과 같은 고급 통신 설비는 각 철도에 전무했다. 게다가 전신주와 철선은 내전 때문에 유지 보수되지 못하여 심각하게 부식된 상태였다.

철도차량의 수효를 보면 표 1-4와 같이 영업킬로나 업무량에 비해 나름대로 보유 대수는 유지하고 있었지만 질적으로는 열악했다.[12] 차량 대부분이 노후했을 뿐만 아니라, 차관계약으로 인해 채권국의 공장에서 기관차와

10 華北交通株式會社創立史編纂委員會, 앞의 책, 9~10쪽.

11 교량 부담력은 기관차(탄수차 포함) 2대를 연결한 후 객·화차에 상당하는 등분포 하중을 연행連行한 것으로 산정한 L 하중으로 나타냈다. L-12는 제곱미터당 12톤의 활하중을 견디는 것으로, 교량 부담력이 대단히 약하다는 것을 의미한다.

12 宓汝成 著, 依田憙家 譯, 앞의 책, 354~356쪽.

표 1-4 화북의 철도차량 및 적재량 (1933년도, 단위: 대, 톤)

노선	기관차			객차	화차	적재량
		화물	여객			
핑한	203	136	46	254	1,807	50,150
베이닝	262	170	28	334	4,513	126,211
진푸	143	64	56	238	1,773	51,541
핑쑤이	138	20	20	151	1,557	52,000
정타이	68	50	6	66	857	19,450
다오칭	13	8	1	20	330	10,468
룽하이	57	44	2	44	772	29,124
자오지	113	70	21	218	1,858	41,014
합계	997	562	180	1,325	13,467	379,958

자료: 「중일전쟁 전의 중국 육상교통 관계 통계자료」, 연도 미상.
주: 기관차 합계에 오류가 있지만 원자료 그대로 제시하였다.

객·화차를 구입했기 때문에 종류가 각기 달랐다. 예를 들어 기관차는 영국식, 프랑스식, 독일식, 러시아식, 미국식, 벨기에식 등 20종류가 넘었으며, 형식 역시 이를 훨씬 웃돌았다. 기관차의 견인력도 약하고, 제동장치와 연결기 등의 설비도 구식이어서 운행 안전성을 떨어뜨리는 요인이 되었다. 이처럼 형식이 통일되지 않았기 때문에 수리와 부품 교환에 많은 자재와 시간이 필요했고, 차량의 운용 효율도 저하되었다. 철로공창鐵路工廠은 탕산·톈진·지난·쉬저우徐州·푸커우浦口·쓰팡四方·창신뎬長辛店·스자좡石家莊·정셴鄭縣·한커우漢口·장자커우·난커우南口·타이위안·뤄양 등의 14곳에 달했지만, 위치 선정과 설비의 조정이 원활하지 않았고 수리 차량들이 체계적으로 관리되지도 못했다.

이처럼 화북철도는 지역 안에서 기능하는 하나의 네트워크로서의 성격이 손상되었기 때문에 국민경제 형성의 관점에서 보면 효율적인 시스템을 구축했다고 말할 수가 없었다. 게다가 애초에 차관철도로 출발했기 때문에 자재 조달이 중국 내부에서 완결되지 못하고 채권국의 재료 구매권 때문에 각 채권국에 종속되지 않을 수 없었다. 이러한 철도 운영의 '분립'은

표 1-5 화북의 철도 인력 증가 (단위: 명, 퍼센트)

노선	차무처車務處			기무처機務處			총무처總務處			수입 증가율
	1920	1934	증가율	1920	1934	증가율	1920	1934	증가율	
핑한	1,848	1,601	-13.4	3,709	6,064	63.5	1,274	2,008	57.6	16.6
베이닝	1,081	2,042	88.8	3,208	3,322	3.5	735	1,635	122.4	9.0
진푸	1,003	2,595	158.7	2,734	4,529	65.6	837	1,198	43.1	26.7
핑쑤이	604	886	46.7	1,331	2,512	88.7	716	788	10.6	40.0
정타이	414	576	39.1	459	544	18.5	81	243	200.0	42.1
다오칭	81	156	92.6	203	439	116.2	77	222	188.3	25.0
룽하이	402	913	127.1	470	1,392	196.1	191	614	221.5	83.6
자오지	1,197	1,375	14.9	1,883	2,274	20.8	680	1,232	81.2	23.6

자료: 장돤더張端德, 『중국 근대철로사업 관리적 연구中國近代鐵路事業管理的硏究』, 중앙연구원 근대사연구소, 1991년, 109~112쪽.

注: 룽하이철도의 경우 차무처의 1920년 직원 수는 1923년의 자료이다. 자오지철도의 경우 각처 직원과 수입 증가율은 1927~1934년의 자료이다.

물적 부분에만 그치지 않았다.

중일전쟁 이전에는 각 사업장들이 인적자원을 중앙집권적 측면에서 운용하지 않았기 때문에, 업무 능력보다는 개인적 인간관계와 각 정파의 입장을 중시하여 인력을 채용했다. 그 결과 철도 요원이 필요 이상으로 많았고, 불필요한 부속 기관이 설치되는 경우도 있었다. 요컨대 화북철도는 '남인사인濫引私人(사적인 지인을 무리하게 끌어들여 임용한다)', '증첨기구增添機構(기구를 늘린다)', '조직불량組織不良(조직 구조가 불량하다)', '절약관념 상미건립節約觀念尙未建立(절약관념이 확립되지 못했다)'이라고 불리는 인적 운용 문제를 안고 있었다. 이를 단적으로 표현한 것이 표 1-5이다. 1920년부터 1934년까지의 요원 증가율과 수입 증가율을 비교해보면 업무량과 수입의 증가가 연동되지 않은 채로 각 노선의 인력이 증원되었다. 노선 사이에도 일정한 원칙에 따라 증원이 실시되었다고는 말할 수 없다. 채권국이 임명하는 기사장 등이 철도를 운영했을 뿐만 아니라 각 군벌이 지역의 철도를 장악하여 사적인 재산처럼 독자적으로 움직였기 때문에 운영에 많은 차질이 생겼다. 그 폐해는 인력 채용에 머물지 않고 전근과 승격, 승급 등 인사 제도 전반에 미쳤다. 그중에서도 너무 많은 요원의 수가 합리적인 철도 운영을 방해했을 뿐만 아니라, 노동력의 질을 높이기 위해 중간층 기술자를 육성하려 한 내부 교육의 유인까지 저해했다.[13] 이러한 요인들 때문에 전쟁 이전의 철도는 극히 낮은 노동생산성을 보였다(표 3-1).

이러한 철도 운영의 '분립'은 화북철도의 경영 상태에도 악영향을 미쳤다. 1926년에 국민당과 공산당이 북벌전쟁을 선언한 이후 1931년에 이르기까지 내전과 홍수, 한발 등이 연이어 발생하여 영업 성적이 열악해졌다. 게다가 이후 세계 대공황이 발생하고 만주사변이 발발하자 철도운수의 정체停滯가 완연해졌다.[14] 또한 철도들이 각 외국 자본을 위해 경영되었기 때문에 운임을 설정하는 데도 중국의 국민경제 발전에 대한 배려가 없었다.

다음으로 국민당정부가 화북철도를 중앙관리하려 시도한 것과 이에 대항하여 일본이 전개한 화북 분리 공작을 검토해보자.

2. 화북철도를 둘러싼 중·일 양국의 갈등

(1) 국민당정부의 철도 관리 통일

국민당정부는 북벌전쟁이 종식되자 중국의 '분립'된 철도를 '관리 통일'하기 위해 움직이기 시작했다. 먼저 철도 관리 조직의 변천 과정부터 고찰해보자. 1912년 쑨원을 임시 대총통으로 하는 중화민국 임시정부가 난징에 성립한 후 교통부가 설치되어 진푸·징한철도의 남부와 화중·화남철도를 통괄했다. 이 교통부는 위안스카이袁世凱가 세운 베이징정부의 우전

13 張端德, 『中國近代鐵路事業管理的研究』, 中央研究院近代史研究所, 1991年, 127～148쪽.

14 華北交通株式會社創立史編纂委員會, 앞의 책, 114쪽.

부郵傳部와 대립했다.[15] 그러나 서로 화의가 성립하여 중화민국 신정부가 들어서자 '통일노정'을 위해 우전부가 교통부로 재편되었다. 한편 교통부의 관리 밖에 있는 철도의 신노선 건설과 관리를 담당하는 중국철로총공사中國鐵路總公司가 1912년 9월에 설립되었고 그 총판總辦을 쑨원이 맡았다. 그러나 쑨원이 제2혁명으로 실각하자, 총공사의 사무는 모두 교통부로 흡수되었다. 1925년에 다시 중화민국 국민정부가 광둥에 성립하고 교통부를 신설하여 화중과 화남의 철도를 관리했다. 이 정부는 나중에 우한武漢과 난징南京의 두 정부로 분열했고, 각 교통부가 해당 지역의 철도를 운영하였다. 그 후 두 정부가 합병되자 난징 국민정부의 교통부는 다시 화중과 화남의 철도를 관리하게 되었다. 이에 비해 베이징정부는 동북 3성 및 화북의 국유철도를 관리하에 두었지만, 국민당의 북벌과 더불어 몰락하여 1928년 5월에 교통부가 해소되었다.

남북통일을 달성한 국민당정부는 철도부를 새로이 설치하여 교통부로부터 철도 관계 업무를 이관받았다. 국민당정부의 5개 원院 가운데 행정원에 속한 철도부는 전국의 국유철도를 기획·관리하고, 성에서 철도 지분을 소유한 성유省有철도와 민간인이 철도 지분을 소유한 민유民有철도를 감독했다. 초대 부장으로 임명된 쑨커孫科가 철도부 조직법을 발포함으로써 관리 제도를 확정했다.[16] 철도부는 철도 관리권의 회수와 관리 통일을 주장하고 1929년에 '국유철로 관리국 편성 통칙' 및 '국유철로 공정국 조직 규정'을 공포했으며 각 철로국별로 편성전장編成專章을 제정하였다. 그러나 철도부의 관리에는 아직 다른 나라에서 볼 수 있는 중앙집권적인 경향이 없었다. 차관철도였기 때문에 채권국의 이해관계가 강하게 반영되어

15 華北交通株式會社創立史編纂委員會, 앞의 책, 30~31쪽.

16 鐵道省 上海辦事處, 『鐵道部成立後の支那鐵道』, 1935年, 1~34쪽; 李占才 編, 『中國鐵路史(1876-1949)』, 汕斗大學出版社, 1994年, 196~203쪽.

분구관리제分區管理制가 아닌 분선관리제分線管理制를 취했기 때문이다.[17] 철도에 '분립'의 성격이 강하여 노선 간의 연락도 원활하지 않았고, 각종 시설과 제도가 통일성을 띠지 못하였으며, 인적 운영도 많은 문제를 안고 있었다는 점은 이미 지적한 바다. 그 배경에는 중국의 철도 운영 자체의 한계도 있지만, 국민당이 남북통일을 달성했는데도 불구하고 여전히 신군벌이 존재하며 반反장제스전쟁을 전개하는 등 정세가 불안했다는 문제도 있었다.[18]

이에 국민당정부는 1931년에 '중국공업화 10개년계획'을 내세워 새로운 노선을 건설하고 기존 노선에 대한 관리권을 강화하여 통일된 교통 인프라 구축에 몰두했다.[19] 정부는 먼저 '실업건설정서안實業建設程序案'을 채택하여 대규모 철도 건설을 구상했다.[20] 웨한로粵漢路(주저우株州와 샤오간韶關 간의 435킬로미터), 룽하이로隴海路(퉁관潼關과 란저우蘭州 간의 790킬로미터), 신룽하이로新隴綏路(바오터우와 닝샤寧夏 간의 254킬로미터), 징샹로京湘路(난징과 핑샹萍鄕 간의 990킬로미터), 창스로滄石路(창저우滄州와 스자좡 간의 254킬로미터)를 건설한다는 내용이었다. 내외 정세가 급변하여 실제 건설이 계획대로 완료되지는 않았지만, 그 후 신노선이 부설되고 기존 노선도 연장되었다. 1936년에는 기존의 중국공업화 10개년계획을 구체화한 '철도 5개년 건설 단기계획'이 작성되어 실행에 옮겨졌다.

또한 국민당정부는 1932년 7월 발포한 중화민국법에서 철도정책의 근

17 1935년에 실시된 철도부 고문 Frederik Dawson Hammond의 조사에 따르면, 국유철로가 분선관리제를 분구관리제로 바꾼다면 연간 1,000만 위안이 절약될 것으로 판단되었다. 張端德, 앞의 책, 117쪽.

18 橫山宏章, 『中華民國史: 專制と民主の相剋』, 三一書房, 1996年(요코야마 히로아키 지음, 박종현 옮김, 『중화민국사』, 신서원, 2000년).

19 宓汝成 著, 依田憙家 譯, 앞의 책, 266~268쪽.

20 內田知行, 「抗戰前中國國民政府の鐵道建設」, 東洋文庫近代中國硏究委員會, 『近代中國硏究彙報』 第10號, 1988年, 22쪽.

본 방침을 명시하고 중앙정부의 국유철도, 지방정부의 공영·민영철도의 통제 권한을 확립하였다. 우선 국유철도에 관해서는 채권국으로부터 철도 관리권과 재정권 그리고 재료권을 회수하려 했다. 외국의 이권이 철도 운영이 '분립' 되는 원인이었을 뿐만 아니라, 국가재정적 관점에서 보면 거액의 철도차관이 국가 주권을 해치고 재정 개혁을 막았기 때문이다. 1934년 국민당 행정원은 '외채정리취분별정리판법결의外債整理取分別整理辦法決議'를 채택하고, 외채 중에서 철도차관을 우선적으로 정리하도록 했다. 이에 따라 기존의 차관에 대한 조건을 시정하는 것을 내용으로 하여 정리계약이 수정되었고, 1935년까지 국유철도의 연간 영업수익의 4분의 1에 달하는 2,500만 위안 이상의 원금 및 이자가 상환되었다.[21] 그렇지만 여기서 주의해야 할 것은 국민당이 완전히 외채를 배제하려 하지는 않았다는 점이다. 중국공업화 10개년계획을 실시하고 신노선을 건설하려면 반드시 외국의 지원이 필요했다. 철도차관 정리는 국민당정부의 대외신용을 높이고, 유리한 금융의 추가 지원을 도모한다는 별도의 측면이 있었다.

철도부는 또한 1936년 국영철도 관리국 조직 계통표 및 설명서를 제정하여 전국의 철도 조직을 획일적으로 통제하고 고급 직원 임면을 전적으로 관리하여 중앙의 통제를 강화하려 했다.[22] 나아가 1937년에는 철도경찰총국, 총기창總機廠 및 신로건설위원회新路建設委員會 등을 설치하여 노경路警(철도경찰), 철로공창, 신노선 건설의 관할을 중앙으로 이관하고 전국의 철도에 대한 중앙집권력을 제고했다. 이로써 화북지역에는 베이닝·핑한·진푸·자오지·핑쑤이·룽하이·정타이의 7개 철로관리국이 설치되어 참站·단段(역驛과 구區에 해당하는 것으로, 베이징 참은 베이징 역, 기무단機務段은 기관차를 운전하는 기관구, 검차단檢車段은 객·화차 검사를 담당하는 검

21 宓汝成 著, 依田憙家 譯, 앞의 책, 271쪽.

22 華北交通株式會社創立史編纂委員會, 앞의 책, 30~31쪽.

차구 등을 뜻한다)으로 이루어진 현장 조직을 관할했다. 또한 철도부의 회계장과 철도경찰총국장이 각 지역의 총계핵처總稽核處와 경찰처警察處를 직속으로 관리했다. 인적 운영 면에서도 제도 개혁이 진행되어, 각 철로국 원사員司(중·하급 관리)의 최고 개별 임금과 최고 임금 총액을 제한하고, 월급 60위안 이상을 지급하는 인력을 채용하거나 해고할 때는 철도부에 보고하도록 했다.[23] 또한 '국영철도원사자력심사위원회조직규정國營鐵道員司資曆審查委員會組織規程'과 '원사등기심사급서용규칙員司登記審查及敍用規則'을 제정하여 중앙에서 개별 원사를 파악하도록 했다. 이와 같이 회계, 자재, 인사의 중앙통제를 추진하는 한편, 참·단별 업무 효율화, 전국철로연선 화품전람회全國鐵路沿線貨品展覽會 개최 등의 '상업적 경영판법經營辦法'을 통하여 경영합리화를 시도했다.[24]

이제 화북철도의 경영 상태를 살펴보도록 하자. 1933년 이후 북벌이 종식되고 중국 경제가 대공황에서 회복되기 시작하자 철도 영업 성적도 개선되었다. 특히 국민당정부의 중앙집권화로 전국의 철도가 통일되기 시작했다는 점도 개선의 요인으로 작용했다. 표 1-6의 영업계수를 보면 1932년부터 1936년에 걸쳐 영업계수(=비용/수입)가 낮아지고 영업 상태가 크게 개선되었다는 것을 알 수 있다. 특히 1935~1936년에 화북철도가 화중과 화남보다 양호한 영업 성적을 보였는데, 그 배경에는 보다 활발한 화물 수송이 있었다. 모든 영업 수입 가운데 화물 수입이 전체의 3분의 2를 웃돈 데 비해 여객 수입은 28퍼센트에 지나지 않았다. 반면 화중·화남철도의 수입 구조는 화물 37퍼센트, 여객 63퍼센트였다. 물론 카이허開河, 웨한 북단 양 철도는 화물이 중심이었지만, 창장長江 강(양쯔 강) 이남의 철도는 전체적으로 여객 수송이 수입 구조의 중심이었다. 화북철도의 화물 수

23 張公權, 『抗戰前後中國鐵路建設的奮鬪』, 傳記文學出版社, 1974年, 210~211쪽.

24 李占才 編, 앞의 책, 233~234쪽.

표 1-6 중국의 국유철도 수입(1935~1936년도, 단위: 1만 위안, 퍼센트)

	선구	화물 총수입	산물 수송수입	광산물	농산물	임산물	가축	공산품	여객 수입	총 영업비	영업 계수
화북	핑한	2,581.7	2,159.9	34.2	32.6	1.1	3.8	28.4	857.9	1,948.5	57
	베이닝	1,297.3	1,250.1	50.0	13.8	1.3	3.1	31.8	675.1	1,525.1	77
	진푸	1,432.6	1,233.0	24.8	35.7	2.1	5.6	31.7	899.5	1,681.5	72
	핑쑤이	882.3	813.9	32.4	33.5	0.5	10.9	22.6	183.4	732.2	69
	정타이	551.3	513.7	55.8	29.1	0.2	1.1	13.8	95.7	359.9	56
	다오칭	158.2	156.0	89.4	3.1	0.3	0.5	6.6	26.2	137.5	75
	룽하이	696.3	604.6	24.0	37.6	1.3	1.8	35.3	292.5	636.9	64
	자오지	1,012.9	989.3	53.9	17.4	2.9	4.0	21.8	336.4	1,133.2	84
	소계	8,612.6	7,720.5	39.3	27.8	1.4	4.3	27.1	3,366.7	8,154.8	68
화중·화남	징후	327.6	291.1	11.0	31.8	3.1	13.2	41.0	881.3	1,048.0	87
	후항융	168.9	153.2	9.1	27.0	11.2	11.0	41.6	380.1	542.1	99
	카이허	198.0	162.9	25.1	38.6	1.7	1.1	33.5	141.7	237.2	70
	퉁시	89.6	76.1	30.3	25.0	4.6	1.4	38.7	92.4	116.1	64
	광주	19.8	18.6	0.8	31.8	5.7	29.0	32.7	167.1	175.7	94
	웨한 북단	182.5	146.9	53.3	18.7	2.6	2.8	22.7	135.3	339.6	107
	난순	36.1	27.0	0.1	47.8	3.9	1.2	47.0	67.1	100.3	97
	웨한 남단	167.9	129.7	29.5	13.8	1.5	14.2	40.9	193.1	315.1	87
	소계	1,190.4	1,005.5	22.5	27.8	4.0	8.6	37.0	2,058.1	2,874.1	88
합계		9,803.0	8,726.0	37.2	27.8	1.7	4.9	28.3	5,424.8	11,028.9	72
1934~1935년		9,486.2	8,593.1	39.4	27.1	2.2	4.5	26.8	5,305.3	11,073.6	75
1933~1934년		8,070.8	7,293.1	37.8	28.5	2.1	5.5	26.0	5,217.8	10,635.5	80
1933년		7,730.9	5,285.5	39.6	29.5	2.0	5.3	23.6	5,285.5	10,609.9	82
1932년		7,662.6	6,937.7	36.9	31.5	1.9	4.5	25.2	4,821.7	10,075.9	81

자료: 「중일전쟁 전의 중국 육상교통 관계 통계자료」, 연도 미상.

입을 품목별로 보면 광산물 39.3퍼센트, 농산물 27.8퍼센트, 임산물 1.4퍼센트, 가축 4.3퍼센트, 공산품 27.1퍼센트 등이었다. 이에 대해 화물수송량은 광산물이 전체의 약 70퍼센트를 차지했고, 농산물 16퍼센트, 공산품 12퍼센트였다.

이를 통해 광산물이 화북철도의 수송에서 압도적인 위치를 차지하고 최대의 수입원이 되었던 것을 알 수 있다. 즉 화북에서는 지하자원이 철도를

표 1-7 화북철도의 영업 성적 (1935년도)

	베이닝	핑쑤이	핑한	다오칭	진푸	자오지	정타이	룽하이	합계
직원(명)	18,049	12,454	23,290	2,052	22,037	10,235	3,309	12,604	104,030
열차 킬로미터 (1천 킬로미터)	5,409,802	3,832,947	7,509,866	541,384	7,644,043	3,522,675	2,326,742	4,499,957	35,287,416
여객(1천 명)	4,438	1,301	4,142	395	3,328	3,026	734	3,216	20,580
(1천 인킬로미터)	418,916	125,888	662,008	20,345	557,153	251,610	66,743	379,609	2,482,272
화물(1천 톤)	7,186	2,398	5,913	1,283	4,125	3,254	2,515	3,660	30,334
(1천 톤킬로미터)	832,472	447,252	1,423,013	96,126	1,238,681	801,543	250,850	654,973	5,744,910
생산성	69.3	46.0	89.5	56.8	81.5	102.9	96.0	82.1	79.1

자료: 『화북교통주식회사 창립사』 1941년, 33·114~115쪽.
注: 생산성=(천 인킬로미터+천 톤킬로미터)/직원 수.
인킬로미터=여객 수×이동 거리, 톤킬로미터=화물 톤수×수송 거리.

경유하여 오지의 광산 지대에서 도시와 항구로 운송되었다. 물론 화북의 산업 구조는 농업이 중심이었지만, 인구밀도가 높아 식량이 부족했기 때문에 잡곡과 밀가루 등이 동북과 화중, 화남으로부터 유입되었고 그 밖에 약간의 경공업 제품이 들어올 뿐이었다.

수송량 증가에 따른 철도수지 개선을 보면 1935~1936년에는 화물 수입 8,612만 6,000위안, 여객 수입 3,366만 7,000위안, 지출 8,154만 8,000위안을 기록하여 영업수익이 3,824만 5,000위안에 달하였다. 경영 평가에 있어서는 거액의 차관채무가 있었기 때문에 이자 지불과 원금 변제라는 금융 비용을 고려하지 않을 수 없었지만, 경영은 과거에 비해 명백히 안정되었다.

그러나 각 철도별로 보면 경영의 안정성을 일률적으로 평가할 수 없다. 표 1-6과 1-7에 의하면 수송에서는 베이닝·핑한·진푸 세 철도가 가장 많아 화북의 수송축이 되었지만, 영업계수와 생산성을 보면 핑한철도를 제외한 진푸·베이닝철도는 반드시 뛰어난 실적을 보였다고는 할 수 없다. 이 점에서 1930년대 중반의 화북철도는 여전히 시설과 운영 방식에서 개선할 점이 많았다고 판단된다. 즉 '관리 통일'이 일정한 효과를 가져오기는 했지만, 철도부는 관료화, 업무 효율성의 침체, 낭비와 부정사건 발생, 재정 불충분이라는 문제를 여전히 안고 있었다.[25] 이권이 크게 줄어들기는 했지만 외국 측은 여전히 화북철도에 큰 영향력을 행사하고 있었으며, 중국 측이 완전히 경영권을 쥔 철도는 극히 일부에 지나지 않았다.

(2) 화북 분리 공작과 만철의 진출

중국의 이러한 '철도 관리 통일'에 대해 일본 측은 정면으로 이를 뒤엎는 화북 분리 공작을 획책했다. 만주사변이 일어난 후 관동군과 만철은 각각 임시 철도선구 사령부와 임시 시국사무소를 설치하여 기존의 수송 계획안에 따라 군사수송과 철도 점령을 담당하는 한편, 궤도 수리반과 교량 수리반을 통한 철도 복구를 도모했다. 동북 군벌 장쭤린, 장쉐량 부자가 주도한 동북교통위원회가 복구와 관리를 맡았던 철도는 만주국이 건국되면서 교통부로 넘겨져 만주국의 국유철도가 되었다. 그리고 1932년 8월 관동군 사령관과 만주국 국무총리가 맺은 '만주국정부의 철도, 항만, 수로, 항공로 등의 관리 및 선로 부설·관리에 관한 협약'을 통해 만철에 위탁 경영되었다.[26] 뿐만 아니라 북선 루트北鮮 route[27]를 위해 함경북도 북선철도北鮮鐵道를 만철이 위탁 경영한다는 협약이 1933년 9월에 조선총독부와 만철 간에 체결되었으며, 1935년 3월에는 소련 측의 소·일 양국 간 긴장 완화책으로 북만철도가 만주국에 양도되어 국유철도로서 만철에 위탁 경영되었다. 즉 만철이 만주의 모든 철도를 일원적으로 운영하게 된 것이다. 이처럼 만

25 李占才 編, 앞의 책, 235쪽.

26 滿洲國史編纂刊行會 編, 『滿洲國史各論』, 財團法人滿蒙同胞援護會, 1971年, 846~849쪽; 原朗, 「『滿洲』における經濟統制政策の展開」, 安藤良雄 編, 『日本經濟政策史論 下』, 東京大學出版會, 1976年, 211~219쪽.

27 吉會鐵道(中國)—北鮮鐵道(朝鮮咸北)—北鮮三港(羅津 · 清津 · 雄基)—新潟(日本).

주국의 철도체제가 정비됨에 따라 '북지의 전략적 가치'라는 관점에서 점차 화북철도에 대한 관심이 높아졌고 구체적 모색이 진전되었다.[28]

한편 관동군은 몰수 자산의 현물출자現物出資[29]와 만철의 현금출자를 통하여 일본 내지 자본을 배제하고 산업 부문별 통제회사를 설립하여 만주 제1기 경제 건설을 꾀했지만, 만철의 자본이 부족했기 때문에 산업별 특수회사에 의한 개발은 파탄을 맞았다. 이에 참모본부와 관동군, 일만경제연구회, 만철경제조사회, 만주국정부 등은 일본 내지 자본의 이전을 전제로 하는 제2기 경제 건설안을 입안했다. 그리고 지주회사로서의 만철을 대신하여 신흥 재벌 닛산日産의 전 자본을 만주로 이전시켜 만주중공업개발주식회사(1937)를 설립하였고, 이를 투자의 중심 기구로 삼아 만주산업개발 5개년계획을 추진했다. 이러한 정책 변화 속에서 만철은 대륙정책의 선구先驅에서 만주국의 교통기관으로 위치 지어져 기존의 병렬적 운영 기구(철도부·철로총국·철도건설국·북선철도관리국)를 철도총국(1936)으로 통합하고, 사선社線·국선國線·북선선北鮮線을 일원적·종합적으로 운영하는 한편 신노선을 건설했다. 결과적으로 만철로서는 종합적 국책기관 성격을 잃고 관동군의 강력한 지도[30]를 받는 교통기관으로 전락한 만큼, 세력 확장의 새로운 돌파구인 화북 진출의 의미가 컸다.

28 통수부의 작전 준비가 전통적으로 대소 작전에 중점을 두었기 때문에, 철도에 관한 계획 또한 '대북방 초중점주의'가 관철되었고, 대중 작전은 상대적으로 경시되었다. 중국철도가 만주 내의 철도와 규격이 같아서 자재와 요원의 전용이 가능했다는 것도 대중 작전 준비가 지체되는 원인 중 하나였다. 安達興助, 「日支事變に於ける鐵道戰史」, 1948年 3月, 厚生省復員局, 『軍事鐵道記錄 II』, 年度未詳.

29 현물출자는 자본 충실을 목적으로 금전 이외의 재산으로 하는 출자. 예를 들면, 토지·건물과 같은 부동산, 유가증권·상품 등의 동산, 그 밖에 특허권·지상권 등의 무형자산에 의한 출자를 말한다. 여기서는 몰수한 자산 중 금전 이외의 재산으로 출자함을 가리킨다.

30 1932년 7월에 관동군 사령관은 주만駐滿 전권대사와 관동장관을 겸임했고, 만철에 대하여 군사상 지시권 외에도 감독권까지 장악하였다. 이후 이 권한은 대만對滿사무국 설치를 통해 강화되었다. 또한 교통감독부가 관동군 사령부 내에 설치되어 만철을 감독했다. 河村弁治, 「滿洲に於ける鐵道管理」, 1947年 3月, 『軍事鐵道記錄 I』, 年度未詳.

이와 같이 일·만 블록이 건설되는 가운데, 현지의 관동군과 지나 주둔군(톈진군)[31]의 화북 분리 공작이 개시되었다. 관동군이 1933년 러허熱河 작전을 감행한 이후 같은 해 5월에 체결된 탕구塘沽정전협정에 따라 만리장성 이남 허베이 성 동부에 비무장지대가 설정되고 만주사변이 일단락되었지만, 현지군은 바로 이 지역을 발판으로 화북 5성(허베이·차하얼察哈爾·쑤이위안綏遠·산시·산둥)을 국민당정부의 관할에서 분리시키려 했다. 1935년 6월에는 동북 항일의용군의 비무장지대 출입이 탕구정전협정 위반이라는 명분 아래 우메즈-허잉친 협정梅津-何應欽協定을 체결하여 국민혁명군에게 허베이 성 전역에서 철수하라고 요구했고, 나아가 차하얼 성에서는 특무 기관원이 일시 감금당한 사건을 구실로 그곳의 비무장지대화를 요구하여 도이하라-친더춘 협정土肥原-秦德純協定을 체결했다. 이 조치는 중·일 양국의 친선을 중시한 일본 외무성의 대중 외교정책에 반하는 것으로, 현지군이 비무장지대화에 머무르지 않고 화북 5성의 자치운동까지 조정한 일이었다. 이처럼 허베이 성에 친일적 지둥방공자치위원회冀東防共自治委員會를 조직하려는 움직임이 있자, 국민당정부는 이를 견제하기 위해 차하얼 성의 지차冀察정무위원회, 내몽골의 멍장蒙疆자치정부를 조직하였다.

이처럼 화북 분리 공작이 구체화되자 만철은 현지군의 지휘하에 1935년 11월 톈진 판사처辦事處를 설치하고 지나 주둔군의 '유사시 철도 실행기관'으로서의 특수 사명을 수행하기로 하고 베이닝철로국에 대한 공작, 자동차사업 전개, 자회사 흥중공사 설립을 추진했다.[32]

31 의화단사건이 발생하자 일본은 제5사단을 중심으로 한 2만 2,000명의 병력을 파견하여 진압했다. 그 후 열강은 배상금과 더불어 병력 주둔권을 얻었다. 이에 의거하여 일본은 청나라 주둔군을 배치했고, 청나라가 몰락한 후에는 지나 주둔군으로 개칭하여 일본 내지의 각 사단을 1년씩 교대로 파견했다. 그 가운데 톈진에 주둔한 부대를 톈진군이라고 불렀다.

32 安達興助, 앞의 책; 中村隆英, 『戰時日本の華北經濟支配』, 山川出版社, 1983年, 13~30쪽.

만주사변 도중 평산 선의 귀속 문제[33]가 해결되었지만, 평산과 베이닝 철도 간 직통에 따르는 구체적 문제에 관한 교섭이 이어졌다.[34] 이 때문에 베이닝철로국에는 만철의 고문이 초빙되었고, 만철과 베이닝 사이에 설립된 동방여행사의 직원이 상주했다. 만철 직원들은 각각의 임무를 맡고 "베이닝과의 접충교환接衝交歡에 임하여 세력 약화를 위해 암약"했다. 이를 통해 지나 주둔군은 "베이닝철로국 간부의 동향 탐지와 회유 등의 공작"을 계속했다.

다음으로 자동차사업을 보면, 만·중 국경지대의 치안을 유지하려는 관동군의 요청으로 만철 철로총국 자체가 북지 진출을 시도했다. 1935년 6월 25일에 산하이관 자동차반이 설치되어 산하이관과 젠창잉建昌營 사이 108킬로미터에서 자동차 운영을 개시함으로써 만철의 화북 자동차사업이 시작되었다.[35] 나아가 7월 27일에는 관동군 참모장으로부터 기존 노선을 포함한 4개 노선[36] 개설을 지시받고 경영 준비에 착수하였다. 1936년 3월 31일에 열린 만철의 중역회의에서는 판사처를 통하여 신속하게 영업을 개시하기로 결정하고, 그 실행 기관으로 4월 1일 판사처 내에 화북기차공사華北汽車公司(화북자동차회사)를 설립했다. 4월 1일의 공사 설립과 동시에 산하이관에 산젠山建기차공사, 탕산에 민신民新기차공사를 설립했고, 이어서 4월 10일 베이핑에 청핑承平기차공사, 7월 1일 장자커우張家口에 장둬張多기차공사를 설립한 뒤 영업을 개시했다.

---

33 평산철도의 경우 영국계 중영공사로부터 여러 차례 차관을 받아 건설되어 있었다. 만주사변 이후 펑톈 성 정부가 평산 선을 관리하기로 결정하고 영국 측에 대한 차관 일체를 책임지기로 했다. 이후 평산철로관리국이 설치되었으나, 사실상 일본의 영향하에 있었기 때문에 만철이 만주국 국유철도의 일부로서 이 철도를 위탁 경영하였다.

34 安達興助, 앞의 책.

35 華北交通株式會社創立史編纂委員會, 앞의 책, 177~181쪽; 溪友吉, 『北支·蒙疆に於ける自動車運輸事業の開設』, 蒙疆會, 1987年, 1~7쪽.

36 4개 노선은 젠창잉-산하이관 노선, 청핑-구베이커우古北口-베이징 노선, 츠펑赤峰-핑디취안平地泉-시펑커우喜峰口-위톈玉田-톈진 노선, 둬룬多倫-장자커우 노선.

뿐만 아니라 만철은 1935년 12월 자본금 1,000만 엔, 20만 주의 전액 출자를 통해 흥중공사(본사 다롄)를 설립하고, 소고 신지十河信二 이사를 사장으로 임명했다.[37] 흥중공사는 투자회사로서 톈진특별시와의 합작회사인 톈진 전업주식회사電業股份有限公司를 설립하고, 지둥 전업주식회사電業股份有限公司 창립, 창루염長蘆鹽의 대일 수출, 탕구塘沽 운수공사 설립을 담당했다. 흥중공사의 의도는 스자좡의 징싱井陘탄광과 장자커우張家口의 룽옌龍烟철광을 개발하는 동시에 진스철도津石鐵道를 부설함으로써 광산과 철도를 통합 경영하는 것이었다. 진스철도의 경우 베이닝철도와 징한·진푸 양 노선의 일부를 분할하여 북지철도의 요점을 점거할 수 있다는 점에서 지나 주둔군이 중시했기 때문에, 지차정무위원회 교통위원(베이닝철로국 간부)과 중·일 합작에 의한 부설 교섭이 거듭되었다.[38] 앞에서 언급한 바와 같이, 당시 국민당정부의 철도 국유 방침(즉 차관철도의 소멸)이라는 강한 반대 요인이 있었음에도 불구하고, 1937년 1월부터 6월에 걸쳐 교섭한 결과, 차관으로 진스철도를 건설하는 데 양쪽이 합의하여 "협정 조인의 움직임이 보이기까지 진척" 되었다.

이러한 사업 전개와 더불어 화북 분리를 염두에 둔 관동군은 만철 조사부를 기반으로 지나 주둔군과 협력하여 향후 자원 개발 등을 위해 을·병 촉탁반 조사를 실시했다.[39] 조사원 24명의 갑 촉탁반(1935년 7~11월)이 만주국에서 파견되어 화북 경제개발 및 통제에 관한 조사를 한 데 비해 을·병 촉탁반은 만철 조사부가 구성했다. 병 촉탁반 조사(1935년 7~11월)는 화북이 화중에서 분리된 사실을 전제로 하여 편성된 조사원 5명 규모의 조

37 中村隆英, 앞의 책 58~68쪽.

38 安達興助, 앞의 책.

39 「北支の鐵路を探る」, 滿鐵社員會, 『協和』 第12卷 第1號, 1938年 1月 1日; 「乙囑託班の思い出」, 華北交通外史刊行會, 『華北交通外史』, 1988年, 19~31쪽; 小林英夫, 「華北占領政策の展開過程: 乙囑託班の結成と活動を中心に」, 『駒澤大學經濟學論集』 第9卷 第3號, 1977年 12月.

표 1-8 지나 주둔군 사령부 을 촉탁반 철도반의 조사 부문과 조사 인원

조사 부문	조사 인원(94명)
총괄	철도반 주사主査(조사 주임) 星田信隆 1명
기설 철도 조사 입안	총무 3명, 운수 6명, 차무 11명, 공무 6명, 통신 1명, 신호 2명
신설 예정선 조사	진스-창스 간 예정선: 경제 조사 1명, 제1차 기술 조사 3명, 제2차 기술 조사 2명 츠펑赤峰-둬룬多倫-핑디취안平地泉 간 예정선: 경제 조사 3명, 기술 조사 4명 청더承德-구베이커우古北口-베이핑 및 베이핑-탕산 간 예정선: 경제 조사 4명, 기술 조사 4명 바오터우-닝샤 간 예정선: 경제 조사 2명, 기술 조사 6명 지난-다오커우전道口鎭-펑러전豊樂鎭 간 예정선: 경제 조사 1명, 기술 조사 2명 량거좡梁格莊-위안핑전原平鎭(다이저우 선代州線) 간 예정선: 경제 조사 1명, 기술 조사 2명 가오미高密-쉬저우 간 예정선: 경제 조사 2명, 기술 조사 2명 먼터우거우門頭溝-치탕齊堂, 칭바이커우淸白口-사청沙城, 바다링八達嶺 부근 개축 조사: 2명 난커우-캉좡 간 표고 조사: 1명
자동차 교통 관계	3명
수운 조사	3명
통역·번역	10명
도공圖工	6명

자료: 「머리말はしがき」, 지나 주둔군 사령부 을 촉탁반, 『베이닝철도 조사 보고: 총무관계北寧鐵道調査報告: 總務關係』, 1937년 6월.

주: 작업 관계상 2개소 이상 중복 조사 담당자가 있다. 2개소 담당자 2명, 3개소 담당자 2명, 4개소 담당자 1명.

사였지만, 을 촉탁반은 1935년 11월에 200명 이상의 대규모 인원이 총무·광산·철도·항만·공업·경제의 6개 반으로 나뉘어 화북의 교통·광산·공업 시설의 약도 제작과 측량을 실시하는 등 비교적 상세한 조사를 1937년까지 이어갔다.

철도반은 룽하이철도를 포함한 이북의 기설 철도 및 신설 예정 철도, 자동차, 도로, 수운(경제 관련)을 상세히 조사하여 그 개선책을 입안하기 위해

만철 사내의 각 부처에서 적임자를 망라하고 톈진을 본거지로 삼아 조사에 착수했다. 표 1-8과 같이 이 조사는 화북 8개 노선(핑한·진푸·자오지·핑쑤이·베이닝·정타이·퉁푸·룽하이)에 관한 정보 수집(총무·경리·운수·차무·공무·통신·보안)에 머무르지 않고, 미래에 화북이 분리된 후 일본 측이 건설해야 할 노선과 연락교통(자동차, 수운)에 관해서도 상세히 조사했다. 물론 "배일 공기排日空氣가 대단한" 가운데 조사가 실시되어 불충분한 곳도 있었지만, 이 정보들이 전쟁 발발 후 점령철도를 운영·관리하는 데 무척 유용했음은 재론의 여지가 없다.

이러한 가운데 1936년 북지 처리 요강이 결정되자, 화북 분리 공작은 국책 수준으로 추진되기 시작하여 지나 주둔군(톈진군)의 전임 사항이 되었다. 지나 주둔군 사령부는 계획의 준비에 착수하였고, 1936년 여름에 지나 주둔군의 재편에 교통이 띤 중요성이 인정되어 참모부의 편성에 철도장교 1명, 하사관 2명이 배치되었다.[40] 이에 맞추어 관동군은 중앙의 지시에 입각해 관동군 철도선구 사령부를 통해 만철을 지도했고, 베이닝철도의 점령 관리 운용 계획을 작성하도록 했다. 관동군은 러허작전을 감행했을 때 만리장성을 넘어 탕산까지 뻗은 베이닝철도를 점령하고 관리한 경험이 있었기 때문에, 이 운용 계획은 운용 기구, 요원 배치, 철도 요지 확보, 자재 보급 등 구체적인 내용이 면밀했다.

이상과 같이 일본의 화북 분리 공작은 현지군의 지도하에 만철이 중심이 되어 베이닝철도 등의 관리 운용 계획을 세우기에 이르렀다.[41] 이에 대항하여 중국 측도 충분하지는 못했지만 군사 수송 체제를 정비하고 일본과의 무력충돌에 대비하기 시작했다. 비상시 군사수송이 증가하는 데 대응하기 위해 레일 및 침목을 교체하고, 교량의 강도를 강화하였으며, 참

40 安達興助, 앞의 책.

41 張公權, 앞의 책, 125~126쪽; 李占才, 앞의 책, 256~261쪽.

(역)의 석탄과 물을 공급하는 시설을 확충하는 한편, 통신시설 정비와 차량 증비 등을 통해 기존 노선의 수송력을 강화하고, 각 지역마다 전쟁으로 피해를 입은 시설을 복구하기 위한 긴급 철도 자재 비축에 돌입하였다. 그리고 교전 중 철도 요원의 안전을 확보하고 주요 시설을 보호하기 위해 방공호 등의 대책도 강구하였다. 또한 군사위원회에서 군인을 철도 요원으로 파견하여 '원공군훈員工軍訓(철도 직원의 군사훈련)'을 실시하였다. 이와 같이, 화북철도를 둘러싼 중·일 양국의 대립은 전쟁 발발을 목전에 두었던 것이다.

Ⅱ 중일전쟁 발발과 화북교통 설립

1. 점령철도 접수와 운영 시스템 구축

(1) 북지사무국과 점령철도 운영

1) 만철의 출동과 북지사무국 설치

중국과 일본 사이에 긴장의 수위가 높아지는 가운데, 국민당과 공산당이 대립하던 중국에서는 1936년 12월 12일 시안西安에서 장쉐량과 양후청楊虎城 등이 장제스를 납치하여 감금하는 시안 사건을 일으켰다. 이 사건을 계기로 양측은 공동 항일과 제2차 국공합작을 추진했고, 내전에서 공동 구국으로 선회하였다. 이처럼 중국이 항일 태세를 확립하자 중일전쟁 발발은 피할 수 없는 일이 되었고, 1937년 7월 7일 베이징 서남쪽의 루거우차오에서 일본군과 중국 국민혁명군 제29군이 충돌하는 루거우차오 사건이 일어남으로써 현실로 나타났다. 사건 발발 즈음에 일본 중앙통수부는 관동군에게 베이닝철도 관리 운용 계획에 입각하여 철도부대, 군사철도 기관 및 만철 파견을 준비시키고 필요에 따라 지나 주둔군을 원조하도록 했다. 또한 구미 열강의 권익 관계를 고려하여 현지 철도 이용은 군사수송 정도에 그치도록 지나 주둔군에게 지령했다.[1]

1937년 7월 9일 관동군 철도선구 사령부(8월 이후 관동군 야전철도 사령부)는 만철 총재에게 '북지사건에 따른 만철 종사원 및 기재의 파견 준비에 관한 건'을 하달했고, '본년도 선구 사령부 전시준비 계획'에 기초하여 베이닝철도 파견 종사원 및 소규모 수리반도 출발을 준비했다.[2] 만철은 앞에서 언급했듯이 철도총국 수송위원회를 중심으로 철도 동원에 관한 준비 연구를 하고 있었다. 이에 따라 만철은 선구 사령부의 지휘하에 철도총국에 수송본부를, 산하이관에 수송반을, 톈진의 지나 주둔군 및 신군新軍 사령부 참모부에 연락반을 설치하여 군사수송 통제에 나섰다.

만철은 철도총국의 호가 치요타芳賀千代太 감찰 이하 네 명의 국원을 톈진으로 파견하여 선구 사령부와의 연락을 담당하도록 했다. 이 연락원들은 7월 10일 오후 3시 톈진에 도착하자마자 선구 사령부와 협의하여 군의 철도수송 업무에 관한 구체적 요구를 철도총국에 전달하고, 나아가 베이닝철도 접수를 입안했다. 또한 만철은 군사수송 준비를 위해 산하이관에 펑톈 철도사무소 차무 과장 오니시 마사히로大西正弘를 반장으로 하는 수송반을 편성하기로 하고 선발원 2명을 해당 지역에 파견했다. 그리고 진셴錦縣철도국의 연락원 3명의 지원을 받아 7월 9일 산하이관 수송반을 개설하였다. 오니시 반장은 이튿날인 10일 기무계장과 서무원 1명, 승무원 28명을 이끌고 산하이관에 도착하여 바로 선구 사령관과 제반 협의를 한 다음 수송 계획 입안에 착수하는 한편 승무원들에게는 대기 태세를 취하도록 했다.

우선 만철은 베이닝 선에 역·구를 설치하기로 하고 베이닝 선의 각 참

1 安達興助, 「日支事變に於ける鐵道戰史」, 1947年 3月, 厚生省復員局, 『軍事鐵道記錄 II』, 年度未詳, 防衛研究所圖書館所藏.

2 遼寧省檔案館 編集, 『滿鐵と盧溝橋事件 1, 2, 3』, 原書房, 1997年; 華北交通株式會社創立史編纂委員會, 『華北交通株式會社創立史』, 興亞院華北連絡部, 1941年, 331~333·343~348쪽.

장(역장)에게 수송반장 명으로 참·단원站段員(역과 기관차 운행 등에 종사하는 현장 요원) 파견의 취지를 전달하며 협력을 요청하였다. 이후 "베이닝 측 직원의 생명과 재산의 안전을 보증하며, 만철 직원이 직역職域에 간섭하지 않는다는 것"을 조건으로 13일까지 만철 사원 1,150명을 파견하고 친황다오 등의 주요 각 참(역)에 4~8명의 참·단원을 일제히 배치하여 군사수송에 나서도록 했다.[3] 7월 12일에 최초의 군용열차가 톈진에 도착한 이후 병참수송이 급증하여 수송이 원활하지 않자, 15일에 톈진 연락원이 "사태의 진전에 따라 군사수송에 만전을 기하기 위하여 산하이관 수송반은 즉각 주력을 톈진으로 진출시켜주기 바란다"라고 요구했다. 만철은 이에 응하여 산하이관 수송반원들을 톈진에 진출시켰고, 7월 21일에는 모든 인원을 이동시킨 후 명칭을 톈진 수송반으로 바꿨다.

이에 맞추어 7월 16일에 작전을 돕기 위해 지나 주둔군 톈진군 사령부 참모부에 만철이 파견한 연락반이 설치되었고, 18일에는 '임시 북지사변 사무국'으로 바뀌었다. 이 사무국은 당시 만철의 산업부장 사카타니 기이치阪谷希一 이사와 톈진사무소의 이토 다케오伊藤武雄가 각각 국장과 부국장을 맡았고 톈진사무소의 조사 인원 36명으로 구성되었다. 사무국은 아타치安達 참모의 예하에서, 점령철도가 증가함에 따라 요청되는 종사원 배치와 동원 집중 수송, 자재 정비에 관한 계획 입안, 베이닝철로국과 만철 등 각 기관 사이의 연락과 절충을 담당했다.[4] 만철 본사는 아직 정식으로 승인받지는 못했지만 실질적으로 철도 파견원을 원조하고 군사수송 업무를 처리하였다. 21일에 톈진 수송반이 설치되자, 철도총국장은 임시 북지사변 사무국하에서 ① 오니시 수송반장이 철도총국과의 연락과 베이닝전

3 만철과 베이닝철도 사이에 이해가 성립한 것은, 일본에 유학한 경험이 있어 일본 측을 이해했던 베이닝철로국장 천줴성陳覺生의 노력 때문이었다. 安達興助, 「日支事變に於ける鐵道戰史」, 1947年 3月.

4 解學詩, 『隔世遺思: 評滿鐵調查部』, 2003年, 541~543쪽.

선의 수송 및 관련 업무를 담당하고, ② 호가 연락원이 톈진의 군대 및 철도총국과의 연락과 베이닝 외의 계획에 임하도록 지시하여 임시 북지사변 사무국-철도 연락본부(톈진 연락원)-베이닝 수송반(톈진 수송반)의 업무 분담을 명확히 했다.[5]

만철이 군과 협력한 관리 체제를 보면, 8월 11일 제1철도감부第一鐵道監府가 톈진에 도착하자, 베이닝 선과 그곳보다 먼 지역의 군사수송은 철도감이 맡고, 철도감의 지휘하에 톈진 수송반이 편입되었다. 이에 발맞추어 만주에서 철도 제3연대가 응급 파견되었고, 일본에서는 철도 제1·2·6연대가 동원되었다.[6] 제1연대는 진푸 선에, 제2연대는 징한 선에, 제3연대는 징바오 선京包線에 배치되어 제1군과 제2군 및 관동군의 진격에 따라 철도를 둘러싼 추격전과 점령, 전쟁 피해 시설 복구, 군사수송을 담당하였다. 이후의 산시 성 공략에는 제6연대가 동원되어 퉁푸·정타이 두 곳에서 군사 작전을 벌였다. 그러나 전투가 베이닝 선에 머무르지 않고 징쑤이, 징한, 진푸까지 확대되자 톈진 수송반만으로는 수송을 제대로 책임지기 어려워졌다. 8월 23일 제1철도감은 '군의 전진에 따른 철도대와 만철 파견단의 업무 연락 및 인계 요령'을 제정함으로써 만철 파견단이 철도대鐵道隊로부터 점령철도 정비와 더불어 주요 업무를 인수하고 관장하도록 했다. 이로써, 군철일체軍鐵一體로 "철도대는 더욱 전방으로 약진하고, 만철은 후방을 다진다"는 방침을 확립하였다.[7] 나아가 후방의 군사수송은 관동군 야전철도 사령부가 만철 파견단에 지시하기로 했다.[8] 이로써 화북의 점령철도 운영은 만철에 맡겨진 것이다.

---

5 華北交通株式會社創立史編纂委員會, 앞의 책, 332쪽.

6 吉原矩 編, 『燦たり鐵道兵の記錄』, 全鐵會本部, 1965年, 161~172쪽; 山田茂 編, 『鐵路を支えて: 鐵道第6連隊材料廠』, 火車會, 1984年, 6~10쪽.

7 華北交通株式會社創立史編纂委員會, 앞의 책, 360~361쪽.

8 安達興助, 「日支事變に於ける鐵道戰史」, 1947年 3月.

그러나 전선이 커지는 데 따라 증가하는 군사수송에 대응하기 위해서는 총재 직속의 강력한 종합기관 설치가 절실히 필요했다. 이에 만철은 1937년 8월 27일 톈진 판사처를 모체로 북지사무국(국장 스기히로 사부로杉廣三郞)을 톈진에 설치하였다. 북지사무국은 서무·인사·경리·조사·홍보·수송·공무·전기의 8개반으로 구성되었으며, 관리하에 톈진 및 펑타이 수송사무소, 퉁저우 건설사무소, 전쟁 이전부터 있었던 베이징 사무소를 두었다. 북지사무국이 설치된 후부터 이곳의 인사반이 톈진 연락반을 대신하여 만철 직원의 배치 운용 계획과 실행 사무를 담당했다. 또한 현장 관리를 위하여 톈진에 베이닝 선을 관리하는 톈진 수송사무소, 펑타이에는 베이닝 선, 펑타이 서쪽과 징쑤이·징한 양 노선을 관리하는 펑타이 수송사무소를 신설했다.

나아가 제1철도감은 1937년 9월 11일에 '철도대 관리 구역 확대에 따른 철도대 및 만철 파견단 특수 연계의 업무 처리 요령'을 작성하여 만철 북지사무국이 통신, 급수, 기타 특수 수리반, 차량, 승무원을 철도대 구역까지 확대하여 운영하도록 지시했다. 이로써 북지사무국은 후방의 점령철도뿐만 아니라 최전선에서 철도대가 관리하는 구역의 철도 운영도 담당하게 되었다. 그래서 군 작전에 대응할 수 있는 준비를 하지 않으면 안 되었던 만철은 직원들을 화북으로 적극 파견하여, 9월 말에는 사원 파견 규모가 일본인 3,852명, 만주인 762명으로 도합 4,614명에 이르렀고 갈수록 인원이 증가했다.

만철은 이처럼 급변하는 전시 수송 체제 속에서 먼저 만주에 있던 부대를 수송한 다음, 7월 16~19일에는 조선의 부대를 19대의 열차로 수송하였다.[9] 그리고 7월 25일 이후 내지 부대의 제1차 수송(열차 50대)을 실시하고, 8월 10일부터 9월 15일에 이르는 약 40일 동안 열차 311대의 운행을

9 華北交通株式會社創立史編纂委員會, 앞의 책, 507쪽.

완료했다. 그러나 집중 수송의 초기에는 상당한 혼란이 일어나 산하이관과 톈진 간을 운행하는 데 36시간이나 걸렸고, 각 참(역)에는 철도차량이 넘쳐나 운행이 지연되어 그 영향이 만철과 조선국철에도 미쳤다.[10] 게다가 경의선京義線, 안펑 선安奉線, 평산 선 등이 수해를 입자 여객열차 운행 정지, 다정 선大鄭線을 통한 우회, 잉커우營口로의 도선渡船 등 모든 수단이 강구되었다. 9월 11일부터는 일본의 제3차 내지 부대 수송이 개시되었고, 베이닝 선에서 일어난 운전 혼란 등의 장애에 대한 조치도 이루어져 10월 5일까지 164대의 열차가 운행되었다.[11]

2) 북지사무국의 가영업 개시와 운영의 일원화

이후 군사수송의 중점이 집중 수송에서 지역 내의 기동 수송과 보급 수송으로 전환되면서 점령철도를 체계적으로 운영할 필요가 대두되었다. 이에 1937년 10월 11일 북지나방면군北支那方面軍(지나 주둔군의 후신)이 북지사무국에 '북지나 제 철도 운영 요강'을 제출했다.[12] 교통을 신속히 회복하여 민간 수요에 대응함으로써 "민심 안정에 기여하는 한편 우호세력을 부식扶植하는 근기根基"를 확립하기 위해 먼저 베이닝과 핑쑤이의 철도 운영을 정상화한 다음 핑한과 진푸의 운영을 회복한다는 방침이었다.

당시 베이닝철도는 영국이 권익을 쥐고 있었던 만큼 만철 파견 사원들을 기존 관리 기구에 점차 투입시켜 북지사무국이 철도 운영을 장악하는 방법을 취하고, 핑쑤이·핑한·진푸철도는 만철의 현재 기구를 근간으로 구舊 종사원들을 포섭하여 철도 관리 체제를 갖출 예정이었다. 이러한 방식의 철도 운영 장악은 외국의 권익을 존중하고 국제적 분규를 야기하지 않기

10 安達興助,「日支事變に於ける鐵道戰史」, 1947年 3月.
11 루거우차오 사건 직후 만철의 대응에 관해서는 다음 자료집을 참조하기 바란다. 遼寧省檔案館 編集,『滿鐵と盧溝橋事件 1, 2, 3』, 柏書房, 1997年.
12 「華北交通發生の經緯とその性格」,『華交互助會會報』, 1963年 1月 1日.

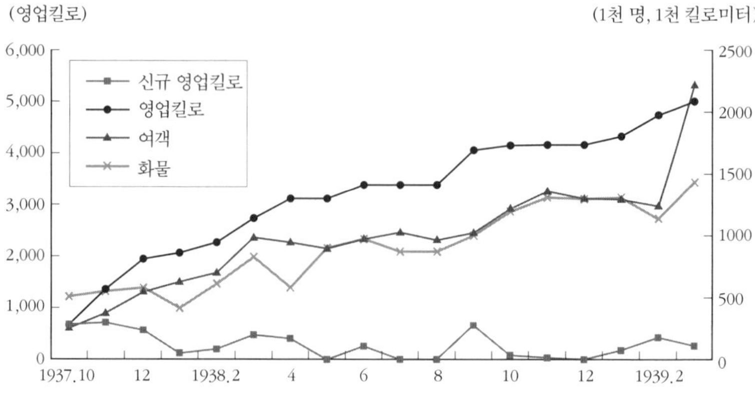

그림 2-1 만철 북지사무국의 영업킬로와 수송 실적

자료: 『화북교통주식회사 창립사』 1941년, 373~375·392쪽.

주: 영업킬로에는 베이닝철도의 본영업 468.8킬로미터가 포함되어 있다.

위해서였다.

북지사무국은 북지나 제 철도 운영 요강에 근거하여 1937년 10월 15일에 '가영업 규칙과 철도운송 가영업 수입장표류 취급 수속假營業收入帳表類取扱手續'이라는 규정을 제정하고 그림 2-1과 같이 가영업을 개시했다.[13] 이 두 가지 규정은 여객과 화물을 일괄하는 간단한 규칙인데, 군사수송을 처리하는 데 중점을 두었기 때문에 민수수송 측면에서 보면 통제의 성격이 강했다. 게다가 민수수송도 대부분 군수공장의 전략 자원이나 선무 공작용 일반 생활필수품에 한정되었다. 그 후 치안이 확보되면서부터 가영업은 민수수송을 충분히 고려하여 운영되기 시작했다.

여객수송에서는 1937년 12월 1일부터 여객 휴대품과 신문지·잡지 등의 소하물 운송 취급을 개시하고, 이듬해 4월 1일에는 종래의 수하물 수탁한도 50톤을 100톤까지 확대하였으며, 일반 소하물 수탁도 개시했다.

13 華北交通株式會社創立史編纂委員會, 앞의 책, 382~384쪽.

화물의 경우는 1937년 12월 10일 징쑤이·징한·진푸 선과 베이닝 선 간에 직통 운송을 실시하여, 중단되었던 연락 운송을 회복하고 접속점에서 적재를 다시 하고 탁송 수속을 밟는 과정을 생략하여 징진京津 지방과 오지의 연선 각지의 물자교류를 쉽게 했다. 나아가 회사용품 수송도 넓은 의미의 군수품 수송을 적용하여 무임 취급의 간이화를 꾀하고 1938년 1월 14일에는 회사용품 운송 잠행 취급 수속을 제정하였다. 그리고 같은 달 29일에는 만철의 화물수송 규정을 기준으로 화물 운송 잠행 규정을 제정·실시하였다.

1937년 12월 북지사무국은 현장 관계 기관 성격이 강한 수송사무소를 폐지하고 새로이 철도사무소를 설치하여 현장 관리 체제를 정비했다. 그 후 전선이 확대되고 점령철도가 연장됨에 따라 표 2-1과 같이 출장소와 판사처, 철도사무소를 신설하였다. 특히 북지나방면군 사령부가 베이징으로 이전하자 북지사무국은 1938년 1월 21일에 중국 측의 핑쑤이철로국과 핑한철로국의 업무를 접수한 다음, 같은 달 27일에 베이징으로 이전한 후 제2차 조직 개정을 실시했다. 이러한 정비의 여파는 기존의 베이닝철도에도 미쳐 일원적인 점령철도 관리가 추진되었다.

이미 각종 업무에 "일본인 사원이 침투하여 베이닝 측을 지도하면서 감리監理의 실력을 획득하고" 있었으며 톈진 수송사무소장 히라다 기이치로平田騏一郎가 베이닝철도의 고문이 되었지만, 이 철도의 경우 영국의 권익을 배려하여 기존 직원을 거의 그대로 두고 "동일선상에 명령 계통을 달리하는 두 종류의 현장 기관을 설치"하였다.[14] 그 때문에 중화민국 철도부가 제정한 '중화민국 철로화차 운수통칙'(1936. 1.)과 '베이닝철로 객·화차 운수부칙'(1937. 6.)이 그대로 이어졌다. 여객 및 수하물 운송 관계 규정도

---

14 「華北交通發生の經緯とその性格」, 『華交互助會會報』, 1963年 1月 1日; 華北交通株式會社創立史編纂委員會, 앞의 책, 384~385·363~364쪽.

표 2-1 만철 북지사무국의 조직 변천

	창립 1937년 8월 27일	제1차 개정 1937년 12월 1일	제2차 개정 1938년 1월 27일	제3차 개정 1938년 3월 21일	제4차 개정 1938년 9월 18일
본국	서무반 인사반 경리반 조사반 홍보반 수송반 공무반 전기반	총무반 경리반 조사반 홍보반 영업반 수송반 공작반 공무반 전기반	총무반 경리반 홍보반 영업반 수송반 공작반 공무반 전기반 경무반 조사실	총무반 보건반 경리반 홍보반 영업반 수송반 공작반 공무반 전기반 경무반 조사실	기획국 총무부 인사부 경리부 조사부 운수부 수운부 공작부 공무부 경무부 수송위원회
철도 운영 기관	톈진 수송사무소 펑타이 수송사무소	톈진철도사무소 베이징철도사무소 장자커우 철도사무소	톈진철도사무소 베이징철도사무소 스자좡 출장소 장자커우 철도사무소 칭다오 판사소	톈진철도사무소 베이징철도사무소 스자좡 출장소 위츠 출장소 장자커우 철도사무소 지난철도사무소 칭다오 사무소	톈진철로국 베이징철로국 스자좡철도 출장소 타이위안 철도 출장소 장자커우철로국 지난철로국 칭다오철도 출장소 쉬저우철도 출장소

자료: 『화북교통주식회사 창립사』, 1941년, 338~339쪽.
주: 철도 운영 기관의 경우 제4차 개정(1938. 9. 18.)이 아니라 현장 관계 기관 직제 개정(1938. 6. 20.)에 의하였다.

중화민국에서 정한 바를 답습하였기 때문에 화북 내의 철도수송 방식이 통일되지 않았다.

이에 1938년 1월 23일에 북지나방면군 사령관이 북지사무국장에게 앞으로 베이닝철도를 지휘 운영하도록 명령을 내렸고, 2월 3일에는 군 특무부장이 '베이닝철도 운영에 관한 세부 지시'를 내렸다. 지시 내용은 ① "우월감이나 멸시감의 발로 없이" 인센티브를 제공하여 기존 직원들을 포섭할 것, ② 근본적인 기구 개혁은 직원들의 동요를 야기할 우려가 있으므로 바로 시행하지 않을 것, ③ 군사 수송 업무는 일본인이 담당할 것, ④ 영국의 권익을 고려하여 본선의 수익을 다른 노선으로 전용하지 않을 것, ⑤ 베이닝 국장을 통하여 영국의 영향력이 점령철도까지 파급되는 것을 차단할 것, ⑥ 과장급 이상의 인사 기구의 개혁, 중요 규정 및 운임률의 개폐,

운전 시각의 변경 등에 관해서는 군 특무부장의 승인을 받을 것 등이었다. 이에 의거하여 조직 통합을 추진한 북지사무국은 3월 22일에 만철 측의 역구驛區(역, 기관구, 열차구, 검차구 등)를 폐지하였으며 수송 업무를 기존 베이닝철도 측에 수행시키고 만철의 사원이 지휘하도록 했다.

이후 쉬저우가 함락되어 화북과 화중의 연락이 가능해지자 표 2-1과 같이 화북의 거의 모든 철도가 북지사무국의 운영하에 들어갔다. 1938년 6월 20일 북지사무국은 산하 현장기관의 직제를 전면적으로 개정하였다.[15] 즉 종래의 철도사무소를 폐지하고 톈진·베이징·장자커우·지난에 철로국을 설치한 다음, 각 철로국에 총무·경리·영업·수송·공무·전기·경무의 7개처와 참여·감찰을 두었다. 그 결과 각 철도마다 달랐던 임기응변적인 운영 방식이 통일되었다. 베이닝철도 또한 베이닝철로국을 없애고 톈진철로국으로 개칭하여 북지사무국에 통합됨으로써 화북철도의 일원적 운영이 시작되었다.

군사수송 체제에서도 조직 개편이 단행되었다. 전방 구역의 철도감부와 후방 구역의 관동군 야전철도 사령부는 차량 등과 철도 자재의 할당에서 의견이 부딪쳤고 연락도 원활하지 못하였다. 6월 17일에 두 기관은 해체되었고, 새로이 설치된 제2야전철도 사령부가 기존 업무를 계승하였다.[16] 이로써 두 기관의 지시를 받던 3개 철도연대, 1개 철도재료창, 22개 정차장 사령부, 10개 육상수졸대陸上輸卒隊, 2개 건축수졸대建築輸卒隊 등 장교 이하 총 1만 1,200명이 제2야전철도 사령부의 예하에 들어가는 한편, 철도성 파견원 약 3,500명이 배속되었다. 북지사무국 또한 이곳의 지시를 받게 되었다.

15 華北交通株式會社創立史編纂委員會, 앞의 책, 337쪽.

16 第二野戰鐵道司令部, 『狀況報告』, 1939年 1月 5日; 第二野戰鐵道司令部, 『第二野鐵追憶錄 第一號』, 1941年 6月 17日; 安達興助, 앞의 책.

이에 맞추어 북지사무국은 점차 가영업에서 본영업으로 전환하는 동시에 군용 열차운행표(다이어그램)에 민간열차 운행을 끼워 넣었다. 종래에는 특약으로 국제 운수회사에서만 취급했던 소규모 화물에 대한 새 제도를 만들어 일반 회사에도 개방하고, 화물 등급에 새로이 약 60품목을 추가하고 발착 수수료를 규정했다. 이전의 가영업하에서는 화물이 멸실되거나 훼손되어도 손해를 배상할 책임이 없었지만 6월 15일에 가영업 규칙을 개정함으로써 책임운송을 시작했다.[17]

1938년 7월 14일 새로운 교통회사를 입안하는 과정에서 특무부의 화북교통회사 기구안이 굳어지자, 북지나방면군은 북지사무국장에게 "사무국의 현 기구를 점진적으로 확대하여 교통회사로의 전이轉移를 쉽게 한다는 북지사무국 기구 개조를 강구하기 바란다"는 뜻을 통보했다.[18] 이에 1938년 9월 18일 만철은 철도총국의 직제 일부를 개정하고 북지사무국의 기구를 전면적으로 바꾸어 기획국과 총무·인사·경리·조사·운수·수운·공작·공무·경무의 9부로 구성된 수송위원회를 설치했다. 이는 화북 경제개발의 원동력으로서 수륙 교통을 정비하는 동시에, 설립을 계획하고 있던 화북 교통회사로 원활히 이행하기 위해서였다.

그러나 기본적인 운영 방식은 여전히 중국 측이 제정한 규칙을 따랐고, 옛 규정과 새로운 규정 간에 통일보다 오히려 충돌이 있었기 때문에 단편적으로 보완하는 데는 한계가 있었다. 이 때문에 새로운 회사로의 이행을 눈앞에 둔 상태에서 운영 방식을 합리화하는 것이 초미의 문제가 되었다.

17 경리에서도 1938년 6월 '북지 제 철도 운영에 관한 경리 요령'을 정하여 화북철도 운영을 만철에 위탁하는 것과 만철의 일반 운임 수입 처리에 관한 방침을 확립하였다. 또한 이러한 경리요령에 입각하여 6월 7일 북지나방면군 경리부장과 만철 북지사무국장 사이에 '북지 제 철도 운영 실시에 따른 경비에 관한 협정서北支諸鐵道運營實施に伴う經費に關する協定書'를 작성·실시하였다.

18 華北交通株式會社創立史編纂委員會, 앞의 책, 334쪽.

1939년 2월 25일 만철은 일본국철의 취급 사항을 반영하여 일본의 규정과 동일하고 획기적인 체계 개정을 시도했고, '징산 선 철도 운송 규칙' 및 '운송 취급 수속'을 제정했다.[19] 또한 이 규정을 전면적으로 좇아 가영업 선용의 '북지사무국 여객 및 화물 운송 잠행 규칙'을 제정하여 4월 1일부터 실시하였다. 그 결과 베이닝철도와 점령철도 간 직통 운송이 일원화되었고, 화북철도의 화물 취급도 통일되었다.

(2) 경영자원 확보와 수송력 회복

1) 화북철도의 요원 구성과 차량 증비

이제 북지사무국의 경영자원이 어떻게 형성되었는지 검토하려 한다.

우선 인적자원부터 고찰해보자. 앞의 그림 2-1과 같이 일본의 점령철도가 많아지고 수송량이 늘어남에 따라 보다 많은 요원이 필요해졌다. 그래서 표 2-2에 보이듯 만철에서 2만 명이 넘는 사원이 파견되기는 했지만, 만주에서도 1937년 이후 만주산업개발 5개년계획 실시와 군사수송으로 인하여 수요가 증가했기 때문에 화북에 집중적으로 물적·인적자원을 제공하는 데는 한계가 있었다. 특히 만철의 노동력이 부족하여 철도 운영에 지장이 있었기 때문에 상황은 보다 심각해질 것으로 예측되었다.[20] 또한 만철은 대소 작전對蘇作戰의 주요 경로였고, 안펑, 펑산, 롄징連京의 각 노선이 일본군의 화북 수송 간선이었다. 이러한 점에서 철도성이 만철의 새로운 경영자원 공급원으로 인식되었다.

이미 1937년 3월 18일에 '쇼와昭和 12년도 전시 선만철도 운용상 부족한 철도 종사원 파견 및 야전철도반 편성 파견 방책에 관한 건'이 결정되어 철도성 직원들은 전쟁 이전부터 조선철도국과 만철의 인적 보충 자원으로

19 華北交通株式會社創立史編纂委員會, 앞의 책, 383~384쪽.

20 梅田義雄, 「華北交通史について編纂室からのお願い」, 『華交』, 第57號, 1975年 11月 15日, 4쪽.

표 2-2 화북철도의 종사원 구성 (단위: 명)

연월	만철 직원			일본 철도성 파견원					전 직원(신규 채용 포함)	합계
	일본인	중국인	계	다카하시 부대	아다치 부대	스즈키 부대	하추다 부대	계		
1937. 9.	3,852	762	4,614							4,614
10.	4,583	849	5,432							5,432
11.	5,840	1,149	6,989						16,450	23,439
12.	6,383	1,433	7,816	77				77	23,602	31,495
1938. 1.	7,648	1,734	9,382	789				789	27,189	37,360
2.	7,997	2,002	9,999	1,601	300			1,901	27,367	39,267
3.	8,847	2,763	11,610	1,912	330			2,242	33,511	47,363
4.	9,650	3,120	12,770	1,909	330			2,239	39,343	54,352
5.	10,456	3,437	13,893	1,908	329	307		2,544	40,576	57,013
6.	10,744	3,173	13,917	1,908	329	414		2,651	43,850	60,418
7.	11,377	3,652	15,029	1,894	328	493		2,715	45,757	63,501
8.	11,642	3,715	15,357	1,898	326	493		2,717	45,514	63,588
9.	12,009	3,745	15,754	1,898	322	488	699	3,407	46,528	65,689
10.	12,317	3,638	15,955	1,890	422	488	698	3,498	47,681	67,134
11.	12,607	3,632	16,239	1,895	422	487	697	3,501	49,297	69,037
12.	13,077	3,664	16,741	1,894	422	485	697	3,498	50,503	70,742
1939. 1.	13,403	3,659	17,062	1,894	421	464	694	3,473	52,160	72,695
2.	16,805	3,421	20,226	1,114	419	281	941	2,755	52,701	75,682
3.	17,162	3,448	20,610	46	416	13	940	1,415	54,332	76,357
4월 17일	15,671	3,022	18,693	41	253	4	937	1,235	58,070	77,998

자료: 『화북교통주식회사 창립사』, 1941년, 345쪽.

주: 만철의 일본인 사원 가운데 철도성에서 만철로 소속을 변경한 사원이 포함되어 있다. 1938년 12월에는 그 인원이 700명에 달했다(만철 북지사무국滿鐵北支事務局, 『흥아원 설명자료興亞院ニ於ケル說明資料』, 1939. 2.).

상정되어 있었다.[21] 그런 만큼 관동군은 전쟁 발발 직후 만철의 파견단을 늘리기 위한 보충책으로 철도성 직원들을 파견할 것을 희망했다.[22] 즉, 관동군은 만철 사원들을 중국 화북지역으로 보내고 이 때문에 발생하는 노동

21 『昭和十二年「密大日記」第二册』, 防衛硏究所圖書館 所藏.

22 陸軍省, 「滿鐵ニ對シ鐵道省從業員ノ派遣方ニ關スル件」, 『昭和十二年「陸滿密大日記 第十九號」』, 1937年 7月 29日.

력 부족을 철도성 직원들로 채우려 한 것이다. 그러나 이에 대해 철도성은 철도성 직원들을 만철 지휘하에서 만주철도 운영에 활용하기보다는 전장이자 점령지인 화북철도에 파견할 것을 주장하여 양쪽이 대립하기 시작했다. 결국 참모본부와 관동군, 철도성, 만철이 4자 간 절충을 거듭한 결과, 철도성 직원을 군속으로 야전철도 사령부에 파견하기로 하고 1937년 9월 21일에 '철도성 종사원의 만주 파견에 관한 건'을 결정하였다. 제1차로 철도성에서 파견한 종사원들(다카하시高橋 부대)은 1937년 10월 30일 선발대를 필두로 11월 11일까지 1,918명 전원이 펑톈에 집합했다.[23] 이 파견원들은 약 두 달 반 동안 대륙철도 경험을 쌓은 다음, 1937년 12월 하순부터 화북에 파견되어 북지사무국장의 지휘하에 점령철도에 배속되었다.

철도성은 육군성과 마찬가지로 국가기관의 일부로서, 일개 국책회사에 불과한 "만철에 대항하여 독립적으로 화북철도의 일부를 전담하기를 희망했지만, 군부는 이를 섹셔널리즘적 협견狹見이라고 보고 배제"하기로 결정한 것이다.[24] 이에 따라 1938년 1월 8일 '북지사무국의 철도성 파견원 인사 방침'이 결정되어 다카하시 부대(총무 20명, 운수 501명, 운전 930명, 공무 64명, 전기 151명, 공작 168명, 건설 84명)가 북지사무국장의 지휘하에 들어갔다.[25] 그러나 철도성 파견원이 만철 북지사무국의 지시를 받자 "관

23 鈴木貞 編,『北支派遣車輛修理班「鈴木部隊」の記錄』, 1978年, 11～16쪽.

24 安達興助, 앞의 책.

25 북지사무국의 철도성 파견원 인사 방침北支事務局に於ける鐵道省よりの派遣員の人事方針(1938年 1月 8日)은 다음과 같다. 1. 만철, 철도성의 융합을 꾀한다. 2. 만철 사원이 이미 배치되어 있는 곳에 철도성 종사원을 배치하여 일정 기간 같이 지내도록 한 다음 만철 사원을 제1선으로 보낸다. 3. 정타이·퉁푸 선에는 가급적 철도성 종사원을 배치한다. 4. 역장, 조역은 만철, 철도성의 양자 어느 쪽이든 임명한다. 5. 파견 순서는 대기 중인 우수자부터 한다. 6. 철도성은 파견원을 직명 변경하여 파견하도록 한다(상급으로 바꾸어 파견한다). 7. 철도성 파견원 1,800명을 2월 중순까지 기설선에 500명, 계획 신선에 600명을 배치하고, 최초의 계획대로 남은 650명도 배치한다. 8. 역관계 501명, 기관구관계 801명, 검차구관계 170명, 공무구관계 150명, 전기구관계 114명, 공장관계 168명 등 합계 1,904명을 기타 북지사무국, 철도사무소에도 배속한다. 복장은 만철의 유니폼을 착용하도록 하여, 산하이관을 넘은 북지지역

리로서 종래의 체면이 손상된 부분이 있었다"는 평가뿐만 아니라 현장 간부의 선임에서도 배제되는 등 "지위의 고하를 막론하고 대원들로부터 일제히 처우상의 불평불만이 제기" 되었다. 이에 철도성 직원들을 추가로 파견해달라는 요청이 제기되자 현지 군대의 조치를 비난하는 목소리가 통수부까지 전해졌고, 만철 사원들과 문제가 발생하지 않도록 "이후의 철도성 파견은 그 임무에 맡는 부대 조직을 취하기로" 하였다.

그래서 1938년부터는 철도와 교량 수복, 차량 수리, 특정 구간의 운영을 담당하는 기동 조직을 구성하도록 철도성 직원이 파견되었다. 1938년에 군의 요청으로 교량 수리반의 아다치足立 부대 430명, 차량 수리반의 스즈키鈴木 부대 498명이 파견되었다. 나아가 쉬저우 함락으로 점령한 룽하이 철도를 운영하기 위해 철도성에서 하추다羽中田 부대가 파견되었다. 이 부대는 하추다 기사를 부대장으로 제1차 파견원 699명이 구성되어 10월 6일 쉬저우에 도착했고, 이후 1939년 2월 1일에 제2차 파견원 248명이 도착했다. 이후 총 941명이 아오무라青村 부대장의 지휘 아래 쉬저우에 본부를 두고 룽하이 선상 점령 지역의 철도를 운영했다. 그러나 룽하이 선을 독자적으로 운영한 일은 급양給養, 자재 보급 등의 면에서 오히려 어려움을 가져왔다. 동시에 철도성이 화중철도의 운영 주체로 야마다山田 부대, 이노우에 츠요시井上剛 부대, 마루야마 다케지丸山武治 부대를 연이어 투입하였기 때문에 북지사무국을 지원하는 데에는 조직상의 한계가 있었다.[26]

그렇기 때문에 기존 중국인 종사원들을 활용하는 방안도 모색되지 않을 수 없었다. 북지사무국은 1937년 9월에 '북지 점령철도 종사원 채용 요령'을 제정하여 구역 내 중국인 구종사원의 복귀를 종용하고 인적자원을

에서는 북지사무국의 명령에 따르기로 한다. 市原善積(滿鐵北支事務局工作班長), 『業務日記』, 年度未詳.

26 關根保右衛門 編, 『華中鐵道沿革史』, 華鐵會, 1962年, 11～12쪽.

확충하려 했다.[27] 항일 사상이 없으며 전쟁 발발 이전까지 철도에 봉직한 자(단 고급 직원은 철도감의 허가를 받은 자에 한함)라는 요건을 갖춘 구종사원 중에서 근무 경험과 생활 상태를 고려하여 채용하였다. "만주와는 달리 가능한 한 지나인을 채용한다는 방침을 취했기 때문"[28]에 만철의 '만인滿人 사원들'이 중심이 되어 구종사원들에 대한 적극적인 설득 공작이 전개되었다. 자오지 선에서는 복귀를 거부한 중국인들이 '항일', '불온분자'로 낙인찍혀 피해를 입기도 했다.[29] 그 결과 1937년 12월 말까지 구종사원들 가운데 2만 3,602명이 복귀하였고, 화북교통주식회사가 창립될 무렵에는 그 수가 5만 8,070명(이 중 1만 명 이상이 신규 채용자)에 달했다.

그러나 표 2-3에서 볼 수 있듯이 구종사원들의 잔류율은 전쟁 초기에 일본군이 신속히 장악한 징산 선(베이닝철도)과 징바오 선을 제외하면 50퍼센트를 크게 밑돌았고 룽하이 선의 경우는 15퍼센트에 지나지 않았다. 전쟁이 전면화하자 국민당정부 측이 철도운수 사령부를 설치하고 철도부와 함께 전시 수송에 나서며 "군대와 더불어 진격하고 후퇴하라與軍隊同進退"고 명하여 조직적으로 '후퇴 공작'을 전개했기 때문이다.[30] 이 때문에 북지사무국은 1만 명 이상의 중국인을 새로이 채용해야 했다.[31]

구종사원들의 경우도 직무 능력을 볼 때, 전쟁 이전에는 외국인을 요직에 배치하고 중국인은 "일반 정치사회의 풍습에 맞춰 연고자를 등용하고 각자의 학식과 기능에 관해서는 많은 점을 고려하지 않았기 때문"에 개선

27 華北交通株式會社創立史編纂委員會, 앞의 책, 358~360쪽.

28 市原善積, 「1938年 1月 14日」, 『業務日記』, 年度未詳.

29 中共青島鐵路地區工作委員會·中國科學院山東分院歷史研究所·山東大學歷史系 編著, 『膠濟鐵路史』, 山東人民出版社, 1961年, 124쪽.

30 李占才·張勁, 『超載: 抗戰與交通』, 廣西師範大學出版社, 1996年, 60~72쪽.

31 표 1-7과 표 2-3에서 잔류 사원 수가 약 4만 6,000명이었다고 추계되기 때문에, 이를 5만 8,070명에서 뺄 경우 신규 채용된 중국인은 약 1만 2,000명에 달한다. 다만 표 3-1의 종사원 수가 1935년 기준이라는 점을 감안하면, 잔류자 수는 약간 늘 가능성이 있다. 이 때문에 필자는 1만 명 이상이 신규 채용되었다고 추정하고 있다.

표 2-3 만철 북지사무국의 중국인 구종사원 잔류율 (단위: 퍼센트)

노선	징산 선	징바오 선	자오지 선	진푸 선	징한 선	정타이 선	퉁푸 선	룽하이 선
잔류율	92.0	60.0	40.0	30.0	30.0	불명	17.0	15.0
(참고)	100.0	73.9	45.1	24.1	41.5	67.0	불명	불명

자료: 북지나방면군 사령부, 『북지철도현황北支鐵道現況』 1938년 11월; 화북교통주식회사, 『수송 현황과 수송력 확보 대책輸送ノ現況ト輸送力確保對策』 1945년 2월.

주: 기본 수치는 시간적으로 최종적인 집계가 가능하다고 판단되는 1945년 2월 자료를 이용했다. 다만 진푸·징한 노선의 30퍼센트는 자료상 양 노선의 합계 잔류율이다. 참고 수치는 1938년 11월의 잔류율이다.

의 여지가 많았다. 60세 이상의 노령자 또한 상당히 많았고 인원 정리와 보충도 필요했다.[32] 또한 이들은 일본어를 이해하지 못했을 뿐만 아니라 일본의 효율적인 철도 운영 방식[33]에도 익숙하지 않았기 때문에, 북지사무국은 베이징에 직할 기관으로 중앙철도교습소를 설치하여 1938년 6월부터 중국인 참장과 부참장들을 재교육하였다.[34] 이 강습소는 같은 해 9월 18일에 중앙철로학원으로 개칭하고 각 철로국에 교육 시설을 설치하여 '만인 사원'이 일본의 철도 시스템에 적응하는 데 필요한 지식과 기술을 교육하는 한편 일본어를 보급했다.

그럼 만철 북지사무국의 인적 운용 방식을 검토해보자. 북지사무국은 1938년 3월 사업 자금과 관련하여 사무국에 일본인 70퍼센트와 중국인 30퍼센트, 철도사무소에 일본인 50퍼센트와 중국인 50퍼센트, 현장에는 일본인 10퍼센트와 중국인 90퍼센트라는 민족별 구성을 상정하였다.[35] 표

32 탕산공창唐山工廠의 경우, 중국인 공작공 가운데 60~75세가 147명이나 있어 전체의 20퍼센트를 차지했다. 市原善積, 「1938年 3月 28日」, 『業務日記』, 年度未詳.

33 제1차 세계대전 후 도시화와 중화학공업화가 진전되어 수송 수요가 급증하였음에도 불구하고, 육군과 철도 관료들이 요청한 광궤 개축이 정우회의 정치적 이해 때문에 부정되었다. 이 때문에 철도 국유화 이후 철도시설의 효율적 이용에 대한 필요성이 보다 강하게 제기되었음에도 불구하고, 배차와 차량 수리라는 양 기술에서 자본 투입이 절약된 일본 국철의 철도 운영시스템이 구축되었다. 拙稿 「戰前期國鐵における鐵道運營管理の特質と內部合理化」, 『戰間期の都市化と交通·運輸』, 日本經濟評論社, 2010年.

34 「創業四周年, 躍進社業の現狀」, 『興亞』, 第46號, 1943年 4月, 6쪽.

표 2-4　　만철 북지사무국의 원소속별 요원의 점유율과 배치율(단위: 명, 퍼센트)

직장별	만철(일본인)			만철(만주국인)			철도성 파견원			구종사원			합계		
	인원	배치	점유	인원	배치	점유	인원	배치	점유	인원	배치	점유	인원	배치	점유
본국	1,653	13	65	198	6	8	102	5	4	579	1	23	2,532	4	100
철로국	1,968	15	37	78	2	1	118	6	2	3,091	6	59	5,255	8	100
판사처·출장소	301	2	62	18	1	4	41	2	8	125		26	485	1	100
자동차사무소	148	1	97	4		3							152		100
용도用度사무소	93	1	20							373	1	80	466	1	100
철로학원	28		42	24	1	36				15		22	67		100
의원·진료소	301	2	43	63	2	9				344	1	49	708	1	100
소계	4,492	34	46	385	12	4	261	13	3	4,527	9	47	9,665	15	100
철로공창	397	3	4	15			159	8	1	10,462	21	95	11,033	16	100
징산 선	1,418	11	10	328	9	2	46	2	0	11,775	23	87	13,567	20	100
진푸 선	1,707	13	25	538	15	8	171	9	3	4,399	9	65	6,815	10	100
자오지 선	673	5	16	259	7	6	187	10	4	3,138	6	74	4,257	6	100
징한 선	1,608	13	21	811	23	11	353	19	5	4,816	10	63	7,588	11	100
다오칭 선	82	1	27	49	1	16				176		57	307		100
정타이 선	388	3	14	188	5	7	195	10	7	1,927	4	71	2,698	4	100
퉁푸 선	767	6	28	553	16	20	350	19	13	1,076	2	39	2,746	4	100
징바오 선	1,249	10	13	369	10	4	154	8	2	7,792	15	81	9,564	14	100
징구 선京古線	77	1	15	31	1	6	2			415	1	79	525	1	100
소계	8,366	66	14	3,141	88	5	1,617	87	3	45,976	91	78	59,100	86	100
합계	12,858	100	19	3,526	100	5	1,878	100	3	50,503	100	73	68,765	100	100

자료: 만철 북지사무국, 『북지철도상황』, 1938년 12월 하순.

주: 1. 점유율은 해당 직장에 대한 특정 민족 소속의 비율이며, 배치율은 특정 민족의 직장별 비율이다.

2. 자료상 표 2-2의 수치와는 맞지 않는다.

3. '만주국인'은 중국인이지만 화북지역의 중국인과 구분하기 위해 원래 자료대로 기재한다.

2-4를 통하여 실제로 배치된 인원 상황을 보면, 중국인의 비율이 본국에서는 31퍼센트였지만 철도사무소(철로국)에서는 예상보다 높은 60퍼센트에 달하였고, 철로공창과 각 노선에서는 예상보다 적은 83퍼센트에 불과했다. 즉 예상보다 중국인의 중간관리층 잔류가 많았던 반면, 현업원의 잔

35 市原善積, 「1938年 3月 10日」, 『業務日記』, 年度未詳.

류는 약간 적었다. 소속별 직원의 배치율과 점유율을 비교해보면, 만철의 일본인 사원들이 철도 관리부서인 본국과 철로국에 많이 배치되어 철도 운영의 주도권을 장악하고 있었다. 반면 철도성 직원들은 기술자 중심으로 배치되어 비교적 현업에 많았다. 현장직에는 중국인들이 배치되었지만, 그 비율은 노선별 구종사원의 잔류율과 거의 일치했다. 이는 주로 구종사원의 잔류가 적은 부분을 보완하는 형태로 현업 부문에 배치했기 때문으로 보인다. 또한 노선별 배치율을 보면, 간선망으로서 해당 노선의 중요성에 따라 요원이 배치된 것을 알 수 있다. 그 가운데 주목할 만한 것은 '만주국인' 사원이라는 존재이다. 이들은 일본인을 정점으로 하는 운영 때문에 일본인 사원들에 비해 수는 적었지만, 연선 주민에 관한 촌락 상황 조사, 선무 공작, 통역을 담당하는 동시에 현장에서는 구종사원의 복귀를 설득하고 일본어 교육은 물론 "일본인 간부와 연락을 취해 중국 동료의 교육 지도에 노력"하는 중요한 역할을 수행했다.[36]

이와 같이 북지사무국은 만철 파견원들을 주체로 하고, 철도성에서 파견한 인력이 증가함에 따라 그 진용을 강화하고, 여기에 화북철도의 구종사원들을 추가하여 인력을 운영했다. 즉 화중철도가 주로 철도성에서, 화남철도가 타이완총독부 교통부에서 요원을 받은 것과는 크게 다른 것이 화북철도의 특징이었다.

다음으로 물적자원의 공급에 관해 알아보자. 중일전쟁 초기에는 레일, 침목 등의 주요 자재를 만철이 전적으로 공급했지만, 1938년 7월 29일부터 8월 11일에 걸쳐 만주국 동남단 장구펑張鼓峯에서 일본과 소련의 국경 분쟁이 발생하여 사실상 양측이 전투를 벌이는 장구펑 사건이 일어나자 소련과 만주국 국경의 정세가 불안해져 자재 조달이 힘들어졌다. 결국 군

36 滿鐵 · 華北交通社員會 編, 「華人社員健闘座談會」, 『支那事變大陸建設手記』, 滿鐵社員會, 1941年, 598~605쪽.

의 조정에 의지할 수밖에 없어졌고, 자재 확보는 더 곤란해졌다. 그 결과 불충분한 보수로 인해 징한 선 같은 경우는 침목의 50퍼센트가 이미 교환 시기에 달했으며, 보안·통신시설 또한 극히 빈약하여 룽하이 선의 경우 전혀 보안시설을 보유하지 못한 상태였다. 게다가 외국의 차관과 기술로 건설되었기 때문에 각 철도의 규격이 일정하지 않았다.[37]

철도차량(표 2-5)의 경우, 만철(조선국철 포함)은 스스로의 차량 부족에도 불구하고 초기에는 전 노선에 걸쳐 여객열차와 화물열차 일부의 운행을 중지하고 1937년 11월 1일 이후 강력한 중앙통제를 가하여 북지사무국에 매월 4,000~5,000대의 차량을 제공했다.[38] 1938년 전반까지 만철의 차량이 전시 수송에서 중요한 역할을 수행한 것은 당연한 일이다.

그러나 인적자원과 같이 모든 차량을 만철에서 확보하는 것은 만주의 교통 사정을 고려할 때 불가능했다. 결국 1937년 9월 1일 만철 철도총국과 관동군이 철도성 차량의 전용에 관하여 논의하고 철도성과 계속 교섭한 결과 약 2개월 안에 철도성의 기관차 100대, 화차 1,200대를 표준궤 전용으로 바꿔 화북에 공출하도록 하였다.[39] 그 결과 이른바 '성 차량省車輛'들이 해체, 선적되어 11월부터 다롄, 부산, 칭다오로 회송되어 철도공장에서 조립되었고, 1938년 6월까지 화북의 작전지로 보내졌다. 이때 실제로 공출된 성 차량은 기관차 120대, 화차 1,600대에 달하였다. 또한 게이지가 1미터에 불과한 산시 성의 정타이·퉁푸 노선이 점령되자 1924년에 설립된 영업킬로 65.3킬로미터의 사설철도인 만주 카이펑開豊철도의 협궤기

37 北支那方面軍司令部, 『北支鐵道現狀』, 年度未詳(內容は 1938年 7月末 現在).

38 만철은 차량 부족을 완화하기 위해 다음과 같은 조치를 취하였다. ① 화물열차의 속도 향상과 열차 계통 재확립, ② 종결 수송 조정, ③ 화차 적재 효율 향상, ④ 화차 운용 효율 향상, ⑤ 보유 화차의 충실, ⑥ 구내 작업 개선, ⑦ 하역 작업 촉진, ⑧ 야간 영정차盈停車의 전무화, ⑨ 야간 하역 작업 강행, ⑩ 차종의 융용화, ⑪ 반환 공차의 반로返路 이용. 華北交通株式會社創立史編纂委員會, 앞의 책, 513쪽.

39 華北交通株式會社創立史編纂委員會, 앞의 책, 519~533쪽.

표 2-5 화북철도의 원기관별 보유 차량 (단위: 대)

연월	기관차					객차				화차				
	만·조	일본	신규	화북	계	만·조	신규	화북	계	만·조	일본	신규	화북	계
1937. 9.	172			194	366									
10.	172			232	404	162		320	482	5,335			2,875	8,210
11.	179			280	459	177		368	545	4,298	154		3,500	7,952
12.	197	14		318	529	217		417	634	4,145	444		3,692	8,281
1938. 1.	197	59		326	582	285		419	704	4,160	476		3,732	8,368
2.	213	110	2	333	658	351		592	943	4,763	1,256	107	3,924	10,050
3.	201	155	8	334	698	267		586	853	4,910	1,593	220	4,378	11,101
4.	202	165	8	334	709	243		640	883	4,668	1,598	299	4,726	11,291
5.	208	165	8	334	715	238		672	910	5,114	1,624	426	5,217	12,381
6.	206	178	33	394	811	210		769	979	4,553	1,796	557	5,199	12,105
7.	207	185	43	409	844	207		733	940	4,234	1,784	560	5,602	12,180
8.	207	185	47	414	853	212		733	945	5,060	1,784	582	5,590	13,016
9.	209	185	47	424	865	218		758	976	4,158	1,793	591	6,472	13,014
10.	212	185	47	424	868	236	12	758	1,006	4,029	1,788	605	6,460	12,882
11.	211	194	48	420	873	256	12	750	1,018	4,150	1,885	652	6,457	13,144
12.	211	194	53	420	878	233	20	672	925	4,076	1,780	668	6,688	13,212
1939. 1.	203	194	60	434	891	201	55	666	922	3,880	1,890	930	6,724	13,424
2.	186	194	78	441	899	173	79	659	911	3,499	1,881	1,203	6,688	13,271
3.	154	211	93	446	904	170	84	659	913	1,774	1,919	2,469	6,688	12,850

자료: 『화북교통주식회사 창립사』, 1941년, 517~519쪽.

주: 만·조는 만철과 조선국철에서 양도하거나 임대한 차량과 화북지역으로 진입한 차량이고, 일본은 철도성에서 양도한 차량이며, 신규는 신규 제조 차량이다. 또한 화북은 베이닝철도 차량 및 노획한 차량, 카이롼開灤탄광 차량이다.

관차 4대와 화차 25대가 급히 송출되어 개궤改軌 후 전용되었다.

일본과 조선, 만철의 차량 공출뿐 아니라 베이닝철도의 차량과 노획 차량 활용 또한 중시되었다. 베이닝 선은 당초에 영국의 권익을 존중하여 일반 영업 취급에 전혀 간여하지 않는다는 방침이었지만, 기관차가 부족해지자 9월 22일 철도감이 베이닝철로국에 화물기관차 15대를 제공해달라고 요청하였다. 뿐만 아니라 11월 29일에는 베이닝철로국에 현지 수송사무소장이 요구할 경우 시기를 놓치지 않고 제공할 것을 요청했으며, 1938

년에 군명으로 이 철도의 실권을 장악한 이후에는 이곳의 차량을 다른 차량과 함께 일괄적으로 운용했다.

한편 베이닝 선 진저우부터 핑쑤이 선 공략까지는 중국군의 철도 파괴가 심각하지 않았지만, 일본군이 핑한, 진푸, 자오지, 퉁푸 등의 각 철도를 이용하여 공격을 확대하자 중국군은 철저한 '철퇴 공작'을 전개했다. 그러나 1938년 4월 7일부터 6월 7일까지 장쑤 성, 산둥 성, 안후이 성, 허난 성 일대에서 전개된 일본 육군과 중국 국민혁명군 사이의 대전투인 쉬저우회전徐州會戰 때는 북지나방면군이 중지나방면군과 협동 작전을 펴며 충분한 준비 기간을 두고 협공 태세를 취했기 때문에, 철도대가 우회 포위 공격하는 지상 병력과 함께 후방의 철도 요점을 점령하고 많은 차량을 노획했다.[40]

이에 북지사무국은 공작반을 중심으로 공작 요원들을 산하이관·탕산·난커우·장자커우·톈진·지난·창신뎬·스자좡·타이위안·쓰팡 등 10곳의 철로공창에 배치하여 노획 차량들을 수리했다.[41] 탕산과 산하이관의 공창은 전쟁 피해를 입지 않아 종사원들이 전처럼 수리 작업을 했지만, 톈진과 창신뎬, 장자커우의 세 공창은 건물과 기계 설비에는 피해가 없었지만 많은 종사원이 소개되었기 때문에 일본 측 요원이 배치되고 구종사원들이 복귀한 이후 수리가 재개되었다. 반면 난커우와 스자좡의 공창은 건물 자체가 파괴되고 기계 설비 또한 파괴되거나 소개되어 응급 복구 후에 수리를 시작할 수밖에 없었다. 앞에서 지적했듯이 기술자들로 구성된 스즈키 부대가 철도성에서 파견되어 본부 30명, 제1이동수리반(제1공작열차) 42명, 제2이동수리반(제2공작열차) 50명, 제1고정공장반 88명, 제2고정공장반 207명, 제3고정공장반 79명의 도합 496명이 노획 차량들을

40 安達興助, 앞의 책.

41 市原善積, 「1938年 2月 10日」, 『業務日記』.

수리했다.[42]

노획된 차량들은 전부터 이어진 내란 등으로 인하여 제대로 보수되지 않았고 각 철도의 경영 주체도 달랐기 때문에 그 종류가 다양했다. 특히 연결기와 제동장치가 일본의 것과 달라서 차량 혼용이 불가능했기 때문에 운용 효율이 극히 낮았다. 이에 북지사무국은 연결기의 높낮이가 다른 차량을 연결하는 중간연결기를 제작하고, 새 회사를 설립할 때까지 노획 차량 가운데 기관차 260대, 객차 401대, 화차 2,963대, 총 3,624대의 연결기를 개조했다.[43] 이들 차량은 운용 차량의 절반 이상을 차지하기는 했지만 "지나 측이 가져간 차량 수가 사변 전 차량의 56.5퍼센트를 차지했기 때문에 노획한 차량은 43.5퍼센트에 지나지 않았다".[44]

자연히 수송력의 증가에 맞추어 차량의 추가 공급이 필요해졌다. 특히 장구펑 사건이 발생한 다음 만철의 차량 지원이 힘들어지자 지나방면군(제3과·특무부)과 북지사무국은 1937년 말에 군사비에서 지출되는 1938년도 북지차량 신규 제조 계획을 세워 군 중앙부에 인가를 요청하였다. 이 계획은 군사비 8,500만 엔으로 기관차 220대, 객차 180대, 화차 5,000대, 특수차량 58대를 제작한다는 내용이었다. 계획은 1938년 3월 31일에 원안대로 인가되어 1939년 4월 말까지 기관차 70대, 객차 139대, 화차 2,441대가 증가했다.[45]

42 鈴木貞, 앞의 책, 22쪽.

43 満鐵北支事務局工作班, 『工作班部所功績調査資料(自昭和12.7.7至昭和13.4.30)』, 1938年 8月 29日.

44 北支那方面軍司令部, 『北支鐵道現況』, 1938年 11月 1日.

45 만주와 소련 국경 방면의 정세가 악화되어 북만 방면에서도 준전시 태세가 취해지자, 1938년 4월 28일 관동군 참모장의 지령으로 회입 차량의 축소와 만철에서 화북으로 대여되는 차량의 제한(4월 말 현재 수 수준)이 결정되었다. 뿐만 아니라 7월에 약 1개월에 걸친 장구펑 사건이 발생하였기 때문에, 12월 30일에는 관동군과 북지나방면군 철도 주임참모 사이에 "원칙적으로 화북철도에 대한 신조 차량의 배급 수 및 만철, 조선철도국에서 들어오는 차량 수를 만철, 조선철도국에 대한 반환 차량 수와 거의 같도록 한다"는 각서가 교환되었다. 華北交通株式會社創立史編纂委員會, 앞의 책, 514쪽.

이상과 같이 만철 북지사무국은 초기에는 만철의 전적인 지원으로 경영자원을 얻어 운영되었지만, 내부의 경영자원이 반드시 '규격화' 된 것은 아니었다. 또한 만철 자체의 수송력 증강이 시급한 과제로 떠오르자 화북에 대한 추가 지원이 곤란해졌고, 북지사무국은 화북에 독자적인 철도 시스템을 구축하지 않을 수 없었다.

2) 만철 북지사무국의 시설 복구 · 증강과 수송 실태

중일전쟁이 발발하자 화북철도의 많은 시설이 파괴되어 열차 운행이 감소하고 운행 속도 또한 대단히 느려졌다. 뿐만 아니라 부족해진 수송력을 군사수송에 우선적으로 할당했기 때문에 일반 영업 수송은 극도의 압박을 받았고 물자 부족과 물가 상승이 이어졌다.

화북철도는 일본군이 중국군의 후방 수송로를 파괴하고, 패퇴하는 중국군 역시 철도를 파괴하여 심각한 시설 피해를 입었다. 초기의 피해는 선로 노반에 소규모 참호를 만드는 등 직접적인 전투를 위한 것이었다. 이후 중국군은 교전력이 약화되자 일본군의 침투를 저지하기 위해 다양하고 정교한 수단과 방법을 활용했다.[46] 그 범위도 전선이 넓어지는 것과 함께 모든 노선으로 확대되었다. 표 2-6에 의하면 손해를 입은 철도 시설은 노반, 궤도, 교량, 급수 시설 등 약 15종에 달하고, 총건수는 약 7,221건, 파괴율은 전체 시설의 약 16.8퍼센트, 1킬로미터당 건수는 1.6건이었다. 각 노선별 피해 건수와 파괴율은 징산 선 145건(16.4퍼센트), 진푸 선 2,478건(18.7퍼센트), 징한 선 1,750건(20.9퍼센트), 징바오 선 913건(7.3퍼센트), 자오지 선 613건(18.6퍼센트), 정타이 선 553건(32.7퍼센트), 퉁푸 선 769건(19.1퍼센트)이었다. 전쟁이 진행되는 데 따라 피해도 커졌던 것이다.

피해 시설 복구는 철도부대가 응급 복구를 하면서 전진하면 북지사무국

46 李占才 · 張勁, 앞의 책, 60~72쪽.

표 2-6 화북철도의 시설 파괴 상황 (1937. 7.~1939. 4.)

시설 명칭	단위	수량	건수	파괴율(퍼센트)
노반	미터	불명	60	불명
궤도	미터	167,720	279	3.6
교량	미터	8,804	319	14.9
급수시설	역	60	145	41.6
승하차시설	역	5	5	불명
검차시설	역	5	5	불명
기무시설	역	12	15	17.7
통신전주	개	2,209	2,209	불명
시설전선	킬로미터	3,800	3,800	불명
신호시설	역	137	137	31.0
전력시설	역	16	16	불명
공창시설	역	2	34	20.0
참(역) 건물	역	87	134	419.6
철로국 건물	역	1	1	14.3
각 단(사무소) 건물	역	25	27	불명
주택 건물	역	15	28	3.4
기타 시설	역	7	7	1.6
합계			7,221	16.8
1킬로미터당 건수			1.6	

자료: 『화북교통주식회사 창립사』, 1941년, 469~471쪽.

이 본격적인 작업에 돌입하는 형태로 이루어졌다. 그중에서도 피해가 심각했던 징한 선의 장더彰德 이남과 신샹新鄉 이남, 진푸 선 황허 교량 등의 복구 공사는 군명으로 북지사무국이 담당하였다. 그 밖에도 궤도수리반과 교량수리반이 수시로 출동하여 군과 협력하며 복구 작업을 했다. 또한 만철에서 기술자를 파견하는 일이 힘들어지자 군대는 파괴된 교량을 수리할 요원을 파견해달라고 철도성에 요청했고, 이에 앞에서 언급한 바와 같이 기술자들로 구성된 아다치 부대가 편성되어 제1회 파견단 300명이 1938년 2월 24일 진푸 선의 다원허大汶河에 파견되었다. 그 후 제2회 파견단 30명(3. 8.), 제3회 파견단 100명(10. 15.)이 추가로 파견되었다. 그 결과 표 2-7

표 2-7　　만철 북지사무국의 노선별 시설 파괴 및 복구 상황

(1938년 9월 말, 단위: 킬로미터, 퍼센트, 1만 엔)

선별	선로 연장 (지선 포함)	교량		궤도		급수		건물		공장	
		파괴율	복구율	파괴율	복구율	복구비 (1만 엔)	복구율	복구비 (1만 엔)	복구율	복구비 (1만 엔)	복구율
징산	464	5.0	100	1.0	100			8	100	10	70
징바오	875	61.0	100	3.0	100	9	5	12	90	30	50
징한(베이징·신샹)	904	14.0	95	15.0	100	98	40	17	80	5	100
진푸	1,175	29.3	70	5.5	100	44	50	29	60	330	30
자오지	451	13.8	40	28.0	100	26	20	13	70	205	20
정타이	297	17.8	98	8.5	100	8	75	11	80	20	50
퉁푸	939	22.0	60	11.0	100	48	10	14	50		
룽하이(롄윈·쉬저우)	223	20.0	0	18.0	20	20	10	8	10		
전全 철도	5,328	17.0	70	5.5	97	253	31.5	112	70	600	50

자료: 『북지철도현황』, 1938년 11월.

과 같이 1938년 9월 말에는 이미 교량의 70퍼센트, 궤도의 97퍼센트, 급수의 31.5퍼센트, 건물의 70퍼센트, 공장의 50퍼센트가 복구되었다.

이와 함께 일본 당국이 화북 산업개발을 염두에 두고 구체적인 입안 작업을 추진했던 만큼 기존 노선의 수송력도 동시에 증강되었다. 점령철도를 운영하는 방침인 '북지나 제 철도 운영 요강'이 실시된 지 얼마 되지 않아 관동군과 북지나방면군, 만철 관계자 사이에 '베이닝철도 수송 능력 증강 요령'(1937. 10. 23.)이 결정되었고, 이듬해 2월까지 베이닝철도의 수송력을 선로 용량 30개 열차의 수준으로 높이는 증강 공사가 추진되었다. 이러한 가운데, 기존의 대본영안(1억 3,200만 엔)을 8,000만 엔 규모로 축소하는 '북지 제 철도 증강병 복구 계획'이 1938년 1월 말에 결정되었다.[47] 이로써 징한 선은 견인차량 40대로 구성된 열차 18회 운행, 진푸 선은 견인차량 40대로 구성된 열차 16회 운행, 징바오 선은 견인차량 10대로 구성된 열차 24

47 華北交通株式會社創立史編纂委員會, 앞의 책, 478~486쪽.

회 운행, 자오지 선은 견인차량 40대로 구성된 열차 17회 운행, 정타이 선과 퉁푸 선은 기존 능력 유지를 목표로 증강 공사가 추진되었지만, 정세 변화와 자재 부족, 수해 등의 영향 때문에 상당한 변경이 불가피했다.

앞에서 지적했듯이 수송력 증강에 필요한 철도 자재를 조달할 수 없게 된 만철은 부족한 양을 군에 의뢰했지만, 군이 보유한 자재 중 많은 부분이 이미 작전에서 사용되고 보선용 자재 또한 부족하자 어쩔 수 없이 기존 시설 철거, 현지 조달, 대용 자재 사용 등이 실행되었다. 이러한 상황 속에서도 일본군은 신노선을 부설하고 군사적 가치가 높은 퉁구通古(퉁저우通州-구베이커우 구간 126킬로미터), 닝우寧武(다퉁大同-닝우寧武 구간 196킬로미터), 신카이新開(신샹-카이펑 구간 102.9킬로미터)의 3개 노선을 건설하도록 만철과 철도대에 명하여 1938~1939년에 각각 완공했다.[48]

점령 체제가 확립되고 자원 개발이 진척되자 북지사무국은 철도를 복구하고 차량을 늘려 급속히 수송력을 증강하려 했다. 이에 따라 조선과 만주, 화북 간 국제열차의 운행이 개시되어 1938년 10월에 베이징과 부산 간 급행 직통열차, 베이징과 신징新京(지금의 창춘) 간 급행 직통열차가 운행되기 시작했고, 이듬해 3월에는 베이징과 난징 사이에 '일관 수송'이 재개되었다.[49] 수송 형태에서도 새로운 움직임이 보였다. 일본이 상하이·난징·쉬저우·광둥·한커우 등을 함락하고 전선이 오지로 이동하며 대규모 작전이 일단락되자, 주요 거점과 철도 연선 등을 중심으로 전개된 군사수송은 잔당 소탕, 철도 수비 등에 수반된 소규모 작전이 되었다. 열차킬로미터를 기준으로 한 군사수송의 비율은 1937년 상반기 72퍼센트에서 같

48 滿鐵通州建設事務所, 『通古線建設概要』, 1938年 2月; 滿鐵調査部 編, 『支那經濟年報』, 1940年度版, 改造社, 220~221쪽.

49 朝鮮鐵道局營業課旅客係長 稻川正一, 「釜山·北京直通列車運轉に就て」, 朝鮮鐵道協會, 『朝鮮鐵道協會會誌』, 1938年 10月; 淺谷實次, 「日支事變に於ける鐵道戰史(北支, 自昭十三年四月下旬至昭十四年十二月上旬)」, 1947年 7月, 厚生省復員局, 『軍事鐵道記錄 II』, 年度未詳.

표 2-8 만철 북지사무국의 수송 실적 (단위: 1천 톤, 퍼센트, 1천 명)

연월	화물								여객
	군용품		회사용품		영업품		계		
1938. 4.	292	32	89	10	520	58	901	100	544
5.	488	34	108	8	837	58	1,433	100	496
6.	382	27	132	9	881	63	1,395	100	535
7.	437	31	157	11	836	58	1,431	100	599
8.	392	28	184	13	849	60	1,425	100	560
9.	425	27	164	10	985	63	1,575	100	627
10.	359	21	221	13	1,158	67	1,738	100	754
11.	429	21	309	15	1,301	64	2,039	100	897
12.	436	22	316	16	1,243	62	1,995	100	870
1939. 1.	618	29	250	12	1,278	60	2,146	100	888
2.	557	28	274	14	1,140	58	1,971	100	814
3.	565	24	346	15	1,396	61	2,306	100	1,501

자료: 『화북교통주식회사 창립사』, 1941년, 387~388쪽.

은 해 하반기에 48퍼센트로 감소했고, 나아가 1938년 상반기와 하반기에 각각 26퍼센트, 27퍼센트로 안정되었다.[50] 반면 민간 수요에 대한 수송 제한이 완화되자, 민수화물과 여객수송은 비약적으로 늘어 결국 군사수송을 훨씬 능가했다(표 2-8). 1938년 들어서는 영업품이 60퍼센트를 웃돌았고, 회사용품 또한 10퍼센트 이상을 기록하였다.

1938년의 화물 발송 내역을 보면 군수품 27퍼센트, 회사용품 12퍼센트, 영업품 61퍼센트(광산품 39.9퍼센트, 농산품 9.0퍼센트, 임산품 0.8퍼센트, 축산품 0.7퍼센트, 수산품 0.6퍼센트, 기타 10.2퍼센트)였다. 즉 석탄이 압도적인 비율을 차지했고, 나머지는 주로 농산물 등 제1차 산업 생산물이었다. 이러한 점에서 석탄과 농산물뿐만 아니라 면화, 양모, 소금 등도 계절적 출하 변동을 피할 수 없었기 때문에 화북철도의 화물수송은 계절에 따라 달라질 수밖에 없었다. 또한 화물 이동을 지리적 관점에서 보면, 화북의 물자

50 華北交通株式會社創立史編纂委員會, 앞의 책, 388~389쪽.

는 구예古冶·탕산·먼터우거우門頭溝·커우취안口泉 등의 탄광 지구에서 톈진·베이징·지난·스자좡 등의 도시와 친황다오秦皇島·칭다오·탕구 등의 항구로 집중되었다.[51] 이러한 지역의 화물 발착 비율을 보면 석탄 반출 참(역)에서는 발송 97~98퍼센트 대 도착 2~3퍼센트이라는 편재성을 보였고, 항구와 도시부의 참(역)에서도 그 정도로 극단적이지는 않았지만 화물 이동의 편재성이 뚜렷했다. 화북 내 산업들의 연관성이 약하고 일본에 공급하는 석탄을 중심으로 영업품이 증가하는 철도수송의 동태는 이러한 편재성을 완화시키기는커녕 보다 심각하게 만들었다.

이와 같은 철도수송에서 수요가 전에 비해 줄었음에도 불구하고 수송력이 부족해지는 현상이 발생하였다. 반입량에서 발송량을 뺀 것이 역 구내 재화在貨 톤수인데, 그림 2-2를 통하여 그 추이를 보면 10만 톤 이상의 재화가 해소되지 못했다. 1938년 7월 시점에서 "하루 발송 톤수는 약 4만 6,000톤으로 잡화 톤수는 2일 내지 3일로 발송을 완료할 수 있었다. 다만 실제로는 군수품에 절대적 우선권이 부여되기 때문에 일반 민수화물은 발송되기까지 10일 정도를 요한다"라고 관측되었다.[52] 이러한 재화의 구성(1938. 12.)을 보면, 군수품과 회사용품이 각각 2퍼센트와 8퍼센트에 지나지 않았던 반면 영업품은 90퍼센트에 달하였다.[53] 따라서 북지산업개발 5개년계획을 원활히 추진하기 위해서도 화북철도의 수송력 회복과 증강은 긴급한 과제였다.

이상과 같이 군사수송이 축소되고 피해 시설이 복구되면서 철도수송이 어느 정도 안정되는 것처럼 보였지만, 불안정 요인이 여전히 잠재했고 초과수요 현상도 해소되지 못하여 수송력 부족 현상이 뚜렷했다. 이러한 이

51 東亞研究所, 『支那占領地經濟の發展』, 1944年, 316~318쪽; 華北交通株式會社創立史編纂委員會, 앞의 책, 425~427쪽.

52 北支那方面軍司令部, 「北支ニ於ケル輸送狀況ト滯貨ニ就テ」, 1938年.

53 滿鐵北支事務局, 『北支鐵道狀況』, 1938年 11月 下旬分.

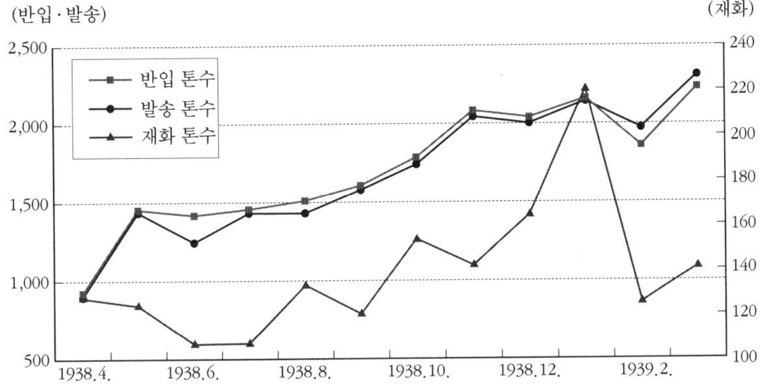

그림 2-2 화북교통의 반입·발송·재화 톤수(단위: 1천 톤)
자료: 「화물수송의 실적貨物輸送の實績」, 『흥아』 제2호, 1939년 7월, 4~5쪽.

유 때문에도 북지사무국은 계획수송planned transportation을 전면적으로 실시하지 않을 수 없었다. 돌발적인 군사수송은 평상시의 균형적 수송(소위 평조수송平調輸送 혹은 평준수송平準輸送)을 저해했다. 수송을 불안정하게 만드는 요인은 이뿐만이 아니었다. 항일 게릴라의 철도 파괴가 북지사무국에게 새로운 위협이 되었기 때문이다.

당시 '비해匪害'라고 불린 게릴라들의 활동으로 입은 피해를 주목해보면, 일본의 점령 초기에는 발생 정도가 산발적이고 소규모였다. 그러나 1938년 2월 10일에 발발한 징한 선의 바오딩保定과 둥창서우東長壽 간의 습격을 계기로 표 2-9와 같이 게릴라들이 전선에 폭넓게 걸쳐 준동했다.[54] 규모와 수법 또한 점차 커지고 교묘해져서 수 킬로미터의 선로 궤도 반전, 소와 말을 이용한 궤도 파괴, 폭약과 지뢰를 이용한 열차 탈선, 교량 파괴, 발전소·신호소·역사 습격, 전신주 파괴, 통신선로 절단 등 모든 수단이 동원되었다. 이에 따라 사상자와 피랍자도 증가했는데, 이러한 피해는 1938년 9월경까지 북지나방면군의 치안 확보가 철도 연선과 주요 도시에

54 滿鐵·華北交通社員會, 「保定站の華人たち」, 『支那事變大陸建設手記』, 606~611쪽.

표 2-9 화북철도의 게릴라 피해와 사상자 (단위: 명)

연월	선로 파괴	열차 습격	전선 절단	역사 습격	공습	계	사망자	부상자	피랍자	계
1937. 7.							1(1)			1
8.							2			2
9.							3	4(1)		7
10.							8(2)	6(5)		14
11.							6	1		7
12.							4(1)	5(3)	1	10
1938. 1.	4		1	1		6	7(1)	1	1	9
2.	23		22	6	1	52	16(14)	13(7)	25	54
3.	18	1	10	3	1	33	9(1)	5(4)	1	15
4.	41	1	37	19	3	101	10(6)	17(11)	2	29
5.	57	6	39	26	2	130	15(6)	8(8)	12	35
6.	59	4	35	20		118	12(8)	9(9)	10	31
7.	76	9	20	18		123	20(5)	8(5)	12	40
8.	86	13	125	68		292	16(9)	15(10)	8	39
9.	38	9	98	10		155	18(10)	70(23)	7	95
10.	42	8	88	20		158	14(6)	78(29)	3	95
합계	444	51	475	191	7	1168	161(70)	240(115)	82	483

자료: 『북지철도현황』, 1938년 11월.

주: 1. 1937년의 게릴라 피해는 명확하지 않지만, 당시는 게릴라 공격이 1938년 1월과 같이 본격화되지 않았다.

2. 사망자와 부상자의 괄호 안은 전사자와 전상자이다.

한정되어 있었음을 가리킨다.

현장 기관만으로는 도저히 이 상황에 대응할 수 없었지만, 북지사무국은 수시로 이동 가능한 각종 수리반을 설치하여 응급 복구하는 한편, 목조 건조물 복토覆土, 특수 침목 사용, 레일 음향 청취를 동원한 피해 탐지 등 사전 방지 대책을 강구했다. 또한 치안 공작 경험이 있는 만철 사원 약 600명이 노경과 함께 선무 공작을 벌이며 중국인 철로경찰의 지휘 감독을 담당했다. 특히 군 특무부의 지도로 중국 측 관헌과 현지 병력과 협의하여 주요 철도에 인접한 촌락들을 철로애호촌(애로촌의 전신)으로 지정하고

"철로애호에 대한 사상을 부식하며, 특히 비적에 관한 정보를 빨리 알리고 파괴된 곳의 수리에 협력하도록" 지도했다.[55] 그 밖에 야전철도 사령부 차원에서 장갑열차대를 기동적으로 운영하여 항일 게릴라들을 공격했다.

2. 화북교통의 설립 과정

(1) 점령철도 운영을 위한 교통회사

일본정부는 루거우차오 사건 이후 분쟁을 현지에서 해결하여 전쟁을 확대하지 않는다는 방침을 세웠다. 그러나 현지 군대의 군사 행동으로 이 방침은 사실상 무력화되었고, 종래부터 제기된 화북 분치分治와 권익 설정의 방침이 북지나방면군 특무부를 중심으로 구체화되었다. 이에 따라 점령철도 처리가 주요 현안으로 부상했다. 특무부는 영구 점령의 가능성을 군사 행동 및 정책 실현, 중국인의 대일 감정, 대외관계(차관 및 권익) 등 다각도에서 검토한 결과 '점령'이 불가능하다는 결론을 내리고, 소유 형태와 법인의 국적, 위탁 유무 등에 관한 연구에 들어갔다.[56] 그 결과 철도 운영 형태는 중국인의 대일 감정, 차관 변제 및 대외관계를 고려하여 일단 소유를 중국 국유로 하고, 이를 일본이 지배적 영향력을 갖고 있는 법인에 위탁 경영시키는 안이 제기되었다. 이 안은 이미 만주국의 국유철도를 만철 철로총국에게 위탁 경영을 시킨 경험에서 나왔다. 경영을 담당할 회사로는 만철과 신설될 중국법인 특수회사가 고려되었다.

이미 만철 측은 1937년 8월에 '북지 선후善後 처치 요강 및 의견서'를 제출하여 단순한 교통업이 아니라 기본 산업개발을 담당하려는 의지를 보

55 淺谷實次, 앞의 책.

56 華北交通株式會社, 『華北交通概觀』, 1941年 12月, 10~13쪽.

표 2-10 교통회사 설립 준비 관련 사항 연표

1937년 7월 7일	루거우차오 사건 발생.
7월	만철 '북지 선후 처치 요강 및 의견서'→만철이 화북철도 접수 및 개수, 일본의 지도로 기본 산업개발, 즉 만철이 화북 독점개발안을 제시.
9월 30일	북지나방면군 특무부 '북지 경제개발 기본 요강(안)' 및 '북지 개발 국책회사 요강(안)'→일본의 '재벌 거두'를 동원하여 지주회사로서의 통제기업 설립을 통한 화북 대규모 개발.
12월 16일	기획원 제3위원회 '북지 경제개발 방침'→국책회사를 설립하여 화북 경제개발 및 통제, 만주·화북의 일관된 교통 경영 부인.
12월 28일	대본영 육군부 제3부 '북지 경제개발 방침 및 각의 양해사항에 입각한 북지 교통에 관한 국방상의 요구'→화북·만주 지역의 일원적 운용 철도를 보장할 인적 배치, 조직, 운영 등.
12월 29일	북지나방면군 특무부 '중앙부 결정안에 입각한 교통기구 구성 처리 요강'→대륙철도의 일원적 운영을 위해 철도 운영 방식, 종사원의 임금 체계·제규정, 자재 및 차량 등 규격 통일.
1938년 1월 10일	북지나방면군 특무부 '북지 교통기구 구성 처리 요강'→중국 특수법인 교통회사 설립을 통한 북지 교통의 경영. 중앙과 현지 간의 의견 일치.
2월 초순	북지나방면군 특무부 '중일 합작 화북철로주식회사(가칭) 설립 요강' 1차안→교통회사의 출자를 중국정부 1억 엔, 산업통제회사(가칭) 1억 엔, 만철 3억 엔으로 하여 '만철 주체 중일 합작' 실시.
2월 10일	육군성 군무국 '북지 경제개발계획(안)' 및 '북지 개발회사 및 각 사업회사 자금 조사'→4억 엔 이상의 자본금, 교통회사의 항만 건설경영, 교통회사의 자동차사업 전개를 결정.
4월 25일	북지나방면군 특무부 '공사 설립 요강'→설립 요강의 제2차안으로서 중국정부 5000만 엔, 북지나개발 2억 엔, 만철 1억 5,000엔으로 출자금을 조정. 즉 북지나개발 중심의 자본 구성.
5월 11일	만철은 중역회에서 만철 총재의 '교통회사' 총재 및 부총재 추천권, 만철 총재의 '교통회사' 이사 추천 협의권, '교통회사' 총재의 만철 총재 겸임 등의 조건을 제안.
7월	만철 철도총국 수송위원회 '전시 대륙철도 관리 요령(안)' 및 '전시 대륙철도 총관리국 설치에 관한 법제적 처치(안)'→조선국철·만철·화북철도의 세 기관을 병합하여 대륙철도 관리 기구를 창설.
7월 25일	육군성 군무국 '화북교통주식회사 설립 요강(안)'→군무국 군무과, 참모본부 주임자, 현지군 주임자의 3자 간 의견 합치로 차관 문제, 자금 조달, 칭다오 항만 경영 등의 연구를 결정.
8월 1일	북지나방면군 특무부 '화북교통주식회사 설립 계획서(안)'→중앙부와의 준비 연구에서 만철과 북지 교통회사 간에 긴밀한 연계를 유지하여 만철의 투자액을 가급적 확대.

8월 12일	데라우치 히사이치寺內壽一 부대 참모장이 우사미 간지宇佐美完爾 만철 고문에게 '북지나 교통주식회사 설립 준비 연구 지시'→설립 준비 연구위원회를 설치하여, 그 안 및 참고자료를 9월 4일 제출.
9월 하순	북지나방면군 특무부와 중국 임시정부 간에 교통회사 설립에 관한 절충→납부금, 중국정부의 출자액, 면세특권, 고급 종사원의 수와 권한에 관한 의견 불일치.
10월	북지나방면군과 육군성 군무국 및 참모본부 간의 교통회사 설립 세부 계획에 관한 협의→10월 말 의견 일치를 보고 11월에 이를 육군성안으로 기획원 제3위원회에 제시.
12월 16일	대중對中기관으로 흥아원이 설치됨에 따라, 교통회사 문제도 기획원에서 흥아원으로 이관→행정부서 간에 차관 및 외국 권익, 항만, 경영 구역, 감독권에 관해 각각 분과회를 설치하여 조정.
1939년 2월 13일	흥아원 '교통회사 설립 기본처리 요강'→항만 운영의 귀속을 둘러싸고 해상 수송을 중시하는 해군과 체신성의 반대에 부딪쳐 항만 경영을 사업 범위에서 제외하는 형태로 요강을 결정.
3월 13일	북지나방면군 측과 중국 임시정부의 절충 재개→사실상 일본안에 입각해 회사 설립안이 일방적으로 결정.
4월 17일	화북교통주식회사 설립.

였다.[57] 그 방침으로 만철은 전쟁 발발로 인한 중·일 문제의 최종적 해결을 위해 중국 전역에 걸쳐 항일정책을 폐지할 것과 대소 방위동맹 체결을 주장했다. 특히 소련에 대한 방위동맹을 위한 구체적인 방침 중 하나로 북지 5성 연성정부北支五省連省政府 수립을 주장했다. 화북 5성에 반공 친일 성향의 연성 자치정부를 조직하고 일본인 고문관을 초빙하여 참여시킨다는 화북 분리 공작 그 자체였다. 이와 함께 일본군 주둔과 지역 내의 철도 접수, 일본 차관에 의한 개·보수와 일본의 지도를 받는 기본 산업개발을 만철이 담당하고, 일본정부로부터 배당분과 회사채의 원리 보조를 받는다는 등의 원칙이 상정되었다.

한편 흥중공사 또한 점령 초기에 군과 함께 각지의 공장과 광산을 접수

57 日本近代資料研究會, 『日滿財政經濟研究會資料: 泉山三六氏舊藏』, 第二卷, 1970年, 23~30쪽; 中村隆英, 『戰時日本の華北經濟支配』, 1983年, 116~117쪽.

하고 관리해온 만큼 화북 개발의 중심 기관이 되고자 획책하였다.[58] 그러나 만철과 흥중공사의 화북 독점개발안은 일본 재계의 반발과 현지군의 부정을 불러왔다.

북지나방면군 특무부는 새 정권에 관한 구상과 더불어 '북지 경제개발 기본 요강(안)'과 '북지 개발 국책회사 요강(안)'이라는 두 문서를 1937년 9월 30일에 작성하고 10월 15일에 방면군 참모장으로부터 육군차관 앞으로 보냈다.[59] 여기에 기술된 경제개발 내용을 보면 화북흥업공사(가칭)를 설립하여 흥중공사 등의 기존 사업을 통합하는 것 외에, 만철뿐 아니라 일본 자본을 널리 동원하고 가능한 한 현지 토착자본의 참여를 유도한다는 것으로, 만철이나 흥중공사를 주체로 한다는 발상은 보이지 않았다. 이는 1935년 12월 톈진군의 '북지 산업개발 지도 요령'에 나타났듯이, 중요한 산업을 통제기업에게 담당시키고 특수자본으로 대규모 개발을 하기 위해 일본의 '재벌 거두'를 동원한다는 발상을 뒤이은 것이다. 즉 북지나방면군은 만철과 흥중공사의 지원을 받기는 하지만, 화북 개발을 맡길 의도는 없었다고 볼 수 있다.[60]

이와 같이 만철의 화북 개발이 북지나방면군 특무부의 종합개발회사 신설안 가운데서 부정되었기 때문에, 남은 선택은 화북철도를 위탁 경영하는 것밖에 없었다.[61] 당시 만철이 화북철도를 위탁 경영하는 것은 일본, 만

58 原朗, 「『大東亞共榮圈』の經濟的實態」, 『土地制度史學』 71, 1976年 4月.

59 中村隆英, 앞의 책, 124~125쪽; 北支那方面軍特務部, 「北支開發國策會社要綱送付の件」, 1937年 10月 15日, 『昭和十二年「陸支密大日記 第九號」』; 北支那方面軍特務部, 「北支經濟開發基本要綱(案)送付の件」, 1937年 10月 15日, 『昭和十二年「陸支密大日記 第十一號」』.

60 북지나방면군이 만철의 화북 독점개발안을 지지하지는 않았으나, 만철이 화북 개발에 대한 영향력 행사를 바로 포기했다고는 할 수 없다. 만철 측은 1938년 2월경 화북 개발을 담당할 회사는 '귀중한 경험과 자력, 인력을 갖고 있는 만철'임에도 불구하고 '조리 없는 이유로 새롭게 통제회사를 설치하게' 되었으나, '자회사의 다수를 인수할 작정으로 조사, 연구, 통제의 목적하에 사내의 능력 있는 인물 몇 명으로 만철 북지최고위원회를 설치할 것'을 제의하기도 했다. 泉哲, 「北支ニ滿鐵高級委員會ヲ設クルノ必要及蒙古連合委員會ノ將來」, 1938年 2月 24日, 滿鐵資料館.

주, 화북을 하나의 권역으로 묶는 첩경이라는 주장이 제기되었다. 그러나 "군으로서는 만주에서부터 조종하는 것은 북지 발전과 군사상의 견지에서 득책이 아니라고 하여 배제" 되었다. 관동군도 "만철이 대對북방〔소련—인용자〕에 전념"하기를 바랐기 때문에 북지 진출을 좋아하지 않았다.[62] 기획원을 중심으로 하는 일본정부도 "지나사변 이후의 중국을 〔만주국과 달리—인용자〕 중국인의 중국으로 만들기 위하여 다만 항일정책 방기와 경제 제휴를 요구하는 선에 머물렀다". 요컨대 만철의 화북철도 위탁 경영도 실현이 불가능해진 것이다.

이러한 분위기는 기획원 제3위원회의 '북지 경제개발 방침'을 통해 명확해졌다.[63] 실질적으로 중국 경제의 결정 기관 역할을 한 제3위원회는 방면군 특무부안에 입각하여 1937년 12월 16일에 '북지 경제개발 방침'을 결정했고, 내용의 대부분은 같은 달 24일에 결정된 '북지 처리 방침' 가운데 경제개발 방침으로 취합되었다. 이 방침에서 화북의 경제개발 목표는 "일·만 경제의 종합적 관계를 보강함으로써 일·만·지 제휴 공영 실현의 기초를 확립"하는 데 있었고, 하나의 국책회사를 설립하여 화북의 경제개발과 통제를 맡도록 할 예정이었다. 양해사항 중의 하나는 "주요 교통 운수사업과 통신사업의 경우 한 회사의 만·지 일원 경영을 인정하지 않는다"는 것이었다. 그래서 이후로는 중국법인의 특수회사를 설립하는 쪽으로 정책이 전개되었다. '북지 경제개발 방침'과 함께 작성된 '북지 교통 처리 방침'에 의하면, 철도는 모두 중국정부의 소유로 하되 일본군 사령관이 이를 관리하고, 북지 산업회사의 통제를 받는 중국의 특수법인인 북지

61 華北交通株式會社創立史編纂委員會, 앞의 책, 363~368쪽.

62 安達興助, 앞의 책.

63 企劃院第三委員會, 「北支經濟開發方針及上海方面ニ於ケル帝國の經濟的權益設定ニ關スル件」, 1937年 12月 18日, 『公文雜纂·昭和十二年·第三の一卷·內閣三の一·第一委員會·第二委員會·第三委員會』, 國立公文書館所藏; 中村隆英, 앞의 책, 136~138쪽.

교통회사를 설립하여 철도를 경영하게 한다는 군 중앙부의 방침이 결정되었다.

그러나 이 방침이 화북철도 운영에서 만철을 완전히 배제한다는 뜻은 아니었다. 각의 결정안의 양해사항에서 볼 수 있듯이 "일·만·지의 교통 통신 연락이 원활하도록 북지의 교통 통신사업을 경영하는 기관은 만철 및 만주전신전화주식회사滿洲電信電話株式會社와 긴밀한 관계를 맺도록 조치하고, 나아가 대륙에서 활동할 만철과 만주전전 사원들의 적성 및 이번 사변에서 활동한 실상을 감안하여 교통 통신사업을 경영할 때 이들의 인원과 기술·경험 등을 충분히 활용한다"고 하였다. 말하자면 통신과 더불어 철도를 필두로 한 교통 경영 면에서는 만주·화북 일관 경영이 부인되었지만, 직원들의 교류와 철도 운영 방식의 통일로 만철과 신설될 회사가 긴밀한 관계를 맺는 것은 인정되었다.

이러한 입장은 회사 설립에도 반영되었다. 대본영 육군부 제3부의 '북지 경제개발 방침 및 각의 양해사항에 입각한 북지 교통에 관한 국방상의 요구'(1937. 12. 28.)에 의하면 "북지 교통이 만주의 교통과 마찬가지로 국방 용병상의 요기要機라는 점을 감안하여 장래의 전쟁을 준비하는 동시에, 전시에 양자의 일원적 운용에 차질이 없도록 하는 데 주안점을 두고 인적 배치와 조직, 운영 등을 조율할 필요가 있다"고 했다.[64] 경영 범위가 철도뿐만 아니라 수운, 항만, 자동차, 석탄 일부에까지 이른다는 것, 만철 철도 총국장이 국책회사의 부총재와 '북지교통총국' 총재를 겸하며 자금과 중역 또한 만철이 조달한다는 것, 일본정부의 예산을 설비비로 투입한다는 것, 기술과 자재·운영 면에서 일관된 운용을 한다는 주장도 드러났다. 그대로 실현될 수는 없었지만 만철의 이해가 크게 반영된 이 내용은 대륙철도 일원화를 염두에 두고 있었다.

64 中村隆英, 앞의 책, 174~176쪽.

그다음 날 입안된 북지나방면군 특무부의 '중앙부 결정안에 입각한 교통기구 구성 처리 요강'(1937. 12. 29.)은 북지나방면군이 가장 높은 위치에서 교통회사를 감독한다는 것을 전제로 하고 대륙철도의 일원적 운영을 위하여 운영 방식, 종사원의 임금 체계와 규정, 자재와 차량의 규격 통일, 만주와 화북 간의 연락수송 및 전용의 원활함을 기한다는 내용이었다.[65] 따라서 회사를 설립할 때 만철의 자본이 참여하고 중역을 배치하는 일이 가능해졌다.

이에 1937년 12월 하순부터 1938년 1월 중순에 걸쳐 특무부 제1과(사에키 후미오佐伯文郞 제1과장, 철도성에서 파견된 이토 다로伊藤太郞 육군 촉탁, 만철에서 파견된 특무부 촉탁 등)는 신설 회사의 사업 범위와 자금 조달 및 조직, 군·산업통제회사·중국정부·만철의 관계를 중심으로 연구 입안에 들어갔다. 특히 중국에 온 참모본부원이 교통기구 구성 처리 요강안을 중심으로 방면군 사령부 특무부 주임자와 협의를 거듭하였다. 그 결과 중국 특수법인 교통회사를 설립하여 화북 교통(항공통신은 제외) 경영을 담당시킨다는 '북지 교통기구 구성 처리 요강'(1938. 1. 10.)을 작성하고 중앙과 현지의 의견 일치를 보았다.[66] 나아가 1938년 2월 초순에는 '중·일 합작 화북철로주식회사(가칭) 설립 요강'의 1차안이 입안되었다. 사업의 범위는 해륙수송 전반이었고, 출자 구분은 중국정부 1억 엔, 산업통제회사(가칭) 1억 엔, 만철 3억 엔으로, '만철주체일지합판滿鐵主體日支合辦'으로 불렸다.

그러나 육군성 군무국이 '북지 경제개발계획(안)'과 '북지 개발회사 및 각 사업회사 자금 조사'(1938. 2. 10.)를 현지군에 제시하였다. 검토 결과 ① 군무국안의 교통회사 2억 5,000만 엔, 자동차회사 1,600만 엔의 자본금으로는 부족하며 적어도 4억 엔의 자본금이 필요하다는 것, ② 철도와 관

65 華北交通株式會社創立史編纂委員會, 앞의 책, 639~641쪽.

66 華北交通株式會社創立史編纂委員會, 앞의 책, 641~644·667~670쪽.

련이 있는 항만은 교통회사가 건설·경영할 것, ③ 자동차사업은 철도의 대행이나 보조이므로 교통기관의 경영하에 둘 것 등의 방침이 결정되었다. 이시모토石本 특무부 제2과장이 육군성 군무국과 절충을 벌였고, 군무국은 현지의 정세를 고려하고 현지의 방침에 부합하여 회사 설립을 위한 조사 연구를 진행하는 것에 양해를 얻었다.

이에 특무부는 만철과 철도성, 조선철도국의 지원을 얻어 촉탁진을 강화하고 설립 요강의 제2차안인 '공사 설립 요강'(1938. 4. 25.)을 제시했는데,[67] 출자 구분에 있어 중국정부 5,000만 엔, 북지나개발 2억 엔, 만철 1억 5,000만 엔으로 운영 주체의 구상에 변화가 생겼다. 이에 대응하여 5월 11일에 중역회의를 연 만철 측은, 사실상 만철 총재의 교통회사 총재 및 부총재 추천권, 만철 총재의 교통회사 이사 추천 협의권, 교통회사 총재의 만철 이사 겸임 등의 조건을 제안하고, 이것이 관철되지 않으면 개발회사에 대한 출자를 유보하기로 했다.[68] 5월 16일 특무부 제1과의 사에키 후미오 대좌와 이토 다로 육군성 촉탁이 도쿄에 와서 중앙부와 조정을 꾀하고는 철도·항만의 소유 문제, 중국정부와의 약정, 차관 처리 문제, 회사의 감독·관리기구에 관한 연구 입안을 더 추진하라는 지령을 받았다.

그 후 요구 사항 입안이 끝나 특무부 제1과장 이시다 에이구마石田英熊 중좌가 6월 13일 중앙부와 협의 결정을 하자 특무부는 구체적인 회사 설립을 준비하는 연구 입안을 7월 15일에 일단 종료하고 현지안으로 삼았다. 7월 19일 사에키 대좌, 이토 육군성 촉탁 이하의 관계 촉탁들이 도쿄에 왔고, 7월 23일부터 하코네의 고라强羅에 있는 철도성 회의실에서 육군성 군무국, 참모본부, 기타 각 성의 관계자에게 현지안을 설명하고 각종 사항을 협의했다.

67 華北交通株式會社創立史編纂委員會, 앞의 책, 670~674쪽.

68 中村隆英, 앞의 책, 176~177쪽. 원자료는 滿鐵, 「重役會議決議事項」, 1938年 5月 11日.

결국 7월 25일 군무국 군무과, 참모본부 주임, 현지군 주임 3자 간에 의견이 일치하여 회사의 영업 구역을 창장 강 이북과 몽골 지역으로 하고 화북교통주식회사 설립 요강(안)(1938. 7. 25.)을 군무국안으로 작성하였다.[69] 또한 북지교통의 객관적 정세 변화에 따라 구체적인 연구를 추진할 필요성이 인정되었다. 특히 화북철도의 차관 문제와 유리한 자금 조달 방법, 칭다오 항만의 통합 등 구체적 처리 방법을 강구하기 위해 준비 연구를 진행하기로 했다.

이러한 가운데 같은 달에 만철 철도총국 수송위원회가 '전시 대륙철도 관리 요령(안)' 및 '전시 대륙철도 총관리국 설치에 관한 법제적 처치(안)'를 제시했다는 점을 주목해야 한다.[70] 즉 전쟁이 장기화하고 소·만 국경의 상황이 긴박한 것을 감안하여 조선국철과 만철, 화북철도 3개 기관을 병합하여 대본영의 관리를 받는 합리적인 대륙철도 관리 기구를 창설하고 현지의 관리 기구로 삼아 일원적으로 철도를 운영하며 전시경제의 책무를 수행하기로 한 것이다. 이러한 대본영의 일·만·지 철도 관리는 작전에 쏟아야 할 역량을 감독 지도에 분산시키는 것은 실제적인 문제 때문에 불가능하다는 의견과, 만철의 조선국철 위탁 경영에 대한 조선총독부의 반대로 실현되지는 못했지만, 대륙철도를 일원적으로 경영하려 한 만철 수뇌부의 염원을 읽을 수 있다.

그러나 북지철도의 운영과 수송에서 만철과의 통일성이 강조되지 않을 수 없었다. 북지나방면군은 "북지사무국의 기구를 점차 확대하여 교통회사로의 변화를 쉽게 하는 등 북지사무국 기구 개조 처치를 강구한다"는 방침을 명확히 하였다. 8월 1일 도쿄에서 열린 중앙부와의 준비 연구(육군성

69 華北交通株式會社創立史編纂委員會, 앞의 책, 674~678쪽.

70 滿鐵鐵道總局輸送委員會, 「戰時大陸鐵道管理局設置ニ關スル法制的處置(案)」, 1938年 7月, 大野綠一郎文書, 國立國會圖書館.

군무국, 참모본부, 북지나방면군 특무부의 각 주임이 참여했다)에서는 "만·지의 일관 운용을 위하여 인적, 물적인 면에서 만철과 북지교통회사 간에 긴밀한 연계를 유지"하여 만철의 투자액을 가급적 확대한다는 결론에 도달하고 '화북교통주식회사 설립계획서(안)'를 결정했다.[71]

8월 12일에 현지군의 데라우치 히사이치 부대 참모장은 만철의 회사 총재로 내정된 우사미 간지 고문 앞으로 '북지나 교통주식회사 설립 준비 연구에 관한 지시'를 내려, 9월 말에 준비를 끝내고 늦어도 11월 1일까지 회사를 설립하기로 했다.[72] 이에 따라 만철 북지사무국에 우사미 간지 고문이 위원장이고 방면군 특무부와 북지사무국 관계자가 위원이나 간사인 설립준비연구위원회가 설치되었다. 이 위원회에는 법규·경리·인사·제1정비·제2정비·제3정비·차관에 관한 분위원회가 설치되었고, 연구 입안 관련 업무를 8월 말까지 전면적으로 종료하여 안건 및 참고자료[73]를 9월 4일에 제출함으로써 방면군 사령부안을 완성했다.

그 후 9월 하순부터 북지나방면군 특무부 제1과장 사에키 후미오 소장이 중화민국 임시정부의 왕커민王克敏 행정위원회 위원장과 교통회사 설립에 관한 절충을 시작하였다. 21회의 절충(9. 22.~10. 30.)이 거듭되었지만 납부금과 중국정부의 출자액, 면세특권, 고급 종사원의 수와 권한에 관한 의견이 엇갈려서 베이징에서의 절충은 좌절되었다. 한편 방면군 특무부의 오가와小川 대좌, 미조후치溝淵 소좌 및 이토伊藤 육군성 촉탁 이하 관계 촉탁들이 북지나방면군 사령부안인 교통회사 설립 계획 서류를 가지

71 華北交通株式會社創立史編纂委員會, 앞의 책, 697~700쪽.

72 華北交通株式會社創立史編纂委員會, 앞의 책, 649~666쪽.

73 안으로서는 설립 요강, 설립 계획서, 회사법, 정관, 감독 기구 및 감독 요령, 차관 정리 대책, 권익 처리 대책, 북지 교통 정비 요령, 영업수지 예상, 자금 계획, 소요 인원·인건비 사정 요령, 회사 창립 시의 종사원 인수인계 요령, 운영 구역과 철도감 관할 구역 간의 조정안. 부속 참고자료로는 법규, 차관, 교통 정비, 수지, 인사 조직의 자료가 제시되었다.

고 도쿄로 갔다. 이들은 우선 육군성 군무국과 참모본부의 각 주임에게 현지안을 설명하고 심의를 거듭하여 10월 말에 비로소 의견 일치를 보고 11월에 그것을 육군성안으로 만들어 기획원 제3위원회에 제시하였다. 행정부서와도 차관 및 외국의 권익, 항만, 경영 구역, 감독권에 관한 분과회를 설치하여 조정에 들어갔지만, 12월 16일에 대중對中 기관인 흥아원興亞院이 설치되자 심의는 좌절되고 말았다. 즉 교통회사 문제는 기획원에서 흥아원으로 이관되었던 것이다.[74]

1939년 1월 사에키 소장을 대신하여 임무를 승계한 오가와 대좌와 이토 육군성 촉탁 이하의 관계 촉탁들이 도쿄에 와서 흥아원 경제부 제3과에 육군성안을 설명하고 현안 사항에 관하여 각 성과 개별적으로 절충을 시작했다. 여기서 해상 수송을 중시하는 해군과 체신성이 해륙수송의 연결점인 항만 운영을 귀속시키는 데 반대하고 나섰다. 결국 조속히 회사를 설립하기 위해 항만 경영을 사업 범위에서 제외하는 형태로[75] '교통회사 설립 기본 처리 요강'(1939. 2. 13., 흥아원)이 결정되었고, 이를 근거로 베이징의 임시정부와 협의하였다.[76] 3월 13일부터 북지나방면군은 중화민국 임시정부와 절충을 재개했고, 사실상 일본의 안에 기초한 '호혜 타협'을 얻어냈다.

(2) 화북교통 설립

이와 같이 교통회사 설립이 구체화됨에 따라 만철과 철도성에서 파견한

---

74 華北交通株式會社創立史編纂委員會, 앞의 책, 1169~1188쪽.

75 만철이 다롄大連을 경영하였듯이 신설 교통회사가 화북의 항만을 경영하고자 한 것에 대하여 해군과 해운 관계자가 강하게 반발했다. 淺谷實次, 앞의 책.

76 華北交通株式會社創立史編纂委員會, 앞의 책, 681쪽. 화북 항만 운영에 관하여 일본정부가 최종적 기본 방침을 결정하지는 못했지만, 화북교통은 북지나방면군의 명령으로 톈진 항天津港(1939. 6.), 롄윈 항連雲港(1939. 11.), 탕구신 항塘沽新港(1942. 10.)을 운영했다(「天津港と華北交通」, 華北交通東京支社, 『華北展望』, 1943年 3月, 42~48쪽).

종사원들이 새 회사로 이적하기 시작했다. 북지사무국은 앞에서 언급한 바와 같이 1938년 9월 18일 직제를 개정한 다음 12월 29일에 이행준비위원회를 설치하고 총무·인사·경리·운수의 분과위원회를 두었다.[77] 1939년 1월 25일에는 북지사무국과 만철의 관계자 모두가 참석한 회의가 열렸다. 1월에 회사 설립 촉진운동을 위해 도쿄에 있었던 이토 다로 육군성 촉탁은 2월 18일에 귀임하였고 3월 23일에는 회사설립준비위원회를 설치하여 구체적인 준비 작업을 추진했다. 이로써 4월 17일 베이징 시 남해 근정전南海勤政殿에서 회사 발기인총회가 개최되어 만철 북지사무국의 경영설비 일체를 계승하였다. 모든 수속이 끝나자 본사 앞 광장에서 북지나방면군, 중화민국 임시정부, 북지나개발, 만철 등의 관계 기관 대표가 참석한 가운데 화북교통주식회사의 창업식이 거행되었다.

이제 신설된 화북교통의 지배 구조를 살펴보자. 표 2-11과 같이 자본금 총액 3억 엔, 1주당 금액 50엔, 총주식 수 600만 주 가운데 절반을 종합개발회사인 북지나개발이 투자하고 나머지 절반을 만철과 임시정부가 각각 40퍼센트, 10퍼센트씩 투자하였다. 1942년 5월에 1억 엔이 증자되자 북지나개발과 임시정부의 지분이 증가한 반면 만철의 자본 지배력은 약해졌

표 2-11 화북교통의 주식 소유 구조

주주별	1939년 4월			1942년 5월		
	주식 수	금액	지분	주식 수	금액	지분
북지나개발주식회사 지주	300만 주	1억 5,000만 엔	50.00%	470만 주	2억 3,500만 엔	58.75%
남만주철도주식회사 지주	240만 주	1억 2,000만 엔	40.00%	240만 주	1억 2,000만 엔	30.00%
중화민국 임시정부 지주	60만 주	3,000만 엔	10.00%	90만 주	4,500만 엔	11.25%
자본금 총액	600만 주	3억 엔	100.00%	800만 주	4억 엔	100.00%

자료: 『흥아』 등.

주: 1942년 4월 30일 임시 주주총회를 개최하여 1억 엔의 자본 증가를 결의했다.

77 華北交通社員會, 「世界注視の的に: 華北交通創業」, 『興亞』, 第1號, 1939年 7月 1日, 4~5쪽; 華北交通株式會社創立史編纂委員會, 앞의 책, 1233~1234·1245~1249·1465~1513쪽.

다. 이러한 자본 관계를 반영한 화북교통은 설립된 지 얼마 되지 않은 1939년 5월 28일에 북지나개발과 협의서를 체결하고 모회사의 감독을 받게 되었다.[78]

그러나 루거우차오 사건 이후 철도 운영과 군사작전의 관계가 밀접해진 만큼, 6월 18일 화북교통과 북지나방면군 사령부 사이에 화북교통주식회사 감독 규정이 체결되어 군사상의 지시권이 인정되었다. 군은 만철처럼 화북교통에 대해서도 군의 필요를 충족시키기 위한 지도와 감독을 늦추지 않았다. 제2야전철도 사령부를 회사 본사에 두고 각 철로국(산하이관·톈진·베이징·스자좡·지난·쉬저우·타이위안 등)에 그 지부를, 주요 역에 정차장 사령부를 개설하여 군사수송을 완수하려 하는 동시에 일상 업무의 '해태懈怠'를 엄하게 경계했다.[79] 그러나 흥아원과 중화민국 임시정부 그리고 만철의 기득권이 있었다는 점에서 북지나개발의 화북교통 감독권은 큰 제약이 있었고 필연적으로 약체를 벗어나지 못하였다.

반면 만철은 모회사로서의 감독권을 인정받지는 못했지만 진출의 공적에 기초하여 '만·지 교통 일관 운영에 관한 각서'(1939. 4. 7.)가 체결되어 화북교통에 커다란 영향력을 행사했다. 이것은 주요 간부 구성에도 반영되었다. 화북교통의 중역진 구성을 살펴보면 총재 우사미 간지, 부총재 인퉁殷同과 고토 데이지後藤悌次, 이사 스기히로 사부로杉廣三郎 외 7명, 감사 요시다 히로시吉田浩 외 2명으로 일본인이 10명, 중국인이 4명이었는데, 그중 만철 출신 7명, 철도성 출신 3명,[80] 화북철도 출신 등 4명으로 만철이

78 北支那方面軍司令部, 「監督機構竝監督要領」, 1938年 9月 1日; 北支那方面軍司令部, 「交通會社ノ監督ニ關スル處理事項」, 1938年 9月 1日; 北支那方面軍司令部, 「日本軍最高司令官ノ交通會社ニ對スル指揮命令ニ關スル件」, 1938年 9月 1日; 北支那開發株式會社, 『北支那開發株式會社竝北支那開發株式會社ノ關係會社概況』, 1939年度版, 345~350쪽.

79 「華北交通發生の經緯とその性格」, 『華交互助會會報』, 第2號, 1963年 1月 1日.

80 이 중 요시다 히로시吉田浩는 철도성 국장을 거쳐 조선총독부 철도국장이 된 인물로, 중일전쟁이 발발했을 때 부산에서 신의주에 이르는 조선 내 집중수송을 담당하였다.

압도적이었다.[81] 뿐만 아니라 화북교통은 인적 운용 자체도 만철의 인사 제도를 모델로 삼았다.

북지나방면군은 '북지나교통회사 인적 구성 요령' 및 '북지나교통회사 소요원 사정 요강'(1938. 7.)과 '북지나의 제 급여정률諸給與定率 내규'(1938. 5.)를 작성했고, 이를 기초로 8월에 인사분과회가 직제, 일본인 배치 운용, 계통별 중·일 민족 배치 비율, 계통별 요원 사정, 인건비 지출 한도, 민족별 급여 제도 등을 연구하고 인사에 관한 계획안들을 정리하여 중앙부에 제출하였다.[82] 이에 따라 '북지나교통회사 소요 요원 및 인건비 사정 요령'(1938. 9. 1.)이 결정되었고, 표 2-12에서 볼 수 있듯 비교적 적은 일본인을 통제 관리 부문과 주요 간선에 중점적으로 배치하여 전시철도를 운용하는 과정에서 확실성을 보장받으려 했다. 이때 '북지나교통주식회사 일본인 인사 급여대우 제도 대강'과 '동同중국인 인사 급여대우 제도 대강' 등 많은 인사 제도가 주로 만철을 준용하여 디자인되었다.[83] 또한 '북지나교통주식회사와 만철 간 일본인 종사원 교류 처리 요령'이 제정되어 만철과 일본인 사원의 교류가 제도화되었다.

이제 화북교통의 원소속별 직원 구성(표 2-13)을 검토하고자 한다. 만철에서 이적한 사원은 일본인 1만 5,465명, 중국인 3,022명으로 도합 1만 8,487명, 사원 이외에는 일본인 206명, 중국인 2,094명으로 도합 2,300명, 철도성 채용 촉탁 3,269명, 화북철도의 구종사원 5만 5,976명으로 총 8만 32명이었다. 소위 만주국인을 포함한 중국인의 비율이 76.3퍼센트에 달하여 현장 노동력의 주력을 형성한 것을 알 수 있다. 반면 23.7퍼센트를 차

81 華北交通社員會, 「世界注視の的に: 華北交通創業」.

82 華北交通株式會社創立史編纂委員會, 앞의 책, 703~721쪽.

83 ① 사원제, ② 직명, ③ 본봉, ④ 승격, ⑤ 초임금, ⑥ 재근수당, ⑦ 상여, ⑧ 퇴직수당, ⑨ 직무상 병사망 급여금, ⑩ 여비, ⑪ 주택 또는 주택료, ⑫ 임시수당, ⑬ 가족수당, ⑭ 별거수당, ⑮ 제 근무수당, 피복, 공제(만철과 통합하여 공제 제도를 정함), 휴가, 무임승차증.

표 2-12 화북교통의 기관별 민족 배치 구성

기관별			일본인	중국인	1킬로미터당 사정 인원
본부			70%	30%	
철로국			50%	50%	
철도 현장	1급선	징산 간선	25%	75%	14명
	2급선	자오지 간선	15%	85%	12명
	3급선	징한 간선, 진푸 간선, 징바오 간선 다퉁 이남	15%	85%	10명
	4급선	룽하이 간선, 정타이 선, 징바오 간선 다퉁 이북	10%	90%	7명
	5급선	퉁푸 선, 각 지선	10%	90%	3명
경무원警務員			15%	85%	1.5명

자료: 북지나방면군 사령부, 「북지나교통회사 소요 요원 및 인건비 사정 요령北支那株式會社所要員及人件費査定要領」, 1938년 9월 1일.
주: 징바오 선은 3·4등급이지만 징산 선과 함께 일본인의 비율이 25퍼센트였다.

지한 일본인의 경우 일부 현업원도 있었지만 주로 본사와 철로국의 관리직 인력을 형성하였다. 그중에서도 만철 출신이 철도성 출신보다 높은 비율로 본사와 철로국의 관리 분야에 배치되었다. 앞에서 언급한 바와 같이 기술자로 파견된 철도성 출신을 북지사무국이 의도적으로 현장 관리층으로 배치하는 경우가 많았기 때문이다. 즉 화북교통 설립에서도 만철 출신의 주도권이 유지되었던 것이다.

이러한 인원 배치는 사원제에도 투영되었다. 사원제는 중국과 일본 모두 직원, 고원, 용원(1941년부터 직원, 준직원, 고원, 용원)의 3단계였으며, 고급 사원은 참사, 부참사라는 명칭으로 대우했다.[84] 그 밖에 사무촉탁事務囑託과 중국인 공역工役(1941년부터 용원)이라는 노무자들이 있었다. 물론 일본인 중에서 직원·고원급이 많았고, 중국인들은 반대로 공역이 많았다. 원소속별로는 철도성 출신의 경우 현업 간부에 해당하는 직원이 많았던

84 華北交通株式會社, 『華北交通』, 1940年 12月.

표 2-13 화북교통의 직원 구성

(1939. 4. 17. 단위: 명)

원소속	민족	신분별	본사 본부	본사 직할 개소	철로국 본부	계	현장 관계													합계
							철도(역·구·철로공창)									자동차	수운	경무	생계	
							역	열차	기무	검차	공무	전기	공창	기타	계					
만철 이적 사원	일본인	참사	40	7	22	69							4	1	5	1				75
		부참사	68	18	44	130	2		2	1	1		7	6	19	5				154
		직원	663	159	709	1,531	489	111	460	79	184	105	67	172	1,667	63		23		3,284
		고원	292	32	410	734	277	231	269	93	289	178	89	100	1,526	32		19		2,311
		용원	1,343	340	936	2,619	1,721	60	1,140	312	861	1,211	328	298	5,931	863		228		9,641
		계	2,406	556	2,121	5,083	2,489	402	1,871	485	1,335	1,494	495	577	9,148	964		270		15,465
	만주국인	직원	6		52	58	30	8	21	2		1		27	89			1		148
		고원	1		3	4	34	142	108	3	2	6		5	300					304
		용원	8	2	6	16	251	19	567	123	1,191	381	6	13	2,551	3				2,570
		계	15	2	61	78	315	169	696	128	1,193	388	6	45	2,940	3		1		3,022
사원 외	일본인	철도성 촉탁	4		13	17	26	6	40	7	10	2	1	6	98					115
		촉탁	36	3	8	47	1							2	3	2		1		53
		임시 고원	6	17	1	24	3		2	2	1	6			14					38
		계	46	20	22	88	30	6	42	9	11	8	1	8	115	2		1		206
	중국인	촉탁	9			9										11				20
		자동차 용원	62			62										227				289
		상역	166			166	8				1	3		2	14	588				768
		임시 용원	109	213	17	339	365	22	62	84	65	52		28	678					1,017
		계	346	213	17	576	373	22	62	84	66	55		30	692	826				2,094

철도성 채용 촉탁	일본인	고등관	23		3	26							2		2					28
		직원	226	59	411	696	242	160	515	119	39	44	283	93	1,495	52				2,243
		고원	23	13	37	73	26	41	236	60	15	46	338	13	775	1				849
		용원		20		20			41	1	1	12	74	0	129					149
		계	272	92	451	815	268	201	792	180	55	102	697	106	2,401	53				3,269
구종사원	중국인	원사	321	192	1,809	2,322	1,590	747	1,377	76	264	92	422	406	4,974	3		1,106		8,405
		공역	364	165	1,227	1,756	7,160	1,082	7,795	2,767	9,458	1,170	11,983	417	41,832	8		3,938		47,534
		외국인	21		16	37														37
		계	706	357	3,052	4,115	8,750	1,829	9,172	2,843	9,722	1,262	12,405	823	46,806	11		5,044		55,976
합계			3,791	1,240	5,724	10,755	12,225	2,629	12,635	3,729	12,382	3,309	13,604	1,589	62,102	1,859		5,316		80,032

자료:「부도 제29 화북교통주식회사 종사원 구성일람표附圖 第29 華北交通株式會社從事員構成一覽表」,『화북교통주식회사 창립사』에서 작성.
주: 구종사원에는 외국인 일부가 포함되어 있다.

반면, 만철 출신 일본인은 현업원인 용원층 또한 많았다. 이러한 사원제는 채용 시의 학력에 따랐기 때문에 중등학교 이하의 출신자는 고원·용원, 전문학교 이상 출신자는 직원이 되었다. 또한 고원과 용원은 일정한 근속 기간을 거쳐 업무에 정통하게 되면 시험이나 전형을 통하여 각각 직원, 고원으로 승격되었다.

이상과 같은 인사 제도를 갖춘 화북교통은 본사–철로국–참·단(역·구)의 조직 구조를 통하여 철도, 수운, 자동차로 구성된 교통을 운영했다. 본사에는 총재실, 경리·운수·자동차·수운·공작·공무·경무의 7부, 감찰실, 수송위원회 등을 두었고, 총재실에는 총무·인사·주계主計(경리)·자업資業(조사 및 기획)의 4국과 기획위원회를 설치하여 회사 경영에 관한 기본 계획을 수립하였다. 나아가 도쿄에도 사무소를 두고 일본 내지의 제반 업무를 담당하게 했으며, 톈진·베이징·장자커우·지난에는 철로국을 설치하고 총무·경리·영업·수송·공작·공무·경무의 8처를 두어 참·단 등의 현장 기관을 직접 지도했다. 또한 각 철로국에는 철로공창, 철로학원, 철로출장소, 철로관리소, 자동차사무소가 설치되었다. 그 밖에도 본사에는 철로의원이 설치되어 종사원의 보건과 위생을 담당했다.

철도 정비 분야에서도 특무부안을 기본으로 회사설립준비위원회의 연구가 추진되어 1938년 9월에 현지 최종안이 마련되었다. 창장 강 이북의 전全 화북 철도를 대상으로 한 최종안은 1939년부터 1942년까지 시설 3억 4,925만 엔, 차량 2억 9,502만 엔으로 합계 6억 4,427만 엔을 정비에 사용할 계획이었다.[85] 이에 관하여 화북교통은 육군성과 해군성을 비롯한 관계 성과 기획원의 양해를 얻고자 노력했고, 홍아원이 설치된 후에는 다시 홍아원을 중심으로 안건 심의를 거듭한 결과 1939년 3월에 비로소 설립 최

85 北支那方面軍司令部, 「北支交通整備要領(自昭和十四年度至昭和十七年度)」, 1938年 9月 1日; 北支那方面軍司令部, 「北支交通整備要領說明書」, 1938年 9月 1日.

표 2-14 화북교통의 연도별 사업비 예산표 (단위: 1천 엔)

사업	항목	1939년	1940년	1941년	1942년	계
철도	복구 정비	85,646	34,140	38,300	42,470	200,556
	신노선 건설	21,610	41,240	49,690	28,140	140,680
	축항	4,550	7,000			11,550
	차량	133,980	57,720	59,230	55,180	306,110
	철도 소계	245,786	140,100	147,220	125,790	658,896
	수운	300				300
	합계	246,086	140,100	147,220	125,790	659,196
자동차 정비		14,780	4,220	4,970	4,080	28,050
총계		260,866	144,320	152,190	129,870	687,246

자료: 『화북교통주식회사 창립사』, 1941년, 1,257쪽.
주: 1. 축항은 舊베이닝 탕구 부두 및 톈진 특별 제3부두 시설의 정비이다.
2. 1939년도 사업비에는 개발회사로부터 현물출자된 1억 5,000만 엔이 포함되어 있다.

종안이 결정되었다. 연도별 사업비 계획(표 2-14)을 보면 물론 철도 정비에 중점을 두었지만 수운과 자동차사업에 대한 투자 계획도 같이 세워졌음을 알 수 있다. 이행준비위원회는 일관적인 대륙철도 운영을 중시하여 기술의 인적 상호 교류뿐만 아니라 운영 방식과 각종 시설 규격 통일을 결정했고, 이는 '만 · 지 교통 일관 운영에 관한 각서'(1939. 4. 17.)로 확인되었다. 운영을 위한 자금은 자본금 불입과 회사채 발행을 통해 조달하는 것으로 상정되었다(표 2-15).

이에 따라 1935년까지 10년간 만철이 거둔 실적에 입각하여 1938년에서 1942년의 5년간의 여객, 화물 그리고 영업수지를 예측한 '북지 각 철도 영업수지 실적 및 예상'이 1938년 9월에 작성되었다.[86] 그 후 만철 파견원이 군 촉탁으로 연구를 계속하여 같은 해 10월에 '북지철도 및 항만의 재정적 예상'을 완성했고, 다른 몇 가지 계획안을 감안하여 1938년 5월 25일

86 北支那方面軍司令部, 「北支那交通株式會社營業收支予想」, 1938年 9月 1日; 北支那方面軍司令部, 「北支那交通株式會社營業收支豫想說明書」, , 1938年 9月 1日; 華北交通株式會社創立史編纂委員會, 앞의 책, 1,053~1,054쪽.

표 2-15 화북교통의 자금 계획표 (단위: 1천 엔)

연도	사업비	전년도 이월금	자금			차년도 이월금
			자본금 불입	회사채	사내 유보금	
1939	260,866		180,000	95,000	-3,432	10,702
1940	144,320	10,702	30,000	115,000	-540	10,842
1941	152,190	10,842	30,000	105,000	17,177	10,829
1942	129,870	10,829	30,000	50,000	52,457	13,416
합계	687,246	32,373	270,000	365,000	65,662	45,789

자료: 『화북교통주식회사 창립사』, 1941년, 1,258쪽.

표 2-16 화북교통의 영업수지 예상표 (단위: 1천 엔)

연도	영업 수입		영업 지출		영업 손익		영업 계수	
	전 사업	철도	전 사업	철도	전 사업	철도	전 사업	철도
1939	79,240	76,396	83,749	77,120	-4,509	-724	106	101
1940	111,444	104,099	114,484	99,244	-3,040	4,855	103	95
1941	142,192	132,336	128,065	105,844	14,127	26,492	90	80
1942	189,421	177,390	140,771	113,288	48,650	64,102	74	64
합계	522,297	490,221	467,069	395,496	55,228	94,725	89	81

자료: 『화북교통주식회사 창립사』, 1941년, 1,259쪽.

에 특무부안을 마련했다. 이후 회사설립준비위원회가 설치되자 사업 범위를 철도뿐만 아니라 자동차, 수운, 항만으로까지 확대한 다음, 다른 사업비와 자금 관계 등을 감안하여 표 2-16과 같은 영업수지 예상표를 마련했다. 1940년까지는 시설 복구와 항만 건설 등이 추진되기 때문에 영업 지출이 큰 반면 영업 수입의 확대는 이에 미치지 못해 영업 손익이 적자를 기록하지만 1941년부터는 교통사업이 안착할 것으로 예측되었다. 특히 철도 부문은 1940년부터 사업이 안정될 것으로 예상되었다.

이러한 화북교통의 경영 안정에 입각하여 외국의 권익에 대한 처리가 고려되었다. 화북철도는 1937년 12월 말에 외국 관련 채무 총액이 약 4억 5,000만 원에 달하여 여러 국가들의 이해관계가 설정되어 있었다. 이에 대하여 특무부는 중국의 신정권이 일본의 지도하에 교통회사가 상납한 자금으로 신차관 정리 계약에 관해 채무액 삭감, 상환 기한 연장, 철도 재정과의 균형, 외국 부대 권익의 정리 등을 유의하며 채권자와 절충한다는 방침을 확립하였다.[87] 그 후 북지철도 차관대책 연구위원회[88](1938. 5.)와 교통회사 설립 준비 연구위원회(1938. 5.)를 중심으로 몽골과 화북 양 지역에 해당하는 철도 채무 처리, 채무 확인 방법, 상환 순위, 지불 화폐, 상환 재원, 지불 방법 등이 강구되어, 구체적인 대책안인 북지철도 차관 정리 대책, 북지철도 차관 정리 대책 설명서, 북지철도 권익 처리 대책, 북지철도 권익 처리 대책 설명서, 북지철도 차관급 권익에 관한 결정안이 마련되었다.

이상과 같이 만철의 화북철도 위탁 경영 시도는 새로운 교통회사가 설립됨으로써 실현되지 못했다. 그러나 만주와 소련의 국경에서 긴장이 고조되자 만철과의 일관된 철도수송이 중시되어 만철의 영향력이 강하게 유지되었다. 이로써 화북교통은 이미 만주사변 이후의 만주에서 실험된 '일면전쟁, 일면건설一面戰爭 一面建設(전쟁을 수행하는 동시에 건설한다)'을 개시하여 일·만·지 블록 건설을 뒷받침할 것으로 기대되었다.

87 華北交通株式會社創立史編纂委員會, 앞의 책, 1,107～1,168쪽.

88 1938년 5월에 군, 만철, 대사관 등의 관계자로 구성된 '북지철도 차관대책 연구위원회'가 군 특무부에 설치되었고, 2회에 걸친 회합을 거쳐 6월 7일에 '북지의 외국 권익에 관한 대책방침'이 채택되었다. 방침은 기존의 차관 및 권익 처리안의 취지와 큰 차이가 없지만, 채무 계승의 한도를 명확히 했다는 점이 주목할 만하다. 그 후 7월에 접어들어 차관 대책안(제2차안), 만철 북지사무국이 작성한 회답안, 베이닝철도 차관에 관하여 영국이 보낸 통첩에 관한 구체적 대책(안), 권익 대책안(제2차안), 룽하이철도 권익 대책(안) 등을 검토하여 '북지철도 차관 처리안(제3차안)'과 '북지철도 권익 처리안(제2차안)'을 작성하였다.

Ⅲ 화북교통의 수송력 증강과 수송 효율화

1. 철도수송 증가와 수송력 증강 5개년계획

(1) 수송 수요의 증가와 수송난 발생

1937년 12월 14일 일본은 허베이 성·산둥 성·허난 성·산시 성 등 화북 지역 4개 성과 베이징 시·톈진 시·칭다오 시를 통괄한 괴뢰정권인 중화민국 임시정부를 베이징에 세웠다. 그 이전에 성립한 지둥冀東방공자치정권도 이 임시정부에 합류하였다. 이처럼 화북 분리가 실현되자, 북지나방면군은 민간자본의 자유 진출을 허가하고 '재벌 거두의 결기決起'를 촉구한다는 방침을 정했다. 이것이 앞에서 언급한 것처럼 '북지 경제개발 방침'에서 거국일치의 국책회사가 추진하는 화북 개발로 확정되었다. 이를 위해 일본경제연맹회 상무이사, 일본상공회의소 회두會頭를 역임하고 제1차세계대전 이후 일본 재계의 리더로 활동한 고 세이노스케鄉誠之助, 미츠이합명회사 이사와 일본은행 총재를 역임한 제1차 고노에 내각의 대장대신 및 상공대신 이케다 세이힌池田成彬, 일본상공회의소 회두와 하야시 센

주로 내각의 대장대신 및 척무대신을 거친 일본은행 총재 유키 도요타로結城豊太郎 등이 설립위원이 되어 1938년 11월에 "북지나의 경제개발을 촉진하여 북지나의 번영을 꾀하고 일본의 국방경제력 확충과 강화를 위해 북지나개발주식회사를 설립" 하였다.[1] 이로써 관동군과 만철의 화북 진출 방침은 일본 재계가 지지하는 중국 침략으로 확대된 것이다.[2] 그 결과 일본의 대규모 방적회사, 5대 전력, 석탄자본 등이 점령지의 공장을 접수하고 광산을 위탁 경영하여 화북을 개발했고, 북지나개발이 경제활동을 통괄하게 되었다. 동시에 1938년 말에 설치된 흥아원의 화북연락부가 중심이 되어 경제 통제와 개발 계획을 입안했다. 주요 방침은 일본의 생산력 확충 계획과 만주국의 만주산업개발 5개년계획과 연동하여 북지산업개발 5개년계획을 실시함으로써 개발한 자원을 일본으로 공급하는 것이었다.[3] 이러한 화북 점령 기구의 체계화[4]는 화북에서 수송에 대한 수요가 증가한다는 것을 의미했다.

여기서 철도 수송량의 동향(표 3-1)을 살펴보자. 전쟁으로 인하여 여러 철도노선이 파괴되고 자재가 손실되어 어려움이 많은데도 불구하고 복구가 계획대로 진행되고 치안도 좋아지자, 1938년의 수송량은 1935년을 기준으로 여객 인킬로미터(=여객 인원 수×수송 거리)는 66퍼센트, 화물 톤킬로미터(=화물 수송 톤수×수송 거리)는 40퍼센트까지 회복되었다. 그 이듬해인 1939년에는 철도수송이 뚜렷이 증가하여 여객의 경우 전쟁 이전의

1 「北支那開發株式會社設立要綱竝中支那振興株式會社設立要綱ニ關スル件」(內閣決定, 1938年 3月 10日), 『公文雜纂·昭和十三年·第二ノ三卷·內閣二ノ三·第三委員會』.

2 原朗, 「『大東亞共榮圈』の經濟的實態」, 『土地制度史學』 71, 1976年 4月.

3 興亞院華北連絡部, 「北支産業開發五箇年計劃總合調整要綱」, 昭和 15年 7月 4日, 北京市檔案館.

4 그러나 다른 중국 지역으로부터 화북 경제를 분리하여 엔 블록에 편입시키는 것은, 중국 내부의 경제 연관 관계를 파괴하는 것일 뿐만 아니라, 중국연합준비은행권(이하 연은권連銀券)이 국민당의 법폐法幣, 공산당의 변구권邊區券과 계속 통화전通貨戰을 전개했다는 사실에서 알 수 있듯이 중·일 양국 간의 경제전을 수반했다.

표 3-1 화북교통의 수송 실적

연도	1935	1938	1939	1940	1941	1942	1943	1944
철도 영업킬로	5,725.4	5,020.6	5,539.4	5,944.7	6,008.5	6,002.0	6,066.0	5,894.0
사원	104,030	76,357	101,560	106,382	129,202	140,004	148,028	175,617
(1킬로미터당 사원)	18.2	15.0	15.6	15.2	18.3	19.9	20.8	24.9
철도사원 1명당 노동생산성	79.1	55.5	80.7	117.9	127.2	144.4	182.0	133.6
철도 1일 1킬로미터 평균 열차 횟수			12.9	15.1	17.2	19.3	20.1	
1일 평균 열차킬로미터(1천 킬로미터)			1,041	1,270	1,518	1,751	1,877	
기관차 1킬로미터당 석탄량(킬로그램)			22.91	21.99	21.90	21.59	22.90	
철도여객(1천 명)	20,580	14,484	26,748	38,441	38,904	56,500	91,405	80,973
인킬로미터(1천 인킬로미터)	2,482,272	1,635,158	3,118,766	4,298,827	4,451,398	6,389,059	11,538,414	9,971,808
여객 1명당 이동 거리	121	113	130	129	114	113	126	123
1킬로미터 1일 평균 수송 인원			1,622	2,101	2,054	2,925	4,756	
1일 1킬로미터 평균 통과 객차			39.8	46.8	51.2	59.7	71.8	
1열차 평균 연결 차 수			10.8	9.4	8.7	8.5	9.0	
1열차당 승차 인원			230	295	321	292	339	340
철도화물톤(1천 톤)	30,344	12,901	17,462	28,655	38,779	40,643	39,023	34,316
톤킬로미터(1천 톤킬로미터)	5,744,910	2,296,626	3,861,937	6,389,174	9,553,538	10,832,064	11,408,775	10,023,192
화물 1톤당 수송 거리	189	178	218	211	246	267	292	292
1일 1킬로미터 평균 수송 톤수			1,988	3,816	4,380	4,937	5,164	
1일 1킬로미터 평균 통과 화차			208.7	221.8	251.0	275.7	276.0	
1열차 평균 연결 차 수			25.5	25.9	25.3	24.9	24.8	
사용 차량 1대당 톤			27.2	28.0	28.6	29.0	29.0	29.9

자동차 영업킬로			9,008	11,551	13,338	15,354	16,916	18,909
여객(1천 명)			6,608	8,929	8,954	8,789	7,312	3,396
화물(1천 톤)			7,307	15,547	22,003	26,248	40,981	23,835
내하천 영업킬로			584	3,312	4,104	4,122	4,213	4,213
여객(1천 명)			41	117	142	203	256	132
화물(1천 톤)				229	427	592	532	470

자료: 화북교통주식회사, 『통계연보』 각 연도; 『화북교통 통계월보』 각 월; 『화북교통의 운영과 장래』, 1945년.

주: 1. 철도사원 1명당 노동생산성＝(1천 톤킬로미터＋1천 인킬로미터)/사원. 전 사원 수에는 비철도 사원이 포함되어 있으므로 『화북교통의 운영과 장래』에서 확인되는 철도 요원 비율 85.2퍼센트로 1939년 이후의 철도 사원 수를 추계한다.

2. 1킬로미터당 사원도 1939년 이후는 전 사원×85.2퍼센트.

3. 1943년도 1일 1천 평균 열차 횟수, 1일 1킬로미터 평균 통과 차량, 1열차 평균 연결 차는 1943년 4~11월의 평균 수치.

4. 1943년의 1킬로미터 1일 평균 수송량은 1943년 4월~1944년 1월의 평균 수송량.

5. 석탄 소비량은 준궤선 증기기관차 운전용이다. 이 중 1943년분은 1943년 3~12월의 평균 소비량이다.

표 3-2 화북교통의 품목별 화물수송 (단위: 1천 톤)

연도		1934	1935	1938	1939	1940	1941	1942	1943	1944
영업품	광산물	14,407	14,982	9,242	11,997	16,063	19,503	21,090	18,435	14,374
	(석탄)	12,795	13,289	7,601	10,747	13,826	17,042	18,377	15,786	11,561
	농산물	3,414	3,041	1,994	2,260	2,216	2,075	1,919	2,132	1,518
	임산물	217	196	267	478	678	820	1,149	1,175	916
	축산물	285	300	143	209	256	226	172	172	127
	수산물			160	258	574	465	714	958	621
	기타	2,160	2,318	2,147	2,260	2,771	2,846	3,023	3,540	3,017
	소계	20,483	20,837	13,953	17,462	22,558	25,935	28,067	26,412	20,573
군수품				5,379	7,716	7,019	6,787	6,264	7,409	8,289
회사용품				2,551	5,048	6,187	6,057	6,312	5,202	5,454
합계		20,483	20,837	21,883	30,226	35,764	38,779	40,643	39,023	34,316
(석탄)				8,588	13,036	16,900	20,434	21,496	19,023	

자료: 『화북교통의 운영과 장래』, 1945년.

수준을 돌파했고, 화물의 경우도 전쟁 이전의 수준을 웃돌았다. 수송 인원을 자세히 보면 1939년에 일반 여객 2,560만 9,000명, 군인 114만 6,000명으로, 병력은 전체의 5퍼센트에 지나지 않았다. 또한 같은 해 7·8월에는 유례 없었던 수해 때문에 철도수송이 적어졌지만, 9월에 응급 복구를 마친 후에는 수송량이 급격히 늘었다.[5] 1941년 말에는 전쟁 이전에 비하여 여객 1.8배, 화물 1.7배라는 현저한 증가세를 보였다. 화물수송은 여객에 비해 완만하게 증가했는데, 수송 톤수와 수송 톤킬로미터를 비교해보면 단거리 화물보다 장거리 화물이 주로 늘었음을 알 수 있다.

표 3-2를 통해 화물수송을 자세히 검토해보자. 먼저 군수품의 이동을 살펴보면 1938년에는 군수용 화물이 총화물의 26퍼센트를 차지하여 그 비중이 줄어들었고, 특히 1940년부터 뚜렷한 감소세를 보여 1941년에는 17퍼센트로 줄었다. 화물에서 군수 부담이 감소한 현상은 철도의 역할이

5 「今次水害の跡を辿りて」, 『興亞』 第4號, 1939年 10月 1日, 7쪽; 滿鐵調査部 編, 『支那經濟年報』 1940年度版, 228쪽.

군사 단계에서 경제 건설 단계로 이행한 것을 의미한다. 민수화물은 서서히 증가하기 시작했는데, 그중에서도 선로 보수 물자, 신노선 건설 자재, 운전용 석탄 등의 회사용품이 초기 단계에 뚜렷이 늘어 1938년의 13퍼센트에서 1939년에는 17퍼센트가 되었지만, 영업품은 61퍼센트에서 58퍼센트로 오히려 비중이 낮아졌다. 그러나 1940년에 들어서는 역전되어 영업품이 현저히 증가했고, 1940년의 63퍼센트에서 1941년에는 67퍼센트로 급증했다. 즉 민수용 화물의 증가 또한 초기에는 회사용품의 증가에서 볼 수 있듯이 철도 자체의 정비가 중시되었지만, 이후로는 영업용품의 비중이 현저하게 커져 소위 '북지 산업개발'이 활발해졌음을 보여준다.

영업용품의 경우 1938년 총화물량 가운데 광산물이 42퍼센트를 차지했고 그다음으로 농산물은 9퍼센트에 지나지 않았으며 임산물과 수산물, 축산물 등의 비중은 작았다. 광산물 중에서도 압도적인 비중을 차지한 품목은 석탄으로, 총화물의 35퍼센트(군수품과 회사용품을 합하면 39퍼센트)를 차지했다. 이후 화물 수송량이 증가하는 가운데 광산물과 임·수·축산물은 그 비율이 증가한 반면 농산물과 기타 상품은 오히려 비중이 감소했다. 그렇다고 해서 농산물의 절대량이 크게 줄어든 것은 아니다. 광산물의 증가가 매우 뚜렷하여 1938년의 42퍼센트에서 1941년에는 50퍼센트가 된 사실을 통해, 다카하시 야스타카가 지적한 바와 같이 화북철도의 광산 철도, 그중에서도 운탄 철도로서의 성격을 확인할 수 있다(1995). 이미 전쟁 이전부터 화북철도는 '운탄 철도'로 불렸던 만큼, 일본으로의 송출이 강조되는 가운데 석탄류(군수품과 회사용품을 합한 것)는 1938년의 39퍼센트에서 1941년에는 52퍼센트로 늘었고, 철도 수입에서도 약 30퍼센트를 차지했다.

석탄 수송의 발착지별 기록(표 3-3)을 보면, 발송지별로는 산둥 성과 산시 성의 탄광에서 발송한 양이 석탄 개발과 함께 급증했는데, 특히 평산은 열 배 가까운 급증을 보였다. 이에 비해 중일전쟁 이전부터 규모가 컸던

표 3-3 화북교통의 주요 발착지 석탄 수송 상황 (단위: 1천 톤, 퍼센트)

발착지			1938년	1940년	증가율
발송	허베이 성	구예	4,176	5,126	123
		먼터우거우	911	780	86
		탕산	665	992	149
		징싱	190	481	253
	몽골	커우취안	938	957	102
	허난 성	구허거우六河溝	205	331	161
	산둥 성	짜오좡棗莊	348	1,690	486
		보산博山	143	579	405
		황산黌山	119	694	583
		타이쿤룬大崑崙	143	433	303
	산시 성	펑산	55	538	978
		양취안陽泉	72	422	586
		보자좡白家莊	112	200	179
도착	친황다오		2,970	3,973	134
	톈진 부근		1,402	1,357	97
	베이징		1,067	1,272	119
	탕구		410	713	174
	칭다오 부두		289	1,590	550
	칭다오		87	291	334
	지난 부근		191	295	154
	만주 수출			195	

자료: 동아연구소東亜研究所, 『지나 점령지 경제의 발전支那占領地經濟の發展』, 1944년 9월, 316~317쪽.

허베이 성과 몽골의 탄광에서는 이렇다 할 발송량 증가가 보이지 않으며, 경우에 따라 생산량이 감소한 곳도 있었다. 일본의 점령이 화북 탄광들의 생산과 발송에 큰 변화를 가져왔던 것이다. 다음으로 도착지별 석탄 수송을 보면, 톈진과 베이징, 칭다오의 도착량은 대폭 증가하지 않은 반면, 대일 수송과 대화중 수송을 담당한 칭다오 부두와 탕구 부두의 경우는 그 양이 급격히 증가했다. 대만對滿 수출의 경우 기존의 해상 수송이 일부 육로 수송으로 바뀌었는데, 그 수량은 1940년에 19만 5,000톤이었다. 특히 대일 수송이 급격히 증가한 것을 보면 화북교통이 현지에서 생산한 석탄을 일본으로 수송하는 데 전력을 기울인 것을 알 수 있다. 1940년의 화북 석탄 수·이출 계획 및 실적을 보면, 대일 공급은 계획 474만 톤, 실적 431만 8,000톤으로 달성률 91퍼센트, 대만 공급은 계획 50만 톤, 실적 36만 8,000톤으로 달성률 74퍼센트, 대화중·대화남 공급은 계획 199만 톤, 실적 174만 6,000톤으로 달성률 88퍼센트였다.[6]

이처럼 수송량이 증가함에 따라 수송 능력이 문제점으로 떠올랐다. 화북교통의 철도 운영이 안착되었다고 여겨지는 1940년에도 화물수송 계획에 의하면 화물 출하 예상량이 3,700만 톤에 달했지만, 수송 시설과 1940년 시설투자 계획을 염두에 두더라도 수송 능력은 3500만 톤에 지나지 않았기 때문에 약 200만 톤의 화물 출하 통제가 불가피했다.[7] 이러한 현상은 1941년에도 해소되지 않아, 화북과 몽골의 수송 실적은 7·8·9·12월의 4개월을 제외하고는 수송 계획을 밑돌아 오지 탄광의 수송력 부족이 오히려 석탄 증산을 제약하고 있었다. 예를 들어 징싱탄광은 출탄 제한을 피할 수 없었고, 중싱中興탄광 및 양취안陽泉탄광에서는 석탄 저장량이 격증했으며, 과중한 저장의 결과로 자연 발화까지 일어났다. 요컨대 수송의 어려움이 심각했기 때문에 다른 화물도 출화 계획에 비해 수송 실적이 쫓아가지 못했고, 철도는 과잉 수송 계획에 직면해 있었다.

이처럼 점령지가 안정되고 자원 개발이 본격화하자 화북교통의 수송 수요는 민수품 가운데서도 영업품을 중심으로 급증했고, 불가피하게 수송난이 발생하기에 이르렀다. 따라서 일본 측으로서는 이에 대응할 수 있는 수송력 강화가 시급했다.

6 華北交通株式會社東京支社業務課, 「昭和十五年度北支炭輸移出計劃實績比較表」, 1942年 1月.

7 興亞院華北連絡部, 『華北交通會社概說』, 1940年 8月, 20쪽.

(2) 수송력 증강 5개년계획과 투자의 실태

화북교통은 자업국資業局 교통과를 중심으로 '북지 신설철도 및 주요 강화철도 3개년계획 요강안'(1939. 4.)을 작성하고 오지 자원 개발과 연선 산업 부흥에 따른 수송량 증가에 대응하려 했다.[8] 화북교통 측은 특히 수송량이 1940년에서 1942년까지 3년에 걸쳐 여객은 3,003만 명, 33억 5,965만 인킬로미터에서 4,129만 명, 45억 4,190만 인킬로미터로 증가하고, 화물은 3,399만 톤, 74억 1,373만 톤킬로미터에서 4,586만 톤, 109억 6,821만 톤킬로미터로 증가할 것으로 상정했다. 이에 대하여 화북교통은 표 3-4와 같이 1939년에 99킬로미터를 건설하고 1941년까지 598킬로미터(창스 선滄石線·바오위안 선包原線·다친 선大沁線·장류 선張柳線)를 부설한 다음, 1942년에 281킬로미터(다옌 선大鹽線·장베이 선張北線), 1943년에는 120킬로미터(다옌 선)를 추가로 건설하여 총 1,098킬로미터의 노선을 부설한다는 계획을 세웠다. 이 계획은 간선망 건설을 주요 내용으로 했지만, 이에 더하여 퉁푸 선과 정타이 선의 게이지 규격을 협궤에서 표준궤標準軌로 개조하고 징산 선 복선화를 추진하여 기존 노선의 수송력 또한 동시에 강화하려 했다.

실제 공사 진척 상황을 보면, 1938년에 퉁구 선과 베이퉁푸 선北同蒲線이 건설되고 나서 1939년에 신카이 선, 1940년에는 다타이 선大台線과 다칭산 선大青山線, 스더 선石德線과 둥루 선東潞線 등의 노선 건설 공사가 끝났다. 이에 맞추어 징한 선과 룽하이 선에서도 기존 선로를 복구하는 공사가 동시에 진행되었다. 그러나 자재가 제대로 조달되지 않았고 노무자 확

8 華北交通株式會社總裁室資業局交通課,「自昭和十四年至昭和十七年間北支鐵道輸送數量及能力想定ニ就テ」, 1939年 6月; 華北交通株式會社總裁室資業局交通課,「自昭和十四年至昭和十七年間北支鐵道及港灣輸送能力調査附屬說明書」, 1939年 9月 1日; 華北交通株式會社總裁室資業局交通課,「北支新設鐵道及主要强化鐵道三箇年計劃要綱(案)」, 1939年 9月 4日; 華北交通株式會社總裁室資業局交通課,「第一次北支鐵道新設及主要改良計劃要綱(自昭和十四年至同十七年)案に對する檢討」, 1939年 9月.

표 3-4 화북교통의 건설 계획과 준공 및 공사 중지 상황 (단위: 킬로미터)

연도	계획		실적		건설공사 중지
	3개년계획	5개년계획	신노선 준공	선로 복구	
1937			1.0		
1938			355.4	90.3	
1939	99.0		86.2	175.6	
1940		165.0	457.6	36.0	
1941	598.0		66.0		
1942	281.0		84.7		
1943	120.0	108.0	7.8		
1944			54.0		152.8
1945		370.0	1.2		126.2
합계	1,098.0	643.0	1,113.9	301.9	279.0

자료: 화북교통 총재실 자업국資業局, 「북지 신설철도 및 주요 강화철도 3개년계획 요강(안)」, 1939년 9월 4일; 흥아원 화북연락부, 「북지·몽골철도 수송력 증강 5개년계획(수정)안北支蒙古鐵道輸送力增强五箇年計劃(修正)案」, 1940년 7월 8일, 베이징 시 당안관北京市檔案館; 『화북교통의 운영과 장래』, 1945년.

주: 5개년계획은 연도별 건설 길이가 미상이었기 때문에 여기서는 완공된 해를 표기했다.

보도 곤란했기 때문에, 공사는 표 3-4와 같이 계획대로 진행되지 못했다. 이를 반영하여 1940년에 북지산업개발 5개년계획이 수립됨에 따라, 북지 신설철도 및 주요 강화철도 3개년계획은 지선 건설, 경편선의 궤도 개조 등을 탄광 개발계획에 맞추어 확실히 시행한다는 내용의 '북지·몽골철도 수송력 증강 5개년계획안'(1941~1945)으로 개정되었다.[9]

북지산업개발 5개년계획이 지하자원 중 석탄의 증산과 농산자원 중 식량작물의 증산을 2대 중점으로 삼고 있었던 만큼, 철도 수송력 증강 5개년계획도 이들 화물의 수송에 중점을 두고 수립되었다. 북지 산업개발에 따른 예상 수송량(그림 3-1)을 보면, 군수품과 회사용품의 비중이 감소해가는 반면 영업품의 비중이 급격히 증가하여, 결과적으로 화물수송은 1941

9 興亞院華北連絡部, 「北支蒙古鐵道輸送力增强五箇年計劃(修正)案」, 1940年 7月 8日, 北京市檔案館.

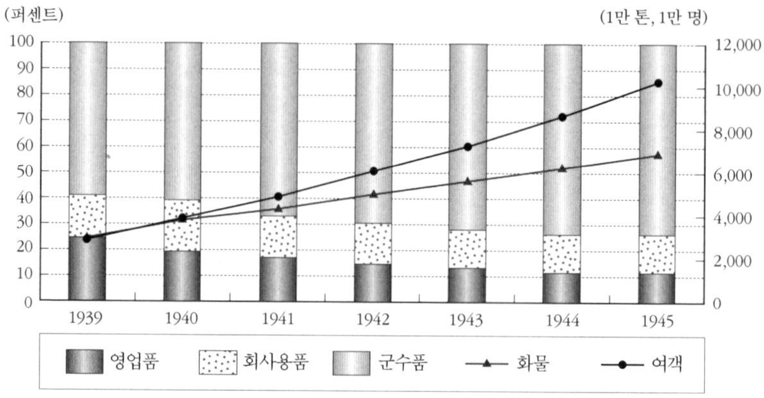

그림 3-1 화북교통의 철도 수송량 예상(단위: 퍼센트, 1만 톤, 1만 명)
자료: 흥아원 화북연락부, 「북지·몽골철도 수송력 증강 5개년계획(수정안)」, 1940년 7월 8일, 베이징 시 당안관.

년에서 1945년에 걸쳐 4,662만 톤, 1억 59만 톤킬로미터에서 6,962만 톤, 1억 9,126만 톤킬로미터로 증가한다고 상정되었다. 그중 석탄은 수송 톤수를 기준으로 전체 화물의 49퍼센트에서 59퍼센트, 수송 톤킬로미터를 기준으로는 49퍼센트에서 65퍼센트를 차지한다고 상정되었다. 또한 여객 수송은 같은 기간 동안 1,952만 명, 59억 292만 인킬로미터에서 1억 315만 명, 114억 7,250만 인킬로미터로 증가한다고 예측되었다. 3개년계획 당시의 예상 수송량에 비해 화물과 여객 모두 약간 증가했다는 것을 알 수 있다. 이러한 예상량에 대한 화북교통의 방침은 "자금과 자재가 심각하게 부족한 현황을 감안할 때, 인입선引入線(본선에서 특정한 장소까지 따로 끌어들인 선로) 등 근거리의 것을 제외하고 가급적 석탄 증산과 직접적인 관계가 없는 신노선 건설은 유보하며 현존 설비의 개량 및 차량의 확충에 중점을 둔다"는 것이었다. 따라서 새로운 노선 건설은 퉁탕 선同塘線(다퉁·탕구 선) 108킬로미터, 스더 선 165킬로미터, 탄광 진입선 약 370킬로미터에

표 3-5 화북교통의 연도별 사업비 (단위: 1천 엔)

연도	1939	1940	1941	1942	1943	1944	1945	계
건설	634	13,363	48,435	31,985	58,208	70,245		222,870
개량	48,818	110,072	98,088	152,350	124,826	311,983	4,994,686	5,840,823
자동차	870	5,273	11,848	11,261	5,864	13,754	86,299	135,169
수운	223	9,644	7,162	647	2,830	1,486	14,322	36,314
소운송							170,116	170,116
계	50,554	138,352	165,533	196,243	191,728	397,468	5,265,423	6,405,292
차량	26,217	87,861	92,346	25,908	7,329	38,148	76,767	354,576
합계	76,762	226,213	257,879	222,151	199,057	435,616	5,342,190	6,759,868
환산액	70,917	196,751	175,946	41,729	104,108	44,235	21,652	655,337

자료: 『화북교통의 운영과 장래』, 1945년.
주: 1. 환산액은 1937년 물가 기준으로 실질화한 것이다.
2. 1945년도는 상반기 결산 예상액을 계상한다.

한정된 반면, 기존 노선은 유효장有效長(열차가 발착하는 선로에서 여객 및 화물의 승·하차가 가능한 승강장의 길이) 연장, 복선화, 조차장 확충 등의 개량공사와 차량 증비를 추진하여 강화하고자 했다.

그러나 표 3-4와 같이 3개년계획과 5개년계획의 실제 준공 결과를 보면 1941년 이후로는 계획한 노선이 거의 건설되지 못했고, 신노선 길이 또한 3개년계획은 물론 5개년계획에도 미치지 못했다. 게다가 전쟁 말기에 이르러서는 공사 중지를 피할 수 없었다. 따라서 점령기의 신노선 공사는 새로운 간선망을 건설하기보다는 새로 개발된 광산지역과 기존 간선망을 연결하는 지선 부설이 중시되었다고 할 수 있다.

표 3-5를 보면, 철도에 대한 투자가 기존 노선의 선로 용량을 제고하는 개량 사업 중심이 된 것을 알 수 있다. 회사 설립 당시의 사업비 예산(표 2-14)과 비교해봐도 개량 사업 쪽에 중심이 실렸다는 것은 명백하다. 우선, 수송력이 빈약한 협궤선의 개궤 공사와 레일의 중량화가 진척되었다. 베이퉁푸 선〔타이위안(북참北站)과 다퉁 간〕 건설공사가 점령하에서 재개되었

을 때, 폭이 1미터인 기존 노선의 게이지를 1.435미터로 개조하는 공사와 함께 레일의 무게를 길이 1미터당 16킬로그램에서 30킬로그램으로 늘리는 작업이 진행되었다.[10] 또한 스타이 선石太線에서도 같은 공사가 착수되었다. 그 밖에 다퉁탄광이 개발되어 커우취안 선(19.8킬로미터)이 운탄 철도로 중요해지고 자오지 선의 수송량도 증가하자 레일을 1미터당 30킬로그램에서 40킬로그램짜리로 교체하는 공사가 시작되었다. 다음으로 열차의 운행 횟수 증가와 장대화를 위해 주요 간선망에 525미터의 유효장 연장 공사와 신호장 증설이 실시되었다. 또한 역의 구내를 개조하고 측선을 부설하는 개량 공사도 이루어졌다. 지난 등 18곳의 주요 역에서는 화물 처리 합리화를 위해 '대大개량 공사'가 실시되었고, 친황다오 등 16개 역에서는 기무機務·검차檢車(차량 검사)시설 확충, 유효장 연장, 구내 배선 변경, 신노선 연락시설과 측선 부설 등의 '중中개량 공사'가 시행되었다. 그 밖에도 많은 역에서 공장 진입선, 화물 복선 등의 증설을 위한 '소小개량 공사'가 실행되었다.

선로 시설 중에서 선로를 강화하는 데 최대의 문제점이었던 교량도 증강 공사가 실시되었다. 앞에서 지적했듯이 일찍이 철도성에서 아다치부대를 파견할 정도로 교량이 중요했기 때문에 162개소 852연連(트러스truss교의 단위)에 달하는 전쟁 피해 교량에 대한 응급 복구공사가 실시되어 1940년까지는 열차 운행을 하게 되었다. 그 후 철도수송량이 급격히 늘어 교량 강도 증대가 시급한 과제로 떠오르자, 교량 강도 조사반이 조사를 한 다음 징산, 진푸, 징한, 자오지, 징바오, 스타이, 룽하이 순으로 증강 공사를 진행했다.[11] 이때 개축된 교량은 1944년 말에 766개소, 1,702연連, 총연장 2

10 華北交通株式會社, 『華北交通の運營と將來』.

11 징산 선은 주요 교량 강도 SL-9(E20)를 최소한 SL-12(E26), 평균 SL-15(E33)로 증강시키고, 진푸 선은 SL-9(E20)를 최소한 SL-10(E22), 평균 SL-14(E30)로 증강, 징한 선은 SL-5(E11)를 최소한 SL-7(E15), 평균 SL-22로 증강, 자오지 선은 SL-5(E11)를 최소한 SL-14(E20), 평

만 2,261미터에 달했다.

화북교통은 선로의 용량을 개선하는 한편 차량의 수를 늘리려 했다. 앞에서 언급한 바와 같이 화북철도는 베이닝과 핑쑤이의 두 철도를 제외하고는 각 전선에 걸쳐 심각한 피해를 입었는데, 그중 철도차량이 가장 피해가 컸다. 관외 유출과 멸실 그리고 파손 때문에 보유 대수가 전쟁 이전에 비해 기관차 69퍼센트, 객차 79퍼센트, 화차 71퍼센트에 지나지 않았다. 게다가 노획 차량이라고 불리는 잔존 차량 가운데 사용 가능한 것은 기관차 320대, 객차 286대, 화차 4,278대에 불과했으며, 그것도 대부분 차령車齡을 초과하여 낡은 데다 형식 또한 잡다하여 운용 효율이 낮았기 때문에 "수송력 유지의 최대 난관"으로 판단되었다. 그래서 노획 차량을 수리하여 쓰는 것은 물론, 표 2-5와 같이 1938년 말에는 만철과 조선국철이 보유한 차량을 화북지역으로 연장하여 운용했다. 그 밖에도 철도성 차량의 게이지를 수리한 후 운영하기도 했다.

그러나 만주에서 만주산업개발 5개년계획을 실시하여 수송량이 증가하고 1938년 7월에 일어난 장구펑 사건 등으로 소련과 만주의 국경 정세가 악화하자, 참모본부 제3부 주최하에 '철도수송력 증강에 관한 협의회'(1939. 2. 7.)가 열렸다.[12] 그 결과 화북교통은 만철과 조선국철에서 들여온 차량을 반환하는 대신, 철도성으로부터 차량을 추가로 양도받는 한편 많은 신차를 도입하게 되었다. 이로써 표 3-6과 같이 만철과 조선국철, 일본국철에서 양도한 차량은 전체적으로 줄어들어서 패전 당시의 수는 기관차 234대, 객차 11대, 화차 2,608대 정도였다. 이를 대신하는 물량은 일본 내지와 만주의 신규 제작에 의존하지 않을 수 없었다.

화북교통은 차량 증비를 위해 많은 노력을 했지만, 표 3-7에서 알 수 있

균 SL-18(E40)로 증강하였다.

12 華北交通株式會社創立史編纂委員會, 앞의 책, 515쪽.

표 3-6 화북교통의 차량 증비 상황 (단위: 대)

차종			기관차	객차	화차	사고 복구용 기중기
전쟁 전의 차량 보유 수(1936년)			1,036	1,073	14,545	1
전쟁 발발 후	잔존 수		460	652	7,333	1
	사용 가능 수		320	286	4,278	1
전쟁 발발에서 패전까지의 차량 증비 수	증비	신제작	685	749	9,429	9
		다른 철도로부터의 양도	234	11	2,608	
		현지 생산품 구입	31	53	815	
		계	950	813	12,852	9
	대파손 잔존 차량 복구		103	280	1,940	
	합계		1,053	1,093	14,792	9
패전 시의 보유 수			1,331	1,362	18,532	10
전쟁 발발 후 사용 가능한 수를 100으로 한 증비 수 지수			329	382	346	900
패전 시의 보유 수를 100으로 한 증비 수 지수			79	80	80	90

자료: 『화북교통의 운영과 장래』, 1945년.

주: 대파손 잔존 차량 복구는 일본군이 진주할 때 철로공창에서 대수리를 할 정도의 상태로 방치되었던 차량을 원형 복구한 것이다.

듯이 수송량 증가를 따라가지는 못했다. 계획 단계에서부터 보유 대수가 소요 대수보다 적었고[13] 제작 자재 확보가 어려웠기 때문에 전시 설계에 의한 제작이 불가피하여 비철금속을 대용 자재로 사용하고 불필요한 부분을 생략해야 했다. 예를 들어 3등 객차의 경우 만철의 동종 표준차가 평균 44톤이었던 것에 비해 16퍼센트가 가벼운 37톤이었으며, 이러한 경량화를 통하여 객차 1대당 6,000엔이나 절약할 수 있었다.[14] 차량 운용에서도, 재래식 표준에서는 30톤 적재가 가능한 화차의 설계를 일부 변경하여 45톤 적재 화차로 운용하기 시작했다.

13 華北交通株式會社, 「昭和十五年度車輛新造計劃要旨(準軌, 自昭和十五年四月至昭和十六年三月)」, 1939年 4月 1日.

14 차량의 경량화는 물자 절약 효과뿐만 아니라 연료 절약과 차량 증결의 효과도 있었다. 「工作局, どんな仕事をするか」, 『興亞』 第29號, 1941年 10月, 14쪽.

표 3-7 화북교통의 연도별 수송량과 차량 보유 수 비교

구분		전쟁 전 (1935)	전쟁 당초 (37. 9.)	1938	1939	1940	1941	1942	1943	1944	패전 시 (45. 9.)
수송량 (단위: 1천)	여객 (인킬로미터)	2,482		1,635	3,119	4,299	4,451	6,389	11,538	9,972	
	화물 (톤킬로미터)	5,745		2,297	3,862	6,389	9,554	10,832	11,409	10,023	
보유 수 (단위: 대)	기관차	1,036	241	909	1,017	1,108	1,239	1,254	1,311	1,352	1,331
	객차	1,373	320	870	897	997	1,201	1,308	1,384	1,410	1,362
	화차	14,545	2,875	11,154	15,082	16,010	17,152	17,321	18,414	18,709	18,532
	사고 복구용 기중기	1	1	2	6	5	10	9	9	10	10
전쟁 이전을 100으로 한 지수: 수송량	여객	100		66	126	173	179	257	465	402	
	화물	100		40	67	111	166	189	199	174	
전쟁 이전을 100으로 한 지수: 보유 수	기관차	100	23	88	98	107	120	121	127	131	128
	객차	100	23	63	65	73	87	95	101	103	99
	화차	100	20	77	104	110	118	119	127	129	127
	사고 복구용 기중기	100	100	200	600	500	1,000	900	900	1,000	1,000

자료: 표 3-1; 『화북교통의 운영과 장래』, 1945년.
주: 차량 보유 수는 해당 연도 말의 수이다.

이상과 같이 점령지 개발에 따라 수송량이 급증하고 이에 대응하여 수송력 증강이 계획되었지만, '부족 경제'로 인하여 불가능해졌던 것이다. 그러면 이 '부족 경제'에 대응하여 화북교통이 어떻게 경영자원 조달 경로를 구축했는지 검토해보자.

2. 경영자원 조달 재편과 효율적인 철도 운영

(1) 경영자원 조달 경로의 재편

1) 자재 조달의 혼란과 화북교통의 대응

여기서는 화북교통이 회사를 설립할 때 구축한 자재 조달 시스템이 전시

통제와 물자 부족 때문에 작동하지 않게 되자 새롭게 모색한 조달 경로의 재편을 검토해보자.

우선 회사 설립 전의 자재 조달을 보면, 1937년 8월에 북지사무국 내에 조도계調度係가 처음 설치되었고, 이것이 점령철도 확보와 더불어 확충되어 1938년 4월에는 경리반 가운데 제1조도계·제2조도계·구매계·창고계의 4계가 설치되어 물품사무가 처리되었다. 이 체제는 회사 설립 당시에도 큰 변화를 보이지 않았다. 자재 조달 업무는 본사 경리부에서 용품 업무를 맡은 구매과와 창고과가 담당했다. 그 밖에 일본에서 자재를 공급하는 방안도 고려되어 항만도시인 톈진과 칭다오에 용도 사무소가 설치되었다.[15] 이러한 시스템은 자재 운용이 경리의 관점에서 운용되기 때문에, 자금만 확보된다면 구입 자체에 큰 어려움이 없는 '수요 제약형 경제demand-constrained economy'를 전제로 한다. 바꿔 말하면 전시체제보다 평시체제에 알맞은 조달 시스템이라고 할 수 있다. 때문에 전시 통제와 물자 부족이 진행되자 화북 경제 운영의 정상적인 작동이 불가능해진 것이다.

여기서 표 3-8을 통해 회사 설립 직후의 주요 자재 조달 상황을 살펴보자. 이 표는 1939년 물자동원계획의 철강·구리·침목 등 3대 주요 자재를 예로 들어 입수 실적과 전망, 사용 실적, 발주 상황을 기록한 것이다. 해당 연도 물자동원계획의 결과에 의하면 강재 할당 총량은 차량 제조용 강재를 제외하고 9만 2,000톤(회사 희망분은 12만 7,000톤)이었고, 1939년 9월까지의 입수 경과를 보면 발주한 4만 500톤의 31퍼센트에 불과한 1만 2,500톤이었다. 뿐만 아니라 1940년 3월까지의 입수 전망은 극히 낙관적으로 가정할 때 3만 5,000톤 정도였기 때문에, 4월부터 9월까지의 입수량을 포함해도 4만 7,500톤에 지나지 않았다. 그 결과 1939년 물자동원계획 할당 총수에 비해 입수된 양은 52퍼센트에 불과하였다. 레일은 지선과 측선을 철거

15 「資材局」,『興亞』第27號, 1941年 9月, 6~7쪽.

표 3-8 화북교통의 1939년 주요 자재 조달 상황

항목	강재(톤)	구리(톤)	침목(1천 정挺)
1939년 4월 현재 재고량 1939년 4~9월 입수량 (같은 기간의 발주)	13,600 12,500 (40,500)	240 180 (1,400)	14 270 (2,618)
누계	26,100	420	284
1939년 4~9월 사용 실적 1939년 9월 현재 재고량 1939년 10월~1940년 3월 입수 전망 (같은 기간의 발주 예정)	12,600 13,500 35,000 (47,000)	200 220 790 (1,200)	273 11 1,000 (390)
누계(1939년 입수 전망)	47,500	970	1,270
1939년 10월~1940년 3월 소요 예정	79,400	1,000	2,527
차감 부족	31,900	130	1,257
1939년(1939년 4월~1940년 3월) 소요 예정 (물동계획 결정 할당 예정)	92,000	1,200	2,800
물동계획 결정 수량에 대한 입수 수량의 비율 예상	52%	80%	35%

자료: 화북교통주식회사, 『화북교통회사의 개요華北交通會社の概要』, 1940년.

하고 유용하여 임시변통했지만, 다른 공사들은 약 50퍼센트의 지연을 피할 수 없었다. 구리의 경우도 1939년 물자동원계획 할당은 1,400톤(제1차 요망 수량 2,600톤, 계획 변경에 의한 제2차 삭감 요망 수량 2,130톤)이었지만 9월 말까지의 입수 실적은 13퍼센트인 180톤에 지나지 않았기 때문에 전기 자재가 대단히 부족했다. 침목의 경우도 같은 현상이 발생했기 때문에 노후가 심각하여 안전한 열차 운행이 어려웠다. 따라서 증강 계획을 실시하기는커녕 일상적인 보수도 힘들었고, 게릴라의 공격으로 인한 피해를 복구하는 데도 큰 곤란을 겪어야 했다.

이러한 자재 부족 현상은 화북경제의 운영에 커다란 영향을 미쳤다. 1939년에는 일본으로 석탄 330만 톤(이외에도 화중·화남 130만 톤, 만주 39만 톤)을 수출할 예정이었다. 이 중 대일 공급량의 65퍼센트인 210만 톤은 항구 도시인 친황다오에서 가장 가까운 카이롼탄광이 담당했고, 그 외의 석탄은 징싱탄광 15만 톤, 다퉁탄광 30만 톤, 중싱탄광 55만 톤, 산둥탄광 20만 톤으로 도합 120만 톤에 지나지 않았다.[16] 그러나 카이롼탄광은 이미 채굴 한도를 넘었기 때문에 다른 탄광의 증산이 필요했고, 이에 따라 소요량의 35퍼센트에 지나지 않는 자재 입수량으로 그 관건이 되는 수송력 증강을 이루어내야 하는 상황이었다. 이제 화북의 석탄 증산은 '화북교통, 특히 철도와 항만의 향후 정비 여하에 좌우된다'는 말이 생길 정도였다.

화북교통은 이러한 상황을 해결하기 위해 요소 시장에 깊이 개입하는 동시에 내부의 자재 조달 시스템을 재편하여 조달의 확실성을 높이려 했다. 우선 외부 시장에 대한 개입을 보면, 화북교통은 도쿄 지사에 기술감技術監을 두고 차량 제작회사의 제작 감독, 공정 진척 확인, 본사 발주 자재의 확보에 임하도록 했다. 특히 1939년 7월에 일·선·만·지의 철도 관계 관청과 각 차량 제작회사, 철도회사가 구성원인 철도차량협의회가 설치되자 적극적으로 의견을 전개하고 화북교통의 자재 요구가 철도차량의 수요자별·분기별 생산 계획에 반영되도록 힘썼다.[17] 또한 같은 해 9월에는 차량의 주요 부품 규격을 통일하여 생산 능률을 향상시키고 대용 자재 사용을 도모하기 위해 다른 관계자들과 철도차량기술협의회를 설치했다. 나아가 차량 확보를 위해 제조 및 부품회사에 직원을 파견하여 해당 회사와 긴밀히 연락했다.[18]

그럼에도 불구하고 차량 조달이 원활하지 않자, 화북교통은 자회사로

16 華北交通株式會社, 『華北交通會社事業の概要』, 1940年.

17 「鐵道ニュース」, 『朝鮮鐵道協會會誌』, 1939年 6月; 澤井實, 『日本鐵道車輛工業史』, 日本經濟評論社, 1998年, 212쪽.

18 차량 제조회사로는 일본 국내에 닛산, 기샤제조汽車製造, 히타치제작소, 가와사키차량, 닛추차량, 데이코쿠차량, 니이가타철공소, 키나미차량, 와카마츠차량, 모토에기계제작소 등이 있었고, 만주에는 만철다롄철도공장, 다롄기계제작소, 다롄선거大連船渠 등이 있었다. 부품 제조회사로는 바퀴, 차축, 연관煙管 등은 스미토모금속, 공기제동기는 닛폰에어브레이크, 미츠비시전기三菱電機 등이 있었다.

차량 제작회사를 설립하는 방안을 검토했다. 다롄 기계제작소가 1939년 5월에 톈진 장구이좡張貴莊공장을 건설하는 등 화북의 차량 시장을 둘러싸고 차량 메이커들의 경합이 나타나자, 화북교통은 같은 해 7월에 관련 기관들의 의견을 조정하여 '화북철도 차량주식회사 설립 요강(안)' (1939. 9.)을 마련했다. 이를 기반으로 칭다오(철도 차량 공장), 산하이관(철도용품 공장), 장구이좡(부품 공장)의 세 공장과 공칭자본금 3,000만 엔의 화북차량주식회사를 1940년 6월 3일에 자회사로 설립하였다.[19] 1942년부터 칭다오의 공장에서 기관차 11대를 제조하기 시작하는 등 화북교통은 '부족 경제' 상황에서 사업 수직화를 꾀했던 것이다.

한편 업무량이 빠르게 증가함에 따라 내부 조직의 재편도 요청되었다. 이는 수송력 증강을 위해 외부에서 조달되는 자재 품목과 수량이 증가한 것이라기보다 물자동원계획과 수출 조정의 단행으로 인하여 일본의 전시 통제가 화북에도 영향을 미쳤기 때문이다.[20] 1939년 11월에는 흥아원 화북연락부 장관을 위원장으로 하는 중앙물자대책위원회가 설치되어 물자·물가·수송의 3분과를 두고 수량과 가격 양면에서 화북의 물자배급을 통제하는 한편 각 지방마다 지방물자대책위원회를 설치했다.[21] 이 때문에 물자 통제가 진행됨에 따라 업무량이 많아진 것이다.

1940년 11월 조직 개편 과정에서 "회사 직제의 획기적 약진에 호응하여 금전 부문과 물품 부문을 관장하던 경리부가 발전적으로 해소되고, 금전

19 화북교통은 칭다오와 산하이관의 철로공창을 화북차량회사에 대여하고, 그 대신 쉬저우에 공창을 개설하였다. 「工作局, どんな仕事をするか」, 『興亞』 第28號, 1941年 10月, 15쪽; 內田正則, 「北支に於ける第一號機關車製作の思出」, 『華交』 第12號, 1966年 1月 25日, 4쪽.

20 임시자금조정법과 수출입품 등 임시조치법에 의해 시작된 전시 통제가, 물자동원계획 실시를 계기로 일본 전시경제의 중심축이 되었고, 그것이 '관동주, 만주국 및 중화민국에 대한 수출 조정에 관한 건關東州, 滿州國及中華民國向輸出調整に關する件' (1939년 상공성령 제53호. 1939년 9월 20일)이라는 형식으로 점령지인 화북에도 영향을 미쳤다.

21 『北支那資源要覽 四部(12)』, 『昭和十七年「陸支密大日記 第51號 1/2」』, 防衛研究所圖書館.

부문을 관장하는 주계국과 물품 부문을 관장하는 자재국"이 새롭게 생겼다.[22] 즉 일본의 물자동원계획 진전과 현지의 물자통제 강화에 맞추어 '돈'의 예산에서 '물자'의 예산을 분리한 것이다. 이에 따라 자재국에 용품 경리·물동·저장 배급 계획·구매 1·구매 2·구매 3의 6주간主幹과 톈진·베이징·칭다오의 3용도 사무소가 설치되었다. 화북교통은 이런 방식으로 요소 시장의 통제에 대응했던 것이다.

화북교통은 1941년 5월에는 "각 주간의 업무체계 등에 다소 무리가 있는 것을 해결하고, 신체제에 대한 총재의 의도를 더욱 철저히 하기 위해" 다시 자재국의 조직을 관리·용품 경리·물동·계획 1·계획 2·계획 3의 6주간, 구매실(구매 1·2·3), 톈진·베이징·칭다오의 3용도 사무소로 개편했다. 즉 기존의 저장 배급 계획 주간을 계획 1·계획 2·계획 3의 3주간으로 강화하고, 특수자재에 관한 종합 계획과 재사용품·비사용품에 관한 운용 통제, 종합적인 저장품 운용과 자재 배급 계획 등의 관련 업무를 맡도록 했다.[23] 또한 구매 업무 담당 부문을 기존의 주간에서 구매실로 분리하여 자재 조달을 확실히 하려 했다. 이러한 체제에서 중심이 된 것은 물동주간物動主幹이었다. 이를 통해 "회사에 필요한 물자수급의 기본 계획과 배급 기구 섭외"에도 주력하여 일본, 만주, 화북의 주요 자재 공급지에 자재국 요원을 파견하고, 자재 배분에 관하여 관련 기관 및 기업과 긴밀히 협의했다. 나아가 거래상인선형위원회選衡委員會를 설치하여 지정 거래인을 결정함으로써 '염가의 좋은 물품良品'을 추구하였다.

---

22 「資材局」, 『興亞』 第27號, 1941年 9月, 6~7쪽.

23 각 주간별各主幹別로 담당한 자재의 품목을 보면, 계획 제1주간은 비품, 주물, 피복 재료, 유지, 안료, 연료, 의료·과학용품, 약품, 정병공구釘鋲工具, 식료, 문구, 잡품, 계획 제2주간은 차량, 기계, 차량용품, 지금, 자동차용품, 선박용품, 계획 제3주간은 교항橋桁, 레일, 침목, 목재, 철로용품, 시멘트, 석탄, 벽돌, 석재, 건물용품, 수도·가스용품, 전기용품이었다. 「資材局」, 『興亞』 第27號, 1941年 9月, 6~7쪽.

그 외에 대용 자재도 이용되었다. 화북교통은 업무심의회에 자재운용분과회와 물자절용분과회를 설치하여 물자 활용과 절약에 관한 조직적 계획을 수립하고 실행했다.[24] 봉투를 2회 사용하고, 펜과 연필을 절약하며, 회람문서를 쓰고, 전등을 점멸할 때 주의하며, 휘발유 1일 사용량을 지킬 것 등과 같은 일상적인 물자절약은 물론, 설계나 공사를 할 때도 자재 상황을 고려하도록 했다. 뿐만 아니라 2개의 분과회 외에 대용품 연구분과회를 만들고 대용품 발명과 이용을 적극 연구하도록 했다. 앞에서 지적한 바와 같이 화북교통은 차량 제작과 건설 개량에 있어 전시 규격을 확립하였다. 1939년 8월에는 콘크리트 실험실을 설치하여 철도공사가 증가하는 데 따른 콘크리트 사용량의 급증에 대응하려 했다. 그 후 영·미의 일본 자산 동결과 영일 통상조약 폐지 등에 의해 물자부족이 심각해지자 1941년 11월에 콘크리트 실험실을 재료 연구실로 확충하고 건설국장의 관리하에 재료 연구실 주사가 운영하였다.[25] 재료 연구실에서는 시멘트, 콘크리트, 토질, 벽돌, 석재 등 재료의 성질을 종합적이고 과학적으로 조사, 연구하고 실험했다.[26]

이러한 대응에도 불구하고 "물동은 계획대로 움직여주지 않았고, 들어와야 하는 물품도 선박 부족 등으로 인해 예정대로 반입되지 않았다. 예정대로 되지 않는 경우가 일상적이었다. 매월 구입량과 자금이 빗나갔기 때문에 이 사이에서 조정을 제대로 하는 것은 쉬운 일이 아니"었다.[27] 이제 인적자원 확보 상황과 이에 대하여 강구된 대책을 분석하도록 하자.

24 「華北交通新聞」, 『興亞』 第30號, 1941年 12月, 24쪽.
25 華北交通株式會社, 「鐵道技術硏究所槪況」, 1946年.
26 「華北交通新聞」, 『興亞』 第31號, 1942年 1月, 34쪽.
27 石橋用品經理幹部の發言, 「資材局」, 『興亞』 第27號, 1941年 9月, 8쪽.

2) 인적자원 확보와 운용의 재편

① 노동력의 유동화와 질적 저하

중일전쟁이 발발하자 각 철도에서 베이닝철로국 소속을 제외한 수많은 직원이 '이직 도피'를 시작했다. 특히 중국인 고급 직원이 거의 남지 않아 점령철도 운영이 곤란해졌기 때문에 만철과 철도성에서 예상보다 많은 직원이 파견되었다는 것은 이미 지적하였다. 그 후 1938년 10월까지 일본인 1만 5,815명, 만주인 3,638명, 구종사원 4만 7,681명으로 도합 6만 7,134명이 철도 복구와 수송을 맡았다(표 2-2). 그러나 영업노선이 확대되고 업무량이 증가하여 요원이 심각하게 부족해지자 화북교통은 구종사원 복귀를 적극 종용하는 한편 철도성과 조선국철[28]에 '유경험자 공출'을 요청하여, 회사 설립 당시에는 영업노선 5,020.6킬로미터에 직원 수가 일본인 1만 8,940명, 중국인 6만 1,092명으로 도합 8만 32명이 되었다(표 2-13).

그러나 그 후 영업노선이 더욱 늘고 수송량도 급증했기 때문에 표 3-9와 같이 추가로 요원을 확보해야 했다. 특히 자재 확보가 계획대로 되지 않아 대규모 자본을 투입하여 수송력을 강화하는 일이 불가능해졌고, 노동력을 대량 투입한 노동집약적 운영이 필요해졌다.

여기서 화북교통이 직면한 요원 부족 문제의 실태를 명확히 하기 위해 표 3-10을 통하여 일본과 조선, 만주, 화북의 철도 요원 배치를 비교해보자. 화북교통은 1939년의 1명당 예상 영업수입이 만주국선(만철사선 제외)에 비해서는 양호했지만, 일본국철과 조선국철에 비해서는 떨어지고 있었다. 다만 1940년 예상에서는 비슷한 성적이 전망되었다. 반면 영업 1킬로당 종사원 수의 경우 화북교통이 일본국철보다 많았는데, 만주국선과 조선국철에 비해서는 약 두 배에 이르렀다. 즉 외견상으로는 충분한 노동력

28 林采成, 『戰時經濟と鐵道運營: 「植民地」朝鮮から「分斷」韓國への歷史的經路を探る』, 東京大學出版會, 2005年, 69쪽.

표 3-9 화북교통의 민족별 종사원 수 (단위: 명, 퍼센트)

연월	1939년 말	1940년 말	1941년 말	1942년 말	1943년 말	1944년 말	1945년 6월 A	1945년 6월 B
일본인	27,893	30,080	35,663	38,387	36,807	34,130	32,866	49,108
비율	27.5	28.3	27.6	27.4	24.9	19.4	18.2	24.2
중국인	73,667	76,302	93,539	101,617	111,221	141,487	147,592	154,118
비율	72.5	71.7	72.4	72.6	75.1	80.6	81.8	75.8
합계	101,560	106,382	129,202	140,004	148,028	175,617	180,458	203,226

자료: 『화북교통 통계월보』, 각 월; 『화북교통의 운영과 장래』, 1945년.

주: 1. 1945년 6월 A는 항만국(외국外局)과 정원 외 취급자를 포함하지 않지만, B는 이들을 포함하고 있다. 정원 외 취급자는 외국外局인 항만국 인원, 비역非役, 응소應召, 환자, 교육생도 등이다.

2. 1944년 말까지는 정원 외 취급자를 포함하지 않는다.

3. 연도 말이란 일본의 회계 연도(당년 4월~익년 3월)에 따라 익년 3월 말을 의미한다.

표 3-10 일·선·만·지의 철도 요원 배치 비교 (1939년 10월 말)

종별	화북교통		만주국선 國線	만철사선 社線	조선국철	일본국철
	1939년 예상	1940년 예상				
1킬로미터당 인원(명)	15.1	14.0	8.9	21.6	6.9	12.7
1킬로미터당 영업수입(엔)	22,000	31,000	14,054	91,973	12,312	28,170
1명당 영업수입(엔)	1,325	1,900	1,080	5,901	2,244	2,094

자료: 화북교통주식회사, 『화북교통회사 사업의 개요華北交通會社事業の概要』, 1940년.

주: 1. 종사원 수는 8만 5,343명(자동차부 제외), 영업킬로는 5,640킬로미터(카이펑·롄윈 간 포함).

2. 화북교통은 일본국철, 조선국철에는 없는 철도노경원鐵道路警員 1만 5,000명(1킬로미터당 2.7명)을 포함.

이 확보된 것처럼 보이지만, 실제 업무량 처리라는 관점에서 보면 오히려 노동력 부족이 심각했던 것이다. 만철(사선·국선)과 영업 1킬로당 현장원 수(1939년 9월 말 기준)를 비교해보면 선로 보수保線 등 공무 관계 요원은 만철이 일본인 0.6명, 중국인 2.6명, 화북교통이 일본인 0.3명, 중국인 0.12명이었으며, 기관차 운행 등에 종사하는 기무 관계 요원은 만철이 일

표 3-11 화북교통과 만주국선의 민족별 종사원 상황과 일본인의 직별職別 비율

철도별	종사원의 민족별 구성			일본인 종사원의 직별 비율		
	일본인	중국인	계	직원	고원	용원
화북교통(1939년 10월)	20,698명(24%)	64,645명(76%)	85,343명	32%	17%	51%
만주국선(1936년 3월)	11,857명(18%)	54,475명(82%)	66,332명	27%	20%	53%

자료: 『화북교통회사 사업의 개요』, 1940년.

본인 1명, 중국인 1.9명, 화북교통이 일본인 0.52명, 중국인 0.8명이어서 노동력 부족이 뚜렷했다. 그리고 표 3-11에서 볼 수 있듯이 민족별 구성의 경우 화북교통의 "종사원 현황은 양적으로는 거의 1930년 만주국 국유철도의 상황과 비슷했다" 고 생각된다.[29]

화북교통의 요원 문제를 민족별로 고찰해보자. 먼저 일본인 사원을 보면 비교적 경험자가 많았지만, 종사원의 51퍼센트 정도의 용원에서 58퍼센트를 차지한 일본인 용원들(즉 일본인의 30퍼센트)은 근속 2년 이하의 '무경험 양성사원' 이었다. 그래서 전반적으로 "사원의 질적 저하를 부인할 수 없는" 상황이었다. 중국인 사원의 경우는 하급 종사원의 급여가 대단히 낮았기 때문에 "불필요한 다수의 무능 종사원" 을 안고 있었다. 만철에서 파견된 만인 가운데 약 2천 명이 최종적으로 남아 "중국인의 지도적 입장" 에서 일본인과 중국인 사이에서 중요한 역할을 했지만, 거의 모든 중국인이 일본어를 못하고 일본인과의 커뮤니케이션에 어려움이 있었을 뿐만 아니라 일본의 철도 시스템에도 익숙하지 않았다. 그 때문에 중국인 종사원은 "개별적으로 주어진 업무만 취급하는 데 만족하는 습관" 이 있어서 업무 능력이 만철 출신 중국인 종사원의 40퍼센트에 지나지 않는다고 평가되었다. 나아가 중국인 종사원 중에서 문맹이 20퍼센트를 차지하고 있었다.[30] 또한 중국인들로 구성된 현장을 일본인이 완전히 통제하지 못했다

29 만철이 운영하는 철도노선은 만철이 소유한 회사철도, 만주국 국유철도, 조선총독부로부터 위탁받은 함경도 지역의 북선철도로 구성되어 있었다.

는 사실도 주목해야 한다. 화북교통이 점령철도에서 출발했던 만큼, 항일 게릴라의 활동과 결부되어 일본인들이 요구한 '멸사봉공滅私奉公'의 정신을 발휘하기가 어려웠다고 생각된다. 따라서 일본인 간부가 본 중국인은 항상 "소질 열등"이었다.

이에 대해 화북교통은 중국인 인력을 "현하現下 긴급한 용무에는 사용하지 않도록 하며 당분간 양으로 보완하고 이후 질의 향상을 꾀한다"라는 방침을 취했다.[31] 당시 상정된 것이 표 3-12의 종사원 증원 계획이었다. 일본인의 경우 1939년에 소학교 졸업자 2,652명, 실업계·중학교 졸업자 2,146명, 전문학교 졸업자 357명, 대학교 졸업자 183명을 채용한 다음 1940년부터 거의 매년 소학교 졸업자 채용을 300~700명으로 억제하는 한편 약 350명 이상의 대학·전문학교 졸업자와 1,000명에 가까운 실업계·중학교 졸업자를 채용하여 일본인 노동력의 질을 높여가려 했다. 중국인 채용 규모는 일본인 채용자 수를 조금 넘는 수준으로 하여 1942년에는 민족별 구성이 일본인 30퍼센트, 중국인 70퍼센트로 조정되도록 상정했다.

그러나 중일전쟁이 장기화하고 전시경제가 이어지자 일본 내지에서 요원을 확보하는 일, 특히 전문학교 졸업 이상의 일본인을 채용하는 일이 대단히 힘들어졌다. 예를 들어 1939년 하반기에 화북교통 인사과는 철도성에 3,000명의 '인원 할애 방안'을 요구했지만 "만철 역시 동시에 인원 보충 의뢰를 했기 때문에" 2,300명밖에 인정받지 못했고, 부족한 요원은 다음 해 채용 예정 인원으로 충당하기로 했다.[32] 화북교통은 이러한 고학력자 부족을 보충하기 위해 매년 5,000명 이상의 일본인 청소년과, 이보다

30 「一年の回顧と我が信念」,『興亞』第12號, 1940年 5月, 17쪽.

31 華北交通株式會社,『華北交通會社事業の概要』, 1940年.

32 「華北交通新聞」,『興亞』第4號, 1939年 10月, 23쪽.

표 3-12 종사원 증원 계획 (1938~1942, 단위: 명)

민족	직능	학교	39.3 (실제 인원)	1939년		1940년		1941년		1942년	
				증가 수	총인원	증가 수	총인원	증가 수	총인원	증가 수	총인원
일본인	기술원	대학 졸	102	67	169	46	215	69	284	67	351
		전문 졸	213	123	336	93	429	119	548	103	651
		실업 졸	718	385	1,103	233	1,336	308	1,644	305	1,949
		소학 졸 숙련공	1,862	579	2,441	147	2,588	243	2,831	189	3,020
		미숙련공	218	68	286	17	303	27	330	22	352
		계	3,113	1,222	4,335	536	4,871	766	5,637	686	6,323
	사무원	대학 졸	298	116	414	58	472	84	556	77	633
		전문 졸	405	234	639	144	783	188	971	187	1,158
		중학 졸	5,630	1761	7,391	459	7,850	750	8,600	588	9,188
		소학 졸	7,716	2005	9,721	164	9,884	462	10,346	202	10,548
		계	14,049	4,116	18,165	825	18,989	1,484	20,473	1,054	21,527
일본인 계			17,162	5,338	22,500	1,361	23,860	2,250	26,110	1,740	27,850
중국인	기술원	숙련공	9,234	508	9,742	205	9,947	394	10,341	294	10,635
		미숙련공	14,400	729	15,129	318	15,447	613	16,060	458	16,518
		계	23,634	1,237	24,871	523	25,394	1,007	26,401	752	27,153
	사무원		35,066	5063	40,129	837	40,966	1,633	42,599	1,218	43,817
중국인 계			58,700	6,300	65,000	1,360	66,360	2,640	69,000	1,970	70,970
사원 계			75,862		87,500		90,220		95,110		98,820

자료: 화북교통주식회사 자업국 교통과, 『북지철도 증강 계획(쇼와 13~17년)』, 1939년 10월 1일.

적기는 하지만 많은 중국인을 채용하지 않을 수 없었다. 그 결과 화북교통은 "회사 경영의 다각·다양성, 영업 성적의 현저한 향상, 그중에서도 치안 상황을 고려할 때 오히려 소수의 인원으로 고도의 운영을 하고" 있었던 셈이다.[33]

또한 전쟁 중의 입영·응소와 다른 산업으로의 이직이 계속되어 일본인들의 퇴직도 증가했고, 이에 따라 화북교통은 노동력의 유동화 현상을 피할 수 없었다. 이러한 현상은 노동력의 연령 구성에도 큰 변화를 일으켜

33 華北交通株式會社, 『華北交通概要』, 1942年 1月.

청소년층 종사원이 많아졌다. 그래서 근속 경험과 해당 기술이 부족하여 나타난 노동력의 질적 저하가 한층 심각해졌고, 식량 제공도 원활하지 못했기 때문에[34] 사원들의 체력 저하를 무시할 수 없었다.

화북교통 사원들의 건강 상황을 파악하기 위해, 가장 가까운 영업 환경에 놓여 있었던 만철 사원들의 1936년 이병률罹病率과 이들의 1939년 이병률을 표 3-13과 같이 비교했다. 물론 만주과 화북은 풍토가 달랐고, 특히 화북교통 사원들은 언제나 항일 게릴라의 공격에 노출되어 있었지만, 만철과 화북교통을 비교함으로써 근무 환경의 변화가 만철에서 이적한 사원들의 건강에 미친 영향을 파악할 수 있을 것이다.

우선 점령지역의 특성상 외상外傷 이병률이 중국인의 약 10배, 일본인의 약 3배에 달하여 "철도 전사의 고투"를 엿볼 수 있다. 다음으로 위장계 질환에서 특히 일본인의 이병률이 높았다. 물론 "익숙하지 않은 수질과 식량" 때문이었지만 "한여름의 습기와 열기가 신진대사를 완만하게 하여" 위장 질환을 일으키기 쉬웠던 것이다. 또한 일본인에 국한되지만 성병의 이병률이 1936년에 비해 2배 이상 높아졌다.[35] 치안 불안과 교육 환경 미비로 독신자와 별거자가 많고, 합숙 생활에서 "사생활을 공유하는 공동생활화와 유희적인 시간의 증가" 때문일 것이다. 성병과 함께 전쟁 중에 많아진다고 일컬어지는 결핵은 만철보다는 적은 듯 보이지만 "상승 일로를 걷고 있는 것은 명백"했다. 1939년 11월, 호흡기병의 5개월간의 수치를 보면 전년과 비교하여 3~4배나 격증했다는 것이 확인된다. 결핵은 사원

34 본사 및 철로국 근무 사원 약 400명을 대상으로 실시한 일본인 사원 생활필수품 매월 수요량 조사(1940년 2월, 인사국 후생과)에 따르면, 일본인 사원의 1일 칼로리 섭취량은 2,229킬로칼로리에 지나지 않아, 일본 청년 남성의 1일 필요 섭취량인 2,440킬로칼로리를 211킬로칼로리 밑돌고 있었다. 勝直義, 「胃袋も新體制へ!」, 『興亞』 第16號, 1940年 10月, 28~29쪽.

35 톈진철도 청년대원 391명을 대상으로 실시된 성병 조사(1940년 2월)에 의하면, 조사 대상자의 11.56퍼센트가 환자였다. 留田英夫, 「天津鐵道青年隊員性病調査成績について」, 『興亞』 第13號, 1940年 7月, 32~33쪽.

표 3-13 화북교통과 만철의 민족별 사원 이병률 비교 (단위: 명, 퍼밀)

주요 질환	1936년 만철공제 일본인 사원		1939년 화북교통 일본인 사원		1936년 만철공제 중국인 사원		1939년 화북교통 중국인 사원	
	환자 수	이병률	환자 수	이병률	환자 수	이병률	환자 수	이병률
법정전염병	614	13.3	308	14.7	91	7.3	257	4.1
말라리아	153	3.3	551	26.3	19	1.5	1,393	22.0
위장계질환	6,237	135.4	8,644	413.2	697	55.9	11,366	179.7
성병	5,974	129.7	6,036	288.5	672	53.9	3,357	53.1
결핵	3,503	76.1	1,072	51.2	240	19.2	1,012	16.0
신경계질환	10,334	224.4	1,777	84.9	1,952	156.4	1,942	30.7
외상	3,197	69.4	4,464	213.4	304	24.4	15,779	249.5
합계(기타 포함)	73,163	1,588.8	57,918	2,768.3	6,700	537.0	75,966	1,201.2
1개년 평균 사원 수	26,049		20,922		12,477		63,240	

자료: 무라세 와타루村瀨涉, 「사원의 보건 상태에서 본 북지의 생활환경社員の保健狀態から觀た北支の生活環境」, 화북교통 사원회, 『흥아』 제15호, 1940년 9월, 32쪽.

들이 병사하는 주요인이었다.[36]

1939년 10월부터 이듬해 9월의 1년간 공제사원 사망자(직무수행 중의 사망자 외)의 연령과 근속 연수(만철에서의 근무 연수 포함)를 보면[37] 연령에서는 20세 이하 21명, 21~25세 49명, 26~30세 35명, 31~35세 26명, 36~40세 18명, 41~45세 14명, 46~50세 9명, 51세 이상 6명이었고, 근속 연수에서는 1년 미만 65명, 2년 42명, 3년 31명, 4년 12명, 5년 8명, 6년 이상 20명이었다. 즉 당시 공제사원이 주로 화북 이외의 출신자로 구성되었기 때문에 근속 연수가 짧은 20대 청소년 일본인 종사원들이 과다한 격무 등

36 「第一回評議員會議事錄」, 『興亞』 第6號, 1939年 12月, 26쪽.

37 사망자의 병명과 인원은 다음과 같다. 지방유행성전염병 4명, 폐첨카타르·폐침윤·폐결핵 74명, 기타 결핵 14명, 악성종역 2명, 신경계질환 5명, 폐렴 18명, 위·장카타르 8명, 충양돌기염 2명, 신장염 7명, 외상 5명, 늑막염 7명, 소화기질환 9명, 뇌출혈 3명, 순환기질환 2명, 급성중독 4명, 기관지염 1명, 각기 2명, 천식 1명, 신경쇠약 2명, 정신병 2명, 전(병)사 6명. 華北交通株式會社, 「共濟社員死亡者死因年齡勤續年數別」, 『統計年報 第一編社務一般·經理·人事』, 1940年度版.

표 3-14 화북교통의 사원 이병률 (단위: 명, 퍼밀)

주요 질환	1939년		1940년		1941년	
	환자 수	이병률	환자 수	이병률	환자 수	이병률
총환자 수	244,577	2,693.7	271,697	2,613.2	315,600	2,679.3
소화기질환	33,567	369.7	33,229	319.6	38,860	329.9
성병	24,479	269.6	24,184	232.6	24,866	211.1
외상	18,196	200.4	21,979	211.4	24,112	204.7
호흡기질환	9,116	100.4	10,449	100.5	12,133	103.0
결핵	4,785	52.7	7,299	70.2	9,753	82.8
각기	5,384	59.3	3,535	34.0	4,688	39.8
말라리아	2,297	25.3	2,828	27.2	3,616	30.7
법정전염병	1,180	13.0	1,081	10.4	1,084	9.2
정신질환	7,454	82.1	8,671	83.4	8,493	72.1
1년 평균 종사원 수	90,796		103,971		117,792	

자료: 무라세 와타루, 「건강이 있고서야 봉공, 불섭생은 일생의 손해健康あっての御奉公, 不攝生は一生の損」, 화북교통 사원회, 『흥아』 제34호, 1942년 4월, 20쪽.

주: 환자 수는 이병률로 추계. 즉 환자 수=〔이병률×{(전년도 말 종사원 수+당년도 말 종사원 수)/2}〕/1000. 단 1939년은 회사 설립 시의 종사원 수와 당년도 말 종사원 수를 사용했다.

에 노출되어 많이 병사했다고 추론할 수 있다. 이러한 화북교통 종사원의 이병률(표 3-14)이 1939년에 2,693.7퍼밀(천분율), 1940년에 2,613.2퍼밀, 1941년에는 2,679.3퍼밀로 거의 변하지 않았다는 데서 알 수 있듯 사원들의 체력 저하 문제는 개선되지 않았다.

이러한 노동력의 질적 저하 현상은 시설 보수와 정비의 부족, 항일 게릴라들의 공격과 더불어 많은 운전 사고를 발생시키는 요인이 되었다. 표 3-15를 보면, 회사 설립 이후 탈선, 운전 저해·방해, 기관차 파손 고장 등의 사고가 자주 발생하여 열차 운전을 위협했지만, 불가항력과 게릴라에 의한 사고만이 아니라 노동력의 질적 저하dilution와 과로, 이른바 과실로 인한 충돌, 접촉, 신호 위반 진입 등의 운전 사고도 발생하고 있었다. 과실 사고는 1940년에 전체의 12.5퍼센트를 정점으로 한 뒤 감소했지만, 선로 내 출입, 열차 정차, 열차 지연과 같은 비교적 가벼운 사고를 제외하더라도 절

표 3-15 화북교통의 운전 사고 (단위: 건, 퍼센트)

연도		1939	1940	1941	1942	1943
사고 종별	열차 충돌	37	31	39	37	45
	열차 접촉	17	12	12	17	16
	열차 탈선	911	713	777	731	1,260
	열차 화재	33	20	16	36	17
	열차 이선 진입	8	14	14	16	13
	열차 운전 장애	66	65	41	33	25
	열차 신호위반 진입	11	9	10	7	13
	열차 분리	583	483	488	461	299
	폐색기 취급 위반	25	37	37	15	16
	승무원 결승缺乘	37	74	43	23	20
	위법 운전	81	53	37	44	29
	연료, 물, 모래 결핍	113	57	53	36	151
	차량 충돌	143	155	175	179	166
	차량 접촉	46	69	63	80	74
	차량 탈선	424	593	637	652	1,077
	차량 화재	9	12	16	10	12
	차량 일주逸走	10	12	8	5	7
	열차 운전 방해	526	741	610	506	676
	기관차 파손	1,963	1,315	944	879	2,057
	동차 파손	67	38	26	49	17
	객차 파손	267	188	159	204	315
	화차 파손	2,162	1,275	1,155	1,225	1,869
	선로 파손	456	514	458	621	559
	폐색장치 파손 고장	614	759	679	590	481
	신호장치 파손 고장	103	185	95	136	181
	사상	375	432	400	533	667
	선로 무단 진입	89	89	125	133	111
	열차 정차	745	583	935	660	842
	열차 지연	9,317	4,380	4,463	3,813	4,524
	기타	24	16			
	합계	19,262	12,924	12,515	11,731	15,539
원인별	과실	1,487	1,623	1,128	869	1,023
	불가항력			233	435	329
	게릴라 피해			727	582	827
	기타			1,0142	9,857	13,395
	과실 비율(퍼센트)	7.7	12.5	9.2	7.4	6.3
동력차 1백만 킬로미터	총건수	579.5	315.2	245.8	209.8	
	과실 건수	44.7	51.6	22.7	15.5	
영업 1백 킬로	총건수	363.5	228.3	204.5	195.2	254.6
	과실 건수	28.0	28.6	18.9	14.4	16.7

자료: 『화북교통 통계월보』, 각 월판.

대수에서는 여전히 무시할 수 없었다.

이와 같이 노동력의 유동화와 질적 저하가 진행되고 사고가 자주 일어나자 화북교통은 내부 교육과 사원회·철도청년대를 통해 노동력의 질적 저하에 대응하는 동시에 일본인 중심으로 내부 조직을 통제하려 했다.

② 일본인 중심의 요원 배치와 내부 교육의 강화

화북교통은 이 같은 사내 교육과 더불어 요원들을 효율적으로 활용하려 했다. 회사 설립 이후의 요원 배치에 관해 고찰해보자. 화북교통은 일본인 사원을 지도 부문에, 중국인 사원을 그 밑에 배치한다는 원칙 아래, 일본인이 ① 군사상 기밀을 요하는 직무 및 군사상 특히 필요한 직무, ② 계획 입안 및 교육지도 등 중요하여 중국인이 할 수 없는 직무, ③ 특수 기술이나 기타 중국인이 충당하기 곤란한 직무를 담당하게 했다.[38] 그 밖에 만철에서 파견된 만인 종사원 2,000명을 중심으로 "유능한 화인華人 사원을 일본인 사원의 협력자로서 본사나 철로국을 비롯해 현장 각 기관의 간부로 배속"하고, "나아가 장래에 되도록 중국인을 훈련시켜 활용할 예정"이었다.

표 3-16에 의하면, 직장별 점유율에서는 일본인들이 본사와 철로국 본부에 집중 배치되어 있고, 신분별 점유율에서는 직원층에 집중되어 있다. 나아가 현업 부문에서도 표 3-17에서 보이듯 기무단의 사례와 같이 단장과 주임, 부단장 등의 간부진을 일본인들이 차지하여 현장의 주도권을 장악했다. 물론 중국인도 간부로 활용되기는 했지만 그 같은 사례는 일부였고, 1940년 9월과 1942년 3월을 비교해보면 알 수 있듯이 중국인 간부진은 오히려 감소했다. 이와 같이 화북교통은 상대적으로 적은 일본인을 현장 상층부와 관리통제 분야에 배치하여, 노동력이 격심하게 유동하는 가운데서도 운영 능력을 유지하려 했다. 이러한 요원 배치 구조, 즉 계층 구

38 華北交通株式會社,『華北交通概要』, 1942年 1月.

조hierarchy는 다른 현장에도 나타났다.

이러한 요원 운용에 관하여, 화북교통은 1940년 11월에 획기적인 조직 개정을 단행했다.[39] 본사의 기구를 재편하고 업무심의회, 수송위원회, 감찰과 총무 · 주계 · 자재 · 자업 · 운수 · 자동차 · 수운 · 공작 · 공무 · 전기 · 건설 · 경무의 12국을 설치한 다음, 기존의 이사부장제理事部長制와 부(국)과장제를 폐지하고 참여參與 및 국참여제局參與制를 채용했다. 즉 총재가 직접 사업을 지도하며 추진하도록 하고, 이를 보좌하기 위한 참여제 · 국참여제를 단행한 것이다. 동시에 국 단일제局單一制 운용, 즉 부 · 국 · 과 · 계를 국으로 일원화하여 빠르고 능동적인 상의하달, 하의상달 방식을 도입함으로써 집무 태도 갱신, 바꿔 말하면 적극적인 기획 통제와 '사무 능률의 증진'이 가능해졌다. 주간 업무 변경도 국장의 의견에 따라 비교적 간단해져 요원 활용이 '융통무애融通無碍(아무런 장애 없이 융통)'해졌다. 또한 현장 중심주의 관점에서 본사와 철로국의 직분 규정 조정과 본사 정원의 감축도 단행되어 업무의 주체를 현장 최고기관인 철로국에 두고, 본사는 오직 사업에 관한 전반적 기획과 통제, 지도 및 업적의 감찰을 담당했다.

이상과 같은 인적 운용은 사내의 교육체제와도 관계가 밀접했다. 중국인 종사원들이 "소질 열등"하여 일본어를 못하고 철도 시스템의 일본적 운영에도 익숙하지 않았기 때문에 화북교통은 일찍부터 중국인 종사원들을 재교육했다. 앞에서 언급한 바와 같이 1938년 6월 베이징에 중앙철도교습소가 설치되어 중국인 참장(역장)과 부참장을 대상으로 재교육이 개시되었다. 이에 맞추어 각 철로국에서도 현지에 맞는 단기 강습회가 열렸다.[40] 물론 전쟁 이전에도 중국인 종업원들을 재교육했고, 이는 철도 운영에서 빼놓을 수 없는 과정이었지만, 일본의 점령하에서는 이 교육기관들이 일본의

39 「華北交通 · 新體制の全貌」, 『興亞』 第18號, 1940年 12月, 2~7쪽.

40 「創業四周年, 躍進社業の現狀」, 『興亞』 第46號, 1943年 4月, 8쪽.

표 3-16 화북교통 종사원의 직장별 배치

(1940년 9월, 단위: 명)

직장			직원			고원			용원			공역	합계		
			일	중	계	일	중	계	일	중	계	중	일	중	계
본사 본부			1,291	201	1,492	329	52	381	765	201	966	361	2,385	815	3,200
본사 직할 개소			365	77	442	167	19	186	592	155	747	385	1,124	636	1,760
철로국 본부			2,216	946	3,162	755	393	1,148	1,467	527	1,994	1,335	4,438	3,201	7,639
계			3,872	1,224	5,096	1,251	464	1,715	2,824	883	3,707	2,081	7,947	4,652	12,599
현장 관계	철도	참(역)	1,242	499	1,741	632	821	1,453	1,823	2,441	4,264	8,793	3,697	12,559	16,256
		열차단	524	84	603	397	289	680	108	812	920	1,091	1,029	2,276	3,305
		기무단	1,422	345	1,767	772	1,302	2,074	1,297	2,225	3,522	8,034	3,491	11,906	15,397
		검차단	329	25	354	235	34	269	460	319	779	3,527	1,024	3,905	4,929
		공무단	446	67	513	614	105	719	1,119	759	1,878	9,752	2,179	10,683	12,862
		전기단	248	12	260	361	26	387	1,550	255	1,805	1,475	2,159	1,763	3,927
		철로공창	407	129	536	528	256	784	534	669	1,203	11,442	1,469	12,496	13,965
		기타	824	215	1,044	344	384	735	959	452	1,412	2,388	2,127	3,490	5,566
		계	5,442	1,376	6,818	3,883	3,217	7,101	7,850	7,932	15,783	46,502	17,175	59,078	76,207
	자동차		101	22	123	119	12	131	1,197	1,149	2,346	347	1,417	1,530	2,942
	수운		104	26	130	56	58	113	224	78	301	390	384	552	936
	경무		103	56	159	110	345	455	2,440	7,759	10,199	442	2,653	8,551	11,255
합계			9,622	2,704	12,326	5,419	4,096	9,515	14,535	17,801	32,336	49,762	29,576	74,363	103,939

자료: 화북교통주식회사, 『통계연보 제1편 사무일반 · 경리 · 인사統計年報 第1編 事務一般 · 經理 · 人事』, 1940년.

표 3-17 화북교통의 직명별 기무 관계 현업원 배치 (단위: 명)

직명	1940년 9월									1942년 3월								
	직원		고원		용원		공역	합계		직원		고원		용원		공역	합계	
	일	중	일	중	일	중	중	일	중	일	중	일	중	일	중	중	일	중
단장段長	24	2						24	2	31							31	
서무 주임庶務主任	1							1		5							5	
운전 주임運轉主任	26	2						26	2	22	2						22	2
기술 주임技術主任	6	1						6	1	8							8	
서무부단장庶務副段長	20	3						20	3	25	4						25	4
경리부단장經理副段長	6							6		13							13	
운전부단장運轉副段長	106	38						106	38	140	28						140	28
기술부단장技術副段長	9	5						9	5	18	3						18	3
검사부단장檢查副段長	36	2						36	2	45							45	
장수부단장裝修副段長	21	1						21	1	32	1						32	1
판사원辦事員	13	17	36	30	64	70		113	117	11	15	37	25	76	106		124	146
재료원材料員	19	7	34	28	68	92		121	127	18	7	34	24	96	103		148	134
기술원技術員	34	20	18	2	29	9		81	31	36	12	19	4	29	11		84	27
준비원準備員	103	41	33	61	5			141	102	139	42	8	67	6	2		153	111
검사원檢查員	215	36		30				215	66	251	29		34				251	63
사기원司機員(기관사)	690	165		852				690	1,017	773	111		1,040				773	1,151
학습사기원學習司機員	24		181	144				205	144	4	1	171	237				175	238
기원旗員	5	3	12	4	9	47		26	54	6	1	7	6	10	115	2	23	124

사로司爐	16		202	11	247	1,461		465	1,472	5		55	5	206	1,882		266	1,887
학습사로學習司爐					69	179	152	69	331			6		70	107	444	76	551
장수공장裝修工長	44		45	70	1	6		90	76	68		33	60	1	24		102	84
장수사공裝修司工	4		191	61	323	236		518	297	15		173	46	293	184		481	230
수탑사공水塔司工			15	5	81	56		96	61	3		11	3	77	62		91	65
궤도차원軌道車員			4		221			225				5		170			175	
경수警守		2		3	6	10	5	6	20	2		3	3	24	28	3	29	34
기생機生			1		174	53		175	53	4				215	58		219	58
난기사공煖氣司工				1		1			2				2		6			8
탄수수장炭水手長						5			5				1		33	14		48
탄수수炭水手							1,937		1,937							669		669
장수공裝修工							1,790		1,790							2,188		2,188
난기공煖氣工							38		38							48		48
수탑공水塔工							624		624							564		564
기수機手							3,307		3,307							3,522		3,522
재료수材料手							181		181							232		232
합계	1,422	345	772	1,302	1,297	2,225	8,034	3,491	11,906	1,674	256	562	1,557	1,273	2,721	7,686	3,509	12,220

자료: 『통계연보 제1편 사무일반 · 경리 · 인사』, 1940년.

철도 시스템이 도입되는 창구 역할을 했다. 이후 일본인 노동력이 부족해지기 시작하자, 1938년 9월 북지사무국은 중앙철도교습소를 중앙철로학원으로 개칭하고, 중국과 일본 양국의 관리 부문 요원과 현장 실무 담당자를 양성하기 시작했다. 또한 각 철로국 소재지(베이징, 톈진, 장자커우, 지난)와 칭다오에 철로학원을 설치하고, 철로국의 신설에 맞춰 1939년에 6곳, 1940년에 8곳, 1943년에 9곳, 1944년에 11곳으로 증설했다.[41]

회사 설립 후 1년간 진행된 사내 교육(표 3-18)을 검토해보면, 본사와 철로국의 차원에서 학원과 학원 외로 나뉘어 중견 사원을 양성하고 기존 사원을 재교육했다. 본사의 경우는 총 3,576명이 교육을 받았는데, 일본인의 비율은 71퍼센트에 달했고 교육의 중점도 중견 사원을 양성하는 데 있었다. 반면 철로국에서는 철로학원의 교육 인원을 크게 초과하는 1만 4,042명을 교육했다. 교육 내용도 중견 사원 양성보다는 기존 사원에 대한 재교육이 중심이었고, 주로 중국인을 대상으로 학원 외, 즉 현업 기관의 교육이 실시되었다. 사내 교육의 내용을 봐도, 두 나라의 국민을 대상으로 한다고는 했지만 개설 교과가 민족별로 확연히 구분되었고 관리통제 요원과 현업 간부를 양성하는 열차 사령, 기무 간부, 경무 고등과 등의 교과는 일본인에게 한정되어 있었다.[42] 이와 같이 사내 교육은 양적으로는 중국인을

41 철로학원(중앙 포함)의 교육 인원은 1939년 7,478명, 1940년 1만 235명, 1941년 6,280명, 1942년 6,055명, 1943년 5,508명, 1944년 6,363명이었다. 華北交通株式會社, 『華北交通の運營と將來』.

42 '학원 양성'은 1) 일본인에 한하여 업무과, 기무과, 검차과, 기계과, 공무과, 전기과, 무전과, 유선전신과, 차수車守, 차호車號, 배차사령, 운전사령, 열차사령, 운전배차사령, 중등학교 졸업 후 신채용, 기무 간부, 촉성토목과, 소차원小車員, 촉성전신과, 전기, 무전, 통신, 경무보통과, 경무원소차警務員小車, 2) 중국인에 한하여 전신과, 예과, 운전배차 사령자, 학원 강사, 3) 양 국민이 자동차과, 사령자. '학원 재교육'은 1) 일본인에 한하여 서무경리, 재료원, 여객, 신호, 전화, 경무 고등과, 경무 중등과, 특무, 감식기술, 경무 서무, 2) 중국인에 한하여 운수과, 기무과, 공무과, 전기과, 경무과, 검차과, 촉성일어과, 사수車守, 조수調守, 참무站務, 차상행리원, 운전, 학습사기원學習司機員, 학습사로學習司爐, 검차, 차전, 자동차 차수, 선로, 전기,

표 3-18 화북교통 종사원의 업무 관계 교육 및 양성 (1939. 10.~1940. 9., 단위: 명, 퍼센트)

기관			본사						각 철로국						합계					
			수료자		재학 중		계		수료자		재학 중		계		수료자		재학 중		계	
학원	양성	일	1,467	78	673	66	2,145	74	788	96	59	100	847	97	2,255	83	737	68	2,992	79
		중	417	22	343	34	760	26	29	4			29	3	446	17	343	32	789	21
		계	1,884	100	1,021	100	2,905	100	817	100	59	100	876	100	2,701	100	1,080	100	3,781	100
	재교육	일	307	58			307	58	712	19	37	10	749	18	1,019	23	37	10	1,056	22
		중	224	42			224	42	3,102	81	325	90	3,427	82	3,326	77	325	90	3,651	78
		계	531	100			531	100	3,814	100	362	100	4,176	100	4,345	100	362	100	4,707	100
학원 외	양성	일	25	27	15	100	40	37	234	47	112	12	346	24	259	44	127	13	386	25
		중	69	73			69	63	266	53	820	88	1,086	76	335	56	820	87	1,155	75
		계	94	100	15	100	109	100	500	100	932	100	1,432	100	594	100	947	100	1,541	100
	재교육	일	31	100			31	100	956	13	14	12	970	13	987	13	14	12	1,001	13
		중							6,486	87	102	88	6,588	87	6,486	87	102	88	6,588	87
		계	31	100			31	100	7,442	100	116	100	7,558	100	7,473	100	116	100	7,589	100
합계		일	1,830	72	693	67	2,523	71	2,690	21	222	15	2,912	21	4,520	30	915	37	5,435	31
		중	710	28	343	33	1,053	29	9,883	79	1,247	85	11,130	79	10,593	70	1,590	63	12,183	69
		계	2,540	100	1,036	100	3,576	100	12,573	100	1,469	100	14,042	100	15,113	100	2,505	100	17,618	100

자료: 『통계연보 제1편 사무일반 · 경리 · 인사』, 1940년.

중심으로 한 반면, 질적으로는 일본인을 중심으로 이루어져, 앞에서 언급한 민족별 요원 배치 구조(민족별 계층 구조)를 재생산했다. 그 밖에 언어소통 장애를 극복하여 조직 통합을 달성하기 위해 같은 기간 동안 2,182명이 중국어 교육을, 2만 7,445명이 일본어 교육을 받았다.[43]

그럼에도 불구하고 노동력 부족과 질적 저하가 해결되기는커녕 전쟁이 길어지고 수송량이 급증하여 그 심각성이 커지자 내부 양성기관 정비가 단행되었다. 즉 화북교통은 외부에서 확보하기 힘든 고급 기술자를 내부적으로 양성하는 '자가 양성 방침'을 정했다.[44] 본사의 총재실 인사국에서는 인사과, 후생과의 일부로 취급되었던 사원 양성 업무를 통합하여 1940년 11월 총무국 내에 양성 주간을 두고 교육 계획과 실시를 맡게 했다.

이와 더불어 화북교통은 철로학원 체제를 정비했다. 표 3-19와 같이 1940년 4월 중앙철로학원에 중학교(현재의 고등학교에 해당)를 졸업한 일본인을 대상으로 하는 수업 기간 1년 반의 본과를 신설하였다. 중국인을 대상으로는 중앙철로학원에 예과를 설치하고, 예과 수료생 또는 철로학원 보통과를 졸업하고 1년 이상 철로 업무에 종사한 자에 한하여 2년간 본과에 다니도록 했다.[45] 또한 소학교 고등과를 졸업한 일본인을 대상으로 수업 기간 1년의 별과를 설치하여 중학에 해당하는 교과를 실시했으나, 별과에

통신, 경무, 촉성경무수장, 노경, 3) 중·일 양 민족 모두 화물, 구내, 촉성경무과, 자동차 경호요원, 애로, 보안. '학원 외 양성'은 1) 일본인에 한하여 전문학교 졸업 이상 실습, 자동차 전화 교환 조도調度, 냉방장치, 소차원, 자동차(단기), 2) 중국인에 한하여 장차裝車, 공작공 견습, 가스용접공, 경비견 취급, 3) 양 민족 모두 가스절단기 사용, 소차 수리, 경비견 취급, 중유자동차. '학원 외 재교육'은 1) 일본인에 한하여 성 채용省採用 화북사정, 성 채용 경리, 주산, 전기설비, 신호시설, 경무특무, 기상 담당자, 기중기 조종자, 2) 중국인에 한하여 검차, 선로, 경무, 노부爐夫, 3) 양 민족 모두 노경, 경무 특별집합.

43 華北交通株式會社, 「從事員語學關係教育竝養成」, 『統計年報第一編社務一般·經理·人事』, 1940年度版.

44 「華北交通新聞」, 『興亞』第4號, 1939年 10月, 23쪽.

45 중국의 학제를 보면, 소학은 초급 4년, 고급 2년, 중학은 초급 3년, 고급 3년, 대학은 본과 4년, 연구원은 2년이었다. 佐藤澄子, 「北京の學校」, 『興亞』 第3號, 1939年 9月 1日, 30쪽.

표 3-19 화북교통의 교육시설 (1942. 12. 12.)

기관	과별		국적	기간	입학 자격	양성 목적
중앙철로학원	본과	업무, 기무, 검차, 자동차, 기계, 공무, 전기,	일	1년 반	중학교 졸업 또는 동등한 학력 인정자(28세 미만)	참무원站務員, 기술원技術員, 사로司爐-사기원司機員, 차생車生-검차원
		업무, 기무, 검차, 기계, 공무, 전기	중	2년	철로학원 보통과를 졸업하고 1년 이상 철로 업무에 종사한 자 또는 중앙철로학원 예과 수료자(28세 미만)	기술원技術員
	별과	전신, 기무, 공작	일	1년	소학교 고등과 졸업 또는 동등한 학력 인정자(17세 미만)	전보원電報員, 기생機生 및 사로司爐, 공작사공工作司工
		자동차	중	6개월	고급소학교 졸업 또는 동등한 학력 인정자(19~26세 미만)	자동차 사기원司機員
	예과		중	1년	고급중학교 졸업, 다만 사원 수험의 경우는 초급중학교 졸업	본학 입학자
	전과	운수, 기무, 검차, 공무, 전기	일·중	4~6개월	부참단장 또는 부참단장에 준하는 자	부참단장副站段長
	강습	각 과	일·중	6개월 이하		
철로학원	보통과	운수, 기무(카이펑 제외), 검차(베이징·타이위안), 공무(톈진·지난), 전기(톈진·카이펑)	중	1년 반	초급중학교 졸업, 다만 사원 수험의 경우는 고급소학교 졸업(16~23세 미만)	참무원站務員, 차상행이원車上行李員, 기생機生-사로司爐, 기술원技術員, 차생車生-검차원, 선로토목사공線路土木司工, 전력보안사공電力保安司工
	별과	전신	중	1년 반	고급소학교 졸업(17세 미만)	전보원電報員
	촉성과促成科·강습		일·중	4개월 이하		

자료: 「창업 4주년, 약진사업의 현황操業四周年, 躍進事業の現況」, 『흥아』, 제46호, 1943년 4월, 8쪽.

주: 중국의 초급중학교와 고급중학교는 각각 중학교와 고등학교에 해당한다.

서도 수업학과에 민족 차별이 있어서 일본인은 전기·기계·공작의 3과에 입학할 수 있었지만 중국인은 자동차과로 입학 자격이 제한되었다. 종사원 재교육과 관련해서는 부참단장副站段長(혹은 예정자)을 대상으로 하는 전과專科(전문학과)가 설치되었고, 그 밖의 종사원을 대상으로 하여 수업 기간 6개월 이하의 강습도 설치되었다. 철로학원에서는 초급중학교(현재의 중학교에 해당)를 졸업한 중국인을 대상으로 하는 수업 기간 1년 6개월의 보통과, 소학교 고등과를 졸업한 중국인을 대상으로 하는 수업 기간 1년 6개월의 별과가 설치되었다. 또한 4개월 이하의 촉성과促成科(속성 교육 과정)와 강습講習이 설치되어 중국인과 일본인 사원의 단기 재교육도 실시되었다.

그럼 1941년 4월부터 1942년 3월 사이에 나타난 새로운 교육체제하의 사내 교육 실태를 검토해보자. 표 3-20에 의하면 중앙철로학원에서는 일본인 714명, 중국인 946명으로 합계 1,660명을 교육했다. 그 중 철로경무학원과 학원 외의 경우 일본인만을 대상으로 했다는 사실을 제외하면, 중앙철로학원은 이전(표 3-18)과는 달리 예과를 설치하는 등 많은 중국인에게 교육 기회를 제공했다. 그러나 교과별 민족 구성을 보면, 고급 기술자를 양성하는 본과의 경우 어디까지나 일본인 중심이었다는 사실은 명백하다. 철로국 학원에서는 일본인 1,806명, 중국인 5,616명으로 도합 7,422명이 같은 기간에 교육을 받았는데, 보통과와 별과에는 일본인이 재적하지 않았을 뿐만 아니라 촉성과와 강습에도 일본인의 비율이 매우 낮았다. 이와 같이 중앙철로학원이 일본인 중심으로 운영된 반면, 각 철로국 소재지의 철로학원은 중국인이 중심이었다. 1939년 10월부터 1940년 9월 사이와 1941년 4월부터 1942년 3월 사이를 비교해보면 '학원'이 8,488명에서 1만 407명으로 증가한 반면 '학원 외'는 9,130명에서 5,403명으로 감소하여, 철로학원을 중심으로 하는 내부 교육체제가 정비되었음을 알 수 있다. 어학 강습생도 같은 기간에 2만 5,690명에서 1만 6,136명으로 감소하여,

표 3-20

화북교통의 종사원 업무 관계 교육 및 양성

(1941. 4.~1942. 3., 단위: 명, 퍼센트)

기관			본사						각 철로국						합계					
			수료		재적		계		수료		재적		계		수료		재적		계	
중앙철로학원	본과	일	202	100	169	37	371	56							202	100	169	37	371	56
		중			287	63	287	44									287	63	287	44
		계	202	100	455	100	658	100							202	100	456	100	658	100
	별과	일	102	27			102	23							102	27			102	23
		중	277	73	69	100	346	77							277	73	69	100	346	77
		계	379	100	69	100	448	100							379	100	69	100	448	100
	예과	중	153	63	94		247	102							153	63	94		247	102
	전과	중	66	27			66	27							66	27			66	27
	강습	일	241	100			241	100							241	100			241	100
철로경무학원		일	1,011		314		1,325								1,011		314	341	1,325	100
철로학원	보통과	중							434				434	472	434				434	100
	별과	중									92	100	92	100			92	100	92	100
	촉성과	일							642	13	227	33	869	16	642	13	227	33	869	16
		중							4,139	87	464	67	4,603	84	4,139	87	464	67	4,603	84
		계							4,781	100	691	100	5,472	100	4,781	100	691	100	5,472	100
	강습	일							895	72	42	24	937	66	895	72	42	24	937	66
		중							356	28	131	76	487	34	356	28	131	76	487	34
		계							1,251	100	173	100	1,424	100	1,251	100	173	100	1,424	100
학원 외	강습	일	509	100			509	100	945	23	4	1	949	19	1,454	32	4	1	1,458	27
		중							3,152	77	793	99	3,945	81	3,152	68	793	99	3,945	73
		계	509	100			509	100	4,097	100	797	100	4,894	100	4,606	100	797	100	5,403	100
합계		일	2,065	81	433	52	2,548	73	2,482	23	273	16	2,755	22	4,547	35	756	28	5,303	34
		중	496	19	450	48	946	27	8,081	77	1,480	84	9,561	78	8,577	65	1,930	72	10,507	66
		계	2,561	100	933	100	3,494	100	10,563	100	1,753	100	12,316	100	13,124	100	2,686	100	15,810	100

자료: 『통계연보 제1편 사무일반 · 경리 · 인사』, 1941년.

초기의 언어장애도 해결되고 있었다고 볼 수 있다.

그 밖에도 회사 간부와 전문가를 육성하기 위해 위탁 교육과 유학 파견이 실시되었다. 급비생 제도가 실시되어 시험을 통해 선발된 우수자를 급비생으로 동아동문서원東亞同文書院(1901년에 동아동문회東亞同文會가 일본인을 위해 상하이에 설립한 고등교육기관), 남만주공업전문학교南滿洲工業專門學校(1922년 중국 다롄에 설립된 사립학교) 부설 고등기술원 양성소高等技術員養成所에 입학하도록 했다. 또한 위탁 학생 제도를 통해 일본 내지의 대학과 전문학교에 교육을 위탁하기도 했고, 나아가 일본 등으로 유학 보내는 파견 제도도 실시되었다. 다른 한편으로 평소 종사원의 어학 공부를 장려하기 위해 어학 수득 의무 규정을 제정하여 어학 검정시험, 장려금 지급, 어학 강습회를 실시하고 이를 통해 중·일 종사원 간의 원활한 업무 처리를 꾀했다.[46] 그 밖에 중국인 종사원의 자녀를 대상으로 하는 부륜학교가 초급 4년, 고급 2년으로 나뉘어 운영되었다. 부륜학교는 원래 중국인의 후생 때문에 설립되었지만, 나중에는 노동력 확보라는 측면에서 중요한 공급원이 되었다.

일본 측은 또한 점령지의 치안 안정을 위해 많은 조치를 취했지만, 항일 게릴라들의 활동이 끊이지 않자 치안 확보가 절실해졌다. 화북교통은 중앙철로학원에서 경무원 양성 업무를 분리하여 1941년 3월 15일 철로경무학원(1945년 4월에 중앙철로경무훈련소로 개칭)을 개설하였다. 교과로는 경무 보통(3개월)·중등(6개월)·고등(1년)·애로혜민愛路惠民(철로를 보호하는 것이 국민에게 혜택이 된다)(1년)·전수(1~3개월)의 5과를 설치하였다. 기존 각 철로학원이 중국인 경무원을 교육한 것에 비해 철로경무학원은 일본인을 대상으로 했고, 일반 철도 요원뿐만 아니라 경무원 양성에서도 일본인

46 어학 검정시험의 특등 합격자는 중·일 사원 모두 용원, 고원을 묻지 않고 일률적으로 직원으로 승격시켰다. 「社業の動き」, 『興亞』 第15號, 1940年 8月, 19쪽.

중심주의가 관철되었다.

내부의 교육은 철로학교를 통한 종업원 양성에 국한되지 않고 이데올로기적 교화도 중시되었다. 바꿔 말하면 '국책적 사명 완수'에 주안점을 둔 사풍을 확립하기 위해 심신 양면의 연성鍊成에도 역점을 두었던 것이다.[47]

그 중심이 된 것이 화북교통 사원회였다. 회사 설립 과정에서 사원회는 반드시 필요하다는 결정에 따라, 회사가 설립된 날인 1939년 4월 17일 모든 일본인 사원이 회원인 사원회가 구성되었다.[48] 사원회는 모든 지역을 일정한 표준에 따라 251구로 나눈 다음 각 구에 분회를 두고, 이와 병행하여 지역마다 연합회를 설치했다. 각 연합회에서 평의원이 선출되어 연합회 평의회를 구성하고, 이에 기반하여 중앙 평의회와 간사회를 구성했다. 이렇게 구성된 사원회는 의료기관 정비, 복지시설 확충, 사원의 자녀를 위한 교육시설 설립, 배급열차의 배급품 충실 방안 등 일반 사원의 복지 향상을 대변하는 중요한 역할을 했다. 한편 직제職制와 '표리일체'였다는 점에서, 지도자는 업무상의 주무자로서 "지도의 근간을 화북교통 정신의 고양에 두고 건업建業을 위해 순직하는 자는 국책을 위해 순직하여 흥아 성업興亞聖業의 초석이 된다는 자각과 긍지를 고취하여 일상에서 성역봉공聖域奉公과 생활의 규정規正에 뜻을 두게" 했다. 구체적으로는 순직한 동료를 위한 기념비 건립, 성지 순례단 특파, 흥아 신생활운동 등을 실천하고 생활 연성에 깊이 관여하였다. 1941년 4월에는 신체제운동의 영향으로 조직을 개편하고 회장→지방회장→분회장→반장→반원의 지도자 체제와 더불어 상회→분회협의회→지방협의회→중앙협의회의 협력 체제를 확립하였다.[49] 이에 맞추어 회원의 범위가 중국인 종사원으로까지 확대되었고,

47 華北交通株式會社資業局, 『華北交通概要』, 1942年 1月.

48 華北交通社員會, 『華北交通社員會要覽』, 1940年 6月.

49 「我等斯く編成し斯く出發す: 華北交通社員會規約」, 『興亞』 第23號, 1941年 5月, 2~5쪽.

중국인 고원 이하는 회비를 면제받는 준회원이 될 수 있었다.

다음으로 25세 이하의 일본인 남성 독신 사원을 대상으로 구성된 화북교통 청년대를 살펴보자. 청년대는 1939년 7월 청년 사원 약 1만 명을 군대식으로 편성하고 대사隊舍라는 공동 숙소를 설치했다. 군사 교련에 역점을 둔 청년대는 일상적인 생활에서도 '회사 본업무 중 하나'로 심신을 연성했다.[50] 1941년 3월에는 조직 강화가 실행되어 30세 미만의 독신자와 25세 이하의 기혼자도 대원에 포함시켰다. 이어 1941년 9월에는 30세 이하의 미혼 여성 종사원 약 1,600명을 대상으로 화북교통 여자청년대가 편성되었다. 이들은 청년대와 거의 같은 취지하에서 '비상시하 부덕婦德의 연마'를 중시하였다. 이러한 청년대의 규모는 1942년 4월에 남성 1만 890명, 여성 1,793명으로 합계 1만 2,683명에 달했다. 나아가 1941년 5월 베이징, 펑타이 등의 11곳에 설립된 화북교통 청년학교가 청년대 훈련과 일원화하여 "건민강병健民强兵의 기초가 되는 연성"을 실시했다.[51] 이 밖에 대동아연성원大東亞練成院(도쿄)과 우치하라內原훈련소(이바라기 현),[52] 톄리鐵驪훈련소(북만주)에서도 대학·전문학교 출신 정기 채용자들을 '훈련'시켰다. 한편 중국인 종사원을 대상으로 "교통업무에 봉공奉公함으로써 흥아의 성업에 참여하는 화북교통 정신"을 철저히 하기 위해 연선 각지에서 교화 강연회와 영화회가 열렸다.[53]

③ 인센티브 확충

어느 조직이든 사원을 확보, 유지하고 작업 능률을 향상시키려면 급여와

50 人事局厚生課,「鐵道青年隊の結成」,『興亞』第1號, 1939年 7月 1日, 23쪽.

51 「創業四周年, 躍進社業の現狀」,『興亞』第46號, 1943年 4月, 8쪽.

52 우치하라훈련소內原訓練所는 이바라기 현茨城縣 미토 시水戶市 서쪽에 있는 만몽 개척 청소년의용군훈련소를 말한다.

53 「華北交通新聞」,『興亞』第31號, 1941年 12月, 24쪽.

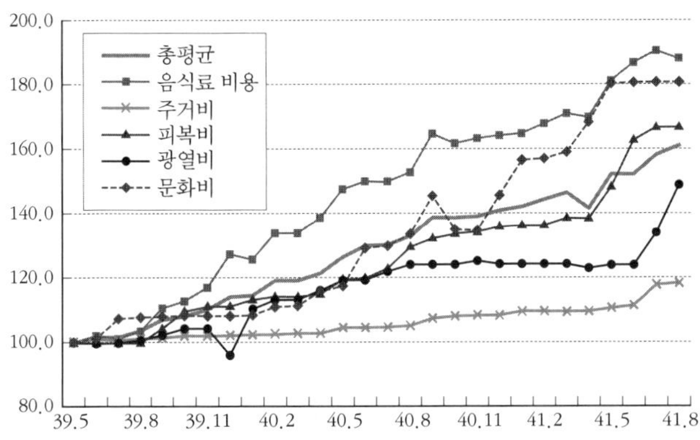

그림 3-2 화북교통의 베이징 주재 일본인 생계비 지수(단위: 1939. 5. = 100)

자료: 「주부와 생계主婦と生計」, 『흥아』, 제30호, 1941년 12월, 27쪽.

주: 베이징에 주재하며 가정이 있는 일본인 사원 58명을 대상으로 조사했다.

보건, 후생을 종합적으로 관리하여 종사원의 생활을 안정시키는 활동이 필요하다. 화북교통은 화북의 경제 정세에 최대의 관심을 두고 물자 수급 상황과 물가 추세에 대처하는 한편, 사원들에게 현물 급여를 지급하는 데도 중점을 두기 시작했다.

한편 중화민국 임시정부는 중국연합준비은행中國聯合準備銀行을 중앙은행으로 삼아 독자적 통화인 연은권聯銀券을 발행했다. 그러나 국민당정부 측이 법폐法幣를 대량으로 발행하여 늘어나는 재정지출을 보전함에 따라 전시 인플레이션이 발생하여 중화민국 임시정부가 통제하는 지역에도 영향을 미치게 되었다. 이 때문에 연은권의 증발도 피할 수가 없어, 인플레이션이 급속히 진행되었다. 그 결과 그림 3-2와 같이 화북교통 사원의 생활비가 급격히 상승했다.[54] 그중에서도 상승세가 가장 뚜렷했던 것은 식료품비여서 일반 사원의 생활이 얼마나 곤란했는지를 알 수 있다. 화북교통은 1939년 7월 하순에 본사와 각 철로국에 '중국인 종사원 자력資歷심사

54 中村隆英, 『戰時日本の華北經濟支配』, 山川出版社, 1983年, 209~217쪽.

위원회'를 설치하여 복잡했던 신분과 급여를 통일, 정비하고 수만 명에 이르는 중국인 종사원을 심사하여 신분을 확정하고 대우를 개선했다. 이에 따라 1940년 6월에는 간부급 380명의 자격이 확정되어 참사 61명, 부참사 73명, 직원 246명이 각각 임명되었다.[55] 그럼에도 불구하고 생활의 곤란 때문에 유능한 사원을 잃게 되는 결과를 피할 수는 없었다.[56]

전쟁으로 인플레이션이 진행되는 가운데, 사원을 대상으로 봉급·급료 외에도 전시수당 지급, 물가수당 지급, 가족수당 개정, 여비 증액, 중국인 수당津貼 개정 등을 통한 임금 인상 조치가 단행되었다. 그러나 임금을 큰 폭으로 인상하는 것은 운임 인상을 수반했기 때문에 정책적으로는 실시하기가 곤란했다. 그 결과 실질임금 저하가 불가피해졌고, 사원 1인당 실질임금은 1939년 10월부터 1940년 9월을 100으로 하면 1941년 4월부터 1942년 3월에는 77로 하락했다.[57] 이에 따라 부가혜택fringe benefit이 강조되었고, 이를 추진하기 위한 부서로 기본급여·부대급여·주택의 3주간主幹이 1940년 11월 본사 총무국에 설치되었다. 인사 제도의 모델이 된 만철과 마찬가지로 화북교통에서도 민족별로 임금 격차가 뚜렷했다. 기본급을 기준으로 살펴보면 일본인이 받는 액수는 중국인의 세 배에 이르렀고, 여기에 각종 수당과 상여 등이 지급되었기 때문에 그 격차는 더욱 컸다.[58]

일찍이 만철 소비조합은 중일전쟁이 발발한 직후에 만철의 사원들과 함께 화북지역에 진출하여 배급열차를 운행했다. 1937년 9월 18일에는 북지

55 「社業の動き」, 『興亞』 第14號, 1940年 8月, 19쪽.

56 「最低生活の確保に重点, 物價手當の實施ちかし」, 『興亞』 第22號, 1941年 4月, 25쪽.

57 실질임금의 추계 방법은 다음과 같다. 우선 『統計年報』의 철도, 자동차, 수운의 손익계정으로부터 얻은 인건비를 종사원 수로 나누어 명목임금을 계산한다. 이때 종사원 수는 전 기간 말과 당기간 말의 산술 평균을 이용했다. 다음으로 명목임금을 자료상 베이징 도매물가지수로 실질가격화하였다. 보다 바람직한 것은 소매물가지수를 이용하는 것이나, 자료상 도매물가지수 이용이 불가피했다.

58 中共青島鐵路地區工作委員會·中國科學院山東分院歷史研究所·山東大學歷史系 編著, 『膠濟鐵路史』, 山東人民出版社, 1961年, 140쪽.

사무국이 설치됨에 따라 신설된 소비생계소가 만철 소비조합에 운영을 위탁하였다. 1939년 10월부터는 배급 통장에 의한 현금 지불, 이른바 '현금 통장' 방식이 실시되었고, 1940년의 물자통제하에서 이 방식은 쌀, 된장, 간장, 소금, 성냥, 목탄, 설탕 등의 쿠폰切符 제도로 바뀌었다. 그러나 생계소의 운영 실태를 보면, 사원 측의 모든 요청이 충족된 것은 아니었다. 생계소의 역할은 주로 일본인에게는 쌀을, 중국인에게는 밀가루를 배급하고 주요 부식과 조미료 등을 싸게 공급하는 것이었다. 그러나 표 3-21에서 8개월간 식료품 가격이 급등한 것을 보면, 위탁 경영의 성격상 당시 생계소는 물가 등귀분을 흡수하지 못했다. 주요 식료품 가격이 올랐을 뿐만 아니라 중국인 사원들이 쓸 물품도 적었다. 배급열차 운행의 경우에도 배급품이 부족하여 식량 확보가 곤란하다는 비판이 제기되고 있었다.[59] 그러나 배급 내용은 개선되기는커녕 물자 통제가 심해지면서 오히려 악화되었다.

그래서 1939년 12월에 소비생계소 연구위원회가 설치되어 인사국의 계

표 3-21 생활필수품 판매 가격 (칭다오 생계소 조사)

품명	단위	1939년 9월 18일	1940년 5월 18일	상승률	민족
백미	42킬로그램	12.98엔	16.25엔	26%	일
된장	3킬로그램	0.92엔	1.26엔	27%	
간장	3되	2.40엔	3.00엔	5%	
목탄	1섬	3.60엔	5.60엔	50%	
백설탕	2.4포대	1.60엔	3.34엔	116%	
밀가루	3포대	19.20엔	30.00엔	56%	중

자료: 「사원회뉴스社員會ニュース」『흥아』, 제13호, 1940년 7월, 35쪽.
주: 어른 2명, 어린이 1인 1가족의 1개월간 소비량.

59 사원 측으로부터는 품종의 제한과 관련하여 가격 중점주의, 특히 상급품의 가격 설정을 높게 하고, 생활필수품은 실비나 실비 이하로 판매해달라는 의견이 연이어 제시되었다. 중국인들의 주식인 소맥분의 배급도 그다지 많지 않았기 때문에, 중국인 사원의 이용률이 10퍼센트에 지나지 않았다고 한다. 「消費生計座談會(二)」, 『興亞』 第5號, 1939年 11月, 22쪽; 「社員會ニュース」, 『興亞』 第10號, 1940年 4月, 36쪽.

획과·후생과와 함께 회사 직영과 사원 소비조합을 검토했다.[60] 그 결과 1941년 4월 일본 내지에서 미곡 통장제와 외식권제가 실시되는 것에 발맞추어 기존의 위탁 경영을 폐지하고 본사 직영의 서무·경리·조사·관리·사입仕入 1·사입 2·창고의 7계로 구성된 중앙생계소를 설치하여 기존 생계소 종사원 3,200명을 회사 종사원으로 이적시켰다. 신설된 중앙생계소는 '사원의 생활용품 구입·저장·생산·가공·배급'과 '각 생계소 업무 운용의 통제에 관한 사항'을 담당했다. 중앙생계소는 현지의 수입조합 회원으로 인정받아 일본 제품을 낮은 가격에 조달하고 사원과 그 가족 35만 명에게 생활필수품을 배급하여 물가 상승으로 인한 생계비 부담을 줄였다.[61] 또한 각 철로국 소재지에 생계소를 설치하여 그 밑에 53개의 지소를 두었고, 연선에서 근무하는 사원을 위한 후생열차[62]를 정기적으로 운행했다. 주요 직장에는 사원 식당을 설치하여 식비 절약을 돕는 등 생계소는 현물급여 기관으로 바뀌어갔다.

한편 앞에서 언급한 바와 같이 사원들의 건강 상태가 악화되자 화북교통은 보건·위생 대책 마련에도 주력했다. 철도 점령 이후에는 전쟁 이전부터 있었던 철로의원을 진료소로 개칭하고 일본인 의료인을 파견하여 운영했지만, 회사가 설립될 즈음에는 이를 다시 철로의원으로 개칭하고 그 밑에 연선에서 근무하는 사원과 가족을 위한 분원과 순회 진료반을 설치했다. 이를 위해 보건의료 업무를 총괄하는 보건과가 본사 총무실에 설치되었다. 또한 의료인을 확충하기 위해 일본에서 의사를 100명 단위로 모

60 「第二回評議員會議事錄」,『興亞』第11號, 1940年 5月, 7쪽.

61 中央生計所,「生計所の話」,『興亞』第23號, 1941年 5月, 28～29쪽;「我等の兵站, 生計所の活躍」,『興亞』第26號, 1941年 8月, 20쪽.

62 후생열차란 만철에서 실시하여 호평을 받은 위안열차의 내용을 보강한 것으로, 염가의 생활필수품을 연선 주민에게 공급하여 철로애호촌 공작을 겸하기도 했다.「華北交通新聞」,『興亞』第2號, 1939年 8月 14頁; 華北交通株式會社厚生課,「厚生列車」, 年度未詳.

집하는 한편 중국인 의사들을 일본으로 유학시키기도 했다. 의료 비용의 경우는 만철의 사원 공제 제도를 도입하여 사원은 무료, 가족은 월 5엔 정도를 부담하게 했다. 뿐만 아니라 사원과 가족의 생명보험 단체 가입을 추진하여 복지 증진과 저축 장려를 동시에 꾀했다.[63]

나아가 주택 정비를 중시한 화북교통은 이국 생활을 하는 일본인 사원들을 위해 사택을 신축하고 매입하여 임대 상황을 개선했다. 또한 중국인들에게도 가능한 범위 안에서 주택을 제공했다. 각 지역에서는 애로촌을 중심으로 연선에 집단 주택을 건설했다. 화북교통은 5년에 걸쳐 가족 사택 1만 1,000호, 독신실 7,000실을 건설한다는 주택5개년건설계획을 수립하고 초년도분으로 1939년 8월에 가족 사택 2,200호, 독신실 4,000실 건설에 착수했다.[64] 그러나 이것도 물자부족이 심각해지자 가족 사택 480호, 독신실 150실로 축소되었다.

이상과 같이 화북교통은 '부족 경제'와 전시 통제의 심화에 대응하여 외부로부터의 자원 조달 경로를 바꾸고 생산요소 시장을 조직화하는 한편 내부의 자원 운용 시스템을 재편했다. 그럼에도 불구하고 수송 수요가 늘면서 요청되는 경영자원 확보가 충분하지 못했기 때문에, 현재의 자원을 보다 효율적으로 운용하는 수송 시스템을 구축하지 않으면 안 되었다.

(2) 수송의 효율화와 통제 확충

철도 투자에 의한 수송력 강화가 자원이 부족해져 불가능해지자, 화북교통은 열차의 장대화와 운행 횟수 증가를 통하여 수송력을 늘리려 했다. 이를 위해 앞에서 언급한 바와 같이 교량 개축, 역 시설 확충, 유효장 연장,

63 「華北交通新聞」, 『興亞』 第11號, 1940年 5月, 32쪽.

64 「第二回評議員會議事錄」, 『興亞』 第11號, 1940年 5月, 6쪽; 「物價騰貴對策 · 住宅問題」, 『興亞』 第22號, 1941年 4月, 17쪽.

중요 구간의 복선화 등의 시설 개량을 추진하여 선로 용량의 병목 현상을 해소하는 동시에, 차량 수리를 통해 운용 차량을 늘리고 배차를 효율적으로 하여 차량 부족 현상을 완화시켰다.

1) 차량 수리 능력 향상과 운용 차량 증대

이제 철로공창과 기무단, 검차단을 중심으로 전개된 차량 수리 개선책을 검토해보자.

일본이 중국의 철도를 접수함에 따라 각 철도 소속의 철로공창(진푸철도의 톈진·지난, 핑쑤이철도의 장자커우·난커우, 핑한철도의 장신뎬, 정타이철도의 스자좡, 퉁푸철도의 타이위안, 자오지철도의 스팡四方, 룽하이철도의 쉬저우)에는 일찍부터 만철과 철도성의 공작 관계 직원들이 파견되었다.[65] 당시의 수리 시설들은 탕산 등의 두세 곳 외에는 전쟁과 도난 때문에 이용이 불가능한 상태였다. 탕산공창에서는 천장 주행 기중기로 바퀴를 탈착하여 차체의 상하 이동과 반송이 가능했지만, 다른 공창에서는 구식 빔 잭beam jack, 비계飛階, 체인 블록chain block을 사용해야 했다. 물론 철도차량 바퀴의 삭정削正(바퀴 표면이 바르도록 절삭하는 작업)과 주요 부품을 수리하는 데 필요한 기계 설비와 주조, 단조, 선반, 최종 가공 설비 등은 일부를 제외하고는 갖추어져 있었지만 대부분 구식이어서 능률이 떨어지고 제작 가능한 부품 수도 적어서 구입품에 의존하는 경우가 많았다. 이에 북지사무국는 공창 시설을 신속히 복구하는 동시에 기무단을 강화하고 검차단을 설치하기로 했다.[66]

시설 복구가 일단락되자 화북교통은 차량 수리를 관할하는 공창을 각

65 市原善積(滿鐵北支事務局工作班長),『業務日記』, 年度未詳; 華北交通株式會社,『華北交通の運營と將來』.

66 만철과 조선국철에서 도입된 차량의 경우, 정기검사와 수리를 위해서는 원소속처로 반송해야 했다.

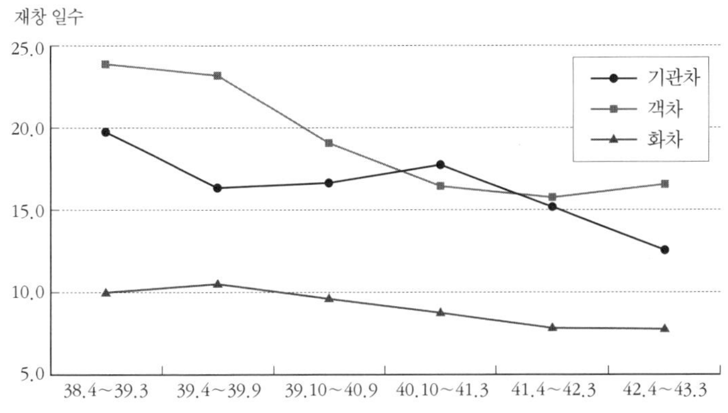

그림 3-3 화북교통의 출창 차량 평균 재창 일수

자료: 화북교통주식회사, 『통계연보 제4편 운전·공무·공작統計年報 第四編運轉·工務·工作』, 1942년도판.

주: 일반 수리, 국부 수리, 개조, 사고 등 수리 차량 모두의 평균 재창 일수.

철로국별로 정하고 차량 상태를 정확하게 파악하여 책임을 명확히 하도록 했다. 그리고 기관차, 객차, 화차별로 검사 수리 기간을 정하여 정기 검사 시스템을 구축했다.[67] 일반 검사는 기관차 3년, 객차 1년 6개월, 화차 3년마다 실시하고, 이에 맞추어 일반 수리와 국부局部 수리를 했으며 다른 검사는 기무단과 검사단에서 했다. 그 밖에도 재고 관리 시스템 구축, 부품 제작의 전시 규격 적용, 대용 자재 사용, 기계설비 도입과 개량, 주조·야금 설비 구비, 공작공 임금 제도의 개선 등이 실행되었고, 철로공창의 차량 수리 능력은 대폭 향상되었다. 그림 3-3에서 알 수 있듯 출창 차出廠車의 평균 재창 일수는 1938년부터 1941년까지 크게 단축되어 기관차는 19.8일

67 철로공창의 운영 체계화에 따른 규정 및 수속의 제정은 이하와 같다. '철로공창 규정'(1939년 4월 17일), '객·화차 입·출창 취급 수속'·'객·화차 검사 규정'(1939년 4월 29일), '철로공창 사무 분장 규정'(1939년 5월 23일), '객·화차 검사 수속'(1939년 5월 16일), '객·화차 수선 규정'(1939년 7월 26일), '증기기관차 차량 입·출창 수속'·'증기기관차 입·출창 수속'(1939년 8월 13일), '철로공창 업무 보고 수속'(1939년 10월 7일). 華北交通株式會社, 「業務概況」, 『統計年報 第四編運轉·工務·工作』, 各年度版.

표 3-22 철로공창의 차량 수리 능력 정비 상황

연도	계획 실적	기관차		객차		화차	
		일반	국부	일반	국부	일반	국부
1939	실적	202	1,326	538	377	4,344	4,859
1940	계획	303	794	714	255	5,610	5,030
	실적	252 (83.2)	1,075 (135.4)	799 (111.9)	354 (138.8)	4,933 (87.9)	5,847 (116.2)
1941	계획	339	892	802	286	6,150	5,140
	실적	413 (121.8)	1,187 (133.1)	737 (91.9)	348 (121.7)	5,337 (86.8)	5,056 (98.4)
1942	계획	405	940	925	263	6,850	5,760
	실적	407 (100.5)	1,031 (109.7)	842 (91.0)	318 (120.9)	4,631 (67.6)	4,528 (78.6)
1943	계획	469	910	1,128	378	7,300	5,780
	실적	352 (75.1)	1,047 (115.1)	931 (82.5)	265 (70.1)	5,206 (71.3)	3,225 (55.8)
1944	계획	509	1,021	1,158	422	8,430	7,270
	실적	403 (79.2)	1,122 (109.9)	881 (76.1)	395 (93.6)	4,226 (50.1)	6,289 (86.5)
1945	계획	586	1,174	1,297	486	8,680	8,100
	실적	414 (70.6)	1,242 (105.8)	819 (63.1)	291 (59.9)	4,050 (46.7)	5,768 (71.2)

자료: 『화북교통의 운영과 장래』, 1945년 12월.
주: 1. 1945년의 실적은 같은 해 7월까지의 실적의 세 배이다.
2. 괄호 안은 실적률을 말한다.

에서 12.6일, 객차는 23.9일에서 16.6일, 화차는 10.0일에서 7.8일이 되었다. 이에 따라 수리 작업에 필요한 인원도 줄어서, 1942년에는 기관차 1,046인공人工(직공의 1일 작업량 단위), 객차 251인공, 화차 54인공이 되었다.[68] 이러한 수리 작업 개선 덕분에 표 3-22와 같이 실적이 1941년까지 증가했다. 수리 실적률도 기관차는 100퍼센트를 넘어섰고, 객·화차는 이보다는 낮은 약 90퍼센트의 실적률을 기록했다.

한편 기무단도 비슷한 조치를 취했다. 전쟁 전까지 기무단의 작업 능력은 일상적인 수리 정도에 지나지 않았는데, 그마저도 피해를 입어 많은 시설이 파괴되었다. 이에 북지사무국은 응급 복구를 실시하고 1938년 초에 '기무단시설 장기복구 정비 계획'을 결정했다. 이후 톈진과 상하이, 베이

68 華北交通株式會社, 『統計年報 第四編運轉·工務·工作』, 1942年度版.

징 등에 있는 기계 설비를 구입하는 동시에, 일본과 만주에서도 설비와 자재를 조달받고, 자금과 자재의 확보, 기계 제작과 수송의 감독 등도 관계 기관의 지원을 얻어 거의 계획대로 실행할 수 있었다. 또한 자오지 선과 진푸 선의 지난 소재 기무단과, 징한 선과 정타이 선의 스자좡 소재 기무단을 통합하여 합리화했다. 이후 기관차 수리와 운용도 많이 개선되어, 임전 지역인데도 불구하고 기관차 운용 성적이 매년 향상되었다.

기무단에서는 우선 갑종 검사甲種檢查(6개월마다 사용 상황에 따라 기관汽罐 내부를 제외하고 기관차 전반에 실시하는 검사)를 실시했다. 전쟁 초기에는 갑종 검사가 모두 철로공창에서 입창入廠한 후 실시되었지만, 기무단의 수리 기술이 좋아지고 시설이 정비, 개량되자 기무단의 갑종 검사가 결정되었다. 이로써 기동적인 검사가 가능해지고 기관차 상태도 향상되어 운용 효율이 좋아졌다. 다음으로 기무단은 을종 검사乙種檢查(1개월마다 운전 거리를 고려하여 기관부에 실시하는 검사), 병종 검사丙種檢查(15일마다 주행 부분을 중심으로 하는 외견 검사)와 기관 세척 능력을 향상시키려 했다. 전쟁 초기의 세척 능력은 하루에 약 93대에 지나지 않았지만, 공작기기와 기타 온수 세관 장치가 확충되고 전기·가스 용접기 등이 정비되면서 차량 증비에 맞춰 작업 공정을 단축할 수 있었기 때문에, 패전 때까지 1일 세척 능력이 67대(증가율 72퍼센트)나 향상되었다. 이에 맞추어 화북교통은 입·출고선入出庫線과 급탄수給炭水 시설을 개량하고 기관차의 정류선 증비를 추진하여 기무단 구내의 기관차 수용 능력을 확충했다. 그 결과 그림 3-4에서 볼 수 있듯이 기관차 운용 과정에서 휴차 및 예비 기관차의 비율이 1939년에는 49.0퍼센트였지만 1942년에는 30.9퍼센트로 낮아진 반면, 운용 기관차의 비율은 오히려 51.5퍼센트에서 69.1퍼센트로 높아졌다.

이러한 조치는 검차단에서도 시행되었다. 전쟁 이전에는 기무단과 철로공창에서만 차량 보수작업을 했는데, 당시에는 철로공창이 평균 600킬로

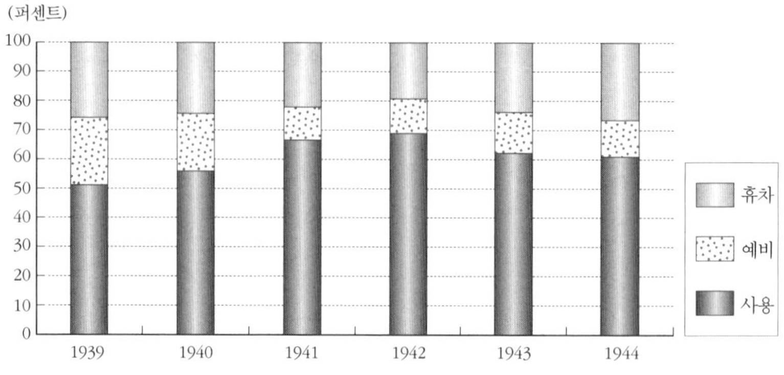

그림 3-4 화북교통의 기관차 운용 상황
자료: 『화북교통의 운영과 장래』, 1945년 12월.

미터마다 배치되어 있었기 때문에 검사나 수리가 필요한 차는 상당한 거리를 돌아 가야 했고 차량의 운용 효율도 낮아질 수밖에 없었다. 이에 화북교통은 일본의 검차구檢車區에 해당하는 검차단을 125~200킬로미터 지점을 원칙으로 철로공창과 기무단 사이에 20곳을 설치하고 객·화차 검사 기술력 향상과 검수 소요 기간 단축을 꾀하였다. 그리고 차종·차호車號·표기의 통일, 연결기의 높이 조절, 객·화차 개요 조사(차량별 구조, 특종 설비 및 규격 등), 단전지單電池 개조, 증적增積차량(적재량 증가 차량)에 대한 각종 시책 마련, 중고차 축유軸油의 재생 등이 이루어져 작업 능률이 향상되었다. 또한 응급 수리 기술 연마를 위해 화차 응급 수리 경기가 열리기도 했다.

이에 따라 검차단의 수리 능력이 향상되어, 그림 3-5와 같이 출선 차의 평균 재선 일수는 1939년에서 1942년에 걸쳐 객차는 0.9일에서 0.6일로, 화차는 1.7일에서 1.0일로 단축되었다. 물론 객·화차 검수 성적도 크게 향상되어, 객차의 을종 검사 907대에서 1,342대, 병종 검사 6,708대에서 1만 1,014대, 수리 3,798대에서 3,115대, 화차의 갑종 검사 3,131대에서

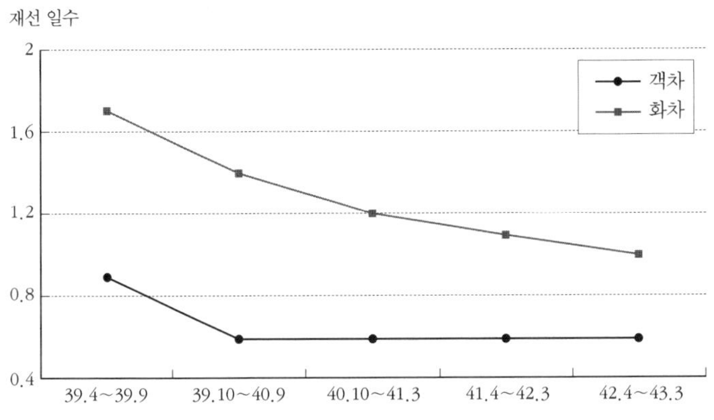

그림 3-5 검차단의 출선 차出線車 평균 재선 일수
자료: 『통계연보 제4편 운전·공무·공작』, 1942년.

8,876대, 을종 검사 1만 2,802대에서 1만 5,815대, 병종 검사 6만 2,867대에서 11만 2,804대, 수리 2만 2,816대에서 2만 8,694대를 기록했다.[69] 그 결과 각종 사고 감소와 차량 운용의 효율 향상이 실현되었는데, 운전 사고를 야기하는 파손 고장 건수는 1939년 객차의 경우 차량 주행 1만 킬로미터당 0.35건이었던 것이 1941년에는 0.144건으로 감소했고, 화차 역시 같은 기간에 0.32건에서 0.194건으로 줄었다. 객·화차 파손 고장의 70퍼센트를 차지한 차축 발열 고장도 같은 기간에 객차는 3.84건에서 0.53건으로, 화차는 10.2건에서 3.1건으로 적어졌다.

2) 배차 능력 향상과 구내 작업 정형화

이상과 같이 수리 능력이 향상되면서 화차를 중심으로 하는 차량의 운영 능력도 크게 개선되었다. 1939년 7월에 화북·몽골 일대에 큰 수해가 발생하여 7~9월에 걸쳐 각처에서 열차 운행이 불가능해지자 이를 계기로 효율적인 차량 운용이 강조되었다. 수해 때문에 차의 편중이 발생하고, "상

69 華北交通株式會社, 『華北交通の運營と將來』.

표 3-23 1939년 7월 대수해가 화물수송에 미친 영향 (단위: 1천 톤)

월	4월	5월	6월	7월	8월	9월
예상	1,967	2,280	2,395	2,621	2,728	2,512
실적	2,185	2,494	2,455	2,132	1,970	2,155
차감	+218	+214	+60	-489	-758	-357

주: 흥아원 화북연락부, 『화북교통회사개설華北交通會社概說』, 1940년 8월.

반기 전반에 30퍼센트를 유지했던 화차 운용 효율도 23퍼센트 또는 26퍼센트로 급락하는 우려할 만한 현상에 맞닥뜨려, 그렇지 않아도 과중한 부담으로 어려운 차량 부족에 박차가 가해졌다".[70] 표 3-23에서 볼 수 있듯이 4월에서 6월까지는 실적이 예상을 웃돌았지만, 7월부터 9월에 걸쳐서는 실적이 당초 예상에 미치지 못했다.

여기서 화차 운용의 효율을 높이는 데 중심적 역할을 한 것은 배차 업무였다. 화북교통이 정의한 배차 업무를 보면 ① 화물수송 계획, ② 화차 및 화차 용구 운용, 증비 계획, 타선과의 직통, ③ 화물열차 조성, 화물 적재 방안, ④ 화물수송 작업 하역 용구였다. 즉 화물운송 수속을 완료한 화물을 실제로 수송하기 위해 화차를 배급하고 적재, 입환入換(열차 편성에 객차와 화차를 새로이 집어넣거나 바꿔 넣는 등의 작업)하여 열차에 연결하거나 조성하고 도착하는 역까지 운반하여 하차하는 작업에 이르기까지 화차 운용에 관한 모든 것을 계획, 처리하는 것을 말한다.[71]

이를 위해 열차운행표 편성에서 집결 열차 확충을 강화하고 중간 차를 적절히 운용하여 수송의 적확성과 신속성을 꾀한 것은 물론, "수해에 대한 완벽한 선후 조치와 수송 능률의 증진을 위해" 배차 과장회의 혹은 수송 처장회의를 개최했고, 출하 성수기에 대처하여 모든 관점에서 화물수송 능률

70 「我輩は鐵道貨物である」, 『興亞』 第13號, 1940年 7月, 14~16쪽.

71 「運輸局, どんな仕事をするか」, 『興亞』 第36號, 1942年 6月, 10~11쪽.

을 높여 난관을 타개하기로 했다. 요컨대 "관내를 총동원한 순간旬間〔계획—인용자〕을 시행하고, 부단히 수리 차량의 긴축, 특정 유치留置 차량의 정리를 강행하여 운용 차량을 증가시키는 것 외에도, 군 화물·회사용품의 하차 시간을 일제히 조사하여 화차의 정류 시간을 단축"하려 했다.[72] 그 후 1940년 10월 열차운행표 개정에서는 최대 화물인 석탄 수송은 생산지와 항만 간을 주행하는 석탄적차를 이용하고, 회송되는 빈 차空車의 수송열차를 지정하여 확실하게 차량을 보내도록 함으로써 산지의 적재, 항만의 하차 작업 계획에 적확성을 기하여 화차 정류 시간을 줄이려 했다. 또한 화물의 유동적인 상태에 대응하여 열차의 계통을 개편하고 열차의 배열을 바로잡아 화물의 적시 수송을 계획하도록 했다.[73]

예를 들어 1939년 11월 하순에는 전 노선에 걸쳐 '화물운송 능률 증진 순간旬間'이 실시되었고 운송업자와 화물 소유주荷主의 협력과 현장 각 기관의 노력에 힘입어 양호한 성적을 거뒀다. 화물수송은 각지에서 모두 실적이 향상되어 총체적으로 보면 1일 평균 수송량에 비해 4,719톤의 증가를 실현했다.[74] 1940년 4월 하순에는 '화차수송 개선 순간'이 시행됨에 따라 구역의 재화가 감소하는 경향이 나타났다. 또한 우기와 여름철 등의 수송 장애를 목전에 두고, 화북교통 본사에서는 화물 소유주에게 긴급하지 않은 화물을 가능한 한 나중에 발송하도록 하여 연간 수송의 균형을 지향하는 평조수송을 확보하려 했다.[75] 같은 해 12월 초에는 화물수송 출하가 고조되는 데 발맞추어 '화물수송 총력 순간'이 실시되었다.[76] 또한 물자부

---

72 「我輩は鐵道貨物である」, 『興亞』 第13號, 1940年 7月, 14~16쪽.

73 「社業の動き」, 『興亞』 第16號, 1940年 10月, 23쪽.

74 「華北交通新聞」, 『興亞』 第8號, 1940年 2月, 15쪽.

75 「華北交通新聞」, 『興亞』 第12號, 1940年 6月, 13쪽.

76 실행 항목은, ① 하주 전반·소운송업자와의 긴밀한 연락, ② 화물계와 구내 계원의 긴밀한 연락, ③ 구내 작업의 합리화, ④ 하역 작업의 계획화와 화차 적하물품의 신속·정확화, ⑤ 발송 및 중계의 신속화, ⑥ 화차 부속품의 운용 능률화. 「社業の動き」, 『興亞』 第18號, 1940年 12

표 3-24 화북교통의 철도 하역 1인당 작업 능력

품목·지구		1939		1940		1941	
		톤수	지수	톤수	지수	톤수	지수
품목별 1시간 작업 능력	곡물	1.359	100	2.100	155	2.440	180
	면화	0.987	100	0.919	93	1.222	124
	목재	0.715	100	0.994	139	1.114	156
	일반 화물	0.700	100	0.935	134	1.111	159
	석탄 적재	0.777	100	0.812	105	1.242	160
	석탄 하차	2.341	100	2.583	110	2.777	119
	자갈·토사	1.369	100	1.549	113	1.646	120
	위험품	0.765	100	0.932	122	1.109	145
지구별 1일 작업 능력	톈진 지구	502	100	607	121	606	121
	베이징·스먼 지구	407	100	501	123	601	148
	지난 지구	405	100	407	100	602	149
	칭다오 지구	600	100	609	102	909	152
	카이펑·쉬저우 지구	402	100	408	101	406	101
	타이위안 지구	308	100	303	98	405	131
	평균	437	100	473	108	588	135

자료: 『지나 점령지 경제의 발전支那占領地經濟の發展』, 309~310쪽.
원자료는 재베이징 일본대사관在北京日本大使館, 『화북에서의 교통운수 노동자 조사華北に於ける交通運輸勞働者調査』, 연도 미상, 164~165쪽.

족이 심각하여 화물 사고가 많아짐에 따라, 같은 해 7월에는 '화물 사고 방지 순간'을 개최하여 각 참·단에 도착하거나 중계하는 수하물의 점검, 적재 및 하차 장소 지정 등을 통해 하물荷物의 분실과 손실을 방지했다.[77]

여기서 화북교통의 1인당 철도 하역 작업 능력을 살펴보도록 하자. 앞에서 언급한 바와 같이 화북교통은 부족한 화차의 운용 효율을 높이기 위해 탁송, 적재, 하차, 중계, 화물 구분, 화차 입환 등의 역 구내 작업을 정형화했다. 그 결과 1939년도를 100으로 한 지수의 움직임(표 3-24)을 주목해보면 우선 품목별 1시간 작업 능력은 1941년에 곡물 80퍼센트, 일반 화물 59

月, 8쪽.

77 「社業の動き」, 『興亞』 第14號, 1940年 8月, 18쪽.

퍼센트, 목재 56퍼센트, 석탄 60퍼센트 증가 등 뚜렷한 능률 향상을 보였다. 다음으로 지구별 1일 작업 능률도 크게 개선되어 베이징과 지난, 그리고 칭다오와 스먼石門은 약 50퍼센트의 증가를 보였고, 평균 35퍼센트 정도의 능력 향상이 확인되었다. 이는 동시에 상당히 노동 강도가 커졌음을 말해준다.

나아가 화북교통은 참(역)을 중심으로 집배, 적재, 하차 등을 담당하는 소운송업자小運送業者들이 구내 작업을 비롯한 철도수송력 발휘에도 큰 영향을 미친다는 점을 주목하여 1941년 10월 1일에 자회사인 화북운수주식회사를 설립했다. 화북의 소운송 기관 설립에 관한 문제는 1939년 봄부터 각 방면에서 입안 검토가 시작되어 신중한 연구가 거듭되었고, 1941년 6월 7일 흥아원에서 화북운수 설립에 관한 요강이 승인되었다. 이후 8월 31일에 발기인협의회가 열린 후 10월 1일에 회사가 설립되었다. 화북운수주식회사는 자본금 1,200만 엔의 중국 보통법인으로, 국제운수 북지 지사, 푸창화공福昌華工(톈진, 롄윈, 신허新河의 부두 운수 영업)의 관할 업무와 시설 및 종사원 일체를 그대로 계승·통괄하여 도다 다다오戶田直溫 사장의 지휘하에 업무를 개시했다.[78] 이로써 구내 작업이 한층 효율적으로 변모했다.

또한 화북교통은 차량 부족을 완화하기 위해 화차 1대당 평균 적재량을 늘렸다. 화물이 소규모인 경우, 수송량에 비해 화차의 적재 성적이 나빴기 때문에 많은 차량이 필요했다. 이에 따라 1939년 3월에 소규모 화물의 혼재 차급 제도混載車扱制度를 실시하여 화물 집약 수송을 통해 화차의 사용

78 화북운수의 사업 범위는 운송 및 운송 취급영업, 이와 관계된 노동력 청부·공급, 창고영업, 위탁매매업, 자금의 융통, 대변·보증 행위 등으로, 본점을 베이징에 두고, 지점을 베이징, 톈진, 스먼, 타이위안, 칭다오, 지난, 쉬저우, 카이펑, 롄윈에, 출장소를 산하이관, 탕산, 탕구, 즈푸芝罘, 바오딩保定 등 각지에 개설하였다. 자본금 1,200만 엔의 출자 할당은 북지나개발 150만 엔, 화북교통 400만 엔, 국제운수 400만 엔(현물), 푸창화공 50만 엔(현물), 기타 200만 엔이었다.「華北交通新聞」,『興亞』第29號, 1941年 12月, 7쪽.

효율을 향상시키려 했다. 또한 차급 화물 증적 방안을 마련하여 화차의 표기 하중을 초과 적재하는 증적 제도를 실시했다. 회사 창립 직후인 1939년 7월부터 자오지 선에서 시험적으로 일부 화물로 화차 1대당 10퍼센트의 증적을 실시한 후, 1940년 6월부터 증적 제도를 거의 모든 화물로 확대하고 분량도 약 20퍼센트 높였다. 이로써 30톤 화차는 35톤까지, 40톤 화차는 48톤까지 적재하여 연간 250만 톤의 송출 증가가 가능해졌다.[79] 이 결과 1대당 평균 용량 톤수는 거의 변하지 않았는데도 불구하고 화차 1대당 평균 적재량 실적 톤수는 증적 제도 실시 전에 27.0톤이었지만 1941년에는 28.6톤으로 1.6톤이나 증가했다(표 4-19).

화북교통은 또한 각 철도마다 달랐던 운임률을 1941년 2월부터 통일하여 취급을 신속하게 했다.[80] 그 전에는 각 노선별로 운임률이 달랐기 때문에, 두 노선에 걸쳐 화물을 수송할 경우 노선별로 운임을 산출하여 합산해야 했지만, 통일 운임률을 정하자 시간이 절약되는 것은 물론 수송 효율도 높아졌다. 이와 동시에 광산 및 탄지 개발과 원활한 물자 이동을 위해 운임 설정에 원거리체감법遠距離遞減法을 적용했다. 화북 이외 지역과의 연락수송에서도 선·만·지 화차 직통 제도를 제정하여 대륙철도 각 기관의 화차를 공통으로 운용하고 같은 경영체처럼 활용함으로써 선·만·지 사이의 화물수송을 효율적으로 변화시켰다.

뿐만 아니라 1941년 7월부터는 지정 화물 운송장 및 지정 화물 통지서를 제정하여 석탄, 철광석 등의 물동 화물 취급을 간소화하기 위해 여러 대의 화차를 1통의 운송장과 화물 통지서로 탁·운송하도록 했다.[81] 그 후 소운송(화물의 집배와 적재, 하차)과 철도수송의 직결을 시도한 화북교통은

79 「社業の動き」,『興亞』第14號, 1940年 8月, 19쪽.

80 「社業の動き」,『興亞』第21號, 1941年 3月, 13쪽.

81 大橋榮治·萩原靜雄,「鐵道」, 華北交通株式會社,『北支蒙古産業開發計劃ノ推進狀況』, 1942年 3月; 華北交通株式會社,『華北交通の運營と將來』.

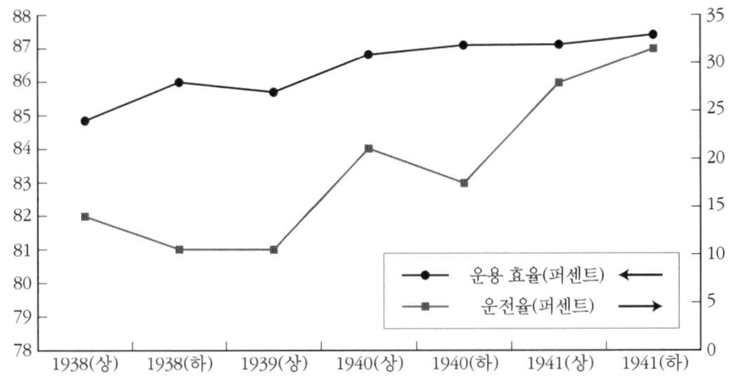

그림 3-6 화북교통의 화차 운전율과 운용 효율

자료: 화북교통주식회사, 『통계연보 제5편 배차統計年報 第五編配車』, 각 연도반各年度半; 『지나 점령지 경제의 연구支那占領地經濟の硏究』, 306~308쪽.

주: 1. 1939년 하반기는 자료상 불명이다.

2. 운전율은 현재 차에 대한 운용하는 차량의 비율이며, 운용 효율은 운용하는 차량에 대한 사용 차량의 비율이다.

1941년 10월부터 소규모 취급 화물 집배제를 실시하여 화물 소유주의 편의를 도모했다. 이 밖에도 하차 시간을 줄이고 유치 요금을 인상하여 운용을 효율적으로 하는 데 중점을 두었고, 나중에는 화주의 화차 선택권을 없앰으로써 취급을 간편하게 만들었다.

이처럼 효율적으로 화차를 운용한 결과, 그림 3-6과 같이 화차의 운전율과 효율이 눈에 띄게 좋아졌다. 먼저 운전율을 살펴보면, 1938년 상반기의 82퍼센트에서 1941년 하반기에는 87퍼센트로 약 5퍼센트 상승하였다. 이러한 운전율 향상은 이미 지적한 것처럼 차량 수리 개선 때문이었다. 운용하는 차량 이외의 항목에는 수리 차량 및 유치 차량의 비율이 비교적 많았고, 기타 전용 열차에 의한 공사용 화차 및 구내 운반용 화차가 있었는데, 그중 수리 차량의 비율은 10퍼센트 전후에서 8퍼센트로 감소하였다. 운용 효율은 1939년 여름의 경우 수해 때문에 전 분기에 비해 낮았지만, 그 외에는 매 분기마다 높아져 1941년 하반기에는 33퍼센트를 나타냈다.

적극적인 설비 자재 증강과 개량이 현실적으로 힘든 상황에서, 화북교통은 이와 같이 응급대책으로 기존 설비를 '풀가동' 함으로써 설비의 이용도를 높이고 수송 증대라는 목적을 달성할 수 있었다. 이것은 표 3-1에서 노동생산성이 향상되어 전쟁 이전의 수준을 크게 웃돈 것으로도 확인할 수 있다.

그러나 당시 이는 "어디까지나 응급책이었다는 점을 잊지 말아야 한다. 수리 차량의 비율이 보유 차량에 비해 매년 감소하고 있다는 것은 〔운행되고 있는 화차의 수를 증가시켜 결과적으로—인용자〕 화차 운전율을 높이는 것을 의미하고 있지만, 이것은 동시에 당연히 해야 하는 화차의 보전과 수리를 희생하는 것이 아닌가 염려된다"라는 평가에 주목해야 한다.[82] 이러한 대응은 철도 운영의 여유slack를 갖지 못하여 어디선가 파탄이 생기게 마련이었고, 결국 수송 통제는 더 엄격해지지 않을 수 없었다.

3) 확대되는 전시 통제 운영: 철도에서 연선으로

앞에서 설명한 대책들로도 늘어나는 수송 수요에 도저히 대응할 수 없게 되자 화북교통은 '불요불급' 한 수송을 통제하며 수급 조정에 돌입했다. 이러한 조정에는 평시의 가격 조정price adjustment만이 아니라, 폭넓은 수량 조정quantity adjustment이 뒤따랐다. 중일전쟁이 발발한 이후 엄격한 철도 수송 통제가 전개되었지만 이는 매우 임기응변적이어서 체계적인 통제라고 할 수 없었다. 그러나 물자대책위원회가 설치된 이후 물자의 배급 통제가 실행되자 수송과 생산, 배급의 관계는 더욱 긴밀해졌고, 화북교통 운수국의 배차 업무를 중심으로 하는 수송 통제도 체계화되었다.[83] 1941년 8월에 '대적對敵지구 경제봉쇄' 와 더불어 지구별 물자 통제가 강화되어 수송

82 東亞硏究所, 앞의 책, 311쪽.

83 大橋榮治 · 萩原靜雄, 앞의 책.

통제와의 연계가 추구되었고,[84] 7월에서 9월에 걸쳐 실시된 관동군 특종연습은 화북교통의 수송 통제가 체계적인 계획수송으로 바뀌는 계기가 되었다.

"소련과 만주 국경의 풍운風雲과 긴박을 알리자, 일본 내지와 조선, 화북에서부터 만주 국경 방면으로 대부대의 수송이 실시되었다."[85] 회사 내부에서 '100호 수송'이라고 불린 관동군 특종연습 수송을 위해 베이징에서 펑톈으로 1개월 예정의 출장을 떠난 화북교통(제2야전철도 사령부)과 만철 간의 연락원은, 상황 진전에 따라 신징에서 하얼빈哈爾濱 혹은 그 밖으로 진출 이동할 것을 지시받고 만철의 배차과, 펑톈의 야철 사령부 등과 만주·화북의 화차 출입 상황 등을 협의하였다. 이후 소련과의 긴장이 전쟁으로 이어지지는 않았기 때문에 화북교통 연락원의 펑톈 체재도 필요 없게 되었지만, 이 일은 화북 내의 수송 상황에 큰 영향을 미쳤다.

차량이 만주로 공출됨에 따라 화물수송량이 당초 예상보다 약 42만 톤이 감소하자, 그림 3-7에서 볼 수 있듯이 1일 평균 사용 차량 수가 급감한 반면 사용 차량의 1일 주행킬로미터는 급격히 늘었다. 이러한 차량 부족 상황에 직면한 화북교통은 ① 화물수송의 순서 결정, ② 사용할 화차 선택 금지, ③ 야간 하역 강행과 증적에 따른 화차 운용 효율의 증진이라는 세 가지 조치를 결정했다.[86] 이를 통해 앞에서 지적한 바와 같이 화물 운용 효율이 크게 개선된 것은 물론이지만, 동시에 "용병 작전상 군사수송과 물동물자(특수화물) 수송이 중시되었고 일반민수와 여객수송이 경시" 되었다. 그 결과 모든 화물에서 군수품-회사용품-영업품 순으로 우선권priority이 형성되고, 영업품 중에서도 전략 물자가 우선시되어 실제로 운임 가치가

84 「創業四周年, 躍進社業の現狀」, 『興亞』 第46號, 1943年 4月, 1쪽.

85 「北支派遣から內地引揚迄の思い出8」, 『華交互助會會報』 第17號, 1967年 3月 30日.

86 華北交通株式會社資業局, 『華北交通概要』, 1942年 1月.

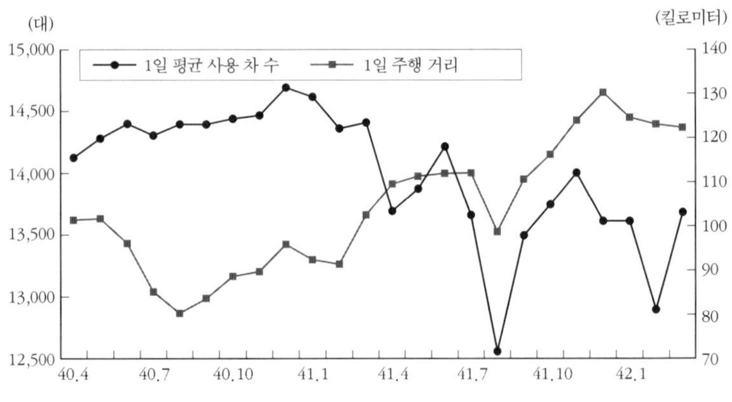

그림 3-7 화북교통의 1일 평균 사용 차량 수 및 주행 거리

자료: 『화북교통 통계월보』, 각 월.

주: 1941년 10월의 1일 평균 사용 차량 수는 2만 1,247.5대였지만, 이러한 수치는 다른 자료를 참조해보면 오자로 판명되기 때문에 전후의 2개월을 통해 보간補間(변량의 아는 값을 이용하여 그 사이에 놓일 값을 근사치로 계산)했다.

높은 '불요불급' 화물은 뒤로 미루어졌다.

화물수송의 중심인 주요 통제물자 수송을 보면, 제2야전철도 사령부의 영향 아래 있는 북지나 수송 통제본부를 중심으로, 수송 공급 측의 화북교통, 특히 운수국과 수송 수요 측의 수송조합 혹은 배급 통제기관의 3자가 사전에 수송력을 배분하여 월별 수송 계획을 작성하고 실행했다. 이러한 수송 계획은 화북의 물자동원계획 수행과 연동하여 연간 및 분기별로 작성되었다. 이와 관련된 대규모 화물의 소운송 업무는 국책회사인 화북운수가 거의 독점적으로 취급했다.[87] 그러나 항일 게릴라의 활동 때문에 운송은 종종 방해받았고, 일본 내지에서와 같은 높은 계획성을 나타내지는 못했다.

화물에 중점을 두는 화물 중심주의 정책으로 인하여 여객수송에도 규제

87 華北交通株式會社, 『北京を中心とする小運送業調査報告概要』, 1944年 7月, 21쪽.

가 더해졌다. 만주국의 생산 확충에 반드시 필요한 쿨리coolie, 苦力(중국인 노무자) 수송의 경우, 특별 수송 계획을 수립·실행하는 동시에 운임을 낮게 설정하여 이들의 만주 이동을 촉진했다. 그러나 '불요불급' 여객으로 분류되면 엄격한 통제가 가해졌다. 특히 앞에서 언급한 관동군 특종연습 실시로 인하여, 화북교통이 1941년 7월 이후 "다른 철도에 비해 설비가 크게 떨어지는데도 불구하고 좌석 비율이 150~180퍼센트에 달하여 일본 내지의 55퍼센트 내외에 비하면 예를 찾아볼 수 없는 초만원 현상이 불가피"한 상태였기 때문에, 중국인을 대상으로 여행증명서 제도가 실시되었다.[88] 즉 우선권에 의한 좌석 할당이 시작된 것이다.

나아가 같은 해 10월에 들어서는 ① 철도의 사회성 강조, ② 합리적인 운영, ③ 규정의 간이화, ④ 적정한 운임 요금(기본 운임, 요금 제외)에 중점을 두어 철도 여객 및 화물 운송 규제가 개정되었다.[89] 구체적으로는 단체 여객운임 할인 폐지와 회유回遊 승차권 제도 폐지, 회수 승차권 사용 제한(본인 한정), 수하물의 수탁 제한 확대, 열차 운휴에 의한 보통 정기승차권·회수 승차권의 환급 폐지, 라운드 넘버round number제(운임 계산의 편의를 위해 일정액 이하 잔돈은 반올림하거나 할인하는 제도) 도입 등의 조치가 취해졌다. 이로 인해 사실상 여객운임이 인상되었을 뿐만 아니라 불요불급 화물에 대한 규제가 강화되어, 부족한 철도수송력이 화물수송에 우선적으로 배분되었다. 화물수송은 여객수송과는 대조적으로 원거리체감법이 확대되었다.

한편 항일 게릴라들의 활동이 화북교통 측에게 최대의 실질적 저해 요인이었던 만큼, 철도를 둘러싼 통제는 수송 수요뿐만 아니라 연선 주민에 대한 통제로도 확대되었다. 게릴라 활동에 대한 화북교통의 대응책은 경

88 華北交通株式會社資業局, 앞의 책. 여객의 절대다수는 중국인이었다.
89 「華北交通新聞」,『興亞』第29號, 1941年 11月, 7쪽.

무와 애로愛路 공작이었다.[90]

종래 경무는 군경의 보조기관이었지만, 1940년 4월 이후 군명을 통해 철도와 관련된 직접적인 경비는 회사가 맡게 되었다. 이로 인해 앞에서 지적한 바와 같이 중앙철로학원에서 경무원 양성 업무를 분리하고 1941년 4월에 철로경무학원을 설치하여 본격적으로 경무원을 양성했다. 1941년 6월 현재의 철도 경무 기관을 살펴보면 경무 인원 1만 5,000명(이중 일본인이 4,500명), 소총 1만 2,000정, 경기관총 400문, 중기관총 50문, 척탄통擲彈筒 250문, 본부 요원 900명(이중 일본인이 450명)이었다. 그 외에도 1,000명(이 중 일본인이 50명)이 별도로 조직되었고 군에서 차용한 소총 800정이 지급되었다.

이러한 "경비 업무와 순치보거脣齒輔車(입술과 이 또는 수레의 덧방나무와 바퀴 중에서 어느 한쪽이 없으면 안 된다)의 관계"였던 화북교통은 군의 지시하에 군회민철軍會民鐵 일치의 애로중앙위원회를 조직하고 행정기관, 신민회新民會, 합작사合作社, 노공협회勞工協會 등의 협력을 얻어 애로 공작을 폈다.[91] 그 목적은 "민로합작民路合作을 통해 공산계의 굴레를 벗어나 일본에 대한 신뢰와 의존 의식을 높여 중·일 제휴의 실천적 기지로 삼도록 하는 데" 있었다.[92] 화북교통은 이를 위해 철로와 수운 노선의 양측 10킬로미터 내에 거주하는 지역 주민을 결집하여 애로촌을 조직했다. 그 규모는 1941년에 촌락 수 8,459촌, 촌민 약 1,133만 명에 달하였다.[93] 주요

90 宇佐美寬爾, 「華北交通ト愛路工作」, 年度未詳; 興亞院華北連絡部, 『華北交通會社概說』, 1940年 8月; 華北交通株式會社資業局, 앞의 책, 32~36쪽.

91 愛路中央委員會, 「昭和十六年度北支交通線路愛護村工作計劃要綱」, 1941年 6月; 華北合作事業總會, 「民國三十一年度北支交通愛路工作實施計劃要綱」; 中華民國新民會, 「民國三十一年度北支交通愛路工作實施計劃要綱」; 華北勞工協會, 「民國三十一年度北支交通愛路工作實施計劃要綱」; 華北交通株式會社, 「昭和十七年度北支交通愛路工作實施計劃要綱」, 1941年, 北京市檔案館.

92 華北交通株式會社資業局, 앞의 책, 31쪽.

공작 내용을 보면, 애로촌 결성과 지도를 비롯하여 애로 정보망 설정, 애로촌민의 선로 순찰, 애로소년대 결성과 지도, 연선 주변의 줄기가 높은 식물 제거 및 식목 금지 지도, 연선의 물자 부족에 따른 보급 방법 알선, 재해를 입은 농촌을 위한 응급대책인 종자와 식량 배급, 애로 공로자에 대한 표창, 강연·간담회·인쇄물을 통한 애로 선전, 애로 열차 운행 등이었다. 그 결과 1940년에는 정보를 수집하고 선로를 순찰한 협력자가 연 620만 명에 이르렀고, 게릴라에 관한 정보가 2만 2,000건, 게릴라들의 공격을 미연에 방지한 사례가 1,343건, 표창을 받은 자가 950명이었다. 그러나 애로 공작으로 인한 피해자도 많아, 일본 측 협력자여서 게릴라가 살해한 촌민이 260명, 부상자가 50명에 달하였다.

이처럼 치안과 철도 경비를 강화하자 항일 게릴라들의 공격으로 인한 피해는 감소하는 경향을 보였다. 1938년에 4,611건에 달했던 공격은 1939년에 2,298건으로 줄었고, 1940년에는 8월에 스타이 선 일대에 큰 공격이 있긴 했지만 1,068건으로 감소하였다.[94] 그리하여 "화북에서 공산당 토벌 임무剿共華北를 완수하기 위해 작년〔1940년—인용자〕에 전개된 3차에 걸친 치

93 애로촌지대는 애로 공작의 침투 여하에 따라 갑·을·병의 3지역으로 분류되었다. 예를 들어 합작사의 애로 공작 요령을 보면 다음과 같다. "갑 지역에서 합작사는 특히 사원의 자발성 고양에 노력하여, 촌락의 실태에 응하여 간이창고, 공동작업장 등의 설치를 자력 또는 조성으로 추진하는 등 영구적 시설을 확립하고 각종 업무를 농밀하게 실시함으로써 현 합작사 연합회와의 연계를 강화하여 공고한 정신적 방벽의 결성에 협력하여, 향촌의 갱생을 꾀한다." "을 지역에서는 촌락 내의 반反애로분자 및 시책을 배제하여 우선 촌락 내 지도자와 명망가를 우리 쪽에 동조하도록 하여 점차 전 촌민을 획득함으로써 갑 지역이 되도록 공작한다. 합작사는 촌민이 요망하는 물자 혹은 자금을 적당한 범위 내에서 공급하여 점차 갑 지역화하도록 경제 면에서 협력한다." "병 지역에서 합작사는 필요에 응하여 관계 공작기관과 협동하여 선전적 의미를 농밀하게 갖도록 단속적斷續的인 경제 공작을 추진하거나 특별 공작의 경제 면을 담당함으로써 을 지역이 되도록 공작에 협력한다." 「民國三十一年度北支交通愛路工作實施計劃要綱」.

94 華北交通株式會社, 『華北交通概觀』, 1941年 12月, 40~41쪽; 「創業四周年, 躍進社業の現状」, 『興亞』 第46號, 1943年 4月, 8~9쪽.

안 강화 운동과 여러 차례에 걸친 황군皇軍의 숙청 토벌의 성과는 적의 준동을 봉살, 격진시켰고, 지금 적은 헐떡거리는 숨으로 최후의 발버둥질을 계속하고 있는 것에 지나지 않는다" 라고 일컬어질 정도였다.[95]

95 田尻末四郎, 「治安」, 『興亞』 第35號, 1942年 5月, 4쪽.

Ⅳ 아시아태평양전쟁 개전과 전시 육운 비상체제

1. 화북교통과 전시 육운 비상체제 확립

(1) 육운전가와 수송 동태의 변화

1941년 12월 7일에 일본군이 감행한 진주만 공격은 중일전쟁을 아시아태평양전쟁으로 확전시켰다. 이로 인해, 엔 블록에 강제로 포함되어 있던 중국 화북지역은 태평양 전장의 병참 기지로서 거대한 소모전에 휩쓸렸다. 1942년 7월 14일 흥아원은 '지나 경제건설 기본 방침 입안에 관한 양해사항'을 결정했다.[1] 그 내용을 보면 5년간의 제1기 과제로 전쟁 수행에 필요한 중요 국방자원 확보, 대동아 제 민족의 전시 생활 보증, 장래 산업 발전의 기초 확립이 제시되었다. 5년 후 정치·군사 정세가 호전되어 남방의 대일 공급력이 크게 개선될 때까지 국방산업의 생산력을 비약적으로 확충하여 "일·지日支 경제제휴에 의한 지나 개발을 촉진"한다는 방침이 확립되자, 이에 근거하여 8월 31일에 '지나 건설 기본방책(안)'이 작성되었다.

1 外務省,「經濟關係」所收.『戰時日本の華北經濟支配』, 273쪽.

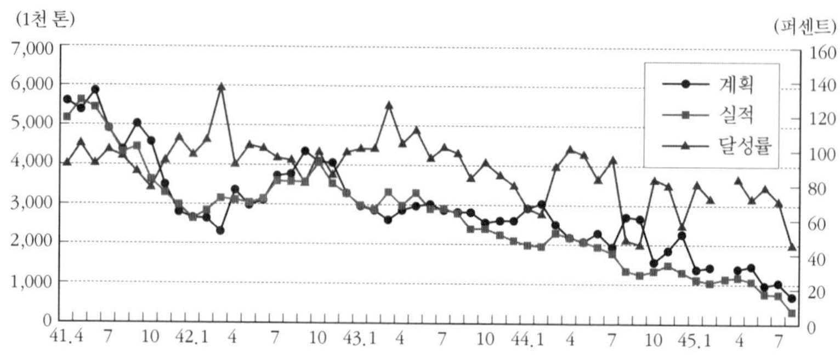

그림 4-1 아시아태평양전쟁기 일본의 해상 수송 추이

자료: 하라 아키라原朗, 「경제총동원經濟總動員」, 오이시 가이치로 편大石嘉一郎 編, 『일본제국주의사日本帝國主義史 III』, 도쿄대학출판회東京大學出版會, 1994년, 104쪽.

이 방침에서 중국의 경제적 지위는 풍부한 노동자원과 지하자원 및 농업자원 공급국인 '자존권自存圈'으로 상정되었고, 그 가운데 화북 지역의 기능으로는 '자원 개발과 이에 수반된 중·경공업 및 교통 통신시설의 완비'가 상정되었다.

전시 일본의 생산 실적은 계획에 비해 감소하는 경향이 뚜렷했다. 보통강普通鋼 강재와 알루미늄이 부족하고 선박 건조도 적어져 전력 약화의 원인이 되었다. 이러한 가운데 해상 수송력은 그림 4-1과 같이 1942년 7월 이후 하락하기 시작하였고, 8월 7일부터 벌어진 과달카날 전투Battle of Guadacanal 이후에는 사태 악화를 피할 수 없었다. 영국과 미국이 대일 자산을 동결하여 해외로부터 일본으로 물자를 수입하는 것이 거의 불가능해지자 해상 수송력이 그때까지의 수입 능력을 대신하여 물자동원계획을 규정하는 요인이 되었다. 그러나 해상 수송력이 부족하여 일본의 전시경제가 위기 상황에 빠지자 해상 수송을 육상 수송으로 대체하는 육운전가가 정책으로 검토되어 1942년 10월 6일 '전시 육운의 비상체제 확립에 관한 건'이 각의에서 결정되기에 이르렀다.[2] 일본 내지의 육운전가수송 결정[3]

2 『公文別錄 · 內閣(企劃院上申書類) · 昭和十五年～昭和十八年 · 昭和十七年』, 國立公文書館

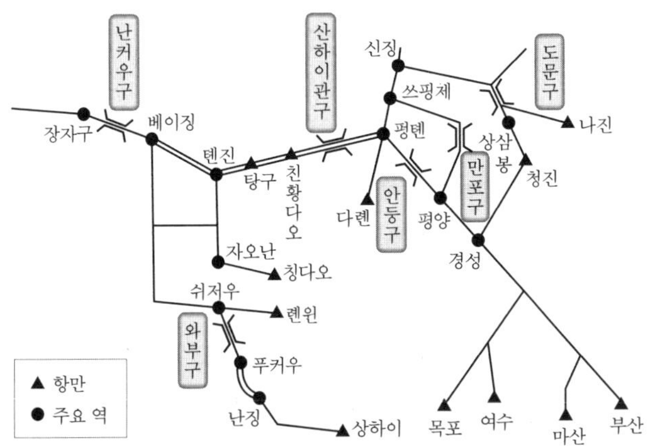

그림 4-2 대륙 물자 중계 수송 경로

자료: 기획원 제5부企劃院第五部, 「일·만·지 주요 물자 교류 계획에 입각한 수송 계획 자료日滿支主要物資交流計劃に基づく輸送計劃資料」, 1943년 8월, 「가시와바라 헤이타로 문서柏原平太郎文書」 457-5, 일본국립국회도서관國立國會圖書館所藏.

에 맞추어 "화북에서 생산된 석탄의 경우 연간 조선행 60만 톤, 만주행 60만 톤, 중지中支행 70만 톤이 해상 수송 중인데, 이를 우선 육상 수송으로 대체하도록 조치" 하는 동시에 물로 세척하여 순도를 높이면서 무게를 줄이고, 조선으로 보내는 일본 내지 및 사할린 채굴 석탄을 가급적 화북탄으로 대체함으로써 해상 수송력을 보전하는 데 필요한 모든 조치를 강구한다는 것이었다. 이에 따라 화북을 병참기지화할 필요성이 커졌고 화북교통 또한 보다 중요해졌다.

이에 맞추어 10월 27일에 흥아원 경제부는 '쇼와 18년 지나의 물자동원 계획 설정 요강' 을 결정했다.[4] 군수물자를 우선시하고 민수물자는 줄이는

所藏.

3 규슈탄九州炭은 간몬關門 터널을 거쳐 한신阪神, 나고야名古屋, 게이힌京浜으로 보내졌고, 홋카이도北海道·가라후토탄樺太炭(사할린 석탄)은 세이칸 항로靑函航路와 북서 지방의 항구를 통해 게이힌, 나고야 지방으로 수송되었다. 林采成, 앞의 책, 105쪽.

4 大藏省財政史室藏, 「萩元順朝所藏文書」 所收. 『戰時日本の華北經濟支配』, 288쪽.

것을 전제로 일본으로부터의 중요 물자 공급을 억제하는 것과 이를 대신하는 만주와 남방 그리고 중국 각 지역 간의 물자교류가 필요하다는 내용이었다. 이에 따라 "해상 수송력이 압박받는 상황에서 물자교류를 확보하기 위해 북·중지와 만주 간은 되도록 해상 수송을 육상 수송으로 전환하고, 여유가 생긴 선박은 대일 수송력을 증가시키는 데 사용하며 가급적 중·남지와 남방 간의 수송에 충당"하도록 했다. 또한 "일본에 공급하는 중요 물자의 질적 향상을 꾀하여 선박을 효과적으로 이용하고 실질적으로 수송을 늘리기 위해 현지의 정선과 제1차 가공 설비를 확충"하는 데 중점을 두었다. 이와 같이 석탄, 소금, 면화, 반토혈암 등의 물자가 화북에서 만주를 거쳐 조선의 남해안 항구(목포, 여수, 마산, 부산)까지 육상으로 수송된 후 일본으로 해상 수송되었다. 뿐만 아니라 조선과 만주, 중국 간에도 육상 수송을 통한 물자교류가 확대되었다.

여기서 육운전가가 화북교통의 철도수송에 미친 영향을 살펴보자. 화북에서 조선의 남해안 항구를 경유하여 일본까지 중계 수송되는 물자의 규모는 1942년의 7만 2,901톤에서 1943년에는 44만 3,761톤, 1944년(4~11월)에는 100만 8,981톤으로 급속히 증가했다.[5] 나아가 이를 훨씬 웃도는 규모로 대륙 교류 물자가 수송되었다. 표 4-1에서 확인할 수 있는 1943년도에 한해 본다면, 화북에서 만주로 수송한 물자는 석탄과 철광석을 중심으로 343만 6,700톤에 달했지만 만주에서 화북으로 건너간 교류 물자는 식량과 침목 등 54만 6,300톤에 지나지 않았다. 또한 화북에서 화중으로 석탄을 비롯한 물자 185만 7,700톤이 수송된 데 비해, 화중에서 화북으로 수송된 물자는 식량 등 30만 9,200톤에 불과했다. 이와 같이 중국대륙 내에서도 화북은 석탄과 광석 등 천연자원의 공급처가 되었다. 석탄은 "대동아전쟁 완수를 위한 전력 증가에서 첫 번째"라고 불렸고 일본과 만주, 화

5 林采成, 앞의 책, 108쪽.

표 4-1 화북교통의 1943년도 육운전가 및 교류 수송 상황(단위: 1천 톤, 퍼센트)

종별			물동계획	철도계획	실적	물동대비	철도계획대비
전가물자	화북→일본	소금	416.0	466.4	368.9	89	79
		석탄	124.9	124.5	59.6	48	48
		선철	30.0	31.2	18.6	62	60
		소계	570.9	622.1	447.1	78	72
교류물자	화북→만주	석탄	3,219.0	3,123.3	2,699.4	84	86
		철광석	677.0	747.5	648.9	96	87
		기타		133.7	88.4		66
		소계		4,004.5	3,436.7		86
	만주→화북	침목	105.9	126.5	80.0	75	63
		목재	49.6	38.2	25.6	52	67
		양곡	170.0	287.2	212.8	125	74
		콩깻묵	44.6	62.5	51.8	116	83
		금속·광석	13.2	24.8	24.3	184	98
		목탄	3.4	33.0	24.1	708	73
		기타		113.8	127.8		112
		소계		686.0	546.4		80
	화북→화중	석탄	2,723.0	2,390.2	1,563.3	57	65
		기타		297.1	294.4		99
		계		2,687.3	1,857.7		69
	화중→화북	곡물		72.8	61.9		85
		어패류·야채		12.2	12.9		106
		밀가루		183.0	81.3		44
		기타		122.3	153.1		125
		소계		390.2	309.2		79

자료: 대륙철도 수송협의회 사무국大陸鐵道輸送協議會事務局, 「쇼와 18년도 전가 및 교류물자 수송 계획표昭和十八年度轉嫁及交流物資輸送概況表」, 1944년에 작성.

주: 앞의 표와 수치가 일치하지 않는 것은 전가·교류 수송을 통하지 않은 철도수송 때문이다.

중으로의 수·이출이 "놀랄 정도에 달해, 대체적인 전망으로는 화물 전체의 4분의 1, 수송 석탄 전량의 2분의 1이라고 봐도 좋다"라고 언급되었다.[6] 석탄 외에 철광, 소금, 면화 등의 수송도 증가하여 '대동아전쟁 완수

6 「創業四周年, 躍進社業の現狀」, 『興亞』, 1943年 4月, 1~2쪽.

표 4-2 화북교통 경로별 수·이출 화물 수송 (단위: 1천 톤, 퍼센트)

연도			1939		1940		1941		1942		1943		1944	
			수송량	비율	수송량	비율	수송량	비율	수송량	비율	수송량	비율	수송량	비율
육상 수송	석탄	일본	112	1.9	273	3.6	387	4.0	246	2.1	37	0.3		
		조선									24	0.2		
		만주	91	1.5	297	3.9	1,702	17.4	2,110	18.1	2,701	25.4		
		화중·화남	181	3.1	267	3.6	309	3.2	1,642	14.1	1,557	14.7		
		소계	384	6.5	837	11.1	2,398	24.5	3,998	34.3	4,319	40.6		
	기타	일본			100	1.3	106	1.1	115	1.0	249	2.3		
		조선									140	1.3		
		만주	82	1.4	34	0.5	107	1.1	673	5.8	1,145	10.8		
		화중·화남	326	5.5	258	3.4	216	2.2	449	3.9	693	6.5		
		소계	408	6.9	392	5.2	429	4.4	1,237	10.7	2,227	20.9		
	계		792	13.4	1,229	16.3	2,827	28.9	5,235	44.9	6,546	61.5	6,021	76.4
해상 수송	석탄	일본	3,261	55.1	4,065	54.0	4,420	45.2	4,833	41.5	3,268	30.8		
		조선									373	3.5		
		만주	107	1.8	189	2.5	375	3.8	433	3.7	101	1.0		
		화중·화남	1,500	25.4	1,623	21.6	1,470	15.0	326	2.8	30	0.3		
		소계	4,868	82.3	5,877	78.1	6,265	64.1	5,592	48.0	3,772	35.6		
	기타	일본	255	4.3	415	5.5	682	7.0	798	6.8	308	2.9		
		조선												
		만주							7	0.1				
		화중·화남							27	0.2				
		소계	255	4.3	415	5.5	682	7.0	832	7.1	308	2.9		
	계		5,123	86.6	6,292	83.7	6,947	71.1	6,424	55.1	4,080	38.4	1,856	23.6
합계			5,915	100.0	7,521	100.0	9,774	100.0	11,659	100.0	10,626	100.0	7,877	100.0

자료: 화북교통주식회사 운수국, 「수·이출 화물 연도별, 경로별 수송 톤수 총괄표輸移出貨物年度別經路別輸送瓲數總括表」, 1944년 11월 4일.
주: 1944년도는 자료상 합계 이외는 미상이다.

의 병참기지'라는 화북의 역할을 알 수 있다.

그 영향은 화북을 기점으로 하는 수·이출 화물수송에 반영되었다. 표 4-2를 보면, 주로 수·이출이 탕구, 친황다오, 칭다오, 롄윈을 경유하는 해상 수송으로 처리되었지만, 일본 점령하에서는 산하이관을 경유하여 만

표 4-3 화북교통의 1943～1944년도 철도수송 계획과 실적(단위: 1천 톤, 퍼센트)

종별	1943년도				1944년도(미결정)				
	계획	실적	달성률	실적 구성	당초 계획	억제 계획	실행 가능	달성률	실적 구성
일본 수출	6,193	5,130	82.8	12.9	7,866	6,332	5,162	65.6	12.3
만주 수출	4,419	4,212	95.3	10.6	4,390	4,690	3,850	87.7	9.2
화중·화남 수출	3,345	2,692	80.5	6.8	3,450	3,160	2,260	65.5	5.4
군수	6,600	7,409	112.3	18.6	6,288	6,288	7,288	115.9	17.4
사용	6,350	5,776	91.0	14.5	6,400	6,400	6,200	96.9	14.8
현지 제철	2,666	1,650	61.9	4.1	5,846	4,340	4,340	74.2	10.3
기타	14,327	13,005	90.8	32.7	14,760	14990	12,900	87.4	30.7
(기타 중 석탄)	8,187	6,928	84.6	17.4	7,258	6,908	6,128	84.4	14.6
합계	43,900	39,874	90.8	100.0	49,000	46,200	42,000	85.7	100.0

자료: 교통통신성 이시다 참사관·모리타 서기관·대동아성 요시이 기사交通通信省石田參事官·森田書記官·大東亞省好井技師, 「북지철도 수송 시찰 보고 1北支鐵道輸送視察報告(其の一)」, 1944年 5月 19日.

주: 1944년도의 비율은 실행 가능/당초 계획×100.

주, 조선, 일본으로 향하는 수송과, 벙부蚌埠와 쉬저우를 경유하여 화중과 화남으로 향하는 육상 수송이 증가하기 시작했고, 육운전가가 정책적으로 결정되면서부터는 해상 수송을 웃돌았다. 이를 행선지별로 보면 1942년 이후 만주와 화중, 화남으로 가는 물자는 주로 철도로 수송된 반면, 일본행 물자는 비록 크게 감소하기는 했지만 해상 수송의 비중이 여전히 컸다. 요컨대 대륙 내부의 적극적인 육운전가 추진으로 절약된 해상 수송력이 대일 수송으로 돌려진 것이다.

그 때문에 화북교통의 화물수송은 영업품의 비율이 증가한 반면 군수품의 수송 비율은 감소했다. 영업품은 1940년의 2,255만 8,000톤에서 1943년에는 2,641만 2,000톤이 되었지만, 군수품은 701만 9,000톤에서 740만 9,000톤으로 증가했을 뿐이다(표 3-2). 물론 군수품 비율의 급감은 "황군이 부단히 토벌하여 확보한 치안" 때문이지만, 영업품의 급증은 화북 경제 개발과 육운전가 개시에 따른 것이다. 즉 표 4-3을 보면, 1943년에 외부로

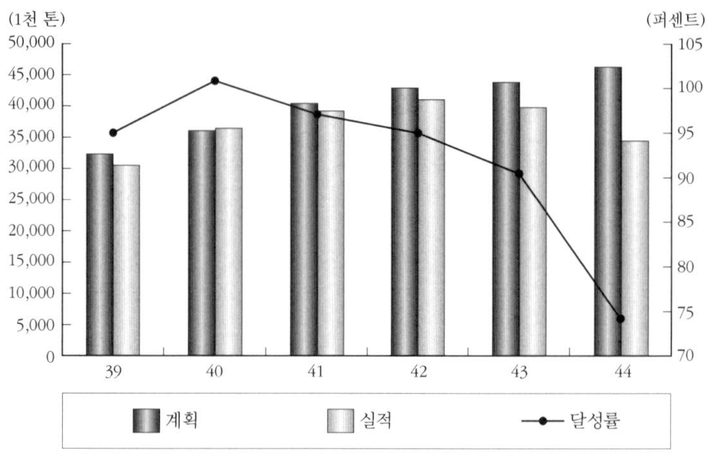

그림 4-3 화북교통의 화물수송 계획 및 실적(단위: 1천 톤)

자료: 교통통신성 이시다 참사관·모리타 서기관·대동아성 요시이 기사, 「북지철도 수송 시찰 보고 1」, 1944년 5월 19일.

주: 1944년도의 실적과 달성률은 표 3-1에 의한다.

수출하는 화물이 전체의 약 30퍼센트를 차지했지만 현지 화물은 약 37퍼센트에 지나지 않았다. 이것은 육운전가 때문에 만주와 화중으로 차량이 공출되어 지역 내의 화물을 억제하는 조치가 불가피했다는 것을 의미한다. 또한 표 3-1의 화물 1톤당 수송 거리가 1940년의 211킬로미터에서 1943년에는 292킬로미터가 되었다는 사실에서, 화물의 장거리 수송이 진행되어 톤수보다 톤킬로미터(=톤×수송 거리)가 크게 증가했음을 알 수 있다. 이 때문에 소요 운용 차수가 늘고, 운용 효율은 낮아졌다.

화물수송의 연도별 움직임을 보면, 톤수를 기준으로 하면 1942년에 정점에 달했지만 톤킬로미터 기준으로는 1943년에 정점에 도달한 다음 1944년에 감소했다. 이에 따라 그림 4-3의 계획 달성률을 보면 전시 육운 비상체제의 일환으로 일반화물이 더 강력하게 제한되었는데도 불구하고 달성률 저하를 피할 수는 없었다. 이는 수송되지 못하고 역 구내에 쌓인

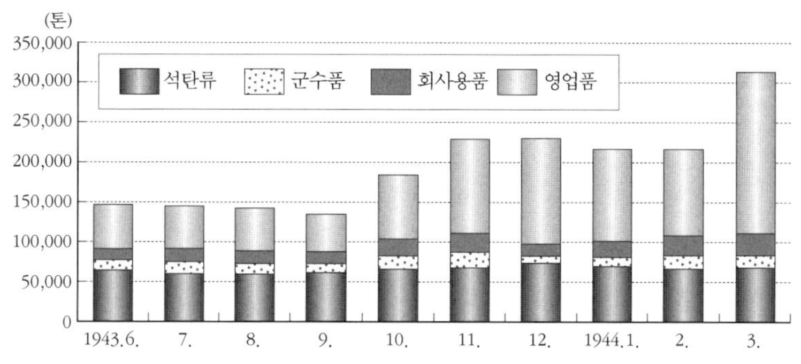

그림 4-4 1943년도 화북교통의 체화 추이
자료: 화북교통주식회사, 『북지철도 상황北支鐵道狀況』, 각 월.

체화滯貨의 증가로도 나타났다. 그림 4-4와 같이 석탄류를 제외한 영업품을 중심으로 한 철도 체화가 1943년 6월 14만 5,301톤에서 이듬해 3월에는 그 2배가 넘는 31만 1,480톤으로 급증하여, 수송력 부족 현상이 1943년에 심각해졌음을 알 수 있다. 따라서 1944년의 "석탄 수급은 주로 육상 수송력으로 인한 제약이 뚜렷"해지지 않을 수 없었다.[7] 이러한 육운전가에 따라 새로운 수송력 증강 방식이 추진되는 한편 다른 교통기관과의 협력이 강화되었다.

육운전가의 여파는 중국인 여객 수송에도 영향을 미쳤다. 1942년의 승객 분포를 보면 1·2등객이 전체의 3퍼센트 내외였고 3등객이 97퍼센트였으며, 국적별로는 중국인이 99퍼센트, 일본인이 1퍼센트였다. 여객의 증가 정도를 보면, 여객 인원은 1939년을 100으로 환산할 경우 1943년에 342을 기록하여, 같은 기간에 223을 기록한 화물에 비해 얼마나 급격히 증가했는지를 알 수 있다.[8] 특히 "사람보다 물자를 중시하는 시국의 요구로

7 「支那石炭物動計劃策定要綱」, 1944年 2月 15日, 大東亞省總務局經濟課, 『昭和十九年度滿州支那石炭物動計劃』, 1944年.

8 여객 1인당 수송 거리는 115~117킬로미터, 단 쿨리가 만주로 이동하는 시기인 춘절 이후의 2개월간은 130킬로미터로 늘어, 연간을 통해 수송이 최고조에 달했다. 한산기는 춘절과 여름

객차 입수가 더 곤란해졌기 때문에 격증하는 수요에 응할 수 없었고, 매일매일의 여객열차가 초만원이어서 문자 그대로 수송 지옥이 연출" 되었다. 당시 열차 운행에서 화물열차 편수가 여객열차에 비해 증가폭이 컸다는 점에서도 객차 안의 혼잡함은 상상하기 힘들 정도였다.

(2) 화북교통의 전시 육운 비상체제

전시 육운 비상체제가 결정되자 석탄과 광석, 기타 생산 확충 물자가 필연적으로 증가한 것은 물론, 해상 수송의 어려움 때문에 수많은 장거리 해운 화물이 육상 수송으로 돌려졌다. 이 시점에서 화북교통의 최대 명제는 "생산 확충과 그 유인, 성과를 전적으로 짊어진 수송 강화 그 자체"가 되었다. 이에 따라 화북교통은 회사 내외에 육운전가를 추진할 비상체제를 정비했다.

우선 화북교통은 정체된 항만의 해륙 일관 수송 체제를 강화하려 했다. 화북교통은 물자의 육운전가수송이 1942년 제4분기부터 실행되는 데 맞춰, 전시항만 하역증강 대책협의회에서 결정된 '항만 하역 5할 증강안'에 의거하여 수운국[9]을 중심으로 1942년 12월 1일부터 1943년 3월 31일까지의 '전시 항만 하역력 강화 기간에 대한 실시 요강'을 결정하고 바로 실행에 옮겼다.[10] 선박이 항만에 정박하는 시간을 줄여 운항 능률을 높이기 위해서였다. 탕구 부두는 5할, 롄윈 부두는 설비를 고려하여 3할 증강을 목표로 삼고, 하역 인부 확보, 철야를 불사하는 주야 연속 작업 실시, 야간 하

철 농번기였다. 「創業四周年, 躍進社業の現狀」, 『興亞』, 1943年 4月, 1~2쪽.

9 화북교통의 항만 관리를 보면, 1940년 11월 1일, 본사에 수운국이 설치되어 항만 업무의 확대에 대응하여 계획·부두·축항의 3주간主幹을 두었다. 1944년 5월 1일 화북교통은 소관 항만의 건설 촉진 및 운영의 통합을 위하여, 탕구 신항항만국과 롄윈 항만국을 총괄하는 항만총국을 본사에 설치하였다. 華北交通株式會社社史編集委員會 編, 앞의 책, 467~468쪽.

10 「國策協力驚異の連雲港」·「港灣荷役五割增强は確實」, 華北交通東京支社, 『華北展望』, 1943年 2月, 34~39쪽.

역 조명설비 확보, 하역 기구 긴급 설치 등을 추진했다. 칭다오는 칭다오 부두회사, 친황다오는 개호광무국開濠鑛務局이 각각 내용이 같은 하역 증강 방안을 실시했다.

특히 화북교통은 종합교통회사라는 측면에서 '대종화물大宗貨物'인 석탄과 관련하여 항구 수출 계획 혹은 배선 계획에 입각하여 탄광의 화차 발송 계획과 항구 저탄 계획을 수립했고, 나아가 선박 작업에서는 부두 이착離着 작업, 화차 회송 작업, 인부 배치, 하역 도구 운용 등을 종합적으로 관장했다. 또한 숙소 설치, 식량 제공, 출근 장려금과 임시 장려금 확충 등과 같은 인센티브 제공을 통해 노동력의 원천인 중국인 하역 인부를 5할 정도 증원하고, 간부들이 선두에 서서 2교대로 철야 하역 작업을 했다. 이 조치들로 인해 하역 시간이 2, 3일 단축되고 입·출항 수속이 간편해져 4대항 평균 5할의 증강이 예상되었다. 예를 들어 롄윈 항의 경우, 평상시의 3분의 1 이하로 정박 시간을 단축했다고 한다.

철도 운영 면에서도 전시 육운 비상체제의 '철도운수 업무 방침'(1943. 1. 18.)이 결정되었다. 1943년도 대일본 수출 619만 3,000톤, 대만주 수출 [11] 441만 9,000톤, 대화중 수출 334만 5,000톤 등 도합 4,390만 톤의 화물 수송이 계획되자, ① 보유 시설 및 차량 활용 극대화, ② 철저한 종사원 교육훈련, ③ '경영의 합리경제화'라는 세 가지 면에 중점을 두고 "15만 일·화日華 종사원의 총력을 결집"하기로 했다.[12] 구체적인 방안으로는 ① 기관차의 견인 정수牽引定數 증가, ② 작업 합리화를 통한 차량 수리 능률 향상, ③ 기관차와 객·화차의 정기 검사 일수 단축, ④ 운용 합리화를 통

11 당시 일본의 중국 점령지의 동북부, 화북, 화중에 별개의 괴뢰정권이 수립되어 있었고, 일본의 통계에서는 이들 지역 간의 거래를 수출로 집계했다. 자료상 이 기준을 따라 수출로 표현한다.

12 華北交通東京支社, 『華北展望』, 1943年 2月, 39~40쪽; 運輸局長 平田騏一郎, 「身を棄てて泛ぶ」, 華北交通社員會, 『興亞』, 第44號, 1943年 2月, 10쪽.

한 기관차 일차日車 수송 거리 증대, ⑤ 신속한 하역과 합리적인 조차를 통한 화차 운용 효율 증대, ⑥ 화차 증적에 의한 수송력 증강, ⑦ 사고 근절, ⑧ 종사원의 근무 연한 연장과 주야 하역 작업 실시, 종사원의 창의력 발휘를 통한 능률 향상을 추진하려 했다. 육운전가 경로를 바로 강화하는 것은 불가능에 가까웠기 때문에, 차량 운용이 중심인 기존 시설을 노동집약적으로 운영하려 한 것이다.

화북교통은 나아가 전시철도 수송 체제를 확립하고 화물 수송력을 염출하기 위해 국제특급열차 '흥아', '대륙'을 포함한 징산 선 여객열차들의 운전 시간을 전면 개정하고, 이에 의거하여 징한·징구京古·퉁저우 노선의 일부를 개정했다.[13] 이에 맞추어 원거리 화물 증가에 따른 경영수지 구조 악화를 방지하고 부동浮動 구매력을 흡수하며 여객수송을 제한하기 위해 여객운임 인상이 단행되었다.[14] 그러나 "저물가 정책의 견지에 협력하는 입장에서 수입의 근간인 화물운임은 인상하지 않기로" 했다.

이러한 대응책은 기본적으로 현장 노동력을 확충하지 않고서는 실행할 수 없었기 때문에 현장 중심의 조직 구조 재편이 단행되었다. 화북교통은 인사관리를 합리화하고 업무 능률을 최고로 발휘하도록 애쓰는 한편, 1943년 4월 27일에 업무 조직을 조정했다.[15] 그 요지는 ① 지도자 진두주의에 의한 사업 추진, ② 본사와 철로국의 직무 조정을 통한 본사 정원 축소와 충실한 정비, ③ 적재적소주의를 통한 사무 능률 증진과 인재 활용, ④ 회사의 총력을 최대한 발휘하기 위한 업무 계통 간의 긴밀한 연락, 나아가 조직의 간소화와 중점 업무의 확충이었다.

요컨대 본사 기구 간소화와 소수정예 원칙에 따라 기존의 주간국참여主

13 「四月一日より京山線旅客列車時刻改正」, 『華北展望』, 1943年 4月, 25~28쪽.

14 「四月一日から旅客關係運賃(鐵道, 自動車, 水運)改訂」, 『華北展望』, 1943年 4月, 29~30쪽.

15 「華北交通の新體制」, 『華北展望』, 1943年 5月, 41~45쪽; 華北交通社員會, 『興亞』 第48號, 1943年 6月, 1~3쪽.

幹局參與 85명, 무임소국참여無任所局參與 10명, 주사 8명 등 103명이 49명의 주간으로 줄고 주간급의 인원 수에서 54명이 감원되는 등의 인사이동이 실행되었다. 또한 간부 이하 우수 사원 약 1,000명을 권한의 부여와 함께 철로국 산하의 현업 기관으로 전입시켰다. 그 밖에도 중요한 기획통제에 관한 의사결정을 내리는 업무심의회에는 간사장을 두어 사무적 기능을 강화하였다. 또한 신상필벌주의에 의거하여 업무의 책임을 명확히 하기 위해 감찰실을 강화하고 요원을 확충했다. 미국과 전쟁을 시작한 후에는 철도 방위를 중시하여 방공본부와 애로위원회를 설치했다. 나아가 각 국局에 분할 부속된 각종 기관, 즉 철도기술연구소, 기공양성소, 화북사정안내소, 교통도서실, 칭화 척지사무소清化拓地事務所, 화북교통인쇄소, 식당사무소, 하이저우海州 임시공사사무소 등을 일괄하여 총재 직속으로 두었다. 철로국에서도 비슷한 업무를 통합, 정리하여 종래의 11처를 5부로, 43과를 27과로 축소하고 간부 54명을 32명으로 줄였다. 1943년 11월에도 조직 재편이 다시 실행되어 업무 간소화가 더욱 진전되었다.

사내 체제를 정비하는 것과 더불어 다른 대륙철도와 협력하는 체제도 확립되었다. 중일전쟁이 발발한 이후 엔 블록 내의 연락수송과 자재 조달을 원활히 하기 위해 일·만·지 교통간담회와 그 부문위원회가 성립했고 대륙 측의 4철도(조선·만철·화북·화중)와 일본국철이 서로 협력했다.[16] 그러나 대일 전가 물자와 교류 물자가 급증하자 이에 따르는 다양한 문제를 해결하기 위해 대륙철도 수송협의회가 설치되었다. 표 4-4에서 볼 수 있듯이 1943년 4월 조선국철·만철·화북교통·화중철도로 구성된 대륙 4철도 외에도 일본 내외의 군 기관과 관련 행정기관이 참여하여 제1회 협의

16 일·만·지교통간담회 전문협의회에는 일·만·지연락운수회의, 일·만·지자동차업무협의회, 일·만·지철도운전관계규정협의회, 일·만·지철도자재간담회, 대륙철도기술회의, 일·만·지철도요원간담회 등이 있었다. 日本國有鐵道, 『日本國有鐵道百年史 10』, 1973年, 886~891쪽.

표 4-4 대륙철도 수송협의회의 지역별 참여 기관 및 인원

지역	제2회 협의회(161명)	제5회 협의회(145명)	제7회 협의회(108명)
일본	육군성 1, 참모본부 2, 기획원 6, 해군성 3, 내무성 1, 대장성 2, 농림성 5, 상공성 4, 해무원 1, 철도성 4, 대동아성 3, 관동국 교통과 5, 합계 37명	육군성 2, 해군성 1, 운수통신성 9, 군수성 3, 대동아성 3, 내무성 1, 농상성 1, 대장성 1, 합계 21명	운수통신성 2, 농상성 1, 합계 3명
조선	조선군 1, 진해경비부 1, 부산군수수송 통제부 1, 총독부 총무국 2, 총독부 사정국 1, 총독부 도쿄사무소 1, 총독부 체신국 1, 총독부 전매국 1, 총독부 철도국(조선국철) 15, 합계 24명	조선군 1, 총독부 광공국 7, 총독부 농상국 2, 총독부 재무국 1, 총독부 교통국(조선국철) 19, 합계 30명	조선군 1, 진해경비부 경성재근무관 1, 총독부 광공국 4, 총독부 농상국 2, 총독부 교통국(조선국철) 13, 합계 21명
만주	관동군 10, 관동군 야철 2, 주만해군 무관부 1, 관동국 교통과 4, 만주국정부 총무청 6, 만주국 경제부 9, 만주국 전매총국 1, 만주국 흥농부 3, 만주국 임야총국 1, 만주국 교통부 6, 일만상사 2, 농산공사 2, 만철 11, 합계 58명	관동군 12, 관동군 야철 3, 주만해군 무관부 1, 관동국 교통과 4, 만주국정부 총무청 4, 만주국 흥농부 1, 만주국 경제부 2, 만주국 교통부 3, 만철 17, 합계 47명	관동군 9, 대륙철도 사령부 5, 주만해군 무관부 2, 관동국 4, 만주국정부 총무청 3, 만주국 흥농부 1, 만주국 경제부 4, 만주국 교통부 4, 만철 10, 합계 42명
화북	지나 파견부대 3, 일본 대사관 3, 화북교통 11, 북지나 개발 1, 산둥매광산 1, 화북석탄판매 1, 카이롼탄광 1, 합계 21명	지나 파견부대 3, 일본대사관 4, 화북교통 15, 합계 22명	지나 파견부대 3, 일본대사관 10, 화북교통 14, 합계 27명
화중	지나 파견총군 1, 일본대사관 1, 화중철도 3, 합계 5명	지나 파견총군 1, 일본대사관 3, 화중철도 10, 합계 14명	지나 파견총군 1, 일본대사관 2, 화중철도 4, 합계 7명
사무국	국장 이하 16명	국장 이하 11명	국장 이하 8명

자료: 대륙철도 수송협의회 사무국, 『제2회 대륙철도 수송협의회 의사록第二回大陸鐵道輸送協議會議事錄』, 1943년 9월; 대륙철도 수송협의회 사무국, 『제5회 의사록第五回議事錄』, 1944년 9월; 대륙철도 수송협의회 사무국, 『제7회 의사록第七回議事錄』, 1945년 3월.

주: 제5회 협의회는 결석자 10명을 포함한다.

회가 개최된 이후 100명 이상이 전가 물자 및 교류 물자 수송에 관해 협의하고 제반 수송 계획을 확정했다. 그 사무국이 1943년 6월 신징의 만철 본부에 설치되었고, 각 철도에서 연락 사무를 담당할 간사 등의 직원이 파견되었다. 간사보 이하는 서무·배차·운전·시설·해무海務(항만 및 해상 수송 관련)의 5개 반으로 나뉘어 관련 업무를 담당했다.

수송 계획이 작성되는 과정은, 기획원(후에 군수성)이 분기별 수송 요청안을 작성하여 대본영을 경유해서 관동군으로 보내면 표 4-5와 같이 협의회에서 대륙의 전가 및 교류 물자 수송 계획을 확정한 다음, 이를 위해 필요한 시설 확충, 차량 등의 증비, 운전 요원과 하역 노동자 확보 방안 등을 검토했다. 물론 대륙 4철도 사이에는 철도수송력과 기중기 등 특정 시설, 하역력 등에 차이가 있었기 때문에 사실상 중앙부가 주도하여 강재와 석탄을 비롯한 각종 자재의 조정, 기관차·화차와 시설의 융통을 결정하고 시설 개선, 차량 상호 융통, 인원 원조 등에 관한 계획들을 작성한 후 실행했다. 2, 3일간의 협의회 제1분과회(수송 관계), 제2분과회(시설 관계), 총회에서 조정, 검토할 수 없는 경우에는, 제출된 의제 사항별로 임시증송타합회臨時增送打合會(임시 증송을 위한 하위 협의회), 직통화차검수위원회, 공작부문위원회, 기계능력조사위원회, 차량부품통일위원회, 전가물자수송용 기관차수 산출기준제정위원회, 화북·화중 간 직통화차상호검사협정타합회, 증기기관차 공통검사규정제정위원회, 배차관계타합회, 대륙철도 수송협의회 전용통신타합회 등이 열려 구체적 방안이 모색되었다.

대륙철도 수송협의회는 원래 6개월마다 열렸으나 분기별로 바뀌어 개최됨으로써 급변하는 전황에 대응하는 동시에 협의 내용 또한 체계적으로 바뀌었다. 이로써 "중앙이 결정한 중계 물자를 어떻게 수송할 것인가 하는 기술적 검토를 하면 된다"는 기획원 측의 애초의 주장[17]에도 불구하고 수

17 田中申一, 『日本戰爭經濟秘史: 十五年戰爭下における物資動員計劃の概要』, コンピュータ

표 4-5 대륙철도 수송협의회의 제출 및 간담 의제

개최		제출 및 간담 의제
제1회 1943.4. 신징	제출	3. 화차 직통 협정 개정(화북 측), 6. 대륙철도 상호의 통신연락 개선(화북 측), 8. 관부연락 화물의 하역에 필요한 선박 및 노동자 확보 방안에 관해 현지 관계기관의 협력을 요망(철도성), 9. 해륙수송 부산협의회 설치(조선 측), 10. 부산항 기타 조선 남해항 정비(조선 측)
	간담	11. 부산항의 대형선 이착용離着用 예선曳船에 관하여, 현재의 배치 선박은 충분치 않기 때문에 선박 회전율 향상을 위해 군 또는 선박운영회에서 배치해줄 것을 요망(조선 측), 12. 항만 사용에 관한 건, 13. 화중의 대일 출입 물자 수송 경로건, 선·만의 대화중, 남방 교역 물자 수송 경로(일본대사관)
제2회 1943.9. 신징	제출	1. 1943년 하반기 육운전가수송 계획(총회), 2. 1943년도 하반기 조선, 만주, 중국 간의 교류 물자 수송 계획(제1분과회, 사무국), 3. 1943년도 하반기 계획과 관련한 1944년의 계획 개요(제1·2분과회, 기획원), 4. 시모노세키-부산 또는 하카타-부산 항로 경유 대륙 전이 물자에 관하여 발착지 간 일관수송 태세 정비 요망(제1분과회), 5. 일본 내지에서 대만주·대화북행 교역 물동물자 수송을 위한 본수송 능력을 저해하지 않는 범위 내에서 귀환 선박 및 화차 이용에 관해 구체적 연구 요망(제1분과회, 기획원), 6. 1943년도 하반기의 부두 하역 용품 및 수송 경로 변경 품목에 관한 제 비용 책정(제1분과회, 기획원), 7.시모노세키-부산 또는 하카타-부산 항로 연락 화물의 하역에 필요한 부선艀船 및 노무자 정비 증강 방안에 관한 현지 관계 기관의 협력 요망(제1분과회, 철도성), 8. 장래 전가 화물품 종명별 수송 선로 수량 등에 대해 사전 근본 방침 책정(제1·2분과회), 9. 관동국을 관동주(다롄, 뤼순 지역) 대표로 한 대륙철도 수송협의회 구성기관 참가(총회, 만주 측), 10. 사무국용 전용회선 구성(보고, 만주 측), 11. 전용통신 회선용 자재(보고, 만주 측), 12. 전용회선의 사무국용 통화 취급(보고, 만주 측), 13. 대륙철도 상호 통신시설 개선(제2분과회), 14. 차기 열차 운행 개정의 목표와 시기(제1분과회, 화북 측), 15. 화차 중적 제도 확대와 문제되는 철도기관과의 통일(제1분과회, 화북 측), 16. 화물 직통 협정 개정(제1분과회, 화북 측), 17. 전시 규격 화차(제1분과회, 화북 측), 18. 육운전가 화물수송 경로 조정(제1·2분과회, 사무국), 19. 물동물자 수송 상황 조사에 관한 요항(제1분과회, 사무국), 20. 차량·인원 융통의 간이화(제1분과회, 사무국), 21. 군사수송과 전가 화물 및 일반 민수수송 조절(제1분과회, 조선 측), 22. 내지 지방 지구반의 배선을 운영회에서 관장시키는 건(제1분과회, 조선 측), 23. 본수송에 필요한 연료유 등의 확보(제1분과회, 조선 측), 24. 대일 물자수송의 조선 동북 항구 경유 전가에 따른 관계 철도 항만의 정비(제2분과회, 만주 측), 25. 1943년 하반기 및 1944년 수송에 대한 제 시설의 중점적 정비(제2분과회, 조선 측), 26. 육운전가에 따른 주요 간선의 시설 증강(제1분과회, 화북 측), 27. 대륙철도 일관 수송에 따른 철도 주요 자재 배분(제2분과회, 화북 측), 28. 전가화물 수송 계획 변경에 즈음한 관계 기관과의 연락(제1분과회, 조선 측), 29. 대일 물동물자수송에 관해 일본 내지 측에 당사무국과의 연락 기관 설치 방안 요망(제1분과회, 사무국)

회차	구분	내용
제3회 1944.3. 경성 京城 (서울)	제출	7. 통신 제도 철폐(통관위원회, 관동군), 10. 대륙철도 공작 능률 운용(제1분과 전문위원회, 관동군), 11. 1944년 수송에 관한 요원 및 차량 연료(제1분과회, 조선교통국), 16. 조선 남해 항구의 보조 시설로서 배후지에 임시 야적장 급설 방안 요망(제2분과회, 사무국), 17. 전가 화물 증가에 따라 조선 남해 항구에 관해 제출된 노무 증비 계획화(제1분과회, 만철)
	간담	5. 대일 화북 수송 확보에 관한 건(제1분과회, 사무국)
제4회 1944.6. 신징	제출	1. 1944년도 제2분기 이후의 전가 및 교류 물자수송 계획에 관한 건(총회), 3. 침목 긴급 입수에 관한 배려 요망(제2분과회, 화북교통, 화중철도), 4. 공작 전문위원회의 요청건(총회), 5. 물동 수량은 협의회 개최 전에 확정하도록 노력 요망(총회, 관동군), 6. 대륙 내지 간의 육해 수송 계획 변경의 경우 대륙 측에 대한 연락은 군 중앙부를 통해 일원화하도록 배려 요망(총회, 관동군)
제5회 1944.9. 신징	제출	1. 제3분기 이후의 육송 전가 및 대륙 상호간 교류 물자의 수송 계획(총회), 2. 운전용 석탄 확보(제1분과회, 조선교통국), 3. 타철도 상호간에 기관차 직통 운행(제1분과회, 화북), 4. 공기 제동 장치 부품 부족으로 인한 신조 화차 임시 운용 방안(제1분과회, 사무국), 5. 중국행 목재의 조선 남해 항구 중계에 관한 원조 요망(제1·2분과회, 대동아성), 6. 공작 전문위원회로부터의 요망 사항(총회), 7. 차기 협의회 개최의 건(총회, 사무국)
	간담	1. 돌발 상황을 고려한 중요 물자의 수송 확보를 위해 조선 남해 각지에 집적장을 확장하는 건(총회), 2. 조선 남해 항구 중계 대두大豆의 기범선機帆船 산적 수송 건(제2분과회)
제6회 1944.12. 신징	제출	1. 제4분기 이후의 육송전가 및 대륙 상호간 교류 물자 수송 계획에 관한 건(총회), 2. 영차로盈車路에 대한 공차 회송 방지에 관한 건(조선교통국), 3. 부산항 수송력 확보용 자재 긴급 입수 방안 요망(조선교통국), 4. 배후 집적지 급설용 자재 입수 방안 요망(조선교통국), 5. 화북차 다하(タハ, 40톤 적재 무개화차)를 조선교통선에 직통 운용할 방안 특설 요망(화북교통)
제7회 1945.3. 신징	제출	1. 대륙 전가 물자 및 선·만·지 교류 물자의 수송 계획(총회), 2. 협의회에 전기 관계 전문위원회 설치 요청(제1분과회, 화북), 3. 사령 전화기·개별 호출 전화기 및 폐색기의 대륙 자급(제2분과회, 만철)
	간담	1. 대륙철도 수송협의회 설치 요강에서 동사무국 설치 요령 재검토 및 사무국 강화 방책(대표자회, 사무국), 2. 과열기 통유 및 연軟그리스grease(기계 윤활유) 부족, 원조 방안 요청(제1분과회, 화북교통), 3. 항만 하역 예선용 중유 절대 확보에 관해 중앙의 원조 요망(제2분과회, 조선교통국), 4. 허난 공출 기관차 보수 및 수리(제1분과회, 화북교통), 5. 선로 자재, 특히 침목 입수 확보(제2분과회, 화북교통), 6. 대륙 전가 물자의 북선 경유 전향에 따른 제 시설 강화(제2분과회, 조선교통국), 7. 철도용 통신기기 및 신호기기 제작 확보(제2분과회, 화북교통)

자료: 대륙철도 수송협의회 사무국, 『제2회 대륙철도 수송협의회 의사록』, 1943년 9월; 『제5회 의사록』, 1944년 9월; 『제6회 의사록第六回議事錄』, 1944年 12月; 『제7회 의사록』, 1945년 3월.

주: 1. 1·3·4회는 자료상 제출 의제와 간담 사항의 일부만을 제시했다.

2. 제2회는 일부의 간담 사항을 포함하고 있으나, 자료상 그 내용이 불분명하다.

송 계획 확정과 시설 및 직원의 융통뿐 아니라 수송력 증강용 자재의 배분과 철도 운영 방식의 통일화까지 논의되었던 것이다. 이러한 협의회를 통해 화북교통은 자재를 할당하고 연락수송을 조정했다.

이와 같이 화북교통의 전시 육운 비상체제는 조직 내외에서 정비되었다. 다음에는 수송력 증강을 위해 마련된 제반 조치에 관하여 살펴보도록 하자.

2. 수송력 증강과 심각해지는 자원 제약

(1) 육운전가 경로 강화와 경영자원 운영의 재편

일본은 전시에 '돈'보다 '물자'와 '사람'의 측면에서 수송력 증강을 고려하지 않으면 안 되었다. 즉 예산 제약이 아닌 자재 부족과 요원 부족이라는 자원 제약이 수송력을 규정한 것이다.

1) 육상 수송 경로 강화와 자재난

앞에서 서술한 바와 같이, 화북교통은 중국과 일본이 전면전을 벌이자 '일면전쟁, 일면건설의 철도사'라고 할 정도로 전쟁 피해를 입은 시설을 복구하는 동시에 약 1,000킬로미터의 31개 노선을 건설하고 스타이 선과 베이퉁푸 선의 궤도를 개조하는 등 수송 간선을 증강하는 공사를 완료했다. 그러나 육운전가가 증가함에 따라 화중과 만주를 연결하는 전략적 종관 간선에 대한 수송력 강화 요청이 점점 커졌다.[18] 남북의 육상 수송 경로를 보

一·エージ社, 1975年, 508~509쪽.

18 베이징과 톈진 사이를 2시간에 돌파하는 '탄환열차'가 운행되었다. 기관차는 파시로パシロ였고, 객차 8량을 견인하여 시속 74킬로미터로 주행했다. 「所管線の面白知識」, 『興亞』 第48號, 1943年 6月, 26쪽.

표 4-6　화북교통의 수송 간선 증강 공사 계획

노선	1944년도 시행 계획	1945년도 시행 계획
징산 선	① 복선 완성(탕구-탕산 간 86킬로미터) ② 톈진 보조조차장 완성 ③ 구예, 탕산, 산하이관 구내 확장	① 톈진 부근 단락선 신설 (톈진 북참-장구이좡 간 및 진푸-징산 선 간) ② 탕산-친황다오 간 유효장 연장 ③ 구예, 탕산, 산하이관 확장 완성
진푸 선	① 대피선 12개소, 신호장 11개소 신설 ② 더셴德縣, 옌저우兗州, 쉬저우 각 참 확장	① 지난 부근 개량 (보조조차장, 자오지-진푸 선 간 단락선) ② 쉬저우 참(역) 확장 완성
자오지 선	① 레일 교환(보산) ② 장뎬 참(역) 일부 확장	① 신호장 신설 2개소 ② 장뎬 참(역) 확장(계속 공사)
징한 선	① 신호장 신설(토목공사만) 4개소 ② 황허黃河 북안선 레일 교환	①신호장 신설(완성) 4개소 ② 스먼 조차장 확장 ③ 신상 부근 개량
스타이 선	① 양취안 참(역) 개량(완성)	① 양취안 참(역) 및 양취안탄광 참(역) 확장
징바오 선	① 난커우 패스(난커우-캉좡 간) 유효장 연장(완성)	① 캉좡-다퉁 간 유효장 연장 ② 장자커우 부근 단락선 신설 ③ 커우취안 참 확장(계속 공사)
린자오 선		① 짜오좡 참棗莊站 확장

자료: 아베 촉탁阿部囑託, 『화북철도의 개황華北鐵道の槪況』, 1944년 12월.

면, 북쪽은 징산 선에서 만주 펑산 선과 안펑 선을 거쳐 조선의 경의·경부京釜 노선으로 연결되었고, 남쪽은 진푸 선에서 화중의 징후 선, 후항융 선을 거쳐 저간 선浙贛線으로 연결되었다.[19] 이 때문에 표 4-6과 같이, 화북교통은 자오쭤焦作 운탄선, 뤄자좡羅家莊 운탄선 등 외에는 가능한 한 신노선 건설을 억제하고 징산 선과 진푸 선을 증강시키려 했다.

징산 선은 수송에 지장을 초래한 단선 구간(탕산-탕구, 톈진 북참-난짱南藏)을 신속히 복선화하는 동시에 "만주와 화북의 일관 수송을 위해 친황다

19 秋山和夫, 「華北に於ける鐵道の過去と將來」, 『興亞』 第47號, 1943年 5月, 3쪽.

오와 탕산 간의 유효장 연장"을 추진했다.[20] 진푸 선의 경우 신호장과 대피선, 급수 설비를 급히 정비하고, 기존 계획이 완료되면 수송량에 따라 점차 설비를 증설하여 열차 운행을 1일 25회로 높이기 위해 복선화 공사를 할 예정이었다. 다른 노선은 수송량에 따라 신호장 신설, 제1종 연동장치 증설, 대피선 설치, 급수설비 증강, 조차장 확충, 선로·교량 강도의 강화 등이 이루어졌다.[21] 또한 산하이관, 구즈古治, 탕산, 지난, 쉬저우, 더셴德縣 등 주요 역의 유효장을 연장하고 선로 배치를 변경하는 한편 야간 작업용 전등 조명 정비 등에 자원을 우선적으로 투입했다.[22] 그리고 종관 철도의 통신 신호 시설과 철로공창의 정비 확충, 선로 유지 보수에 필요한 자재와 차량 신규 제작용·수리용 자재를 중점적으로 조기 할당하여 수송력을 늘리려 했다.

그러나 표 4-7과 표 4-8과 같이 아시아태평양전쟁 개전 후에는 자원 개발과 수송량에 대한 수요에 비해 강재와 침목 등 시설 증강용 자재가 원활하게 공급되지 못했다. 1941~1942년도 할당량에 대한 입수량은 종전보다 좋아지기는 했지만, 그 이후에는 요구량이나 소요량에 비해 극히 적어졌다. 일본제국 전체의 차원에서 철도 자재 공급을 살펴보면, 육운전가에 따라 철도수송력의 중요성이 인정되어 철도용 자재는 물자동원계획[23]에

20 華北交通株式會社, 「設備上特ニ重点ヲオクベキ事項」, 1943年.

21 華北交通運輸部, 「濟南站構內入換機關車給炭水設備計劃」, 1944年 1月 19日; 運輸部 運轉課, 「津浦線濟南德縣間列車給水ニ關スル件」, 1944年 4月 15日; 華北交通工務局 改良課, 『昭和十九年度濟鐵管內鐵道工務(改良)關係施設整備要領』, 1938年 9月 1日; 華北交通株式會社 工務局, 「華北鐵道電氣施設概況」, 1944年.

22 華北交通株式會社, 『第五回營業報告書』, 1943年度.

23 물자동원계획은 전시하 군수생산에 물자를 집중하기 위해 생산하는 주요 물자의 수급 계획이다. 그 작성 방식을 보면, 초기에는 100가지, 1941년경에는 300가지가 넘는 물자의 생산, 재고, 회수 전망 등의 항목으로 구성되어, 연중 공급 가능한 물자를 육군수(A), 해군수(B), 충족군수(C_1), 생산력 확충 계획용 수요(C_2), 관 수요(C_3), 수출용 수요(C_4), 일반 민수(C_5) 등으로 할당했다.

표 4-7 화북교통의 강재 할당 및 입수 상황 (단위: 톤, 퍼센트)

연도	요구량(A)	할당량(B)	입수량(C)	B/A	C/B	C/A	입수 내역
1939	174,675	69,872	23,978	40	34	14	
1940	170,000	78,957	41,294	46	52	24	모두 대일
1941	92,366	35,104	43,715	38	125	47	모두 대일
1942	75,158	47,352	30,571	63	65	41	모두 대일
1943	68,880	31,424	27,151	46	86	39	대일 23,713, 대만 2,230, 현지 1,208
1944	108,800	31,038	16,021	29	52	15	대일 13,225, 대만 1,700, 현지 1,096
합계	689,879	293,747	182,730	43	62	26	

자료: 화북교통주식회사, 『쇼와 18년도 배차 통계 연보 속보昭和18年度配車統計年報速報』, 1944년; 『화북철도의 개황』, 1944년 12월; 화북교통주식회사, 『수송 현황과 수송력 확보 대책』, 1945년 2월.

주: 1944년도는 1944년 12월 시점의 예상 수치이다.

표 4-8 화북교통의 침목 할당 및 입수 상황 (단위: 정, 퍼센트)

연도	요구량(A)	할당량(B)	입수량(C)	B/A	C/B	C/A
1939	2,500,000	1,312,276	2,184,037	52	166	87
1940	3,200,000	2,468,433	2,224,110	77	90	70
1941	3,107,000	2,862,865	1,709,150	92	60	55
1942	3,058,993	1,965,000	2,238,154	64	114	73
1943	3,985,000	1,714,348	1,353,775	43	79	34
1944	4,209,000	3,901,040	2,337,000	93	60	56
합계	20,059,993	14,223,962	12,046,226	71	85	60

자료: 『쇼와 18년도 배차 통계 연보 속보』, 1944년; 『화북철도의 개황』, 1944년 12월; 『수송 현황과 수송력 확보 대책』, 1945년 2월.

주: 1944년도는 1944년 12월 시점의 예상 수치이다.

서 C_2(생산력 확충 계획용 수요) 및 C_3(관 수요)로부터 C_X로 분리 계상되어 할당량 전체가 비교적 우대되었다.[24] 1942년 1월에는 일·만·지 자재 간담회가 열려 군수성을 비롯한 관계 기관과 협의한 후 화북교통에 대한 일본·만주·화북 현지의 공급 할당량이 결정되었다. 또한 앞에서 언급한 바와 같이 대륙철도 수송협의회를 통해 대륙 4철도 간의 할당량이 미세하게

24 『日本戰爭經濟秘史』, 273쪽; 鮮交會, 『朝鮮交通史』, 1986年, 754~755쪽.

조정되었다. 그러나 화북교통이 현지에서 자재를 입수하는 것은 거의 기대할 수 없었고, 대일 조달도 극단적인 삭감을 피할 수 없었기 때문에 초기 계획과 결과가 뚜렷한 차이를 보였다. 전신주 공급을 봐도, 소요 수량이 연간 5, 6만 개에 달하고 풍수해에 의한 파괴와 게릴라 피해 복구만으로도 연간 약 2,500~3,000개가 필요했지만, 전신주 자재를 입수하기 힘들었기 때문에 근계주根繼柱(뿌리가 붙어 있는 나무기둥)로 응급 대처하지 않으면 안 되었다.[25]

또한 장거리 화물수송 때문에 그 중요성이 커진 기관차와 화차의 경우도 표 4-9와 같이 화북교통의 원래 요구 대수에는 전혀 미치지 못했다. 표 4-10과 같이 차량 제작을 위해 1940년 6월 화북차량주식회사가 화북교통의 자회사로 설립된 이후, 생산확충 5개년계획에 따라 사업확충 5개년계획을 수립하여 진행했지만, 자재난이 더욱 심각해지자 5개년계획 실시도 연기가 불가피해졌다. 이러한 경향은 공교롭게도 육운전가가 본격화한 1943년 이후 뚜렷해졌다. 이를 통해 자재 조달이 어느 정도 힘들어졌는지를 가늠할 수 있을 것이다. 이 때문에 화북교통은 육운전가수송과 관련하여 1944년도 제3분기 시점에 만철에서 기관차 115대, 화차 2,200대(일부는 화중철도를 위한 것)를 융통해야 했다.[26]

뿐만 아니라 자재가 부족해지자 산업개발노선 건설이 운탄선 일부를 제외하고는 전면적으로 중단되었다. 퉁탕 선 106킬로미터, 스타이 선 118킬로미터, 신타이 선新泰線 8.8킬로미터, 라이우 선萊蕪線 38킬로미터 등 합계 270.8킬로미터의 신노선 공사가 1944년 9월~1945년 4월 사이에 중단되었고, 기존 노선 시설 철거와 전용 등의 비상조치도 강력히 추진되었다.

25 전신주 입수 실적은 1941년 2만 2,100개에서 1942년 1만 3,000개, 1943년 1만 300개로 감소하여, 1944년에는 입수 가능량(1944년 12월 시점)이 1만 개에 지나지 않았다.

26 大陸鐵道輸送協議會, 『第五回大陸鐵道輸送協議會議事錄』, 1944年 9月, 48~49쪽.

표 4-9 화북교통의 신조 차량 입수 상황 (단위: 대, 퍼센트)

차종	연도	회사 요구 수			할당 수			입수 수			C/A	C/B
		전년 이월	본년 계획	계 (A)	전년 이월	본년 계획	계 (B)	전년 이월	본년 계획	계 (C)		
기관차	1939	175	150	325	175	130	305	167	38	205	63	67
	1940	100	210	310	100	93	193	100	14	114	37	59
	1941	79	210	289	79	100	179	79	65	144	50	80
	1942	35	130	165	35	91	126	32	15	47	28	37
	1943	79	180	259	79	55	134	72		72	28	54
	누계	468	880	1,348	468	469	937	450	132	582	43	62
	1944			92			60			44	48	73
화차	1939	3,112	1,132	4,244	3,112	1,132	4,244	3,112		3,112	73	73
	1940	1,132	2,650	3,782	1,132	1,617	2,749	753		753	20	27
	1941	1,796	2,650	4,446	1,996	1,000	2,996	1,105		1,105	25	37
	1942	1,891	2,400	4,291	1,891	760	2,651	791		791	18	30
	1943	1,860	2,600	4,460	1,860	640	2,500	1,038		1,038	23	42
	누계	9,791	11,432	21,223	9,991	5,149	15,140	6,799		6,799	32	45
	1944			3,353			1,248			933	28	75

자료: 『쇼와 18년도 배차 통계 연보 속보』, 1944년; 『화북철도의 개황』, 1944년 12월; 차량계車輛係, 「쇼와 19년도 내 신제 차량 낙성 실적昭和十九年度內新制車輛落成實績」, 1944년 10월.

주: 1944년도는 예상 수치이다. 1944년 10월 말 시점에서 기관차는 낙성 34대, 낙성 예정 15대, 9월 말 시점에서 화차는 낙성 260대, 낙성 가능 673대였다.

표 4-10 화북차량주식회사의 연도 말 능력표 (단위: 대)

구분	1942		1943		1944		1945	
	계획	가능	계획	가능	계획	가능	계획	가능
기관차(대)	50	15	70	20	100	30	130	50
객차(대)	50	23	50	35	100	50	150	50
화차(대)	1,500	670	1,500	800	2,000	1,500	3,700	1,500
교량(톤)	4,500	3,000	5,000	4,500	5,500	5,000	5,500	5,000
분기기(조組)	700	300	900	400	1,000	500	1,000	500
신호기(1만 엔)	100	100	150	150	200	200	200	200

자료: 『화북철도의 개황』, 1944년 12월.

주: 계획 = 생산확충 5개년계획 목표, 가능 = 당해년도 보유 시설에 의한 생산 가능량.

간선 증강 공사에 필요한 자재가 부족한 것 외에도 1944년 후반부터는 미공군의 폭격으로 인한 피해가 커졌기 때문에 시설 복구용 강재를 비롯한 자재에 대한 수요가 늘었다. 결국 비교적 이용도가 낮은 노선을 중심으로 1944년에 9개 노선 104.8킬로미터, 1945년에는 9개 노선 225.7킬로미터의 시설이 철거되어 전략적인 간선 증강과 긴급 복구에 사용되었다. 그럼에도 불구하고 "사업 계획은 사실상 실시가 불가능해져 수송력 확충 계획에 커다란 지장을 주었다".[27]

신규 제조가 필요한 차량의 수효가 삭감되고 인가 차량 입수가 지연되면서 기존 보유 차량이 불가피하게 혹사당했고, 주요 자재와 부자재 부족, 수리 부품 결여, 수리시설 불비 등으로 인한 수리 능력 저하와 휴차休車 비율의 격증도 나타났다. 즉 연관煙管, 강인강强靭鋼, 안티몬antimon, 납, 선철, 외륜外輪(철도차량의 바깥쪽 바퀴), 자동 연결기, 주물품, 그중에서도 강관류 등의 주요 자재는 새 제품 입수가 매우 곤란했기 때문에 규격 외 부품을 사용하거나 가공하고 중고 튜브를 재사용하는 등의 대책이 강구되었다. 부자재도 공급 부족과 품질 저하를 벗어날 수 없었다. 산소, 카바이트, 코크스, 석회 등 없으면 안 되는 부자재가 부족하고 재질이 저하되자 작업 능력도 발휘될 수 없었다. 철로국에 따라서는 전력회사의 공급 능력이 낮거나 사내 변압기가 부족해서 수리 작업에 차질이 생기기도 했다.

선로 보수의 경우도 점령 초기에는 피해 시설 응급 복구와 증강 공사가 그나마 원활했지만, 5년 정도가 경과하자 현지 조달이 어려운 침목과 강재가 부족해져 유지 보수가 제대로 되지 못했고, 그 결과 침목 노후와 마모, 레일 파손 등이 적지 않게 발생했다. 예를 들어 침목을 교환해달라는 요청에 대한 교환 실적 비율, 즉 실적률은 1939년 45퍼센트, 1940년 34퍼센트, 1941년 42퍼센트, 1942년 50퍼센트, 1943년 39퍼센트로 대부분의

27 阿部囑託,『華北鐵道の概況』, 1944年 12月.

시기에 걸쳐 50퍼센트 미만이어서 노후 현상이 심각했다. 노후 침목 수는 1941년에 370만 정, 1942년에 420만 정, 1943년에 280만 1,000정이었고 1944년에는 601만 2,000정에 달할 것으로 예상되었다. 그 영향으로 열차 운행 속도가 낮아지는 현상은 어쩔 수 없었고, 당연히 운전 사고도 1941년의 78건에서 1942년 179건, 1943년 387건, 1944년 107건(4개월간)으로 급증했다.[28]

이상과 같은 자재 부족에 대한 대책으로 자재 절약, 파손품 보수, 대용품과 재용품 사용, 사장품死藏品 운용 등이 강조된 것은 두말할 필요도 없다.[29] 이러한 자재 운용은 전사적全社的으로 실천되었는데, 예를 들어 톈진 철로국 관내에서는 ① 절약 방법: 포차砲車 고정 부분에 못 구멍을 뚫어 여러 차례 이용하는 법(탕산 참), 쓰지 않는 둥근 톱을 족답식으로 만들어 제재공의 수고를 줄이는 법(탕산 공무단), 축함軸函, axle box별로 여름과 겨울의 표준량을 정하고, 급유장치 개선과 축상軸箱(축 상자) 축소판縮小板 삽입 등을 통해 차량 축을 절약하는 방법(톈진 검차단) ② 대용품: 사용이 끝난 카바이트 분말을 유리 마분磨粉으로 사용하는 법(탕산 공무단) ③ 폐품의 활용 방안: 스포이트spuit식 주유기로 중고 차축유을 절용하는 방법(톈진 용품차用品庫), 고철선을 이용하여 전기 용접봉을 제작하는 방법(탕산 철로공창), 핸콕 기름hancock oil병 설치 나사 부분이 절손된 것을 놋쇠 도금하여 사용하는 방법(톈진 기무단), ④ 고안품: 대차 지지기臺車支持器, 발동기 운반기, 대차 적상기臺車吊上器, 축함 내부 검사기, 차축 운반기, 용수철 지지 볼트 압박기, 함유료含油料 운반기를 고안 제작하는 방법(톈진 검사단), 탄수차炭水車 차륜 테두리 작정기作正器를 고안하여 차륜이 수직 마모

28 阿部囑託, 앞의 책.

29 理事·物資節用分科會委員長山口十助, 「物を生かす道」, 『興亞』 第37號, 1942年 7月, 10~11쪽.

되어 생기는 휴차를 줄이는 방법(텐진 기무단) 등이 행해졌다.

이러한 자재 대책은 당연히 개별 현장의 노력만으로는 해결될 수 없었다. 이에 화북교통은 1943년 4월 토목건축, 차량, 통신 등 모든 분야에 걸쳐 자재 절약과 사용 효율 향상, 대용 자재 이용을 연구하기 위해 기존의 재료 연구실을 종합적 연구기관인 철도기술연구소로 확충했다.[30] 연구소는 1계 9연구실로 구성되었는데, 이중 콘크리트 연구실과 토질 연구실은 구舊재료 연구실의 시멘트 콘크리트와 토질 일반 재료의 4계를, 재료화학 연구실은 구舊공무국 수질 시험실과 재료 연구실 시멘트계의 일부 업무를, 피마자 제유 시험 공장은 구舊총무국 피마자 제유 시험소를 맡았고, 차량·윤활유·전기 동력·기계·석탄 자동차·석탄 처리의 6개 연구실은 각 현업 부국에서 시험 업무 연구를 인수하여 정비 확충했다. 이 연구 성과에 따라 석재와 벽돌 사용을 통한 시멘트 절약, 카바이트·석탄 자동차 운용, 알루미늄 전화선과 콘크리트 전신주 사용 등이 가능해졌다.[31]

자재 확보가 곤란해짐에 따라 물동 등의 업무도 보다 중시될 수밖에 없었다. 화북교통이 1년간 구입하는 자재의 액수는 약 2억 4,000만 엔이었고, 이 중 일본에 의존하는 물품의 액수는 약 83퍼센트에 해당하는 2억 엔이라는 거액이었다.[32] 또한 이 자재들은 철강, 납, 주석, 석유, 면, 모 등 다종다양하여 차량, 교항橋桁(교각 위에 걸쳐 널빤지를 받치는 부재部材)과 같이 거대한 것부터 작은 것으로는 조그마한 볼트와 너트에 이르렀다. 물자 확보에 중점을 두어 각종 수급 통제가 실시되고 모든 자재가 국가의 통제하에 놓였기 때문에 자재들은 서로 다른 통제기관을 경유하여 공급되었다. 철도차량의 경우 신규 제조 차량은 사실상 계획보다 1년 이상 지연되어 입

30 華北交通株式會社,「鐵道技術研究所史」,『華北交通の運營と將來』.
31 「創業四周年, 躍進社業の現狀」,『興亞』第46號, 1943年 4月, 2~3쪽.
32 「東京支社」,『興亞』第45號, 1943年 3月, 20~22쪽.

수되는 경우가 많았다.[33] 그래서 일본 내지에서는 도쿄 지사 자재과와 기술과가 중심이 되어 할당 쿠폰에 의한 자재 입수에 노력하여, 가능한 한 소요 기간을 줄였다. 즉 자재국이 보낸 물동의 할당 범위 안에서 대동아성大東亞省의 할당 증명서를 얻은 다음, 통제회·판매회사와 절충하거나 생산자·대리상과 연락하는 한편 상공성(군수성)·북지나개발 등과도 협의하는 노력을 해야 했다. 이때 "1킬로그램의 자재에도 동일하게 활동" 한 것은 물론이다.

이러한 공급 부족은 인적자원 부족 현상과 맞물려 수송력을 크게 낮추었다. 다음으로는 화북교통이 인적자원을 확보하고 운용하며 발생한 문제점과 대응책을 검토해보도록 하자.

2) 인적자원 양성과 운용 재편

① 인적자원의 저하와 생활난

화북교통은 모든 설비와 시설이 자재 때문에 계획대로 확충될 수 없어 이러한 "시설 불비를 인력으로 보충해야 하지만, 그 인적자원조차 자유롭게 얻을 수 없는 상황이었다".[34] 인적자원 역시 자재처럼 국가총동원법에 입각하여 요원 통제령이 실시되어 국가의 통제하에 있었기 때문에, 도쿄 지사 총무과 인사계가 주체가 되어 감독관청인 후생성과 각 부·현청, 국민직업지도소를 방문하여 요원을 할당 공출받아 대규모 인원을 확충하느라 분주했다.[35]

그럼에도 불구하고 일본인 신규 채용은 소요 인원을 채울 정도의 규모에 이르지 못했다. 일본인 신규 채용은 1942년 8,077명, 1943년 5,801명

---

33 華北交通株式會社,『鐵道車輛現在輛數表』, 各月版.

34 「機構改革と人事異動の展望」,『興亞』第48號, 1943年 6月, 2쪽.

35 「東京支社」,『興亞』第45號, 1943年 3月, 20～22쪽.

에 지나지 않았고, 일본인 사원은 1942년 12월의 3만 9,040명을 정점으로 감소하기 시작하여 1944년 10월에는 3만 4,222명으로 줄었다. 표 4-11에 보이듯 1944년에는 4,848명(여성 986명 포함)이 신규 채용될 것으로 전망되었으나, 퇴직 사망 4,636명,[36] 신규 입영 1,942명(입영 확정), 군무 응소 4,110명(추계)으로 합계 1만 688명의 감소가 예측되었다. 이에 더하여 업무량 증가에 따른 추가 요원 207명과 허난 신노선(남부 징한 선)의 운영 요원 2,872명을 고려할 때, 부족한 일본인 인력은 1만 1,137명에 달할 것으로 예측되었다. 그러나 일본인만을 소요 요원으로 채용하는 것은 불가능했다. 이러한 현상은 "일본인 종사원 채용난과 입영·응소 등에 의한 청년사원 감소 등으로 인해 회사 중견 지도층을 약화시키고 수송력에 영향을 주는 바가 크다"고 판단되었다.

이를 보완하기 위해 중국인을 활용하는 방안이 적극 고려되었다. 그간 신규 채용한 중국인은 1942년에 3만 7,708명, 1943년에 2만 8,783명이었지만, 1944년에 들어서는 부족한 일본인 1만 1,137명을 대체하기 위한 1만 6,723명, 퇴직 사망자 2만 1,428명을 대체하기 위한 인원을 포함하여 4만 4,350명의 중국인을 채용할 수 있을 것으로 기대되었다. 그러나 부족한 일본인 인력 1만 1,137명 가운데 4,418명은 업무의 성격상 중국인으로 대체하는 것이 불가능했기 때문에, 허난의 신노선을 운영하기 위해 만철의 지원을 요청하지 않을 수 없었다. 또한 "중국인 종사원 보충에 관해서는 노무 통제를 강력히 하여 중점적 배분을 하고 소요 수를 확보하는 동시에 종사원들의 이동을 방지하기 위해 적절한 노무관리로 안정을 꾀하기로 했다".[37] 이와 같이 화북교통은 1942년에 4만 5,785명, 1943년에 3만 4,584

36 사망 1,070명, 여성 퇴직 1,192명, 남성 질환 퇴직 1,052명, 징계 면직 576명, 신상 이유 486명, 행방불명 20명. 이상은 전년도의 실적에 대한 추계에 의한 것으로 퇴직 사망의 합계와 표 4-11의 수치는 자료상 맞지 않는다. 華北交通株式會社, 『輸送ノ現況ト輸送力確保對策』, 1945年 2月.

표 4-11 화북교통의 1944년도 인적 운용 전망 (단위: 명)

민족		일본인	중국인	계	기사
소요 인원	1944년도 당초 정원	37,898	116,909	154,807	
	업무 증가 소요 인원	207	800	1,007	
	남부 징한 선 공출 인원	2,872	3,312	6,184	
	계	40,977	121,021	161,998	
현재원	현재원	35,695	114,822	150,517	1944년 5월 말 현재원
	퇴직 사망	4,636	21,428	26,064	
	입영	1,942		1,942	
	응소	4,110		4,110	
	계	25,007	93,394	118,401	
차감 보충 소요 인원		15,970	27,627	43,597	
채용 가능 인원	일본인 채용 가능 인원	4,848		4,848	
	중국인 채용 소요 인원		27,627	27,627	
	일본인 채용 인원 중 중국인 대체		16,723	16,723	일본인 채용 부족 인원의 1.5배
	계	4,848	44,350	49,198	
일본인 채용 부족 인원		11,137		11,137	
연도 말 가능 인원	현재 운영 선	26,983	134,432	161,415	
	남부 징한 선	2,872	3,312	6,184	
	계	29,855	137,744	167,599	

자료: 『화북철도의 개황』, 1944년 12월.

명, 1944년에는 4만 9,198명(예상)이라는 많은 인원을 채용했다.

그때까지 주목받지 못했던 여성 사원도 새로운 노동력 공급원으로 인식되기 시작했다.[38] 여성 사원들의 주요 업무 내용을 보면 전화원, 간호부, 타자수, 사무원, 배급원, 기숙사 관리인寮母 등이었고, 그중 중국인은 부륜학교 교원, 경찰, 간호부, 자동차 차장, 전화원, 타자수로 종사했다. 이러한 가운데 1943년 11월에 취업 제한 금지와 여성 근로 동원 촉진안이 결정되자 화북교통에서도 각종 카드 사무, 계산 사무, 심사 사무, 통계 사무 등에

37 華北交通株式會社, 『華北交通の運營と將來』.

38 江口胤秀, 「女子の活用に就て」, 『興亞』 第53號, 1943年 11月, 5~7쪽.

표 4-12 화북교통의 민족별, 남녀별 종사원 추이 (단위: 명, 퍼센트)

민족		1943년 4월		6월		8월		10월		12월		1944년 2월		4월		6월	
일본인	남	35,321	25	35,456	25	35,097	25	35,276	25	34,883	24	32,925	23	32,075	22	31,896	21
	여	3,162	2	3,180	2	3,087	2	2,971	2	3,033	2	3,059	2	3,604	2	3,840	3
	계	38,483	27	38,636	27	38,184	27	38,247	27	37,916	26	35,984	25	35,679	24	35,736	24
중국인	남	100,692	72	100,780	72	102,964	72	104,317	73	105,533	73	105,804	74	111,105	75	115,239	75
	여	913	1	1,066	1	1,152	1	1,268	1	1,374	1	1,384	1	1,540	1	1,840	1
	계	101,605	73	101,846	73	104,116	73	105,585	74	106,907	74	107,188	75	112,645	76	117,079	76
합계	남	136,013	97	136,236	97	138,061	97	139,593	97	140,416	97	138,729	97	143,180	97	147,135	96
	여	4,075	3	4,246	3	4,239	3	4,239	3	4,407	3	4,443	3	5,144	3	5,680	4
	계	140,088	100	140,482	100	142,300	100	143,832	100	144,823	100	143,172	100	148,324	100	152,815	100

자료: 화북교통주식회사 운수국, 「종사원 일·화인 남녀별 월별 추세표從事員日華人男女別月別趨勢表」, 1944년 8월 25일.

서 여성 인력이 활용될 것으로 기대되었다. 일본인 여성은 평균 근속 연수가 길어도 2년을 채우지 못했고 결혼 등의 사유로 퇴직하는 경우가 많았지만, 중국인 여성은 결혼 후에도 퇴직하지 않았기 때문에 새로운 노동력 공급원으로는 중국인 여성이 중시되었다. 표 4-12의 남녀별 사원 추이를 보면 여성 인원, 그중에서도 중국인 여성이 과거에 비해 약간 증가한 것을 알 수 있다. 그러나 전체적으로 그 비율은 변함이 없었다. 여성 활용이 아직 본격화하지 못하여, 여성 종사원이 많았던 일본국철과는 사뭇 다른 양상을 보였다.[39]

이상과 같이 노동력의 유동화는 아시아태평양전쟁 개전 후 심각해졌고, 그 대책으로 중국인 남성이 대량으로 채용되어, 앞 장의 표 3-9에서 확인할 수 있듯이 일본인이 사내에서 차지하는 비율은 매년 낮아졌다. 이를 만철과 비교해보면 영업 1킬로당, 인·톤킬로미터당 사원 수는 만철과 화북교통이 비슷했지만, 일본인의 수는 화북교통 쪽이 적었다(표 4-13). 화북교통은 만철에 비해 원래부터 일본인의 비율이 낮았을 뿐 아니라 사원들

39 日本國有鐵道, 『日本國有鐵道百年史 10』, 1973年, 292쪽.

표 4-13 화북교통과 만철의 영업 1킬로당, 인·톤킬로미터당 사원 수 (단위: 명)

종류	영업 1킬로당 사원			1,000만 인·톤킬로미터당 사원		
민족	일본인	중국인	계	일본인	중국인	계
만철(1944년 7월)	5.20	13.30	18.50	13.02	33.42	46.44
화북교통(1944년 10월)	3.26	14.63	17.89	8.40	37.70	46.10

자료: 『수송 현황과 수송력 확보 대책』, 1945년 2월.
주: 인·톤킬로미터 = 인킬로미터 + 톤킬로미터.

의 입영과 응소, 열악한 근무환경, 항일 게릴라의 공격 때문에 노동력 유출이 많았다. 요컨대 화북교통에서는 노동력의 저하가 만철보다 심각한 문제였다. 1943년 12월 당시 국적별 종사원의 근속 연수를 보면, 일본인은 5년 미만이 44퍼센트, 5~10년이 35퍼센트, 10~15년이 13퍼센트, 15년 이상이 8퍼센트로 평균 근속 연수가 5년 5개월이었다. 중국인은 신규 채용자 70퍼센트, 구종사원 30퍼센트로 평균 근속 연수가 4년에 못 미쳤다.[40] 노동력의 질적 저하는, 현장 노동력의 주력이었던 중국인에게서 더욱 심각하게 나타났다.

인적자원 운용의 경우도 전시의 물자 부족 때문에 노동력이 충분히 보전되지 못했다. 1942년 4월의 사원 가계 조사에 따르면 하루 섭취 열량의 경우 단백질을 제외한 지방과 탄수화물 등이 부족하여 국민식 2,550킬로칼로리보다도 130킬로칼로리가 적었다.[41] 그 때문인지 화물 도난 사고와 무단결근이 늘어나는 등 노동 규율이 눈에 띄게 이완되었다. 사원 생계 조사(그림 4-6)에 의하면 1942년 6월 10일 화북 긴급 물가대책이 실시되었음에도 불구하고 1943년에 실질생활비가 급등했고, 명목임금이 인상되었음에도 불구하고 실질임금은 떨어지고 있었다.[42] 이러한 현상은 중국인의 경우도

40 華北交通株式會社, 「輸送問題」, 1944年.
41 塚本局參與室, 「社員の榮養狀態とその對策」, 『興亞』 第45號, 1943年 3月, 5~7쪽.
42 화북의 물가는 1944년에 급격히 상승하였고, 1945년 1월의 일본인 생활필수품 소매물가지수는 1941년 7월(자금 동결령 발표)을 100으로 하여 1,792에 이르렀고, 일반시장 소매물가지수

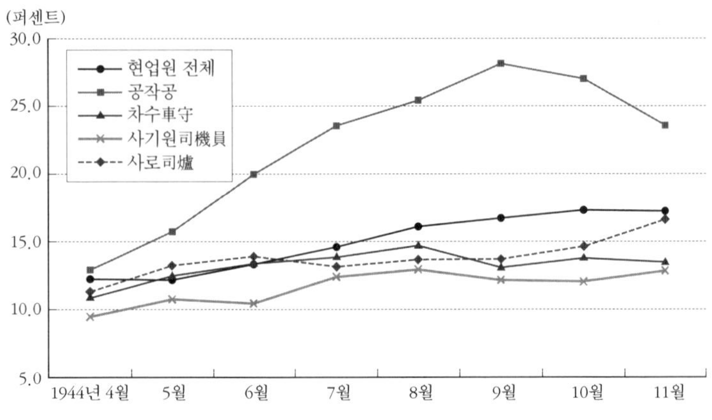

그림 4-5 화북교통의 월별 종사원 휴무율

자료: 화북교통 총무부인사總務部人事, 「월별 휴무율 조(사)月別休務率調」, 1945년 2월.

마찬가지여서 생활이 곤란하여 결근하는 현업원의 비율이 높았다(그림 4-5). 그중에서도 열악한 작업환경 속에서 오랫동안 근무하는 공창 노동자들의 휴무율이 가장 높았다. 이미 1942~1943년에 현업 부문의 결근율이 10퍼센트를 넘은 것으로 여겨지는데, 1944년 이후에는 미군의 공습도 큰 영향을 미치기 시작했다. 그래서 식량 상황을 고려하여 현물 지급 제도를 확충하고, 종사원에 대한 대우를 근본적으로 개선하지 않으면 안 되었다.

화북교통은 그 대책으로 종사원을 중점적으로 배분하고 지도 훈련을 강화하는 한편 식량을 확보하는 등의 개선을 추진했다.

② 인력 배치 전환과 단기 양성

사원 대량 채용과 채용 후의 노무관리를 위해, 인사 담당부서가 일본인이 담당하는 인사 제1주간과 중국인이 담당하는 인사 제2주간으로 확충되어 민족별 채용과 해고, 전근, 승격, 승급, 표창과 징계 등에 관한 업무를

(암시장)는 1937년 6월을 100으로 하여 28,675, 1944년 6월을 100으로 하여 690에 달했다.

맡았다.[43] 이를 통해 한정된 인적자원을 효율적으로 배치하는 방안이 취해졌다.

우선 사원의 신분 구성 변화(표 4-14)를 보면, 중간관리층에 해당하는 준직원의 비중이 1942년 3월의 8퍼센트에서 1945년 3월에는 12퍼센트로 증가한 반면, 직원의 비중은 같은 기간에 11퍼센트에서 9퍼센트로 감소했다. 또한 중국인을 대량으로 채용한 결과, 고원과 용원은 각각 32퍼센트에서 32퍼센트, 49퍼센트에서 47퍼센트로 여전히 높은 비중을 보였다. 직장별 종사원 구성(표 4-15)에서는 열차 운행에 직접적인 영향을 미치는 현업부문의 비중이 1942년 3월의 87.9퍼센트에서 1944년 7월에는 89.2퍼센트로 약간 증가한 반면, 본사와 철로국의 비중은 12.1퍼센트에서 10.9퍼센트로 낮아졌다. 이는 1943년 4월과 11월에 각각 기구를 간소화하고 업무를 통합하여 사원을 염출하고, 수송력 확보의 관점에서 요원을 전환 배치하는 한편 현장을 중심으로 신규 채용을 한 결과였다.

이러한 변화를 민족별로 보면 신분별 배치율은 일본인 고원이 감소한 대신 준직원이 증가했고, 직장별 배치율에서는 본사와 철로국이 감소하고 현업 부문이 약간 증가했다. 그중에서도 회사가 설립된 이후 비중이 꾸준히 커진 것은 철도치안 확보를 맡은 경무 요원이었다. 이에 비해 중국인은 신분별로 용원의 비중이 적어지고 고원의 비중이 약간 높아졌고, 직장별로는 본사와 철로국의 요원이 오히려 약간 강화되었다. 현업 요원의 경우 1급 노선인 징산·진푸·징한의 3개 노선 1,808킬로미터에 중점을 두고, 2급 노선인 자오지·둥룽하이東隴海·징바오의 3개 노선과 다퉁의 동쪽 스타이 선 996킬로미터, 기타 3급 노선 3,105킬로미터 순으로 일본인을 배치하였다. 부족한 인원은, 앞에서 언급한 것처럼 본사 본부나 철로국 본부

43 「總務局 II」, 『興亞』 第40號, 1942年 10月, 20~21쪽.

표 4-14 화북교통의 신분별 사원 배치율과 점유율 (단위: 명, 퍼센트)

요원 수(명)												
연도	1940. 3.			1942. 3.			1944. 3.			1945. 3.		
민족	일	중	계	일	중	계	일	중	계	일	중	계
직원	8,622	2,934	11,556	11,590	2,286	13,876	13,770	2,436	16,206	14,313	3,207	17,520
준직원	4,875	4,306	9,181	5,555	4,242	9,797	5,684	5,036	10,720	15,036	6,976	22,012
고원	14,396	15,063	29,459	18,518	23,189	41,707	17,353	33,429	50,782	13,781	44,898	58,679
용원		51,364	51,364		63,822	63,822		70,320	70,320		86,390	86,390
합계	27,893	73,667	101,560	35,663	93,539	129,202	36,807	111,221	148,028	43,130	141,471	184,601
배치율(퍼센트)												
연도	1940. 3.			1942. 3.			1944. 3.			1945. 3.		
민족	일	중	계	일	중	계	일	중	계	일	중	계
직원	31	4	11	32	2	11	37	2	11	33	2	9
준직원	17	6	9	16	5	8	15	5	7	35	5	12
고원	52	20	29	52	25	32	47	30	34	32	32	32
용원		70	51		68	49		63	48		61	47
합계	100	100	100	100	100	100	100	100	100	100	100	100
점유율(퍼센트)												
연도	1940. 3.			1942. 3.			1944. 3.			1945. 3.		
민족	일	중	계	일	중	계	일	중	계	일	중	계
직원	75	25	100	84	16	100	85	15	100	82	18	100
준직원	53	47	100	57	43	100	53	47	100	68	32	100
고원	49	51	100	44	56	100	34	66	100	23	77	100
용원		100	100		100	100		100	100		100	100
합계	27	73	100	28	72	100	25	75	100	23	77	100

자료: 『화북교통 통계월보』, 각 월; 『화북교통의 운영과 장래』, 1945년.

주: 1. 배치율은 특정 민족의 신분(직장)별 비율로, 점유율은 해당 신분(직장)에서의 특정 민족 비율.

2. 일본인 고원은 촉탁(1941년도 83명, 1942년도 96명, 1943년도 82명)을 포함한다. 중국인 용원은 촉탁과 공역(1941년도 1만 4,790명, 1942년도 1만 5,825명, 1943년도 5,024명)을 포함한다.

에서 수송과 직접적인 관련이 없거나 중요하지 않은 업무를 줄이고 정지시켜 염출했다.

신분별 점유율을 보면, 일본인은 고원의 비중이 낮아지고 준직원의 비중이 높아진 반면, 중국인은 반대로 준직원의 비중이 낮아지고 고원이 높아졌다. 즉 전시 수송의 확실성을 높이고 나아가 인센티브 제공을 강화하기 위해 일본인에게 보다 많은 신분상승의 기회가 주어졌던 것이다. 또한 직장별로는 일본인의 비중이 낮아지는 가운데 점유율이 현업, 철로국, 본사 순으로 컸다. 그러나 이 사실이 본사의 관리 부문에서 중국인의 역할이 커졌다는 의미는 아니라는 데 주의해야 한다. 왜냐하면 1944년 7월의 직장별 배치를 보면, 본사 본부에서는 일본인의 비중이 여전히 68퍼센트를 차지하기 때문이다. 즉 본사라고 해도 중국인의 증가는 주로 병원, 연구소 등 직할 기관에서 눈에 띄는 정도였다. 나아가 현업에서도 전기단電氣段 등 특정 기술 수준이 필요한 부문과 생계소와 같은 물자조달 부문에서는 일본인의 비중이 높았다. 직장 내에서도 일본인은 참·단장(역·구장) 및 간부 지위를 장악하여 직장의 주도권을 유지했다. 이것을 기무단(표 4-16)에 제한해서 보면, 부단장 이상의 간부직은 일본인이 독점했지만, 현장 노동력은 주로 중국인들이 조달되었다. 그러나 1942년 3월과 1944년 11월을 비교해보면, 중국인 간부가 늘고 현장 노동력으로서 일본인의 비율이 낮아진 것을 확인할 수 있다. 이는 일본인 기무 관계 사원이 줄어든 결과였다.

이상의 신분별·직장별 종사원의 배치율과 점유율을 검토해보면, 수가 적어진 일본인을 신분별로 중간관리층 이상과 현장 상층부에 배치하고, 직장별로는 운영 관리·계획 및 기술 부문에 집중적으로 배치하여 화북교통의 운영 능력을 유지하려 한 것이 명확하다. 요컨대 "전장 철도의 성격에 비추어볼 때 일본인 종사원 상당수를 중견 간부로 양성하여 확보하는 일이 반드시 필요하기 때문에, 지도자가 될 만한 인물 확보를 특히 고려해야 한다"[44]라는 입장이 요원 배치에서 실현되었다고 볼 수 있다.

44 交通通信省石田參事官·森田書記官·大東亞省好井技師, 「北支鐵道輸送視察報告(其の一)」,

표 4-15

화북교통의 직장별 사원 배치율과 점유율

(단위: 명, 퍼센트)

계통별			1939년 4월			1940년 9월			1941년 3월			1942년 3월			1944년 7월		
			일	중	계	일	중	계	일	중	계	일	중	계	일	중	계
본사 본부			2,724	1,067	3,791	2,385	815	3,200	1,943	760	2,703	2,234	671	2,905	2,018	942	2,960
본사 직할 부서			668	572	1,240	1,124	636	1,760	1,494	685	2,179	2,566	906	3,472	1,937	2,279	4,216
철로국 본부			2,594	3,130	5,724	4,438	3,201	7,639	4,720	3,105	7,825	4,987	2,437	7,424	5,509	4,105	9,614
계			5,986	4,769	10,755	7,947	4,652	12,599	8,157	4,550	12,707	9,787	4,014	13,801	9,464	7,326	16,790
현장기관	철도	참(역)	2,787	9,438	12,225	3,697	12,559	16,256	3,599	13,519	17,118	4,116	14,627	18,743	4,011	20,115	24,126
		열차단	609	2,020	2,629	1,029	2,276	3,305	987	2,551	3,538	1,020	2,791	3,811	815	3,268	4,083
		기무단	2,705	9,930	12,635	3,491	11,906	15,397	3,375	12,673	16,048	3,509	12,220	15,729	3,413	17,132	20,545
		검차단	674	3,055	3,729	1,024	3,905	4,929	1,045	4,478	5,523	1,137	4,197	5,334	1,079	6,715	7,794
		공무단	1,401	10,981	12,382	2,179	10,683	12,862	2,245	11,135	13,380	2,323	10,606	12,929	1,990	14,794	16,784
		전기단	1,604	1,705	3,309	2,159	1,763	3,927	2,224	1,945	4,169	2,473	1,963	4,436	2,377	3,328	5,705
		철로 공창	1,193	12,411	13,604	1,469	12,496	13,965	1,413	10,641	12,054	1,526	10,759	12,285	1,546	16,862	18,408
		기타	691	898	1,589	2,127	3,490	5,566	1,952	2,186	4,138	2,789	2,552	5,339	3,819	5,692	9,511
		계	11,664	50,438	62,102	17,175	59,078	76,207	16,840	59,128	75,968	18,893	59,715	78,606	19,050	87,906	106,956
	자동차		1,019	840	1,859	1,417	1,530	2,942	1,531	1,944	3,475	1,525	1,891	3,416	1,426	3,027	4,453
	수운					384	552	936	412	974	1,386	526	1,098	1,626	182	1,199	1,381
	경무		271	5,045	5,316	2,653	8,551	11,255	3,126	9,685	12,811	4,004	11,479	15,483	4,363	18,313	22,676
	생계								14	21	35	843	554	1,397	1,097	1,276	2,373
합계			18,940	61,092	80,032	29,576	74,363	103,939	30,080	76,302	106,382	35,578	78,751	114,329	35,582	119,047	154,629

배치율

계통별			1939년 4월			1940년 9월			1941년 3월			1942년 3월			1944년 7월		
			일	중	계	일	중	계	일	중	계	일	중	계	일	중	계
본사 본부			14.4	1.7	4.7	8.1	1.1	3.1	6.5	1.0	2.5	6.3	0.9	2.5	5.7	0.8	1.9
본사 직할 부서			3.5	0.9	1.5	3.8	0.9	1.7	5.0	0.9	2.0	7.2	1.2	3.0	5.4	1.9	2.7
철로국 본부			13.7	5.1	7.2	15.0	4.3	7.3	15.7	4.1	7.4	14.0	3.1	6.5	15.5	3.4	6.2
계			31.6	7.8	13.4	26.9	6.3	12.1	27.1	6.0	11.9	27.5	5.1	12.1	26.6	6.2	10.9
현장기관	철도	참(역)	14.7	15.4	15.3	12.5	16.9	15.6	12.0	17.7	16.1	11.6	18.6	16.4	11.3	16.9	15.6
		열차단	3.2	3.3	3.3	3.5	3.1	3.2	3.3	3.3	3.3	2.9	3.5	3.3	2.3	2.7	2.6
		기무단	14.3	16.3	15.8	11.8	16.0	14.8	11.2	16.6	15.1	9.9	15.5	13.8	9.6	14.4	13.3
		검차단	3.6	5.0	4.7	3.5	5.3	4.7	3.5	5.9	5.2	3.2	5.3	4.7	3.0	5.6	5.0
		공무단	7.4	18.0	15.5	7.4	14.4	12.4	7.5	14.6	12.6	6.5	13.5	11.3	5.6	12.4	10.9
		전기단	8.5	2.8	4.1	7.3	2.4	3.8	7.4	2.5	3.9	7.0	2.5	3.9	6.7	2.8	3.7
		철로 공창	6.3	20.3	17.0	5.0	16.8	13.4	4.7	13.9	11.3	4.3	13.7	10.7	4.3	14.2	11.9
		기타	3.6	1.5	2.0	7.2	4.7	5.4	6.5	2.9	3.9	7.8	3.2	4.7	10.7	4.8	6.2
		계	61.6	82.6	77.6	58.1	79.4	73.3	56.0	77.5	71.4	53.1	75.8	68.8	53.5	73.8	69.2
	자동차		5.4	1.4	2.3	4.8	2.1	2.8	5.1	2.5	3.3	4.3	2.4	3.0	4.0	2.5	2.9
	수운					1.3	0.7	0.9	1.4	1.3	1.3	1.5	1.4	1.4	0.5	1.0	0.9
	경무		1.4	8.3	6.6	9.0	11.5	10.8	10.4	12.7	12.0	11.3	14.6	13.5	12.3	15.4	14.7
	생계								0.05	0.03	0.03	2.4	0.7	1.2	3.1	1.1	1.5
합계			100.0	100.0	100.0	100.0	100.0	100.0	100.0	100.0	100.0	100.0	100.0	100.0	100.0	100.0	100.0

점유율

계통별			1939년 4월			1940년 9월			1941년 3월			1942년 3월			1944년 7월		
			일	중	계	일	중	계	일	중	계	일	중	계	일	중	계
본사 본부			72	28	100	75	25	100	72	28	100	77	23	100	68	32	100
본사 직할 부서			54	46	100	64	36	100	69	31	100	74	26	100	46	54	100
철로국 본부			45	55	100	58	42	100	60	40	100	67	33	100	57	43	100
계			56	44	100	63	37	100	64	36	100	71	29	100	56	44	100
현장기관	철도	참(역)	23	77	100	23	77	100	21	79	100	22	78	100	17	83	100
		열차단	23	77	100	31	69	100	28	72	100	27	73	100	20	80	100
		기무단	21	79	100	23	77	100	21	79	100	22	78	100	17	83	100
		검차단	18	82	100	21	79	100	19	81	100	21	79	100	14	86	100
		공무단	11	89	100	17	83	100	17	83	100	18	82	100	12	88	100
		전기단	48	52	100	55	45	100	53	47	100	56	44	100	42	58	100
		철로공창	9	91	100	11	89	100	12	88	100	12	88	100	8	92	100
		기타	43	57	100	38	63	100	47	53	100	52	48	100	40	60	100
		계	19	81	100	23	78	100	22	78	100	24	76	100	18	82	100
	자동차		55	45	100	48	52	100	44	56	100	45	55	100	32	68	100
	수운					41	59	100	30	70	100	32	68	100	13	87	100
	경무		5	95	100	24	76	100	24	76	100	26	74	100	19	81	100
	생계								40	60	100	60	40	100	46	54	100
합계			24	76	100	28	72	100	28	72	100	31	69	100	23	77	100

자료: 『통계연보』, 각 연도; 『화북철도의 개황』, 1944년 12월.

주: 1. 본사 직할은 도쿄 지사, 중앙철로학원, 철로경무학원, 베이징 인쇄소, 용품사무소, 철로농장, 경비견 육성소, 철도외사 경무반鐵道外事警務班, 보건과학연구소, 건설사무소, 바오터우 궁소包頭公所. 기타는 철로판사처, 철로감리소, 철로학원, 부륜학교, 철로의원, 용품고用品庫, 철로묘포苗圃, 철로권 농장, 임업소, 닝위안寧園 사무소, 여관, 승차권 인쇄소, 전신소, 칭다오 사무소, 전기 수리창, 영선營繕 사무소·영선소. 자동차는 자동차 영업소, 자동차 수리창. 수운은 부두·부두 사무소, 항운 영업소. 경무는 경무단, 자동차 경무단, 수상 경무단. 생계는 식당 영업소, 구내식당, 생계소.

2. 화북교통의 현재 인원(1944년 7월)은 업무 담당 인원 외에 ① 외국外局인 항만국 인원의 일본인 1,029명, 중국인 1,767명, ② 정원 외 취급 인원의 일본인 8,888명, 중국인 1,612명이 있다. 정원 외 취급 인원은 ① 비역非役의 일본인 4,048명, 중국인 23명, ② 응소 일본인 2,725명, ③ 상병傷病 일본인 784명, 중국인 133명, ④ 양성 중인 일본인 945명, 중국인 1,066명, ⑤ 기타 일본인 206명, 중국인 390명.

표 4-16 화북교통의 직명별 기무 관계 현업원 배치 (단위: 명)

직명	1942년 3월		1944년 11월	
	일	중	일	중
단장	31		32	2
서무 주임	5		8	1
운전 주임	22	2	32	2
기술 주임	8		7	
서무부단장	25	4	27	10
교육부단장			6	9
경리부단장	13		26	2
운전부단장	140	28	153	54
기술부단장	18	3	28	2
검사부단장	45		58	5
장수부단장	32	1	46	3
판사원辦事員	124	146	152	206
재료수(원)材料手(員)	148	366	147	435
기술원技術員	84	27	97	43
준비원準備員	153	111	151	145
검사원檢査員	251	63	280	52
학습검사원學習檢査員			1	
급유원給油員			100	17
사기원司機員	773	1,151	454	1602
학습사기원學習司機員(기관사 조수)	175	238	127	446
기원旗員	23	124	9	221
사로司爐(보일러공)	266	1,887	250	2,429
학습사로學習司爐(보일러공 조수)	76	551	98	745
장수공장裝修工長(기계장치 수리공장)	102	84	126	87
장수(사)공裝修(司)工	481	2418	325	3365
학습장수공學習裝修工				199
수탑(사)공水塔(司)工	91	629	46	865
궤도차원軌道車員	175		150	
경수警守	29	34	21	148
기생(수)機生(手)	219	3580	275	4,899
난기(사)공煖氣(司)工		56		72
탄수수장炭水手長		48		70
탄수수炭水手		669		2,109
학습생學習生				363
임시공臨時工				44
합계	3,509	12,220	3,232	18,652

자료: 『통계연보 제1편 사무일반 · 경리 · 인사』, 1942년; 화북교통 총재실 총무부(인사), 『화북교통주식회사 종업원표從業員表』, 1944년 11월.

이러한 배치 전환과 더불어 "세 사람이 할 일을 두 사람으로 해나가자三人分二人扶持"는 슬로건이 제창되어[45] 업무 능력을 높이기 위한 사내 교육이 강조되었다. 그래서 양성 담당 부서 또한 일본인 담당의 양성 제1주간과 중국인 담당의 양성 제2주간으로 확충되어, 업무 관계(운수·기무·검차·자동차·기계·공무·전기 등) 교육 양성, 사원 유학 파견, 학원과 청년학교 그리고 부륜학교 경영, 적극적 연성으로서 청년대와 신입 사원 훈련을 담당했다.[46] 또한 요원 양성에 따른 승격 시험과 등용 시험 등의 계획과 실시, 일본어와 중국어 장려 등도 관장했다.

체계적인 통계 자료가 없기 때문에 아시아태평양전쟁 발발 후의 사내 교육은 전모를 파악할 수 없지만, 단편적 자료로나마 전체상을 추측해보자. 철로학원의 경우는 개전 이후 연령 제한이 없는 전과와 강습을 제외한 본과 및 별과의 경우, 교육 대상인 일본인 학생들이 군무 적령기에 해당했기 때문에 교육 규모가 전체적으로 계획보다 작아졌다.[47] 중앙철로학원(1943년 5월)에서는 본원에 본과 1부(일본인) 130명,[48] 2부(중국인) 2년 134명, 2부 1년 60명, 그 밖에 기무전과機務專科 25명으로 도합 349명, 둥청분원東城分院에서는 예과(중국인) 104명, 별과(일본인) 240명으로 도합 344명, 차오양 분원朝陽分院에서는 자동차 별과(중국인) 71명으로 총계 764명

1944年 5月 19日.

45 「轉轍人語」, 『興亞』 第45號, 1943年 3月, 7쪽.

46 「總務局 II」, 『興亞』 第40號, 1942年 10月, 20~21쪽.

47 『華北交通の運營と將來』(1945年 12月)에 의하면, 철로학원 수와 교육 인원은 1939년도 6개소 7,478명, 1940년도 8개소 1만 235명, 1941년도 8개소 6,280명, 1942년도 8개소 6,055명, 1943년도 9개소 5,508명, 1944년도 11개소 6,363명이었다. 그 수는 표 3-20의 1941년도 9,082명(경무학원·학원 외 제외)에 비할 때 과소평가된 것이 분명하다. 전과, 촉성과, 강습을 둘러싼 집계 기준이 다르기 때문에 이러한 차이가 발생했다고 생각되지만, 1943년도에 들어서부터 교육 규모가 약간 축소되었다고 판단해도 큰 무리는 없을 것이다.

48 중앙철로학원의 제2회 일본인 본과 졸업생(1943년 8월)은 업무과 25명, 기무과 17명, 검차과 15명, 자동차과 10명, 기계과 21명, 공무과 18명, 전기과 19명으로 도합 125명이었다. 「中央鐵路學院日本人本科卒業式」, 『興亞』 第52號, 1943年 10月, 13쪽.

이 업무에 필요한 교육 및 훈련을 받고 있었다.[49] 이것을 표 3-20과 비교해봐도 본과의 일본인 비중이 높지는 않았다. 내용적으로도 일본인 학생들은 "자발적 학습이라는 면에서 아직 발전의 여지가 크다고 인정되지 않았고", "학생 개개인의 연령과 소양 정도가 각기 달랐다". 또한 중국인 학생들의 경우도 "일본어로 담당 학과를 공부하고 있어 그동안 눈에 보이지 않게 노고와 궁리의 필요가 있었다"고 지적되었다. 나아가 지난 철로학원장의 평가에 따르면 교육 목표와 방침 그리고 체제의 불명확함, 교육 감독 불이행, 인사·노무 관리와 교육의 유리, 빈곤한 계획, 인재 및 경리 부족 등이 열거되어 개선이 요구되었다. 이와 같이 내부 교육은 아시아태평양전쟁 발발 이후 상황에 대응해가며 전개되었기 때문에 결코 체계적이지 않았음을 알 수 있다.[50]

철로학원뿐만 아니라 현장과 생활 속에서도 이데올로기 교화가 실시되었다. 일본인 사원의 경우 "생명조직체의 근간 중핵"[51]이라 하여 '소질 연마와 교양 기술 향상'에 중점이 두어졌다. 고등학교 졸업 이상의 학력을 지닌 일본인 사원은 입사와 더불어 만몽滿蒙개척 청소년의용군훈련소, 이른바 우치하라훈련소에서 1개월에 걸쳐 무도와 체조, 예배, 농작업 등을 훈련시켜 나중에 중견층이 될 신입사원의 일본 정신을 연마하고 발양한 다음 현지에 배치했다.[52] 뿐만 아니라 화북교통 청년대의 연성이 강화되었다.[53] 처음에는 25세 이하의 사원을 본대, 대대, 소대, 분대로 편성했고, 나중에는 대원의 범위를 넓혀 30세 미만 26세 이상의 사원과 미성년 사원의 3단계로 간이화했다. 이 원칙으로 직역 단위로 분대와 반을 편성한 다음,

49 奧田幸男, 「中央鐵路學院といふところ」, 『興亞』 第51號, 1943年 9月, 25쪽.

50 濟南鐵路學院長佐藤繁與, 「從事員養成に關する提言」, 『興亞』 第52號, 1943年 10月, 15쪽.

51 神谷信行, 「社外人の見た華北交通」, 『興亞』 第38號, 1942年 8月, 17쪽.

52 下津春五郎, 「綠陰雜記」, 『興亞』 第39號, 1942年 9月, 4쪽; 小暮光三, 「鬪魂の育み:新しき同僚と共に內原訓練所の三十日」, 『興亞』 第44號, 1943年 3月, 3~5쪽.

53 小暮光三, 「青年隊再訓練への提言」, 『興亞』 第39號, 1942年 9月, 8~10쪽.

분대로 직접 본대를 편성하였는데, 1942년 4월에는 종래의 본부부本府付 제도를 확충하여 소위 막료 제도로 개조했다. 일본인 청년 1만 3,000명(1943. 2.)을 대상으로 부동 자세, 행진, 경례 등의 제식훈련과 하계 특별 군사훈련, 해변 야전 훈련 등의 전투 훈련을 계속했을 뿐만 아니라 일상적 연성에도 주력하게 하여 생활과 훈련이 하나가 되도록 했다.

중국인의 경우는 신규 채용자가 연간 3만~5만 명에 달하여 기존의 철로 학원 체제로는 채용자들과 기존 종사원들을 교육할 수 없었기 때문에 주요 참·단에서 경험이 없는 종사원을 대상으로 '단기 양성' 제도를 실시했다.[54] 1942년 6월에는 학습생 제도를 확립하고, 소학교를 졸업한 중국인과 일본인 신규 채용자에게 현장 업무 실습과 학과 교육을 병행하였고, "2년간 기본 연성을 실시하여 우수한 양성 사원으로 육성"했다. 1943년 초에는 약 1,800명이 이 과정을 통해 채용되었다.[55] 이 중 부륜학교 졸업자의 약 55퍼센트에 해당하는 460명이 학습생으로 채용되어 "부자가 대를 이어 교통 업무에 봉직"했다. 이와 같이 중국인의 후생을 위해 운영된 부륜학교는 개전 후에는 새로운 노동력 공급원으로 주목받기 시작했다. 부륜학교는 1943년 3월에 39곳에 생도가 1만 3,000명에 달했고, 회사 설립 이후 졸업생이 2,600명에 이르렀으며 그중 60퍼센트가 화북교통에 채용되었다.

그 외에도 화북교통은 전문가 위탁 양성과 어학 장려를 계속했다.[56] 1943년 3월에 간부와 전문가를 양성하는 유학 파견 제도를 신설하여 파견생이 45명 규모에 달했고, 장학·인적자원을 확보하기 위해 위탁 학생 제도를 실시하여 108명을 위탁생으로 지정했으며, 같은 해 4월부터는 급비생 10명(기계과 7명, 전기과 3명)을 화북고등공업학교로 보냈다.[57] 어학 학

54 徐州鐵路局 局長 佐藤周一郎, 『徐州鐵路局概況報告書』, 1945年 2月 8日.
55 「創業四周年, 躍進社業の現狀」, 『興亞』 第46號, 1943年 4月, 7쪽.
56 위의 책, 6~8쪽.
57 『華北展望』, 1943年 4月, 40쪽.

습도 여전히 중시되어, 1943년 3월까지 어학 시험을 통과한 인원은 중국어 약 880명, 일본어 약 9,400명에 달하였다.

그러나 이처럼 사내 교육이 폭넓게 진행되었는데도 불구하고 노동력의 질적 저하를 막는 데는 한계가 있었다.

③ 현물 급여 확충

화북교통은 앞에서 지적한 바와 같이 금전 급여 외에 생계소, 사원 석탄, 피복, 무임 승차, 할인증 등의 현물 급여를 통해 전시하의 생활난에 대처했다. 자동차와 수운을 제외하고 철도에 한정한 표 4-17을 보면 기본 급료와 부대 급료 외에도 현물 급여가 인건비로 책정되어 있다.[58] 현물 급여가 화북교통의 임금 체계에서 차지하는 역할을 이해하기 위해 현물 급여를 제외한 금전 급여로 사원 1인당 실질임금을 추계해보면,[59] 실질임금은 1942년에 1,295엔, 1943년에는 859엔이어서 1942년도를 100으로 할 때 1943년도에는 66으로 낮아졌다. 그림 4-6을 보면, 1943년에 생활필수품 소매물가, 그중에서도 중국인의 소매물가가 급격히 올랐다는 점에서 일본인 사원보다 중국인 사원의 생활이 더욱 심각했다는 것을 알 수 있다. 1943년에는 베이징의 물가지수가 1936년을 100으로 하여 1,382에 달하자, 종사원의 급여에 물가연동제를 적용하여 물가지수에 따라 급여가 개정되었다.[60] 그러나 금전 급여만으로는 도저히 사원들이 생활을 유지할 수 없었

58 임시보급 진첩 지급 규정〔1942년 12월 15일 달갑達甲 제331호(內達)〕, 임시수당 지급 규정〔1943년 10월 1일, 달갑達甲 제557호(內達)〕, 생활필수품 배급표 규정〔1944년 4월 19일, 달갑達甲 제68호(內達)〕, 전기·수도료 회사비 부담제(1944년 9월 신설), 교육비 회사비 부담제(1944년 9월 신설).

59 금전 급여 총액을 철도사원〔=(전년도 말 철도사원+당년도 말 철도사원)/2〕으로 나눈 1인당 명목임금을 베이징 도매물가지수로 실질가격화하였다. 철도사원의 추계에 관해서는 표 3-1을 참조하기 바란다.

60 북지나개발회사의 산하 회사에서 물가연동 임금 제도가 실시되었다.

표 4-17 화북교통의 인건비 구성(철도)

종별	1942년		1943년	
	금액(1천 엔)	비율(퍼센트)	금액(1천 엔)	비율(퍼센트)
기본 급료	53,580	31.7	76,967	28.0
부대 급료	53,827	31.9	74,636	27.1
여비	10,233	6.1	13,136	4.8
상여금	20,028	11.9	22,490	8.2
퇴직 위로금	1,277	0.8	2,592	0.9
산숙료散宿料	9,620	5.7	10,820	3.9
현물 급여	20,360	12.1	74,450	27.1
계	168,924	100.0	275,090	100.0

자료: 화북교통주식회사, 『결산 설명 자료決算說明資料』, 각 연도.
주: 1,000엔 미만은 반올림으로 처리했기 때문에 합계가 일치하지 않을 수 있다.

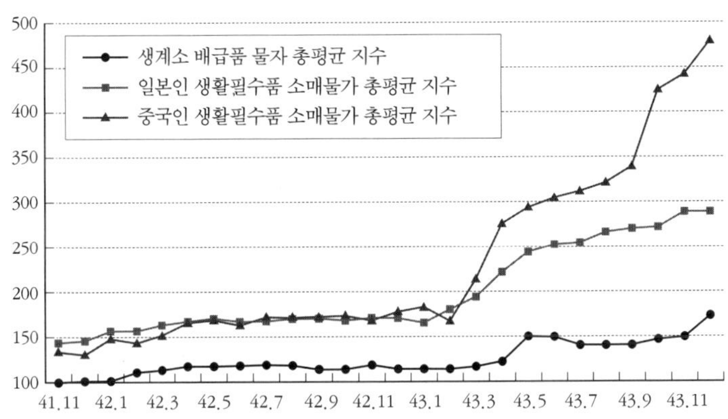

그림 4-6 화북교통 사원의 생활필수품 물가 지수

자료: 『화북교통 통계월보』, 각 월.
주: 1. 1941년 10월 15일을 100으로 한다.
2. 일본인은 179품목, 중국인은 131품목. 생활필수품 소매물가 지수는 시중 소매 최저 가격을 채택하였다.

기 때문에, 화북교통은 현물 급여를 확장하여 그 비중을 1942년의 12.1퍼센트에서 이듬해인 1943년에는 27.1퍼센트까지 인상하여 생활수준의 악화를 막으려 했다.

이제 식량을 비롯한 각종 생활필수품이 현물 급여 형태로 조달되었다는 점을 염두에 두고 생계소의 배급을 검토해보자. 화북교통은 앞에서 언급한 바와 같이 생계소를 직영화하여 생활필수품 배급을 확충했다. 일본 제품의 경우는 수입조합을 거치지 않고 톈진과 칭다오에서 상품을 수취했기 때문에, 구입 원가에 최소한의 제반 경비를 더한 배급 단가로 저렴한 배급품을 공급했다.[61] 또한 현지 조달품의 경우에도 수입품과 같이 최소한의 경비로 배급 가격을 결정했다. 그러나 물자조달에 제약이 심해지자 배급품은 70가지로 제한되었고 "생계소의 배급량, 배급 방법의 편의 정도, 생계소 이용자 카드 등에 대한 비판"이 생겼다. 이는 회사 생계소의 문제라기보다 화북 전체의 심각한 물자부족 때문에 거류민 배급 제도가 전체적으로 엄격해지면서 생긴 결과라는 데는 재론의 여지가 없다. 이에 화북교통은 톈진 구입계원 외에도 도쿄와 오사카에 주재원을 배치하고 각지에 창고 종사원을 두어 '분투노력' 했지만, 생활필수품 부족은 심각해질 따름이었다. 그중에서도 가장 염려되었던 것이 식량이다.

화북은 전쟁 이전에도 식량을 자급하지 못하고 오스트레일리아와 캐나다에서 밀가루를, 몽골과 만주에서는 잡곡을 수십만 톤씩 수입했다.[62] 이러한 해외 공급이 중단되자 화북의 식량 부족은 심각해질 수밖에 없었다. 이 때문에 1943년 북지나개발은 개발양곡조합을 설치하고 산하 회사의 종사원들에게 식량을 배급했고, 화북교통은 같은 해 8월 본사에 양곡 수매반을 설치하고 식량 할당 배급을 시작했다. 이어 11월에는 양곡 수매반을 양곡 수매부로 확충하고 본사에 생활부를 신설했으며, 각 철로국에서도 총무부에 생계과를 신설하고 현물 급여를 강화했다. 생계소는 농장을 경

61 中央生計所安增一雄,「生計所の配給品に就て: 或る御批評にお答へして」,『興亞』第38號, 1942年 8月, 22~23쪽.

62 平田驥一郎,「決戰下の食糧について」,『興亞』第56號, 1944年 2月, 2쪽.

영하여 식료품을 자가생산하고 위탁생산하는 데 많은 노력을 기울였고, 각 현장에서는 업무에 지장을 주지 않는 범위에서 부지 내의 공간에 야채 등을 재배했다.

1944년 들어 식량을 비롯한 생활필수품 부족 현상이 심해지자 북지나개발 차원에서 개발양곡조합을 대신하여 개발생계조합을 설립하고, 산하의 국책회사 직원들을 대상으로 생활필수품 구입과 저장, 생산 가공 및 배급을 통괄하도록 했다. 이를 통해 화북교통의 생계소 운영과 생활필수품 조달이 개발생계조합과 연동되었다. 또한 화북교통은 식량수송의 중요성을 감안하여 1943년 8~10월의 화북 신건설 촉진 기간에 식량을 집하하고 배분하는 데 협력하고[63] 이듬해 6월에는 본사 운수국에 식량운수부를 신설하고 각 철로국에 식량수송반을 설치하여 개발생계조합의 양식 수매 업무를 지원했다.

다음으로 화북교통의 1944년 현물 급여 대책을 검토해보자(표 4-18). 생활안정 방책으로 현물 급여 기관인 배급소를 설치한 화북교통은 생활필수품 쿠폰 배급 제도를 실시하여 사원들의 생활 안정을 꾀하는 동시에, 급식을 실시하여 직원들의 체력 유지에 힘썼다. 첫째, 화북교통은 의류와 부식물 가격의 급등에 대처하는 동시에 사원들의 생활을 안정시키기 위해 배급권을 이용한 '생활필수품 쿠폰 배급제'를 실시했다. 둘째, 합리적인 보건식을 제공하고 사원들의 체력을 강화하기 위해 일찍부터 일본인을 중심으로 급식을 실시했지만, 1944년 11월 10일에 이를 모든 사원에 대한 급식제로 확대했다. 셋째, 야채와 생선, 고기 등의 현물 급여 지급을 현물 획득 여하에 따라 임시적으로 실시했다. 넷째, 임시 수당도 개정하여, 일본인에게 지급하는 임시 수당, 중국인에게 지급하는 임시 보조 수당을 올리고 생계비 증가 현상에 대처했다.

63 副總裁後藤悌次, 「華北新建設促進と華北交通」, 『興亞』 第52號, 1943年 10月, 1쪽.

표 4-18 1944년도 급여 대책의 주요 항목별 일람표(1945. 1. 31., 단위: 1천 엔)

항목	연간 경비	본년도 경비	항목	연간 경비	본년도 경비
생활안정 대책	1,192,247	450,680	수송 긴급 대책	76,739	55,110
생활필수품 배급 절부	658,665	265,763	2할 증송增送 포상·특별 현물 급여	33,677	33,677
회사 급식	186,930	43,328	차량 정비 강화 장려금	1,312	1,312
야채의 현물 급여	7,271	7,271	공습 피해 총재 위로금	1,156	385
중식용 양곡 현지 조달	56,108	14,108	기관차 승무원 보험금 급부	1,390	348
춘절 특별 수당	16,000	16,000	근무 수당 개정	9,866	3,289
전기·수도료 회사비 부담	12,080	7,046	공창 작업 수당	8,004	2,688
일본인 임시 수당과 중국인 임시 보조 수당 개정	92,000	23,000	야간 근무자 야식 지급	2,265	661
식용유 외 현물 급여	25,009	12,505	춘절 면분식용 기름 현물 급여	5,200	5,200

자료: 『수송 현황과 수송력 확보 대책』, 1945年 2月.
주: 생활안정 대책과 주요 항목의 합계는 자료상 맞지 않는다. 수송 긴급 대책의 경우도 마찬가지다.

한편 수송 증강 대책으로는 1944년에 5억 5,100만 엔(예상액)의 특별 급여를 지급했다. 20퍼센트의 수송 증가를 독려하기 위해 현장 종사원에게 밀가루와 장갑, 작업화 같은 현물을 지급[64]하는 한편, 야간 작업의 능률을 높이기 위해 야간 근무자에게 야식이나 식량을 제공했다. 또한 현장 작업의 능률을 높이기 위해 작업 수당을 올렸다. 그 밖에도 현장 종사원이 사용하는 장갑·작업화 등의 현물 급여, 기무단의 기관차 갑종 검사 장려금, 수송력 증강 특별포상금, 차량 정비 강화 장려금, 철로공창 유장有奬(장려금) 작업 급여제, 공습이나 게릴라 공격으로 사망하거나 상해를 입은 사원에게 지급하는 총재 위로금, 기관차 승무원에 대한 공습·사망·상해보험

64 밀가루, 목장갑, 작업화, 성냥, 식용유, 세관 비누, 중국 차, 소금, 담배, 백간주百干酒, 간장, 타월, (대여)외투, 작업복, 쿨리용 작업복.

급여, 자동차영업소 유장 급여제, 중국인 사원에게 지급하는 춘절용 밀가루 등의 인센티브가 제공되었다. 그 결과, 인건비는 1943년에 4억 5,000만 엔이었지만 1944년에는 26억 4,000만 엔(예상액)으로 급증했다.

이러한 현물 급여도 금전 급여처럼 민족별(중·일), 신분별(부소장 및 참여 부국장·참사·부참사·직원·준직원·고원·용원), 지구별(갑·을·병 혹은 대도시·일반 지역), 가족의 유무 등의 기준에 따라 자세히 정해졌지만, 일본인을 중심으로 운영되었다.[65] 예를 들어 1944년 5월부터 실시된 생필품 쿠폰의 경우, 가족이 있는 일본인은 직원 1,800점, 준직원 1,500점, 고원 1,200점이었지만, 가족이 있는 중국인은 직원 800점, 준직원 500점, 고원 400점이었다. 급식제의 경우, 갑 지구의 일본인은 조식 0.8엔, 중식 3.0엔, 석식 3.0엔, 야식 1.0엔이었지만, 중국인은 이보다 낮은 조식 0.5엔, 중식 1.0엔, 석식 1.0엔, 야식 0.8엔이었다. 가정 연료인 땔감도 일본인은 가족이 있는 직원은 25킬로그램, 독신 직원은 10킬로그램이었던 반면, 중국인은 가족이 있는 직원에게만 10킬로그램이 지급되었다. 이러한 현물 급여 체계는 신분과 주거환경의 우열 등을 고려한 합리적 측면도 있었지만, 신변 안전이 항상 위협받는 점령지 생활을 감안하더라도 일본인에게 차별적으로 후한 인센티브를 제공했다. 이런 상황에서 중국인들의 생활수준은 더욱 낮아질 수밖에 없었다.

그 밖에도 나중에 사원회관이라고 개칭한 사원 숙박소(1939년 4월 5곳에서 1943년 3월에 13곳으로 늘었다), 사원 휴양소(1곳에서 3곳으로 늘었다), 도서실(5곳에서 9곳으로 늘었다)이 증설되어 사원의 복지후생을 뒷받침했다.[66] 그러나 업무량이 늘고 식료품이 부족하여 종사원들의 체력 저하가 뚜렷해지자, 화북교통은 1943년 4월부터 사원의 체력관리 업무를 사원회

65 華北交通株式會社, 「生活安定方策」, 1945年 2月.
66 「創業四周年, 躍進社業の現狀」, 『興亞』 第46號, 1943年 4月, 9쪽.

에서 회사로 옮기고 9월 17일에 '사원 체력관리에 관한 규정'을 제정하여 사원들을 적극적이고 계획적으로 관리했다. 우선 16~25세의 남성 사원과 17~20세의 여성 사원을 대상으로 체력검정을 실시하여 체력 기준표를 작성한 다음 체력검정 최저 합격 기준을 만들었다. 소정의 건강진단을 통해 허약자로 판정된 사원들은 적극적으로 치료를 받도록 했다. 또한 사원의 체력 증진을 위해 체조·무도·스모(일본식 씨름)·국방경기國防競技(총검술 등)·사격·마술·수영의 7종을 지정하여 '체력 연성'을 촉구했다.[67] 한편으로는 철로의원 증설과 보건 요원 확충에 주력하는 동시에, 보건과학연구소에서 '예방의학뿐 아니라 사원의 건강 증진, 음식과 주거 문제' 연구를 추진하여[68] 1943년 11월에는 연구실 8곳과 1계係 조직으로 기구가 확충되었다.

이상과 같이 화북교통은 노동력이 유동화하고 부족해지는 현상에 대응하여, 일본인 중심의 배치 전환과 대량 채용자 단기 양성을 추진하는 동시에 현물 급여를 확충하여 인센티브 제공을 확대했다. 그러나 이 정책으로 노동력의 질적 저하와 노동 규율의 이완을 막는 데에는 한계가 있었다.

(2) 수송 효율화의 한계와 수송 통제 강화

화북교통은 '부족 경제' 때문에 시설 투자를 통한 수송력 강화가 불가능해지자, 보유한 경영자원을 활용하여 수송력을 발휘하려 했다. 그 방법은 수송을 효율적으로 운영하고 통제를 강화하는 형태가 될 수밖에 없었다.

1) 효율적인 수송을 위한 대책과 그 한계

"수송력이란 다양한 보급부대가 시계의 톱니바퀴처럼 긴밀히 협력하여,

67 有田孝之, 「社員體力管理について」, 『興亞』 第53號, 1943年 11月, 2~4쪽.

68 瀧田順吾, 「心身の健康は生活の工夫から生まれる」, 『興亞』 第52號, 1943年 10月, 17쪽.

하나의 철도수송이라는 행동으로 나타나는 조직력이다."[69] 그 때문에 화북교통은 차량 운용을 중심으로 내부 자원을 투입하여 수송 단위를 크게 하고 수송 횟수를 늘려 수송력을 종합적으로 증강시키려 했다.

여기서는 철로공창과 기무·검차단을 중심으로 전개된 차량 수리가, 개전 이후 특히 육운전가수송이 시작되고 나서 어떤 상황에 처했는지를 검토하도록 하자.

앞에서 언급한 바와 같이 전쟁 피해를 입은 공창시설을 복구한 화북교통은 철로공창에 정기검사 시스템을 구축하여 차량이 머무는 시간을 줄이고 수리 능력을 강화했다. 나아가 기무단의 갑종 검사 실시와 검차단 신설을 동시에 단행하여, 쉬는 차량은 줄이고 사용할 수 있는 차는 늘려 차량 부족 현상을 다소나마 완화시켰다. 이러한 대응은 아시아태평양전쟁 개전 후에도 이어졌다. 철로공창의 일반 수리를 보면 1942년에는 기관차 407대, 객차 842대, 화차 4,631대에 달했고, 수리 계획에 관한 실적률은 기관차 100.5퍼센트, 객차 91.0퍼센트, 화차 67.6퍼센트였다(표 3-22). 1941년에 비해 전반적으로 성적이 좋아지지는 않았지만, 기무단과 검차단의 수리 능력을 강화하여 차량의 운전 효율을 개선할 수는 있었다.

특히 기관차의 경우는 철로공창이 3년마다 하는 일반 검사 외에도, 기무단에서 기관차의 1회 운행 때마다 외부를 살펴보는 일상 검사, 10일 운행 후 1일 휴차하여 실시하는 병종 검사, 1개월마다 1회 휴차하여 실시하는 을종 검사, 6개월마다 3~7일간 휴차하여 실시하는 갑종 검사가 시행되었다. 갑종 검사는 원래 5~10일이나 걸렸기 때문에 기관차의 휴차율, 나아가 수송력 증감에 영향을 미쳤다. 휴차를 1일이라도 단축하면, 1개월에 10대의 갑종 검사를 시행하는 기무단은 10대의 열차를 여분으로 운전할 수 있었다. 이처럼 긴 갑종 검사 소요 일수는 지난 기무단의 작업 합리화 덕

69 栗又常松, 「輸送力の增强」, 『興亞』 第52號, 1943年 10月, 5쪽.

분에 3일로 단축되었다.

기관차 1대당 1일 주행킬로미터의 향상과 휴차율의 감소가 초미의 관심사로 부상하자 본사 기관차 주간은 갑종 검사에 소요되는 기간을 단축하도록 요청했다. 이에 1942년 5월에 톈진 북참에서 본사 주최로 갑종 검사 실시대책연구회가 열렸고, 질적 향상과 일정 단축이 톈진·지난 기무단의 기관차를 대상으로 토의되었다.[70]

오보리大堀 지난 기무단장은 조선과 만주의 철도를 시찰하고 돌아온 직후 관계 간부와 협의하여 준비하기 시작했다. 우선 목표로 삼은 3일 갑종 검사를 위해 예전과 다른 새로운 방식으로 ① 각종 수리 작업의 기계화, ② 입체적인 수리 작업 확립, ③ 각종 검사 작업의 간이화가 거론되었다. 즉 차축 접합 과정의 기계 운반, 소다 수조水曹를 이용한 부품 청소와 같이 작업 합리화를 꾀하는 동시에, 기존 작업장에 2층 직장職場(하위 작업장 단위)을 3곳 설치하고 상부 부품, 기관 관련 부품은 모두 이곳에서 수리했다. 그 밖에 정밀 작업용 도구 고안, 검사대 설치 등도 추진되어 작업의 입체화와 기계화를 시도했다. 이에 맞추어 관련 종사원의 기술 연마도 추진했는데, 1942년 8월에 검수회를 개최하여 해체, 가공 수리, 조립의 3개 작업 그룹으로 나누어 릴레이식으로 검사, 수리 작업을 실시한 결과, 3일 갑종 검사가 가능하다고 판명되었다. 1942년 11월 25일부터 6일간 펑타이 기무단에서 본사 주최로 제3회 갑종 검사 실시대책연구회가 열려 지난 기무단의 3일 갑종 검사가 보고되었다. 같은 해 12월 15일부터 19일까지는 지난 기무단의 갑종 검사를 대상으로 '기관차 갑종 검사 일수 단축 및 작업합리화에 관한 연구회'가 개최되어, 지난 기무단의 3일 갑종 검사가 전사적으로 전파되었다.

그 결과, 그림 4-7과 그림 4-8과 같이 기관차의 휴차율은 1941년 15.1

70 「『甲檢三日』を實現」, 『興亞』 第52號, 1943年 10月, 8~9쪽.

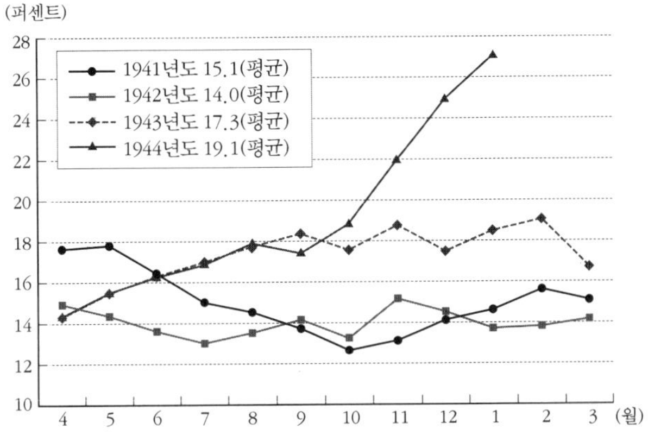

그림 4-7 화북교통의 기관차 휴차율 추이

자료: 화북교통주식회사, 「기관차 휴차 개표機關車休車槪表」, 1945년 1월 31일.

퍼센트에서 1942년에는 14.0퍼센트로 줄었고, 기관차의 한 달 평균 고장 건수도 같은 기간에 79건에서 73건으로 적어졌다. 화차의 경우도 철로공창의 일반 수리 실적률은 전해에 비해 낮아졌는데, 검차단에서도 비슷한 방법이 고안되어 휴차율이 8.6퍼센트에서 7.5퍼센트로 낮아졌다. 객차의 경우는 화북교통이 전시 수송의 중점을 화물수송에 두었던 만큼 객차 수리 능력 개선에 주력하지 못하여 휴차율이 1941년 8.5퍼센트에서 1942년에는 8.6퍼센트로 그다지 변하지 않았다.[71]

그러나 1943년에 육운전가수송이 본격화하자 화북교통은 차량 수리 능력 저하를 피할 수 없었다. 신규로 제조되는 차량 수가 줄고 인가된 차량도 입수가 지연된 반면, 화물수송의 장거리화가 진행되어 '적재량 증가, 견인량 증가, 검차 기간 연장' 등에 의한 보유 차량 혹사를 피할 수 없었기

71 화차와 객차의 휴차율은 다음과 같다. 객차는 1940년 11.4퍼센트, 1941년 8.5퍼센트, 1942년 8.6퍼센트, 1943년 11.0퍼센트, 1944년 12.1퍼센트. 화차는 1940년 8.1퍼센트, 1941년 8.5퍼센트, 1942년 7.5퍼센트, 1943년 7.8퍼센트, 1944년 6.9퍼센트. 『華北交通の運營と將來』.

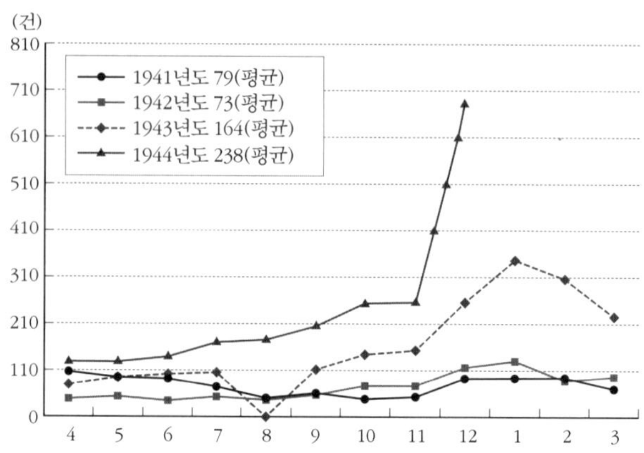

그림 4-8 화북교통의 기관차 고장 건수 추이
자료: 「기관차 휴차 개표」, 1945년 1월 31일.
주: 1미터 협궤기관차의 고장 발생 건수를 포함한다.

때문에 그림 4-8과 같이 차량 고장이 대폭 늘었다. 기관차 고장 건수가 1943년 9월부터 급증하자 운행과 수리에 큰 부담이 되었음은 물론이다. 또한 게릴라들의 공격과 미흡한 시설 보수가 운전 사고로 이어지고 있었다. 1개월 평균 운전 고장 건수는 1942년 982건에서 1943년에는 1,237건으로 늘었고, 이 중 게릴라 피해와 침목 불량으로 의한 사고 건수는 같은 기간에 각각 49건에서 71건으로, 15건에서 44건으로 급증했다.[72] 즉 1942년도를 100으로 할 때 1943년도의 운전 사고 건수는 126이었던 것에 비해 게릴라 피해와 침목 불량은 각각 141과 293이었다.

이처럼 사고와 고장이 느는 한편 "유지류 부족, 수리품 결핍, 수리 시설 불비, 대파된 차량 증가, 공작 요원 부족 등으로 수리 능력이 떨어지고 차량의 휴차율은 격증했다".[73] 우선 기관차의 휴차율을 보면 1943년 4월

72 交通通信省石田參事官 · 森田書記官 · 大東亞省好井技師, 「北支鐵道輸送視察報告(其の一)」, 1944年 5月 19日.

73 交通通信省石田參事官 · 森田書記官 · 大東亞省好井技師, 위의 글.

14.4퍼센트에서 7월에 17.0퍼센트, 11월에는 18.8퍼센트로 증가했다. 다음으로 화차 휴차율도 같은 기간에 6.0퍼센트에서 7.3퍼센트, 8.5퍼센트로 높아졌다.[74] 휴차율이 1943년 4~5월까지는 양호했지만 7~8월부터는 기관차와 화차 모두 급격히 높아진 것을 알 수 있다. 결국 휴차의 경우 '기관차 13퍼센트, 화차 4퍼센트의 목표 달성'은 현실성을 잃었다.[75]

이처럼 낮아진 수리 능력은 운용 효율을 저하시켰다. 배차 능력도 육운 전가수송이 시작되기 전까지는 양호한 상태였다. 예를 들어, 화북교통은 1942년 4월부터 6월에 걸쳐 일본 내지에 맞춰 전시 수송 강화를 강력히 실시하여 철도는 물론 자동차, 하천 수송 전반의 종합적 능률을 향상시키는 한편 석탄을 비롯한 중요 자원 수송 완수에 중점을 두었다.[76] 이에 따라, 대내적으로 각 담당 책임자들이 협의회를 열어 하역 및 구내 작업 재검토, 회사용품 수송 개선 등의 합리화를 추진하고, 대외적으로는 여러 기관에 적극적인 원조를 의뢰하고 화물 소유주 간담회, 세관 간담회 등도 개최하여 협력을 구했다.[77]

그 결과 1942년 4월 초순의 실적을 보면, 화물 발송 톤수는 전년도에 비해 7퍼센트가 증가하는 성적을 거두었다. 전년도에 비해 현재 보유 차량 406대, 운용 차량 240대가 감소했음에도 불구하고 사용 차량은 280대가 늘어, 운용 차량에 대한 비율에서 3퍼센트의 증가를 보였다. 또한 중순에는 전년도에 비해 발송 톤수가 13퍼센트 늘었는데, 현재 보유 차량 311대,

74 華北交通株式會社, 「運輸問題」, 1943年.

75 交通通信省石田參事官·森田書記官·大東亞省好井技師, 앞의 글.

76 본기간 중의 실시 사항은 ① 사외 기관과의 연계 강화, ② 계획수송 확보, ③ 차량 및 선박 운용 효율 향상(이와 관련하여 특히 중시된 것이 야간 하역 독려, 철저한 구내 작업, 차량 적재 효율의 향상, 정류 시간의 단축 및 소운송 강화 등이다), ④ 정시 운전, ⑤ 사고 방지, 특히 석탄 사고 근절, ⑥ 차량 및 선박 정비, ⑦ 휴차율 감소, ⑧ 하역 개선, 고안 및 이용 향상 등이 강조되었다.

77 總務局長·運輸局長平田驥一郎, 「戰時輸送强化期間の實施に際して」, 『興亞』 第36號, 1942年 6月, 2~3쪽.

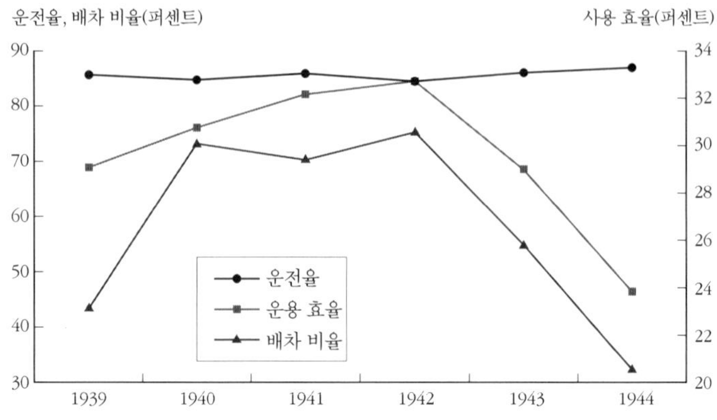

그림 4-9 화북교통의 화차 운전율, 배차 비율 및 운용 효율

자료: 『화북교통의 운영과 장래』, 1945년.

주: 1. 운전율=(보고서 운용 차량 수/현재 보유 차량 수)×100.
배차 비율=(사용 차량 수/소요 차량 수)× 100.
운용 효율=(사용 차량 수/보고서 운용 차량 수)×100.
2. 표준궤도를 기준으로 했다.

운용 차량 198대가 감소했지만 사용 차량은 374대가 늘어 운용 차량에 대한 비율은 여전히 3퍼센트 향상되었다. 그 결과 그림 4-9에서 볼 수 있듯이, 1942년에는 운전율 84.3퍼센트, 배차 비율 75.3퍼센트, 운용 효율 32.8퍼센트의 성적을 기록했다. 1941년에 비해 화차 배차의 비율이 크게 개선되었음은 물론이다.

그러나 1943년에 접어들자 차량의 운용 상태는 일거에 달라졌다. 앞에서 지적한 바와 같이, 화북교통은 전시 육운 비상체제에 돌입하여 '철도운수 업무 방침'을 정하고, 구체적인 대책으로 차량 효율 향상, 작업 능률 증진, 사고 근절 등을 정하여 조금이라도 능률 향상에 도움이 되는 여지가 있으면 곧바로 실행에 옮겼다. 그러나 화물 1톤당 수송 거리가 1942년 267킬로미터에서 1943년에 292킬로미터로 늘어남에 따라 소요 운용 차(표준궤)가 1942년의 4,904대에서 1943년에는 6,586대로 증가했기 때문에 화차 운

표 4-19 화차의 증적 실적 (단위: 톤, 퍼센트, 1천 톤, 대)

기별	1차 평균 화물 용량 톤수	1차 평균 화차 적재 톤수	용량 톤수 대비 적재 톤수(퍼센트)	수송 증가 (1천 톤)	염출 화차 수 (대)
증적 실시 이전	27.8	27.0	97		
1940년도 (7월 이후)	27.9	28.4	102	1,113	431
1941년도	28.0	28.6	102	1,817	674
1942년도	28.3	29.0	103	2,022	724
1943년도	28.6	29.0	101	2,000	715
1944년도	28.4	29.9	105		

자료: 화북교통주식회사, 「운수문제」, 1943년; 「북지철도 수송 시찰 보고 1」, 1944년 5월 19일; 『화북교통의 운영과 장래』, 1945년.

주: 1943~1944년의 1대 평균 화물 용량 톤수와 적재 톤수는 표준궤 화차의 운용 성적에 의한 것이다.

용 효율의 저하가 불가피했다. 즉 1943년의 운전율은 86.1퍼센트로 오히려 1942년의 84.3퍼센트에 비해 좋아지기는 했지만, 배차 비율과 운용 효율은 각각 54.8퍼센트, 29.0퍼센트로 크게 낮아지지 않을 수 없었다. 육운 전가수송 개시가 화북교통의 차량 부족 현상을 증폭시켰기 때문이다.

이와 같이 차량 회전을 늘려 차량 부족을 완화하는 기존 방식이 힘들어졌기 때문에 화북교통은 수송 단위의 장대화를 통해 효율 저하를 보완하려 했다. 요컨대, 화차 '증적'과 기관차 '증견增牽'을 통해 화물열차의 수송 톤수를 늘린 것이다. 우선 증적은 1940년 7월 이후에 실행되었지만 아시아태평양전쟁 개전 후에는 이를 확대하여 한 대당 평균 화차 적재 톤수가 1941년 28.6톤에서 1942년에는 29.0톤으로 늘었고, 그 결과 증가하여 수송된 화물은 202만 2,000톤에 달하고 이를 통해 염출된 화차 수는 724대에 이른다고 계산되었다(표 4-19). 그 후에도 '물자별, 화차별 최고 적재 표준량' 설정에 따른 증적이 계속되어, 1943년에는 전년도에 비해 증적 실적이 약간 낮아졌지만 1944년에는 한 대당 평균 화차 적재가 29.9톤에 달했고, 용량 톤수에 대한 적재 톤수의 비율은 105퍼센트를 보였다. 다음으

표 4-20 기관차의 증견 상황(1943년 1월 10일부터 실시, 단위: 대)

선별	구간	1월 이전 견인 정수	1월 10일 이후 견인 정수	연간 수송력 증강
징산	펑타이 · 탕구	41	47	320
진푸	린청 · 톈진	41	45	240
자오지	칭다오 · 장톈	38	40	160

자료: 「운수문제」, 1943년.

표 4-21 전용철도 소재 참(역내)의 화차 정류 시간 (단위: 시간)

참(역)	구즈	탕산	친황다오	류산 礫山	징싱탄광	커우취안	쉬안화 宣化	신청 新城	자오좡	평균
전용 철도명	카이롼탄광	탕산	친황다오	북지제철	징싱탄광	다퉁탄광	룽옌철광	타이위안철광	중싱탄광	
시간	31.8	28.5	19.0	61.3	19.6	18.3	30.1	27.1	12.1	25.5

자료: 「북지철도 수송 시찰 보고 1」, 1944년 5월 19일.

로 기관차가 견인하는 화차 수를 보면, 대일 물자와 대륙 간 교류 물자의 남북 수송 경로가 되는 징산 · 진푸 · 자오지의 3개 노선에서 1943년 1월 10일부터 5~15퍼센트의 증견을 단행하여 기관차 10대분의 수송력을 염출했다(표 4-20). 그 수송량은 연간 72만 톤에 달했다.

또한 주목할 만한 점은 화차 운용 효율을 높이기 위해 화차 정류 시간이 긴 전용철도를 일원적으로 운영한 것이다. 1943년 하반기 이후, 화차 정류 시간은 전해의 같은 기간에 비해 2시간 30분 이상이 길어졌다. 그 가운데서도 표 4-21과 같이 전용철도의 화차 하역 작업의 효율이 대단히 악화되어 정류 시간이 20~30시간에 달했고, 가장 짧은 중싱탄광의 짜오좡 역에서도 12.1시간이나 걸려 화북교통이 관리하는 탄광 역 20곳의 평균 11시간보다 길었다. 석탄이 모든 수송 화물의 약 5할을 차지했던 만큼, 하역 지연은 전체 철도의 효율을 낮추었다. 그 밖에도 전용철도는 기술자가 부족하고 선로 용품과 윤전 재료를 확보하기도 힘들었기 때문에 시설이 빈약하고 선로 보수도 불량하여 "5개년계획의 출탄 수량에 대해 만족스러운

석탄 수송을 하기 어려운 실정" 이었다.[78]

반면 화북교통이 운영하는 베이징 시의 첸먼 참前門站에서는 도착 화물의 하차 작업반, 발송 화물의 적재반, 열차 취급의 운전반 등 각 분야가 밀접하게 연계하여 매일 아침에 전날의 성적을 보고하는 한편, 예정된 작업이 진행되지 못하는 부분은 철저한 원인 분석과 개선 방안을 모색했다. 그 결과 6개월 후인 1943년 12월에는 화차의 정류 시간이 착수 당시의 26시간에서 13.5시간으로 단축되었고, 운용 효율화로 1일에 20대 이상의 화차가 발생하여 600여 톤이 여분으로 수송될 수 있었다.[79]

뿐만 아니라, 1944년 5월부터 소규모 혼재 취급 제도를 개선하여 소운송업자인 화북운수가 혼재 취급 화물 역무를 대행하여 소규모 취급을 합리화하고 개선하려 했다.[80]

이러한 경험에 입각하여 전용철도 운영의 일원화가 결정되었고, 열차 계획에 맞추어 화차 하역 계획을 실행하면 정류 시간을 25.5시간에서 12.2시간으로 단축하고 연간 227만 톤, 화차 700대를 염출할 수 있다고 예상되었다. 이를 위해 화북교통은 1943년 11월의 직제 개혁에서 능력반을 신설하고, "사업 능률의 비약적 향상을 목표로 작업과 사무의 양 분야에 걸친 근본적 합리화와 개선을 강구, 입안" 하기로 했다.[81]

그러나 이 조치들도 수송력을 확보하는 데는 결코 충분하지 못했기 때문에 엄격한 조정이 시행되지 않을 수 없었다.

---

78 華北交通株式會社, 『膠濟津浦沿線ノ私設專用線調査報告』, 1943年 1月.

79 富田界一郎, 「華北蒙古のおりおり5」, 『華交』 第41號, 1973年 3月 15日, 8~9쪽.

80 그 때문에 화북운수는 "주요 도시 간의 소규모 취급 화물수송은 모두 혼재 취급으로" 를 슬로건으로 할인 운임을 개정하고 매우 유리한 조건을 제시했다. 華北交通株式會社, 『北京を中心とする小運送業調査報告概要』, 1944年 7月, 21쪽.

81 「職制改革に際し社員に對する總裁對話」, 『興亞』 第54號, 1943年 12月, 1~3쪽.

2) 화물 중심 수송과 화북교통의 경영 악화

앞에서 지적한 바와 같이 통제물자 수송을 보면, 북지나 수송 통제본부를 정점으로 수송 서비스를 공급하는 화북교통 운수국과 수요자인 배급 통제기관 간에 사전에 수송력이 배분되어 계획수송이 실시되었다. 이에 육운전가수송이 실행되자, 화물에 최대한 중점을 두는 상황에 입각하여 여객열차 운휴가 단행되었을 뿐만 아니라 지역 내 화물수송도 억제가 불가피했다.[82]

표 4-22의 열차킬로미터 동향에서 알 수 있듯이, 전시하 화물열차의 운행을 중시한 화북교통은 육운전가가 결정된 후에는 연락단체승차선권連絡團體乘車船券 발매를 중지하는 등 단체 여행을 크게 제한했다.[83] 1944년 1월 30일에는 물자수송을 늘리기 위해 부산과 베이징 간의 국제 여객열차 '대륙'을 비롯한 18개의 여객열차를 줄이는 동시에 침대차와 식당차를 폐지하거나 축소했다.[84] 이러한 여객열차 운행 정지와 객차 신규 제작 억제로 인해 좌석 사용 효율은 1943년에 일본국철은 42퍼센트, 만철은 51퍼센트인 데 비해 평균 75~80퍼센트에 달했고, 열차에 따라 초만원으로 수송하지 않으면 안 되었다. 이에 따라 열차 1대당 평균 승차 인원은 1942년 292명에서 1943년에 339명, 1944년에는 340명으로 늘었다.[85] 또한 수송력 부족을 타개하기 위해 여행 목적을 명확히 하게 함으로써 중국 현지인들의 여행을 대폭 제한했고, 현지인들의 생활과 밀접한 일반화물도 불요불급이라는 이유로 억제했다. 그 결과 "민수물자 결핍은 식량에 관한 불안감을 가져오고 물가상승에 박차를 가하여 치안 확보가 우려할 만한 상황"이 되었다.[86]

82 「創業四周年, 躍進社業の現狀」, 『興亞』 第46號, 1943年 4月, 2쪽.
83 華北交通株式會社, 『華北展望』, 1943年 3月, 52쪽.
84 華北交通株式會社社史編集委員會 編, 앞의 책, 705쪽.
85 阿部囑託, 앞의 책.

표 4-22　　화북교통의 1일 평균 열차킬로미터　(단위: 킬로미터, 퍼센트)

연도	여객		혼합		화물		기타		합계	
1938	11,907	27.6	3,757	8.7	15,780	36.6	11,639	27.0	43,083	100.0
1939	13,178	22.7	6,498	11.2	16,698	28.7	21,758	37.4	58,132	100.0
1940	16,240	21.3	8,856	11.6	39,934	52.3	11,268	14.8	76,298	100.0
1941	28,933	27.1	9,476	8.9	56,828	53.3	11,432	10.7	106,669	100.0
1942	34,835	29.0	9,106	7.6	64,047	53.4	11,996	10.0	119,984	100.0
1943	38,838	31.2	9,940	8.0	62,540	50.2	13,198	10.6	124,516	100.0
1944	28,332	29.7	8,014	8.4	52,115	54.6	7,045	7.4	95,506	100.0

자료: 『화북교통의 운영과 장래』, 1945년 10월.

수송력의 사전적 배분 측면에서도 계획 작성은 화북 현지에 국한되지 않고 대일 물자의 수송 계획은 물론 조선과 만주, 화중과 화남과의 교류 물자에도 적용되었다. 이를 위해 화북교통은 해상 수송과 육상 수송을 전면적으로 통합하기 위해 1943년 11월에 철도 담당의 운수국, 자동차국, 수운국 3개국을 합하여 새로운 운수국을 설치했다.[87] 또한 대외적으로는 중앙의 여러 기관과 연락하여 지시를 받아 육운전가수송을 운영하게 했다. 중앙기관과의 관계를 보면, 기획원은 일본, 만주, 중국을 하나로 묶는 교통을 종합적으로 조정하고, 철도성은 그 정책 실현을 담당했다. 참모본부와 육군성은 현지의 방면군과 야전철도 사령부와 더불어 '싸우는 철도'의 직접적인 감독기관이 되었다. 그 밖에 경제 관계에서는 대동아성을 비롯한 대장성, 상공성, 농림성, 체신성 등과 부단히 연락을 취했다. 그 창구가 된 것이 대륙에서는 앞에서 언급한 대륙철도 수송협의회였고, 일본 내지에서는 철도, 자동차, 수운, 항만 영업에 관해 관계 기관과의 연락과 조사를 담당한 도쿄 지사 교통과였다.[88]

86 交通通信省石田參事官·森田書記官·大東亞省好井技師, 앞의 글.
87 「華北交通職制改革, 決戰態勢玆に確立す」, 『興亞』 第54號, 1943年 12月, 2~3쪽.
88 「東京支社」, 『興亞』 第45號, 1943年 3月, 20~22쪽.

이와 같이 화북교통의 철도 운영은 물자동원계획으로 규정되는 생산 계획과 '이념적'으로 밀접했다. 그러나 수송 실태는 생산 계획과 괴리가 생길 수밖에 없었다. 우선 일본 내지의 중앙정부와의 관계에서는 "중앙 측의 현지에 대한 요청과 현지 수송 계획 수립 사이에 시간적인 지연"이 있었고, 해륙 일관 수송 면에서도 "배선 계획이 당월에 들어 당월 초순에 통지되지만, 전보 연락은 이와 달라 수송 계획까지 시간을 맞추지 못했기 때문에" 철도수송과 선박수송이 괴리가 생겼다.[89]

화북지역 내에서도 실제 생산 상황은 수송 계획 수행에 차질을 불러일으켰다. 덧붙이자면, 석탄 생산의 변동성, 수송 지연, 중복 수송, 작전 수송이라는 네 가지 요인이 1943년의 계획수송을 곤란하게 만든 주요 원인으로 지적되었다. ① 탄광 노무자 부족, 자재난, 전력난, 산지의 저장·적재 설비 미비, 기존의 난굴亂掘로 인한 생산량 감퇴와 난조亂調를 피할 수 없었고, 항만과 소비지의 저장·하차 시설 미비, 하차 노동자 확보난 등의 문제가 겹쳐 석탄 적출의 변동성이 대단히 커졌다. 이러한 석탄 생산의 변동성이 '평조수송을 실시하는 데 최대의 문제'가 된 것이다. ② "정치·경제 상황과 물가 상승 때문에 4·5·6·7월에는 농작물이 증산되었는데도 불구하고 출하가 저조하여 계획 출하를 할 수 없었고 수송량 저하"를 가져왔다. 또한 ③ "화북의 집배 기구 미정비와 출화 통제력 결여 때문에 교착 수송, 중계 재수송 등의 낭비"가 발생하였고, ④ "작전 지역이기 때문에 대규모 작전 수송이 수행되는 경우 일반수송을 계속 폭넓게 제한"했다.[90]

결국 수송력 저하라는 공급 측의 내적 요인보다 생산 계획 차질이라는 수요 측의 외적 요인이 계획수송 실행을 방해했다고 볼 수 있다. 이로 인

89 華北交通株式會社, 「運輸問題」, 1944年.

90 交通通信省石田參事官·森田書記官·大東亞省好井技師, 앞의 글.

표 4-23 1943년도 원인별 수송량 감퇴

원인	감소 톤수(1천 톤)	비율(퍼센트)
석탄 생산 감소	2,150	53
(이 중 콜레라 발생)	(400)	(10)
운전 사고 증가 및 열차 운행 난조	1,100	28
신규 제조 차량 입수 지연	600	15
조선에 대한 화차 공출	150	4
합계	4,000	100

자료: 「운수문제」, 1944년.

한 악영향은 무엇이었을까? 표 4-23을 참조하도록 하자. 1943년의 화물 수송 실적이 수송 계획 4,390만 톤의 91퍼센트인 3,982만 4,000톤에 지나지 않았으며 1942년의 4,064만 3,000톤보다 적었는데, 그 원인을 분석한 것이다.[91] 차량 부족과 운전 사고 발생 등의 원인도 있지만, 역시 석탄 생산 감소라는 외적 원인이 가장 큰 영향을 미친 것을 알 수 있다. 따라서 선택 가능한 계획수송 강화 방안은 공급이 아닌 수요 측의 조정력을 강화하는 것이었다.

화북교통은 철도 부문과 생산 부문의 연계 강화를 추진하고 수송에 대해 상호 책임 관계를 명확히 하는 동시에, 생산 부문에서는 수송과 등을 신설하고 확충하여 협력 체제를 확립하기로 했다. 또한 수송력에 여유가 생기는 6~9월과 춘절 전후에 비축 가능한 화물을 출하하도록 적극 촉구하여 평조수송을 확보하기로 했다. 물자 통제기구 정비와 물자의 자급권 설정에도 노력하여 교착과 중복 발생을 배제하려 했다. 군수품 수송에서도 무조건 최우선권을 부여하기보다는 통상의 보급수송은 '일본·만주행 전력 증강 관계 물자 수송'과 완급 순서를 고려하여 조정했다. 나아가 남선 중계南鮮中繼(조선 남해 항구 경유)를 위해 지역 내 수송이 크게 억제되었던 만큼, 남선 중계와 지역 내 수송의 조정에 관한 재검토가 지적되었다. 그렇지만

91 자료상 1943년도 실적 표 3-1과는 수치가 약간 다르다.

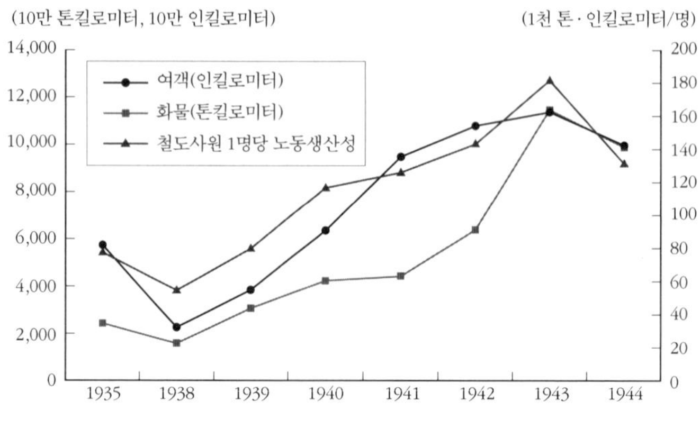

그림 4-10 화북교통의 1인당 노동생산성 추이
자료: 표 3-1.

1944년 들어 화북교통이 실행력을 상실하기 시작했다는 사실에는 재론의 여지가 없다. 즉 해상화물의 전면적인 육운전가 실시는 화북교통의 수송력 강화와 계획수송의 필요성을 높였지만, 전쟁의 추이가 실현을 방해했고, 그 영향이 수송량 저하로 나타난 것이다.

이상과 같이 화북교통은 경영자원이 부족한 상황에서도 보유한 자원을 통해 차량 운용을 중심으로 수송 효율화를 실현했지만, 1943년에 들어서면서 석탄을 비롯한 대륙물자가 본격적으로 육운전가수송되자 소요 운용차가 급격히 늘어 효율이 낮아졌다. 그리고 이러한 배차 능력 저하가 수리 능력 저하와 함께 효율적인 철도 운영을 방해하는 요인이 되었다. 이에 대해 화북교통은 적재량 증가와 차량 연결 증가增結를 통한 수송 단위의 장대화를 추구하여 수송 횟수의 저하를 보완했다.

그 결과 1943년의 경우 톤수에서는 수송량 저하가 명확하지만, 톤킬로미터를 기준으로 하는 수송 실적에서는 오히려 수송량 증가가 확인된다. 여객수송에서는 인원과 인킬로미터의 양쪽 모두 수송량이 늘고 있었다. 그림 4-10에서 사원 1인당 물적 생산성을 보면 1943년도는 1942년도의

표 4-24 1943~1944년도 육운전가의 영업수지에 대한 영향(단위: 1천 엔)

종별				1943			1944		
				수입 증가	수입 감소	차감	수입 증가	수입 감소	차감
철도	여객			582.2	2,765.3	-2,183.1	582.2	2,765.3	-2,183.1
	화물	민수	대일	2,122.2	1,829.1	293.1	8,567.1	8,411.6	155.5
			대만	6,222.1	11,744.5	-5,522.4	6,509.8	12,283.0	-5,773.2
			대화중	6,485.9	11,906.0	-5,420.1	10,570.4	20,902.3	-10,331.9
		군용	대일	640.0	1,384.7	-744.7	640.0	1,384.7	-744.7
			대만	114.1	246.6	-132.5	114.1	246.6	-132.5
			대화중	913.0	1,975.4	-1,062.4	913.0	1,975.4	-1,062.4
		수입 감소 합계				-12,589.0			-17,889.2
	합계					-14,772.1			-20,072.3
부두				1,558.6	1,753.3	-194.7	1,558.6	1,753.3	-194.7
철도와 부두의 수입 감소 합계						-14,966.8			-20,267.0

자료: 화북교통주식회사, 『육송전가가 영업수지에 미치는 영향 조사陸送轉嫁ノ營業收支ニ及ボス影響調』, 1943년 11월.

주: 여객 수입 증가는 여객열차 운휴에 따른 경비 감소, 수입 감소는 톈진·산하이관 여객열차의 왕복 운휴에 따른 수입 감소. 화물 수입 증가는 육운전가 화물의 수송 구간 연장에 따른 수입 증가, 수입 감소는 화물 억제와 차량 공출에 따른 수입 감소, 부두의 수입 증가는 취급 수량 감소에 따른 경비 감소, 수입 감소는 취급 수량 감소에 따른 수입 감소.

144.4에서 182.0으로 향상되었다. 이러한 사실은 화북교통이 1943년까지는 심각한 경영자원 부족과 각종 사고에도 불구하고 조직적 대응력을 제고했다는 판단의 근거다. 그러나 1944년 들어서 화북교통은 그 대응력을 상실하지 않을 수 없었다.

한편 육운전가수송의 영향은 수송량의 변화에 그치지 않고 화북교통의 수지 구조에도 큰 변화를 가져왔다. 전체 화물의 약 절반인 석탄에는 낮은 운임 부담력과 전력 증강상의 중요 물자라는 점에서 저율 운임이 적용되었기 때문에, 장거리 석탄 수송은 채산성이 낮았다. 석탄 화물운임 수입은 수송 원가에도 미치지 못했다.[92] 육운전가가 영업수지에 어떤 영향을 미쳐

92 「創業四周年, 躍進社業の現狀」, 『興亞』 第46號, 1943年 4月, 2쪽.

는지를 화북교통이 자체적으로 분석한 것이 표 4-24이다. 육운전가 화물의 증가로 인해 운임 수입이 증가했지만, 그것을 훨씬 웃도는 다른 화물과 여객의 운임 수입 감소가 발생했으며, 부두 운영을 포함하여 고려하면 1943년에는 1,496만 6,800엔, 1944년에는 2,026만 7,000엔의 수입 감소가 예측되었다.

실제의 영업수지 추이(표 4-25)는 손익 기준으로 1939년 4월부터 9월에 1,174만 7,000엔의 적자를 내고, 1939년 10월부터 1940년 9월에는 불과 9만 1,000엔의 흑자를 기록하여 "주변 포목상의 수익에도 못 미치는 실상"이었다.[93] 그 후 1940년 10월~1942년 3월에 1,898만 1,000엔, 1942년 4월~1943년 3월에 3,141만 8,000엔, 1943년에 5,104만 4,000엔, 1944년에 4,736만 6,000엔의 흑자를 보였으나, 인플레이션을 고려하면 1943년 이후의 수익 구조는 악화되었다고 봐야 한다. 즉 상각償却 등을 뺀 순이익만을 보면 1940년 10월부터 적자에서 벗어나 경영 안정화가 달성되었지만, 그 이후 육운전가와 더불어 경영수지는 다시 적자(1943년 4월~1944년 3월 4,886엔 적자)에 빠져 1944년에는 감가상각을 거의 계상하지 않은 상태에서 겨우 순손익의 흑자를 유지할 수 있었다. 자동차와 하천 수운도 물가 상승에 따라 휘발유 가격을 비롯한 경비의 팽창으로 적자를 기록하여 회사 경영을 더욱 악화시켰다.[94]

이에 따라 화북교통은 연간 영업지출의 30~50퍼센트에 달하는 투자액을 영업수입만으로는 조달할 수 없었기 때문에, 표 4-26과 같이 1945년 3월까지 모기업인 북지나개발로부터 111회에 걸쳐 24억 5,770만 엔을 차입했다.[95] 이 차입금은 화북교통의 자금 조달의 약 70퍼센트에 달한다고

93 「轉轍人語」, 『興亞』 第52號, 1943年 10月, 7쪽.

94 華北交通株式會社, 『會社自動車運營ノ將來ト會社財政ニ及ボス影響(要約)』, 1943年 11月 등.

95 도쿄 지사 경리부 자금계가 차입금에 관한 사무 외에도, 외환관리법에 의해 일본에서 결제해야 하는 일본 구입 물품 대금 연액 약 2억 엔 내외의 예·결산 업무를 담당했다.

표 4-25 화북교통의 영업수지 추이 (단위: 1천 엔)

종별		제1회	제2회	제3회	제4회	제5회	제6회
		1939. 4.~9.	1939. 10.~ 1940. 9.	1940. 10.~ 1942. 3.	1942. 4.~ 1943. 3.	1943. 4.~ 1944. 3.	1944. 4.~ 1945. 3.
철도	수입	65,443	206,182	466,353	426,443	763,281	2,050,760
	지출	75,985	193,746	413,570	367,585	672,980	1,860,621
	손익	-10,542	12,436	52,783	58,858	90,302	190,140
	상각 등	1	498	1,287	11,461	50,393	1,972
	순손익	-10,543	11,939	51,496	47,397	39,909	188,168
	영업계수	116	94	89	89	95	91
자동차	수입	3,076	11,189	32,891	35,946	57,500	118,601
	지출	3,604	14,612	38,291	35,228	55,511	170,923
	손익	-528	-3,423	-5,400	718	1,989	-52,322
	상각 등	559	1,183	4,500	3,888	4,917	508
	순손익	-1,087	-4,607	-9,900	-3,170	-2,929	-52,830
	영업계수	135	141	130	109	105	145
수운	수입		2,334	11,163	7,676	8,307	20,185
	지출		5,262	15,800	12,676	20,250	50,517
	손익		-2,928	-4,637	-5,000	-11,943	-30,332
	상각 등				105	618	79
	순손익		-2,928	-4,637	-5,105	-12,562	-30,411
	영업계수		225	142	167	251	251
이자	수입	135	609	1,120	1,932	2,778	2,906
	지출	812	6,603	24,886	25,091	32,083	63,026
	손익	-677	-5,994	-23,765	-23,158	-29,304	-60,120
합계	수입	68,654	220,314	511,527	471,997	831,866	2,192,452
	지출	80,401	220,223	492,547	440,580	780,824	2,145,087
	손익	-11,747	91	18,981	31,418	51,044	47,366
	상각 등	560	1,681	5,787	15,454	55,928	2,559
	순손익	-12,307	-1,590	13,194	15,964	-4,886	44,807
	영업계수	118	101	97	97	101	98

자료: 화북교통주식회사, 『영업보고서營業報告書』, 각 연도; 『결산 설명 자료』, 각 연도.

표 4-26 화북교통이 북지나개발회사에서 차입한 금액 내역

연월	횟수	금액
1939. 4.~1939. 9.	1~3회	4,500만 엔
1939.10.~1940. 9.	4~15회	1억 4,390만 엔
1940.10.~1941. 3.	16~22회	6,100만 엔
1941. 4.~1942. 3.	23~42회	1억 3,085만 엔
1942. 4.~1943. 3.	43~64회	1억 415만 엔
1943. 4.~1944. 3.	65~93회	1억 2,700만 엔
1944. 4.~1945. 3.	94~111회	18억 4,500만 엔
합계	111회	24억 5,770만 엔

자료: 화북교통주식회사, 『영업보고서』, 각 연도; 『결산 설명 자료』, 각 연도.

주: 1. 1943년도의 1억 2,700만 엔은 1억 5,100만 엔-2,400만 엔(변제금).

2. 합계는 계산상 24억 5,690만 엔이지만 원자료 그대로 게재한다.

여겨진다.[96] 본격적인 육운전가가 수송 내용과 내부 자원 운영, 수송력 배분뿐만 아니라 경영수지를 악화시켜 차입금 의존 체제를 만든 것이다. 이에 본사 자업국이 중심이 되어 1943년 하반기에 수송 실비 조사를 실시했고, 운임 정책과 경영합리화를 위한 기초 자료를 작성했다.[97] 그리고 화북교통은 육운전가수송으로 생긴 경영 악화에 대응하여 화물운임 인상을 가능한 한 억제하고 여객운임 인상을 단행했다.

그림 4-11에서 볼 수 있듯이, 이를 통해 "여객운임은 화북의 통화 팽창에 따른 부동 구매력을 흡수하고 이를 전쟁 수행에 쓰도록 하고 회사 재정 확립에 이바지하는 동시에, 운임 면에서 여객의 질적·양적 규제를 기도"하였다. 반면 화물운임은 "회사 재정 확보를 위해서는 상당히 큰 폭의 인

96 영업 개시 이후 1942년 3월 말까지 사업비와 투자 예정액은 북지나개발주식회사의 현물출자를 제외하고 5억 1,808만 3,000엔의 거액에 달했지만, 그 내역은 타인 자본 75퍼센트(이 중 차입금 67퍼센트, 사내 예금 8퍼센트), 자기 자금 25퍼센트(주식불입금 21퍼센트, 기타 4퍼센트)였다. 그 후 화북교통의 경영수지가 악화되었다는 것을 염두에 두면, 차입금의 비율은 보다 커졌다고 생각된다. 華北交通 主計局資金, 「昭和十八年度事業資金調達對策ニ就テ(案)」, 1942年.

97 田上卓一, 「新に調査が實施される輸送實費調査とは」, 『興亞』 第52號, 1943年 10月, 6쪽.

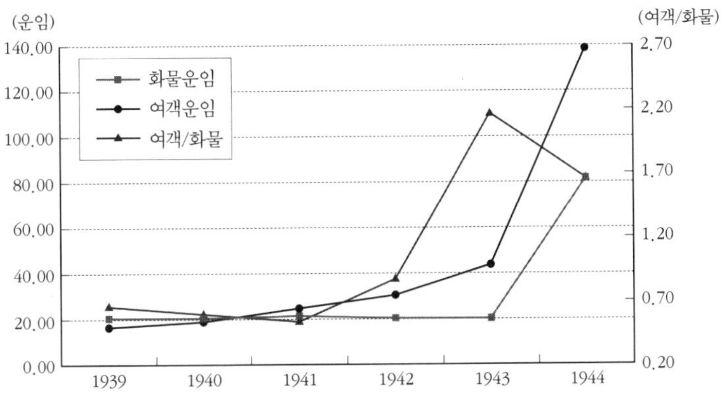

그림 4-11 화북교통의 철도 운임 추이

자료: 『통계연보』, 각 연도; 『화북교통 통계월보』 각 월; 『화북교통의 운영과 장래』, 1945년 12월.
주: 1. 화물운임=화물 수입(엔)/천 톤킬로미터. 여객운임=여객 수입(엔)/천 인킬로미터
2. 여객/화물=여객 수입/화물 수입.

상이 필요하지만 저물가 정책의 견지에서 인상이 극력 억제되어, 전쟁 물자 수송 확보를 기하기 위해 전쟁 물자 급생필품에는 극히 낮은 운임을, 고급품에는 높은 운임을 부과하여 운임 면에서도 불급화물不急貨物〔우선 순위가 낮은 화물―인용자〕을 억제" 했다.[98] 그 결과 1941년의 여객 수입은 화물 수입의 27퍼센트에 지나지 않았지만 1943년 들어 152퍼센트로 증가하여, 육운전가 개시 이후의 철도 경영을 지탱했다. 운임 체계 설정에서도 화물에 최대한 중점을 두는 조치가 취해져, 여객수송에서 화물수송으로 내부 보조가 이루어진 것이다.

98 華北交通株式會社, 『華北交通の運營と將來』.

V 수송 위기와 자활자전 태세

1. 수송 위기와 수송력 확보 대책

(1) 화북교통의 수송력 저하 과정

1) 철도수송의 동태

화북교통은 아시아태평양전쟁 개전 이후 "해상 수송 물자의 육운전가와 그 비약적 증대, 자금 및 자재 압박, 종사원의 양적·질적 저하, 물자 생산 능력의 정체 및 파동, 물가의 등귀와 식량난 그리고 이로 인한 생활 불안, 사상의 악화, 이에 더하여 치안의 불량 등"에 직면했다.[1] 이 요인들이 "상호 착종, 통합하여 회사를 운영하는 데 위협"이 되었다. 이러한 가운데서도 1943년까지는 생산성이 증가했음은 이미 기술한 바이지만, 1944년 중반이 되자 정세는 더욱 악화되었다.

해상 수송력이 저하됨에 따라, 일본의 전시경제 운영을 위한 화북의 전략 물자 공급이 더욱 중요해졌다. 1944년의 화물수송계획을 보면, 군용품

1 華北交通株式會社, 『輸送の現況と輸送力確保對策』, 1945年.

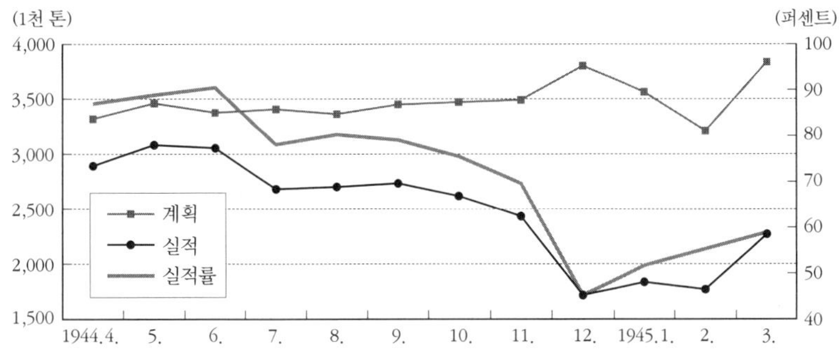

그림 5-1 화북교통의 1944년도 화물수송계획 및 실적

자료: 화북교통주식회사 도쿄사무소 교통과 제1계東京事務所交通課第一係, 「쇼와 19년도 철도 운수 성적 조사昭和十九年度鐵道運輸成績調」, 1945년.

주: 이 통계는 표 3-1의 수치와는 약간 다르지만, 수송 추이를 파악하는 데는 큰 문제가 없기 때문에 그대로 제시한다.

728만 8,000톤, 회사용품 630만 톤, 영업품 2,984만 7,000톤(석탄 1,708만 3,000톤, 물동물자 783만 6,000톤, 생활필수품 216만 톤, 기타 276만 8,000톤)으로 도합 4,343만 5,000톤이었다. 이 수치는 1942년도의 실적 3,902만 3,000톤보다 441만 2,000톤이나 많았다.[2] 그러나 그림 5-1의 월간 실적률을 보면 1944년 6월까지 91퍼센트를 기록하는 등 수송 상태가 양호하다가 7월부터 하락하기 시작하여 11월에는 70~80퍼센트가 되었다. 이어 12월부터는 급격히 악화되어 1945년 3월까지 50퍼센트대로 떨어졌다. 이른바 수송 위기가 발생한 것이다.

이러한 화물수송의 저하 원인을 규명하기 위한 실마리는 표 5-1이다. 1944년 7~8월 중순의 수송 감소량은 772톤이었는데, 그 원인을 내역별로 보면 공습 18만 톤으로 23퍼센트, 하역 장애 18만 6,000톤으로 24퍼센트, 화중행 적차 정체 7만 5,000톤으로 10퍼센트, 타선 관계 화차의 출입 불균형 17만 톤으로 22퍼센트, 운전 사고·수해 등 16만 1,000톤으로 21

2 大東亞省總經好井技師, 「二十年度北支鐵道輸送計劃參考案」, 1944年 11月 2日.

표 5-1 화북교통의 1944년 7～8월 화물수송 성적 부진 검토 (단위: 1천 톤)

항목		7월분	8월분			
			초순	중순	하순	계
수송 계획량		3,412	1,087	1,087	1,196	3,370
수송 실적		3,045	851	918		
수송 감소량		367	236	169		
수송 감소 원인	공습	80	80	20		
	하역 장애	108	55	23		
	화중행 적차 정체	47	15	13		
	타선 관계 화차의 출입 불균형	25	60	85		
	운전 사고, 수해 외	107	26	28		

자료: 화북교통주식회사 운수국, 「쇼와 19년 7·8월분 화물운수 성적 부진 검토昭和十九年七, 八兩月分貨物運輸成績不振ノ檢討」, 1944년 8월 24일.
주: 하역 장애는 노동자 부족, 강우, 물가 등귀 등이 주요인이었다.

퍼센트를 차지했다. 같은 해 9월 신징에서 열린 제5회 대륙철도 수송협의회에서도 1944년 7～8월분 대륙 물자 육운전가수송의 실적 저하가 검토되었다. 이 자리에서 "화북의 발송은 물자동원계획 20만 2,000여 톤에 대해 실적 14만 6,000여 톤으로 72퍼센트였는데, 주원인은 특수한 사정으로 인해 화차 운용이 여의치 않고 노동력난이 계속되어 광물 및 석탄의 출하가 불량하고, 이에 더해 기후 불량과 소운송력 부족에 의한 소금 출하 감소, 〔조선—인용자〕 경의선 수해 및 부산항 하역 지장으로 인한 발송 정지 때문"이라고 보고되었다. 요컨대 '특수한 사정'인 공습과 게릴라에 의한 피해를 비롯해 차량 운영 능력 저하, 소운송력 부족, 수해 발생, 항만 하역 부진 등이 대일 수송이 저하된 원인이라고 지적된 것이다. 그 가운데서도 소운송력 부족의 중요성을 감안한 화북교통은 1944년 10월 1일 본사에 소운송국을 설치하여 화북운수를 인수하고 소운송을 직접 담당했다.[3]

이러한 화물수송 저하에 비해 여객수송은 약간 다른 양상을 보였다(그림

3 華北交通株式會社社史編集委員會 編, 앞의 책, 705쪽.

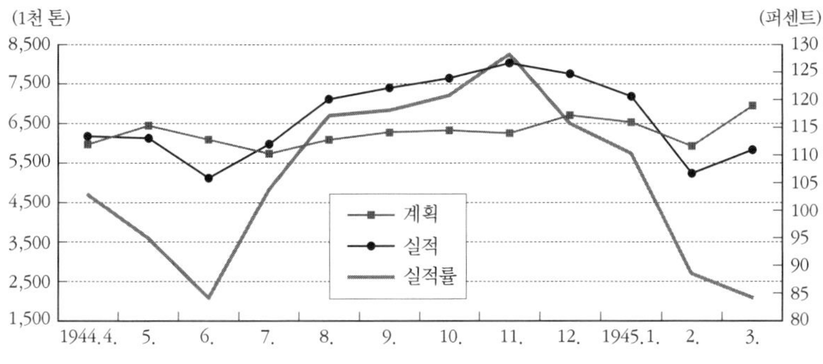

그림 5-2 화북교통의 1944년도 여객수송계획 및 실적

자료: 화북교통주식회사 도쿄사무소 교통과 제1계, 「쇼와 19년도 철도운수 성적 조사」, 1945년.

5-2). 실적률이 1944년 6월에 84퍼센트를 기록하고 7월부터 이듬해 1월까지 100퍼센트를 웃돈 다음 저하하기는 했지만, 화물수송에 비해 80퍼센트 이상의 양호한 상태를 나타냈다. 당시 여객수송은 화물에 최대한 중점을 둔 방침으로 인해 열차편이 줄고 여행증명서 제도가 단행되어 질과 양 모두가 통제를 받고 있었기 때문에 여객 증가는 상상을 뛰어넘을 정도의 차내 혼잡도를 수반했다고 생각된다. 그럼에도 불구하고 많은 중국인이 열차를 이용하지 않으면 안 되었던 이유에 의문을 갖지 않을 수 없다.

표 5-2는 당시의 여객수송 동태를 보여준다. 이 자료는 화북교통이 실태를 파악하기 위해 1944년 11월 15일부터 3일간 각 열차의 승객들을 대상으로 여행 목적을 조사한 결과이다. 우선 여행 목적을 보면 군무, 공무, 회사 업무 등의 공적 목적은 비교적 적었고, 매출·매입, 가사, 귀성 등이 많았다. 여행자의 신분을 보면 군인과 군속, 관공리, 회사원, 화북교통 사원 등 공직에 있는 자는 적은 반면 상인과 농민의 비율이 압도적으로 높았다. 이 점을 염두에 둔다면, 식량을 비롯한 생필품이 부족한 가운데 일반 화물이 통제되어 화물수송이 여의치 않자, 생필품 구입이나 판매를 위한 철도 여행이 증가한 것이라고 할 수 있다. 즉 수하물 형태의 생필품 수송

표 5-2 화북교통의 여행 목적 조사 (1944년 11월 15~17일, 각 열차, 각 등급)

신분 \ 용무	군무	공무	회사 업무용	상용	취직	가사	귀성	매출 매입	이주	요양	병문안	기타	합계	
													인원	비율
군인, 군속	4,780	1,073	3	5	31	164	135	6	28	57	25	84	6,391	6.0
관공리	33	1,892	122	21	136	461	340	77	59	73	110	103	3,427	3.2
회사원	7	269	2,844	285	225	701	500	367	118	87	168	389	5,960	5.6
사원 및 가족	3	176	1,738	28	94	1,242	490	486	68	101	194	566	5,186	4.9
교원, 학생		77	13	10	138	446	524	165	42	47	142	837	2,441	2.3
노공		51	106	169	1,309	1,044	2,240	914	897	77	87	722	7,616	7.2
난민				42	82	201	992	1,071	2,149	19	12	429	4,997	4.7
상업	2	10	145	10,567	208	2,166	1,901	15,386	334	144	454	497	31,814	30.1
농업		4	18	563	278	2,155	1,585	19,008	483	66	285	648	25,093	23.7
토목 겸업	6	49	216	255	185	238	316	297	81	31	39	237	1,950	1.8
기타	2	11	8	70	31	343	223	953	36	60	142	1,521	3,400	3.2
무직		3	1	143	152	1,151	711	4,185	302	73	241	595	7,557	7.1
합계 인원	4,833	3,615	5,214	12,158	2,869	10,312	9,957	42,915	4,597	835	1,899	6,628	105,832	100.0
합계 비율	4.6	3.4	4.9	11.5	2.7	9.7	9.4	40.6	4.3	0.8	1.8	6.3	100.0	

자료: 화북교통주식회사, 「여행 목적별 조사표旅行目的別調査表」, 1944년 11월.

이 많은 부분을 차지했다고 볼 수 있다. 전시의 '불요불급' 여행 통제에 반하여 새로운 수송 수요가 발생했기 때문이다.

2) 저하된 내부 자원 관리 능력

이제 화북교통의 경영자원 운용력 저하를 분석해보자. 물적자원 공급 측면을 보면, 1944년 들어서부터 자재 공급이 더욱 어려워졌다. 강재 입수량과 침목 입수 상황(표 4-7과 표 4-8)은 같은 해 12월에 각각 1만 6,021톤과 2,337천 정으로 예측되어, 요구량에 대한 비율이 불과 15퍼센트와 56퍼센트에 지나지 않았다. 전년도부터 감소한 신규 제조 차량 입수량(표 4-9)은 기관차 44대, 화차 933대로 예측되어 회사 요구량의 28퍼센트, 48퍼센트에 지나지 않았다. 철로공창의 자재도 연관, 강판, 스프링 강, 선철, 자동연결기, 납, 안티몬, 산소 및 카바이트, 고무 제품 등이 전반적으로 입수가 어려워졌다. 그중 자료를 통해 전년도와 비교하여 규격품과 규격 미달품의 비율을 알 수 있는 연관을 살펴보자. 표 5-3과 같이 1944년도 입수율이 전년도의 70퍼센트에서 크게 떨어져 24퍼센트에 지나지 않았고, 규격 미달품의 비율은 44퍼센트에서 84퍼센트로 대단히 높아졌다. 이 수치는 1944년 말의 것으로, 제4분기분을 포함하지 않았지만, 입수량이 극히 적어지고 입수한 자재조차 많은 부분이 불량품이었던 것이 사실이다. 1944년부터는 철로공창에서 차량 수리 외에 포탄을 제조하기 시작했다.[4] 이 때문에 일반적인 차량 수리 능력이 저하되었고, 기관차의 휴차율도 높아졌다(표 3-22, 그림 4-7).

인적 운용에서도 화북교통은 심각한 상황에 처했다. 노동력 부족과 질적 저하에 관해서는 이미 앞에서 여러 차례 지적했다. 1944년에 들어서부

4 中共青島鐵路地區工作委員會·中國科學院山東分院歷史研究所·山東大學歷史系 編著, 『膠濟鐵路史』, 山東人民出版社, 1961年, 146쪽.

표 5-3 기관차용 연관 입수 상황

	1943년		1944년	
	규격품	규격 미달품	규격품	규격 미달품
연도 요구량	867톤		648톤	
실제 입수량	340톤	269톤	24.7톤	128톤
입수율	70퍼센트		24퍼센트	
규격 미달품 비율	44퍼센트		84퍼센트	

자료: 『수송 현황과 수송력 확보 대책』, 1945년.
주: 1944년도는 1944년 말을 시점으로 했다.

표 5-4 각국별 현업원의 결근율 (단위: 퍼센트)

연월	톈진	베이징	장자커우	지난	타이위안	카이펑	스먼	쉬저우	합계
1943년도	8.4	12.0	8.4	8.9	16.0	9.4	12.0	9.4	10.5
1944년 12월 평균	9.1	22.8	14.8	19.2	31.3	37.0	22.9	35.7	24.1

자료: 화북교통주식회사, 『쇼와 20년도 기관차 차량 보수 능력 증강 대책昭和二十年度機關車車輛補修能力增强對策』, 1945년.

표 5-5 카이펑 기무단의 현업원 결근율 (단위: 퍼센트)

	1944년 12월 6일	12월 7일	12월 8일	12월 15일	12월 20일	12월 25일
사기원	28	34	44	44	29	29
사로	47	51	66	43	37	31
장수공	38	63	59	43	49	32

자료: 『쇼와 20년도 기관차 차량 보수 능력 증강대책』, 1945년.

터는 "전국의 추이에 민감한 중국 사회 정세의 급변과 물가 상승으로 인한 중국인 종사원의 생활난 및 사상적 동요와 이를 이용한 적의 모략과 암약"이 눈에 띄었다. 예를 들어 자오지 선에는 중일전쟁이 발발한 1938년에 이미 '자오지 철로직공 항일연합회'가 결성되어 있었으며, 내부적으로는 지하조직인 '철로공위'가 주도하여 각종 자재 등을 절취하고 무단결근은 물론 태업을 벌이기도 했다. 심지어는 고의로 사고를 일으키거나 해방구로 물자를 수송하기도 했다.[5] 그림 5-4를 보면 현업원의 결근율이 1943년도의 10.5퍼센트에서 높아지기 시작하여 1944년 12월에는 24.1퍼센트에 달했다. 공습의 영향이 컸던 카이펑철로국의 경우(표 5-5), 결근율이 같은 기간에 9.4퍼센트에서 37.0퍼센트로 높아졌는데, 그중에서도 기무단의 장수공(기관차 수리공) 결근율은 날짜에 따라 63퍼센트에 달하기도 했다. 이것이 수송력의 감퇴로 연결된 것은 물론이다. 이처럼 물자부족에 따른 생활난과, 그것의 근본적 원인인 전황의 악화는 종사원뿐만 아니라 연선의 치안에도 영향을 미쳤다.

이러한 상황에서도 1944년 4월부터 허난작전에 따른 요원 및 자재의 공출 전용이 폭넓게 진행되었다. 1943년 말부터 대본영은 머지않아 태평양에 있는 미군의 공세에 호응하여 충칭의 국민당정부가 총반격을 할 것으로 예상했다. 이에 따라 ① 미군의 B-29 폭격기 기지 탈취, ② 구이류桂柳지구에서 충칭에 대한 총반격과 봉쇄, ③ 남방과의 육상교통로 확보, ④ 그 결과로 충칭 전력을 쇠멸시킬 것을 목적으로 철도과가 중심이 되어 '북중지 및 중남지 타통打通'을 내용으로 하는 대동아 종관철도 건설 연구에 착수했다. 그 결과 1944년 4월부터 1개 야전철도 사령부, 7개 철도연대, 7개 독립철도대대, 1개 철도재료창 등이 대륙타통작전을 개시하여 같은 해 8월에 완료했다.[6] 이 과정에서 제2야전철도 사령부는 화북교통의 사원 약 1,500명으로 구성된 총무·경리·운수·공무·전신·경무의 각 반으로 허난 특설운수대를 편성하여 대륙타통작전에 투입했다.[7]

---

5 中共青島鐵路地區工作委員會·中國科學院山東分院歷史硏究所·山東大學歷史系 編著, 앞의 책, 119~154쪽.

6 第一復員省史實調査部,『大東亞戰爭間に於ける軍事鐵道記錄 其の一』, 1947年 3月, 14~16쪽, 防衛硏究所圖書館 所藏.

7 梅田義雄,「河南作戰と鄭州事務所」,『華北交通外史』, 華北交通外史刊行會, 1988年, 416~422쪽; 元第二野戰鐵道司令官 陸軍 中將 村治敏男,「河南作戰の回想」,『華交』, 第13號, 1966年 3月 30日, 2쪽; 中村善助,「幻の特設輸送隊顚末記」,『華交』, 第106號, 1984年 3月 1日, 4~5쪽.

이 작전은 충칭에 있는 국민당정부에 심대한 타격을 가했다.[8] 그러나 화북교통은 작전이 종료된 후 군이 경영했던 황허 강과 신양信陽 간의 노선을 급히 인계받아 운행을 책임져야 했다.[9] 이를 위해 정저우鄭州 사무소가 1944년 7월에 설치되었고 일본인 2,872명, 중국인 3,312명 등 도합 6,184명과 차량 등이 남부 징한 선 개통에 투입되었다. 이 때문에 화북교통의 인력난과 자재난은 더욱 악화되었다. 예를 들어 중국인 선로공의 경우, 1944년 12월에 정원 1만 5,000명에 결원은 3,500명에 달했는데도 불구하고 1,300명이 파견되었기 때문에, 정원 보충이 70퍼센트 이하로 낮아졌다. 또한 운용 차량 공출은 차량 부족을 악화시킬 뿐만 아니라 공출 기관차의 해체와 조립, 황허 강 교량 준설 자재 제작, 남부 징한 선에서 파손된 차량 수리, 급수작업반 출동 등을 필요로 했기 때문에 기존 철로공창에도 큰 부담이 되었다.[10] 이로 인해 상실한 공창 인공은 기관차 일반 수리 100대분에 해당하는 10만 4,264인공에 달했다고 한다.[11]

이 공출은 다른 대륙철도와 연락 수송하는 작업을 저해하기도 했다.[12] 사이판 함락 후에는 해상 수송력이 급격하게 떨어지고 조선 남해항에 대한 배선이 급감했다. 부두에 수송되지 못한 재화가 격증했고 차량의 정류 현상이 눈에 띄게 나타났으며, 화북에서 만주를 거쳐 조선에 이르는 수송 경로의 화차 운용 효율도 나빠졌다.[13] 그럼에도 불구하고, 화북에서 화중으로 진입한 화차는 1일 평균 1,338대로 협정 대수에 비해 738차를 초과

8 石島紀之 · 久保亨 編, 『重慶國民政府史の硏究』, 東京大學出版會, 2004年, 148쪽.

9 신양信陽과 한커우漢口 간은 화중철도가 담당했다.

10 華北交通株式會社, 「運用車確保に對する對策」, 1945年.

11 華北交通株式會社, 『輸送の現況と輸送力確保對策』, 1945年.

12 大陸鐵道輸送協議會事務局, 『第五回大陸鐵道輸送協議會議事錄(別冊)』, 1944年 9月, 17~18쪽.

13 林采成, 『戰時經濟と鐵道運營: 「植民地」朝鮮から「分斷」韓國への歷史的經路を探る』, 東京大學出版會, 2005年, 149쪽.

했다. 이러한 가운데 허난작전으로 인해 차량의 운행 거리가 증가한 현상은 '타선 화차의 출입 불균형'을 더욱 악화시켰다. 그 결과 화북교통 화차의 배차 비율과 운용 효율은 각각 1943년의 54.8퍼센트, 29.0퍼센트에서 1944년도에는 32.2퍼센트, 23.8퍼센트로 낮아졌다(그림 4-9).

또한 이 작전에는 철도경비력도 동원해야 했기 때문에 빈틈을 노린 항일 게릴라들이 '적피아타敵疲我打(적이 피로하면 우리는 공격한다. 즉 적이 약화되면 공격을 가한다)' 공세를 벌여 철도에 끼치는 피해가 많아졌다.

3) 항일 게릴라의 적피아타 공세

화북교통은 애로사업이 항일 게릴라의 활동을 억제하는 관건이 된다는 취지에서 1941년부터 철로애호회를 대신하여 애로위원회를 설치하는 한편 애로촌愛路村을 조직하는 데도 주력하여 1939년에 4,512촌이었던 것을 1942년 12월에는 1만 277촌으로 증설했다.[14] 그리고 자업국 계통 농업 기술 부문의 일부를 애로 업무에 통합하고 애로혜민연구소를 증설하여 연선 주민의 생활과 산업 개선을 시도했다. 예를 들어, 화북교통은 애로촌을 통해 쌀, 밀, 콩, 피마 등의 우량 종자 약 85만 킬로그램, 유산암모니아 196만 킬로그램, 농약 등을 배부했다. 그 밖에도 카이펑 관내의 싱룽興隆 모범애로촌을 비롯한 지역에 일본인들과 그 가족들을 입촌시켰다. 1943년 2월에는 경무단과 경무 분소의 중간에 지도 경무 분소를 설치하고 현지 지도 기관을 강화하는 한편 같은 지점에 현지의 "애로사업을 위한 보좌 기능"을 갖는 애로구를, 다른 각 경무 분소 소재지에는 애로 분구를 설치했다. 그 결과 치안이 안정되기 시작했고, 1942년에는 항일 게릴라에 의한 피해가 표 5-6과 같이 전해에 비해 294건이나 감소했다.

그러나 게릴라에 의한 피해는 1943년이 되자 다시 1941년 수준으로 돌

14 「創業四周年躍進社業の現狀」, 『興亞』, 第46號, 1943年 4月, 4~5쪽.

표 5-6 화북교통의 철도 게릴라 피해 사고(1941년 1월~1944년 12월, 단위: 건)

항목	1941	1942	1943	1944
철도 폭파	243	238	264	138
운행 방해	240	182	217	345
통신 방해	266	264	372	616
역사 습격	240	106	129	143
열차 습격	59	32	51	81
사원 피해	176	108	191	229
합계	1,224	930	1,224	1,552
전년도 대비 증감		−294	+294	+328

자료: 『수송 현황과 수송력 확보 대책』, 1945년.

표 5-7 화북교통의 철도 노경 전과(1941년 1월~1944년 12월, 단위: 건)

항목		1941	1942	1943	1944
전투 횟수	단독	228	341	438	441
	협력	345	245	204	202
전과	사살	36	289	592	399
	포로	41	443	609	404
	소총	82	330	388	424
	경(중)기관총	4	10		4
	탄약	50,739	4,686	11,872	7,494
	수탄	67		566	719
	권총	11	57	170	52
	나귀			31	
	말			38	17

자료: 『수송 현황과 수송력 확보 대책』, 1945년.

아갔고, 1944년에 들어서는 328건이 증가했다. 그 내용을 보면, 역사와 열차가 습격당했다는 데서 알 수 있듯이 공격이 대담하고 적극적이었다. 표 5-7과 같이 회사 단독의 전투 횟수가 1943년부터 증가하고 사살과 포획 등의 전과가 늘기는 했지만, 이는 치안력이 확보되었기 때문이 아니라 오히려 게릴라들의 공격이 전보다 적극적이었기 때문에 나타난 현상이었다. 피해 상황은 1943년에 레일 1,466개, 이음판 4,759매, 볼트 1만 4,528개,

침목 고정못 7만 5,167개, 침목 3만 859정이었고, 1944년(10월까지의 7개월분)에는 레일 946개, 이음판 3,973매, 볼트 1만 568개, 침목 고정못 3만 4,241개, 침목 7,910정이어서, 1개월분을 기준으로 보면 1944년에 레일과 이음판, 볼트 등의 피해가 늘었음을 알 수 있다. 피해를 입은 철도 현장에서 공산계 지하조직이 항일 게릴라들과 함께 활동한 것은 물론이다.[15]

이러한 피해 증가는 중국 전선에서 남방으로 많은 병력이 이동하여 전력이 현저하게 낮아진 북지나방면군에 대해 항일 게릴라들이 '적피아타' 공격을 전개한 결과였다. 철도에서는 연선 애로촌민과 철도 종사원에 대한 항일 게릴라의 제반 공작, 그리고 허난작전에 따른 병력 추출과 전용에 의한 화북교통의 경비 병력 약화가 주요인이었다.

당시 경무 종사원은 2만 5,000명(일본인 6,300명)이었는데, 업무의 특질상 인력 소모율이 극히 높아 연간 13.2퍼센트인 3,300명(일본인 880명)에 달했다. 게다가 갈수록 일본인 보충이 곤란해졌기 때문에 1944년 12월 말에는 일본인 1,750명(28퍼센트)의 결원이 생겼다.[16] 경비의 중핵을 이루는 일본인의 대량 결원은 철도 업무 수행에 크나큰 지장을 초래했다. 나아가 미군의 공습이 격심해지면서 경무 기관의 업무가 격증하고, 그에 따라 환자도 증가했다. 또한 각종 총기와 척탄통 등의 병기가 부족하고 정비 불량이 많아 일본군의 지원이 필요해졌다.[17] 항일 게릴라들은 1944년 말까지는 전면적인 무력 공세를 피하고 유격전을 구사했지만, "제반 정세가 더욱 유리해진 시기가 올 경우 호호呼號와 더불어 무력을 중심으로 총반격을 가할 것"으로 예상되었다.

15 中共青島鐵路地區工作委員會·中國科學院山東分院歷史研究所·山東大學歷史系 編著, 앞의 책; 知俠, 『鐵道遊擊隊』, 上海新文藝出版社, 1954年.

16 華北交通株式會社, 『輸送の現況と輸送力確保對策』, 1945年.

17 1944년 말 주요 병기의 부족 상황을 보면, 칼 62자루, 총검 4,333자루, 소총 4,220정, 권총 283정, 경기관총 784문, 중기관총 68문, 척탄통 27문이었다.

이 때문에 경비에 중점을 둔 화북교통은 경무 종사원을 배치할 때 대륙 물자의 남북 수송 경로인 징산·징한·진푸의 3개 노선에 중점을 두었고, 종래의 전수적專守的 방어를 적극적인 경비로 바꿨다. 즉 각 경무단과 분단마다 훈련대를 설치하고 도합 163대隊로 상시 훈련을 하여 전력을 향상시키는 동시에 경비대 임무를 부여하여 수시로 "과감한 유격을 감행"했다. 화북교통은 이미 1943년 9월에 외곽 경비를 위해 경무별동대를 신설하여 징산·징한·진푸의 3개 노선에 배치하고 이를 확대, 강화하려 했다. 그 중에서도 일본 내지와 연결되는 경로인 징산 선의 중요성과 지둥 지구의 게릴라 활동을 감안하여 1944년 7월 말에 베이탕 이북의 산하이관까지를 중점 지구로 정하고 경무원 450명을 증강하여 방어 시설을 강화했으며, 나아가 톈진국天津局 간부를 그 중심인 탕산으로 이주시켜 경무 태세의 지도력을 강화했다.

또한 화북교통은 회사의 경비력 강화를 위해 중앙 및 각 철도국 경무훈련소의 학생대를 급거 증원하는 한편, 본사와 각 철도국에 청년대 정신중대挺身中隊(일본인 약 1,000명)를 편성했다. 1943년 11월의 제3차 직제 개정에서는 애로 공작의 중요성을 감안하여 경무국의 애로 공작 업무를 분리하고 민생주간, 식산주간, 육성주간, 조사역, 중앙철로농장, 영륜映倫(영화 프로파간다) 사무소로 구성된 애로국을 신설하여 애로촌민 통제를 강화했다.[18] 그리고 철도 종사원에 대한 항일 스파이들의 공작 활동에 대한 대처로 사내의 내통자 및 철도 용지 주변의 적 조직을 척결하기 위해 회사 내에 97개 대의 정모반偵謀班을 편성하고 1945년 1월부터 '스파이 척결偵諜剔抉'을 전담하도록 했다. 그러나 이러한 조치에도 불구하고 항일 게릴라들의 활동과 화북교통의 피해는 오히려 늘었다.

18 「華北交通職制改革, 決戰態勢玆に確立す」, 『興亞』, 第54號, 1943年 12月, 3~4쪽.

4) 미군의 공습 전개

1944년 들어 화북교통의 철도수송력 감퇴에 결정적인 영향을 미친 것은 미 공군의 공습이었다. 미군 측은 B-29 폭격기로 중국의 기지에서 일본의 광공업지대를 폭격하려는 마터호른작전Operation Matterhorn을 추진했고, 1944년 4월에 청두成都비행장이 건설되자 같은 해 5월부터 제20폭격군단의 공습을 본격화했다.[19] 또한 물자 전략 면에서 일본의 수송을 차단하고 수송력을 저하시키기 위해 중요 정차장과 조차장 및 선로와 같은 교통 요지, 교량과 터널처럼 복구가 힘든 철도 구조물, 전화교환소, 급수시설, 기관고, 공창 등의 주요 시설, 운행 중인 열차의 부근 선로 등을 파괴하려 했다.[20]

이에 1944년 5월부터 12월에 걸쳐 738기의 미군 항공기가 화북지역에 내습하여 총격 268회, 폭격 27회, 총폭격 9회 등의 공격을 감행하고 기관차 300대, 객차 100대, 화차 162대에 피해를 입혔다. 인명 피해로는 5~9월에 일본인 27명, 중국인 90명이 즉사하고 일본인 66명, 중국인 187명(종사원 및 기타)이 부상당했으며, 10~12월에는 일본인 8명, 중국인 54명이 즉사하고 일본인 10명, 중국인 66명(종사원)이 부상을 당했다.[21] 시기적으로 보면 그림 5-3과 표 5-8에 보이듯, 1944년 10월부터 본격화되었다가

19 중국 청두에서 B-29를 출격시켜 일본 내지의 공업지대를 폭격한다는 마터호른작전은 ① 전진기지를 지원하는 데 필요한 연료, 폭격 및 수리 부품을 히말라야산맥을 넘어 인도로부터 보급해야 할 뿐만 아니라, ② 일본 본토에 도달하기까지 일본 점령 지대를 통과하는 장거리 비행이 불가피하기 때문에, 전략폭격 효과에 비해 많은 비용을 지불하지 않으면 안 되었다. 이로 인해 마리아나 함락 후 사이판이 B-29의 전진기지가 되었다. 米國戰略爆擊調査團, 『太平洋戰爭V: 太平洋戰爭報告書 1946~1947』, みすず書房, 569~604쪽; Arthur N. Young, *China and the Helping Hand, 1937-1945*, Harvard University Press, 1963, pp.276~278·407~408; 臼井勝美, 『日中戰爭』, 中央公論新社, 2000年, 170~173쪽.

20 항공기의 종류에 따라 중폭격기는 분기 역, 주요 역, 조차장, 건축물을 폭격하고, 경폭격기는 폐색 구간과 열차 전복을 목표로 하였다. 폐색 구간에서의 열차 전복은 복구하는 데 긴 시간이 필요했다. 第1430部隊若松部隊長, 「鐵道防空の理念」, 『興亞』, 第52號, 1943年 10月, 2~4쪽.

21 華北交通株式會社, 「北支空襲狀況(自五月至十二月)」, 1945年.

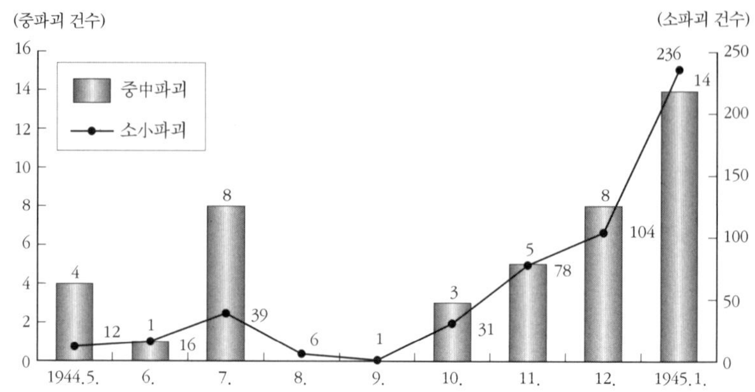

그림 5-3 화북교통의 공습 피해 기관차 대수
자료: 『기관차 휴차개표』, 1945년 1월 31일.

표 5-8 **화북교통의 철로국별 월별 공습 건수** (단위: 건)

월별	텐진	베이징	장자커우	지난	타이위안	카이펑	스먼	쉬저우	합계
1944. 4.						1			1
5.		6	1		9	5	1		22
6.					17	1	7	1	26
7.	1			1	12	5			19
8.					13	1			14
9.				2	1	1			4
10.					23	1	7	1	32
11.				9	23	10	15	12	69
12.	6	5		9	44	8	22	10	104
1945. 1.(초순)						2		1	3
계	7	11	1	21	142	35	52	25	294

자료: 『기관차 휴차개표』, 1945년 1월 31일.

1945년 들어 이전의 규모를 훨씬 웃돌 정도의 대규모로 변했다. 유럽에서 B-17 공군사단 사령관으로 명성을 날린 커티스 르메이Curtis Emerson LeMay 중장이 제20폭격군단의 신임 사령관으로 부임한 후 4기의 다이아몬드형으로 이루어진 3개의 편대를 하나의 통합된 12기 방어진형 편대로 바꾸고 B-29의 작전 빈도를 높여 전투승무원의 훈련을 강화한 것이 효과를 거두었기 때문이다. 이로 인해 B-29의 전진기지인 청두에서 가장 가까운 타이위안, 스먼, 카이펑에 대한 공격이 많았다.

많은 공습 가운데 1944년 7월 17일에 벌어진 카이펑 공습 상황을 보면, B-25 7기가 1분간 공습한 결과 역사와 플랫폼, 기무단 운전실, 차고 기술실 등이 반파 또는 전파되었고, 검차단의 열차검사소, 조사실 등도 대파되었다.[22] 그 밖에 공무단의 레일 44개, 침목 450정, 침목 고정못 및 이음판 볼트 다수가 피해를 입었고 전신주 23본과 전기단의 통신전선로가 절단되었다. 또한 약 64킬로미터의 전선과 672미터의 케이블이 절단되었으며, 완목腕木 101개와 영선소營繕所 사무실이 전파되었고 용품고가 대파되었다. 종사원이 입은 피해도 심각하여 일본인 11명, 중국인 56명이 사망했고, 일본인 7명, 중국인 33명이 중상을 입었으며, 일본인 29명, 중국인 52명이 경상을 입는 등 도합 188명의 사상자가 발생했다. 통신과 선로를 복구하는 공사가 같은 달 19일까지 완료되기는 했지만, 공습으로 인한 수송력 감퇴는 더 이상 무시할 수 없었다.

이에 따라 화북교통에는 방공 시책이 시급한 과제로 떠올랐다.[23] 1943년 4월 이후 방공 총본부를 설치한 화북교통은 1944년 4월부터 일본인 2명, 중국인 12명으로 구성된 대공 감시소를 45곳에 설치하고, 7월에는 군에서 고사포 17문을 대여하여 롼허灤河, 톈진 등의 각 노선 요소에 배치했다. 또한 11월에는 역시 군에서 빌려 온 박격포 40문을 징산 선의 주요 지구에 설치하고, 관내 16곳에 소총 및 경기관총을 보유한 대공 사격 전담부대를 배치했다. 미군 비행기가 주행하는 기관차에 자주 총격을 가하자, 주요 노선을 운행하는 화물열차들은 6월부터 군의 원조를 받아 경기관총 1

22 華北交通防空總本部, 『新鄕開封塘沽空襲被害狀況說明』, 1944年 7·8月.

23 華北交通株式會社, 『輸送の現況と輸送力確保對策』.

문과 소총 몇 정으로 무장하고 대공 경계 승무를 실시했고, 이를 연말까지 주간에 운행하는 모든 열차로 확대했다.

화북교통은 차량과 시설을 방호하는 데 역점을 두었다. 주요 시설에 대한 근본적인 방호 조치는 주요 시설을 소개하고 분산하는 것이 가장 바람직했지만, 자재 확보가 대단히 곤란하고 상당한 시간이 필요했기 때문에 당분간 방호벽 설치와 위장, 은폐 등의 조치가 실행되었다.

차량의 경우, 기관차 방호를 위해 주요 참과 기무단에 차폐 분산선을 신설하고 기관차 엄체掩體 시설요령에 따라 벽돌이나 흙을 쌓아 1,056곳에 기관차 방호벽을 구축했다.[24] 또한 기관사 방호를 위해 기관사실의 주요 부분에 10~15센티미터 두께로 콘크리트와 모래를 채워 보강한 철판과 목판을 붙이는 것 외에 압축기, 주수기注水器 등의 중요한 부분도 철판으로 방호했다. 모든 기관차는 국방색으로 위장 도색했다. 그리고 등화관제를 위해 열차 운행 중에 작동이 가능한 전력 감압 장치를 설치하여, 전원 32볼트를 경계관제와 공습관제에 맞추어 감압하도록 했으며, 전조등과 표식등에 표준형 차광구를 설치하고, 실내에도 차폐막를 설치하여 차광 효과를 노렸다. 객·화차를 위해서는 천장에 둥근 구멍을 뚫고 간이 대공 방호 시설과 사수대射手臺를 설치한 후 객차 지붕과 화차 외부 전체를 국방색으로 도색하는 한편 야간 주행 중에는 등화관제를 실시했다. 특히 유조차와 수조차는 외부에 나무틀을 설치하여 위장했다.

다음은 주요 시설에 대한 방호 조치이다. 주요 기무단에서는 중요한 기기의 경우 콘크리트, 벽돌, 토양 등을 이용한 방공호를 설치하는 한편, 전차대轉車臺 등의 도색, 화차용 시트 등을 이용한 위장을 실시했다. 철로공

24 기관차 대피 엄폐물의 규격을 보면 높이 4.8미터, 벽돌 두께는 상부 2.5장, 하부 3장 이상, 토벽은 상부 1미터, 하부 3미터 이상이었다. 華北交通株式會社, 「北支空襲狀況(自五月至十二月)」, 1945年.

창에서는 동력의 중추와 중요한 기기에 방호벽를 설치했는데, 그중에서도 탕산·지난·창신뎬 3곳의 공창은 위장 도색을 통한 방호를 실시했다. 각 공창 모두 확성기를 설치하고 저수지와 소화전을 신설하는 한편 등화관제 정비를 하였으며, 모든 구내 배선 위에 나무를 심어 은폐했다. 관내의 101곳에 이르는 주요 급수탑은 도색은 물론 위장망, 나뭇가지, 나무 심기 등을 이용하여 위장하고, 급수탑 파괴에 대비하여 급수탑에서 30미터 이상 떨어진 장소에 송·배수관을 연결했다. 수·배전受配電 설비, 운전배차 사령실, 전신소, 무선통신소, 신호취급소에도 콘크리트와 벽돌, 토양을 이용하여 방호 조치를 했고, 화북전업회사의 송전 설비가 파괴될 때를 대비한 예비 전원으로 디젤 발전기를 통신·신호 관계 요소에 설치했다. 그리고 종사원과 여객의 공습 대피를 위해 각 직장마다 종사원 7명을 수용할 수 있는 대피호를 만들었으며, 여객용 대피호는 역전 광장, 여객 플랫폼 등에 설치했다. 그리고 방공 지령하의 열차 운전 취급 및 입환 작업요령(1944. 4.)을 제정하여 훈련을 반복했다.

이러한 대처에도 "근래 적기의 출몰이 빈번하여 피해 또한 증대일로를 보이는 것은 진실로 유감스럽다. 우리 회사는 일찍이 대책에 만전을 기했지만, 현 상황에서 종래의 시설로는 도저히 만족할 수 없어 우선 전면적 시책을 검토했지만, 이에 필요한 자금과 자재가 방대한 수치여서 현 시국하에서는 실행이 불가능하다는 것을 인정" 하기에 이르렀다.[25]

(2) 수송 위기의 발생과 화북교통의 대응

1) 미증유의 수송 혼란 상태

이제 수송 위기의 발생을 분석한 다음, 이에 대한 화북교통의 대책을 검토하고자 한다.

25 華北交通防空總本部,「昭和二十年度防空對策整備ニ伴フ要望」, 年度未詳.

표 5-9 화북교통의 1일 평균 열차 및 화차 킬로미터와 사고 건수

(단위: 건, 대, 퍼센트, 킬로미터)

연월	제1종 운전 사고	기관차 관계 사고	과실 사고	게릴라 피해 사고	연료, 물, 모래의 결핍	기관차 휴차 수	기관차 운용 성적(퍼센트)				열차 킬로 미터	화차 킬로 미터
							사용	휴차	세관 洗罐	예비		
1944년 상반기	30.50	5.49	0.29	1.86	0.29	190.8	53.0	15.1	17.8	14.1	113,312	57,226
1944년 10월	34.20	9.21	1.01	2.28	1.01	205.3	62.2	18.3	7.4	11.9	112,441	58,759
1944년 11월	34.00	9.94	1.74	4.88	1.74	246.3	60.7	21.0	6.8	11.5	110,208	58,909
1944년 12월	48.70	29.00	6.80	5.00	6.80	295.6	58.2	25.4	8.2	8.2	82,475	38,639
1945년 1월초	45.92	23.58			4.67	270.5	59.9	23.6	6.6	9.9	80,566	39,511
1945년 1월중						306.9	58.3	26.8	7.8	8.5		

자료: 『기관차 휴차개표』, 1945년 1월 31일; 「19년도 운수 사고 및 기관차 운용 성적十九年度運轉事故竝機關車運用成績」, 1945년 1월 22일; 『수송 현황과 수송력 확보 대책』, 1945년.

주: 1. 1944년 12월의 열차 및 화차 킬로미터는 자료상 12월 1~10일과 18~31일분이다.

2. 1945년 1월 초순의 모든 항목(기관차 휴차 수 및 운용 성적 제외)은 1월 1~12일분이다.

1944년 11월 26~27일에 걸쳐 화북 전역에 강설과 강풍, 눈보라가 몰아쳐 열차 운행이 혼란스러워지고 통신 장애가 이어졌다. 그 후에도 한파가 계속되어 12월 초·중순의 기온이 각지 모두 예년에 비해 영하 10도 이하의 저온을 기록했다. 거기에 11월 말부터 12월 초에 걸쳐 항일 게릴라들이 징산, 진푸, 룽하이 지구를 습격하고 이를 전후로 진푸, 징한, 스더, 스타이 각 노선에 폭넓은 공습이 가해졌다. 모든 노선에서 선로 장애와 통신 장애가 속출하고 열차 운행이 경색되었으며 기관차 파손과 고장이 빈발하는 사건이 무려 20여 일 동안 이어지는 비상사태가 발생했다.[26]

표 5-9를 통해 하루에 평균적으로 발생한 사고 건수를 검토해보면 제1종 운전 사고와 기관차 관계 사고가 각각 1944년 상반기의 30.50건, 5.49건에서 12월에는 48.70건, 29건으로 급증한 것을 알 수 있다. 게다가 같은 기간에 운전 요원의 과실 사고가 0.29건에서 6.80건으로, 항일 게릴라의 습격 사고가 1.86건에서 5건으로, 연료와 물, 모래의 결핍 사고도 0.29건에

26 華北交通株式會社, 『輸送の現況と輸送力確保對策』.

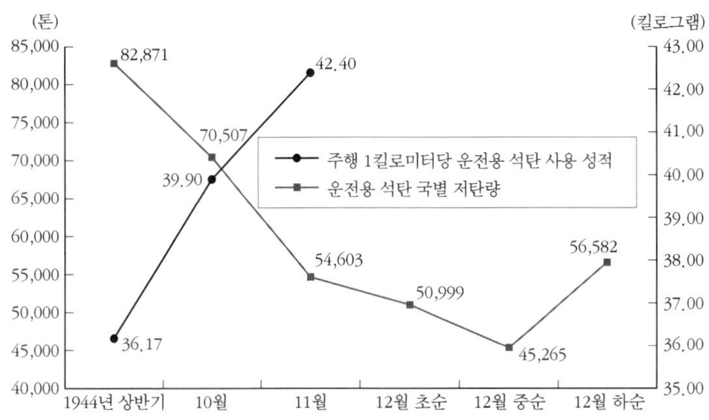

그림 5-4 1일 평균 운전용 석탄 저탄량 및 주행 1킬로미터당 운전용 석탄 사용 성적
자료: 『기관차 휴차개표』, 1945년 1월 31일.

서 6.80건으로 급증했다. 이 사건들은 그림 5-4와 같이 운전용 석탄이 부족해지는 현상을 가져왔다. 1944년 상반기에는 8만 2,871톤이었던 화북교통의 1일 평균 운전용 석탄 저탄량이 12월 중순에는 절반에 가까운 4만 5,265톤으로 떨어졌다. 그 때문에 기관차 주행 1킬로미터당 운전용 석탄 사용 성적에서 알 수 있듯이 저질탄을 사용하지 않을 수 없어 운행 지연과 운전 사고도 한층 많아졌다. 이에 더하여 중국인 종사원의 결근 증가와 일본인 중견급 종사원 교육 소집 때문에 노동력 부족이 심각해졌다.

그 결과 기관차의 휴차율이 1944년 9월의 17.4퍼센트에서 12월에는 25.0퍼센트, 1945년 1월에는 27.0퍼센트가 되었고, 기관차 사용 비율과 예비 비율 모두가 저하되었다. 나아가 화차의 운용 효율 또한 악화되었고, 1일 평균 주행킬로미터와 화차 주행킬로미터는 각각 1944년 상반기의 11만 3,312킬로미터, 5만 7,226킬로미터에서 12월에는 8만 2,475킬로미터, 3만 8,639킬로미터로 떨어졌다. 이 상황은 수송 실적에 영향을 미쳤고, 화물수송은 1944년도 상반기 계획의 84퍼센트인 1개월 평균 286만 3,000톤에서 12월에는 계획의 45퍼센트인 172만 2,000톤으로 급감했다. 이상과 같이 화북교통은 1944년 말에 이르러 여러 조건이 서로 영향을 끼쳐 '미증유의 수송 혼란 상태'를 맞았다고 할 수 있다.

2) 화북교통의 수송력 확보 대책

"당초〔분기별—인용자〕북지철도 수송력 약 1,000만 톤을 기초로 대일 공급과 대륙 각 지역 상호간 물자 교류 계획을 짰지만, 12월 이후 공습 강화와 맹렬한 한기 내습, 게릴라 등에 의해 수송력이 급격히 낮아져 거의 반감되는 상황"이 발생했다. 그 때문에 "쇼와 19년〔1944년—인용자〕물자동원계획 제4분기 실시계획에서는 화북교통의 증강 방책과 관련하여 별도로 신속한 조치를 취하는 동시에, 수송력을 720만 톤 정도로 회복시켜 북지 물자 수송 계획을 개정하고, 대일 공급용 북지 물자는 조선 원산으로 보내 카이롼 석탄을 수송하는 1일 1열차(1944년 제4분기 9만 톤)만 남기고 카이롼 석탄 이외의 화북 석탄, 선철, 장호염長芦鹽 등은 해상 수송으로 바꾸었다".[27]

화북교통은 1944년 12월 18일부터 22일까지 5일간 화물 수송량을 계획의 약 50퍼센트로 억제하고, 한동안 여객열차 6,155킬로미터(약 15퍼센트)를 운행 중지하는 긴급조치를 취했다. 이로써 "① 승무원이 여유를 갖도록 하여 근무를 정상화하고, ② 운용 기관차를 축감하여 그간 보수 정비를 완전히 하며, ③ 선로 용량에 낭비가 생기지 않도록 열차 운행의 정확을 기하고, ④ 발송 정비 차의 유단瘤團(덩어리)을 해소하여, ⑤ 화차를 감소시켜 주요 역에 화물을 가득 실은 채 머물고 있는 차盈碇泊車들을 일소하고 구내 작업을 정상화"하려 했다.[28] 이와 더불어 철로공창과 기무단의 수리 능

27 軍需省,「昭和十九年度物動計劃第四四半期實施計劃二關スル閣議說明要旨」, 1945年 2月 5日, 石川淳吉,『國家總動員史 資料編 II』, 國家總動員史刊行會, 1975年, 1127쪽.

28 華北交通株式會社,『輸送の現況と輸送力確保對策』.

력을 높여 휴차를 줄이려 했다. 또한 통신 보수에도 특별한 조치를 강구하여, 운전·배차 사령 및 운전 폐색 회선을 확보하고 '일시적인 불량 상태'에서 벗어나도록 했다.

노무 관리에서도 철로국 이하의 현업 기관에서 간부가 교대로 숙직하여 현장 지도를 강화하고, 비현업원 정신대가 조업에 협력하도록 하는 한편, 학습생에 대한 강습을 중지하고 소속 기관으로 복귀시키는 등의 조치를 취했다. 기관차 승무원에 대해서는 간부가 직접 기관차에 동승하여 지도하는 동시에, 주요 참에 구내 작업 지도반을 파견해서 합리적 작업을 지도하고 독려했다. 또한 인센티브 시스템을 강화하여 '생활필수품 쿠폰 규정' 개정 등을 통한 생필품(작업화, 운동화, 중국인용 신발 등) 배급, 방한구 대여, 회사 급식제 확충, 임시 수당·중국인 사원 수당津貼·구내 작업 수당·승무 수당·공습 위험 수당 증액, 주택료 지급 확충, 포상 제도 활용, 전기·수도료 및 교육비의 회사비 부담제 실시 등을 통해 종사원들의 사기를 제고하려 했다.[29]

또한 화북교통은 군과 의견을 조정하여 등화관제를 완화하고 작업 조건을 정비하는 동시에 군의 장갑열차 운행을 일시 중지하여 기관차와 승무원을 일반 수송으로 전용하도록 허가를 얻었다. 그 외에도 일반 수송에는 장갑열차대의 협력을 얻기로 했고, 운전용 석탄이 부족한 상황은 군용 석탄을 원조받아 해결하기로 했다. 게릴라의 공격에 노출되기 쉬운 보선 작업의 경우 징한 선, 둥루 선東潞線, 퉁푸 선 일부에서는 군의 지원을 얻어 집단으로 작업했는데, 이 방식을 다른 노선에도 확대하고자 했다.

그리고 대일 전략 물자수송과 대륙 교류 물자수송에서 최대의 병목bottleneck이었던 석탄 수송에도 특단의 조치를 강구했다. 카이롼 석탄의 경우, 수송용 화차는 오직 조선와 만주에서 반송된 빈 차로 충당했는데, 이

29 華北交通株式會社, 「生活安定方策」, 1945年.

들 지역에서 빈 차 회송이 제대로 되지 않아 차량 수의 변동이 심각했기 때문에 수송과 생산에 미치는 영향도 적지 않았다. 이에 비추어 탄광(구예)과 친황다오 간에 화차 순환 지정 수송을 단행하여, 일단 친황다오에 석탄을 저장한 다음, 여기서 일본과 조선, 만주로 수송하는 것을 원칙으로 정했다. 1945년 1월 25일에는 산지의 저장 석탄을 가능한 한 친황다오로 옮겨 사태 변화에 따라 해륙 양면에서 수송할 수 있도록 하여 기동성을 확보했다. 다음으로 다퉁 석탄의 경우는 빈 차의 공급 기지인 다퉁·커우취안 참口泉站과 다퉁탄광 전용철도의 운전 조작을 일괄적으로 처리하도록 했으며, 나아가 수송과 생산을 촉진하기 위해 1월 15일부터 화북교통이 다퉁 석탄 수송용 철도 운전 관리를 맡았다.[30]

이러한 긴급조치와 관련하여, 화북교통 본사는 임시 수송 추진 기관을 설치하고 수송력 확보 대책을 신속히 구체화했다. 업무와 조직을 간소화하여 전장 철도로서 사태 변동에 대응하는 비상체제를 구축하는 동시에, 요원 배치와 급여를 중점적으로 합리화했다. 이에 맞추어 선로 보수를 강화하고 주요 간선(징산, 진푸, 징한)도 증강했다. 즉 징산 선은 탕구와 탕산 간을 복선화하고, 진푸 선은 신호장 2곳 및 대피선 12곳을 신설하고 더셴·지난·옌저우 참兗州站의 일부를 증강했으며, 징한 선은 신호장 4곳을 신설했다. 이 증강 공사들은 세 노선이 남북 간 육운전가수송 경로였던 만큼, 격감한 해상 수송력을 보완하기 위해 시급히 실행하지 않으면 안 되었지만 물동 자재가 입수될 가능성이 거의 없었다. 그래서 화북교통은 기존 노선을 철거하여 사용하고, 보수용 자재를 유용하거나, 군대의 특품을 이용하여 1945년에 조기 완성하기로 하고 공사를 진척시키려 했다. 통신의 경우도 기존에 가설된 선을 철거하여 전용함으로써 중요 노선의 통신을 강화하는 방안이 강구되었다. 차량 수리 부품 확보와 신규 차량 제조 및

30 華北交通株式會社,『輸送の現況と輸送力確保對策』.

입수에도 주력하였으며, 앞에서 언급한 바와 같이 방공 시책과 '대비·모략 대책'을 강화했다.

이러한 제반 대책을 실행한 결과 "일시적 회복의 서광을 보기에 이르러 1일 수송량이 최저를 기록했던 12월 18일의 5만 1,826톤은 12월 25일에 8만 2,965톤까지 회복되었고, 화북교통은 1월 20일 이후로는 1일 10만 톤 확보를 목표로" 삼았다. 그러나 1월 중순 이후 "적기의 준동"이 연일 격화되었고, 기관차들의 휴차 상태도 다시 악화되었다. 이 때문에 "공습 가열화를 피할 수 없는 상황에서 한층 방공 시책을 강화하고 업무 조직이나 일본인 종사원들의 배치 편성을 바꿈으로써 비상사태에 즉시 대응하는 조치를 강구하여, 어디까지나 수송력 만회, 확보에 노력, 매진"해야 했다. 2월분의 수송 계획은 231만 톤(당초 계획은 322만 톤)으로 수송 통제 기관에서 결정되었지만, 실적은 177만 1,000톤에 지나지 않았다. 나아가 3월에는 "계절적 조건의 호전을 고려해서", 월간 279만 톤(당초 계획은 384만 톤)을 계획했지만, 실적은 그것에 미치지 못한 227만 1,000톤이었다. 그 결과 1944년도 제4분기의 실적률은 제6회 대륙철도 수송협의회에서 결정한 1,220만 톤의 58퍼센트에 불과하였다. 그림 5-1과 같이 긴급조치들로 인해 1945년 1월 이후부터 화물수송이 약간 회복되었지만, 실적률은 여전히 60퍼센트를 밑돌았다. 이에 따라 여객수송이 강력히 통제되었고, 수송의 실적률도 1945년 1월의 110퍼센트에서 2월에는 88퍼센트, 3월에는 84퍼센트로 낮아졌다. 심각한 경영자원 부족 속에서도 1943년까지 상승했던 1인당 노동생산성(천 톤·인킬로미터/명)도 1943년의 182.0에서 133.6로 급격히 낮아졌다(표 3-1).

2. 자활자전 태세 확립과 결전수송

(1) 일본군의 화북교통 관리와 북지나교통단

이제 대륙철도 차원에서 결정된 수송 체제의 재편과 결전수송을 검토하려 한다. 1944년 8월 이래로 곤란해진 철도 운영은 화북교통에만 국한되지 않고 일본과 중국 대륙 전반의 수송 위기로 악화되었다. 이에 대본영은 일본에서 '내지철도 결전 태세의 확립'를 추진하고, 대륙에서는 '일·선·만·지 일관 수송력의 증강 확보'를 추진했다.[31] 일찍이 1942년에 참모본부와 대륙철도 간에 열린 대륙철도 일원화에 관한 회의에서 대륙철도 일관 운영이라는 이념을 품은 우사미 간지 총재[32]가 이러한 의견을 표한 바 있다. 화북교통은 1944년에 접어들자 "전황의 추이를 감안하면 향후 증강용 차량이나 자재의 배급이 극단적으로 줄어들 것으로 예상되기 때문에, 선·만·지에 걸쳐 현재의 차량과 요원, 그리고 보유 자재 혹은 신규 할당 자재를 극히 효과적으로 활용하는 것 외에, 대륙의 각 철도를 전시 상황에 맞추어 일원적으로 운영하도록 개편하는 것이 긴급한 과제이다"라고 밝혔다.[33]

그 일환으로 만철이 조선국철을 위탁 경영하고 이에 의거하여 대륙철도를 완전히 일원화하자는 의견이 제기되었지만, 조선총독부가 행정과 교통의 분리 불가론을 이유로 반대하여 전쟁 지도부의 의견이 일치하지 않았다. 이 때문에 위탁 경영을 통한 대륙철도의 일원화는 최후까지 실현되지

31 第一復員省史實調査部, 『大東亞戰爭間に於ける軍事鐵道記錄其の一』, 1947年 3月, 27쪽, 防衛硏究所圖書館所藏.

32 「故宇佐美總裁を偲ぶ會(4月18日)」, 『華交』, 第14號, 1966年 6月 10日, 3~13쪽.

33 대륙철도 일원화의 효과로는 ① 수송력(기관차 및 승무원)을 중점적으로 배분하여 각 철도 간 완급을 조정할 수 있다, ② 중점 수송에 응하여 화차를 배분하고, 편중을 시정할 수 있다, ③ 자재 배분을 중점적으로 함으로써 시설 증강, 보수 등에 관한 애로를 타개할 수 있다는 점이 거론되었다. 阿部囑託, 『華北鐵道の概況』, 1944年 12月.

못했다.[34] 결국 일본 육군이 철도 관리권을 발동하고, 각 지역마다 전개된 군사수송을 일원적으로 운용한다는 대륙철도 정책이 추진되었다. 즉 조선 남해항을 경유하는 중계수송이 일시 정지되는 등 대일 육운전가수송이 원활하지 않자, 참모본부는 1944년 9월 16일 야전철도 사령부를 일원화하여 운용할 필요가 있다고 판단하고 "관동군 야철을 강화하여 북지 야철에게 지시하도록 하는 데 의견이 일치"했다.[35] 동시에 "군의 이러한 조치는 총동원 물동의 일관 수송을 인수하는 태세"가 되었다.

대본영 육군부는 1944년 12월 철도 사령부 임시 편성에 관한 군령 등을 내려, 관동군 야전철도 사령부와 야전철도대를 주축으로 관동군 대륙철도 사령부와 대륙철도대를 편성하고, 대륙철도 사령관에게 "선·만·지 철도의 일관 수송계획 처리에 임하도록" 하고, 선·만·지 일관 군사수송에 관하여 재중국 철도기관에 지시할 수 있는 권한을 부여했다. 또한 대륙철도 수송협의회 사무국 직원이 관계 기관의 양해를 얻어 대륙철도 사령부 촉탁으로서 사령부로부터 위촉된 '일관 운용'에 관한 주요 업무의 일부를 처리하게 되었다.[36] 1945년 1월 11일 최고전쟁지도회의에서 '대륙철도 수송 확보 대책건'이 검토되었고, 결정 제13호로 '대륙 중요 수송 확보 시책'이 결정되었다. "대륙 수송을 효율적으로 운용하기 위한 당분간의 조치로서 대일 총동원 물자수송을 대륙 항만 출발까지 준군수품準軍需品으로 취급하여 일원적으로 군사수송으로 처리한다"는 것과 "현 대륙철도 수송협의회 사무국을 강화하고 군 철도기관과의 연락을 밀접히 하여 원활하게 대륙 수송을 조정하고 효율을 향상시키도록 조치한다"라는 내용이다.[37]

34 林采成, 앞의 책, 159~167쪽.

35 軍事史學會 編,『大本營陸軍部戰爭指導班機密戰爭日誌』, 錦正社, 1998, 585쪽.

36「於大陸鐵道輸送協議會席上大陸鐵道司令官挨拶要旨」,『第七回大陸鐵道輸送協議會議事錄』, 1945年 3月.

37 參謀本部 所藏,『敗戰の記錄』, 原書房, 1979年, 218쪽.

회의를 마친 후에는 고이소 구니아키小磯國昭 총리대신이 "화북 및 화중양 철도를 통치하는 것은 어떠한가" 하는 긴급 제안을 했다. 화북교통의 경우 이미 회사 내에 "파견군, 북지군, 제2야전철도 사령부, 대사관, 북지나개발 등 다수의 감독기구가 있어, 공습 등에 대비하여 민첩하고 과감하게 사무를 처리하기 위해 권한의 위임, 허가·인가 사항 정리 등을 실시하여 다원적인 감독을 극력 정지하는 동시에, 가능한 한 현지 처리를 하도록 한다"고 지적되었다.[38] 그 때문에 대본영은 1945년 1월 교도철도단장敎導鐵道團長 가토 사다무加藤定 소장을 수장으로 대본영을 비롯하여 정부 내각 성省의 관계자로 편성된 대륙철도 시찰반을 파견하고, 보고에 입각하여 점령철도를 군이 관리하도록 결정했다.[39] 한편 앞에서 언급한 '대륙 중요 수송 확보 시책'과 더불어 자활자전 및 대일·대만 기여를 목적으로 "지나 경제의 파탄을 방지하고 전쟁에 기여"하기 위해 "현지 경제력의 유지 배양을 꾀하고 현 체제를 유지 확보할" '지나 전시경제 확립 대책'(1945. 1. 11., 최고전쟁지도회의 결정)에 입각하여 1월 29일의 각의에서 '북지·몽골의 철도수송력 확보에 관한 긴급 대책건'을 결정하였다. 강재와 침목 등 자재를 특별 배분하고 기존 노선을 활용하여 징싱 간선과 진푸 간선을 증강하고, 화북용 차량을 제작하도록 촉구하는 동시에, 현지의 제철 압연 시설을 완성하고 수리와 부품 제작 능력을 강화하여 교전하의 철도 수송력을 확보한다는 내용이었다.[40]

이 조치들에 따라, 3월 1일부터 대륙철도 사령관이 수송 통제의 정점이

---

38 輸送通信省石田參事官·森田書記官·大東亞省好井技師, 「北支鐵道輸送視察報告 其の一」, 1944年 5月 19日.

39 第一復員省史實調査部, 『大東亞戰爭間に於ける軍事鐵道記錄 其の一』, 1947年 3月, 27쪽, 防衛硏究所圖書館所藏; 軍事史學會 編, 앞의 책, 675~676쪽.

40 『公文類聚第六十九編昭和二十年第三十九卷族爵位階勳等, 儀典服制國葬, 外事雜載』, 國立公文書館所藏; 服部卓四郎, 『大東亞戰爭全史 IV』, 鱒書房, 1953年, 34쪽.

되었고, 대륙물자 중계수송은 발송지에서 중계지까지 일원적으로 통제되는 군사수송으로 바뀌었다. 이를 위한 법률상의 수속으로, 조선국철과 만철에 대한 '철도 군사 사용에 관한 칙령'이 3월 8일부터 발동됐다. 이에 맞추어 3월 16일에는 화북교통과 화중철도에 관한 '지나철도의 군 운영 관리 요령'이 각의 결정되었다.[41] '군 운영 관리 실시 요령'은 다음과 같다. ① 화북교통주식회사와 화중철도주식회사는 존속하기로 하고, 두 회사의 일본인 종업원은 군속, 현지인 종업원은 군속 취급으로 하며, 급양제품給養諸品은 군에서 공급한다. ② 철도 기자재는 남방 군정 철도용 기자재와 동同 요령에 의해 공급한다. ③ 경리는 회사 경리를 활용한다. 중국정부에 대한 상납금과 회사 배당금은 존치하는 동시에 손실금은 이월하여 정리하며, 소요 자금 조달에 유감이 없도록 한다. ④ 수송과 생산의 종합적이고 일원적인 계획과 운영에 유감이 없도록 하기 위해, 군이 시행하는 수송과 현지의 정치·경제 지도 기관이 지도하는 생산과 밀접한 연계 조화를 유지하도록 한다. 요컨대 경영자원 조달과 운영을 군이 주도하는 동시에, 수송 서비스 배분 과정에서 철도와 생산의 수급 조정을 철저히 하도록 했던 것이다. 이것이 3월 30일에 난징 국민당정부 행정원장 천궁보陣公博와 지나 파견군 총사령관 오카무라 야스지岡村寧次 간에 체결되어 4월 1일부터 발동된 '화북 및 화중철도 운영지 군 관리협정'이었다.[42] 이로써 중국 점령철도를 관리하는 북지나철도대와 중지나철도대로 구성된 지나 파견군 제1철도대[43]에 대해 대륙철도 사령관이 구처권區處權(지

41 『公文類聚第六十九編昭和二十年第六十五卷交通通信(郵便·電信電話), 運輸(鐵道·航空·船舶)』, 國立公文書館所藏.

42 『敗戰の記錄』, 235~236쪽; 防衛廳防衛硏修所戰史室, 『大本營陸軍部10』, 朝雲新聞社, 1975年, 92쪽; 「南京國民政府行政院長陣公博與日本派遣軍總司令官岡村寧次關于華北及華中鐵道運營之軍管理協定」, 1945年 3月 30日, 中央檔案館·中國第二歷史檔案館·吉林省社會科學院, 『華北經濟略奪: 日本帝國主義侵華北檔案資料選集』, 中華書局, 2004年, 531쪽.

43 지나 파견군 제1철도대의 예하에는 북지나철도대와 중지나철도대가 있었고, 이 중 북지나철

시권)을 확보함에 따라, 대륙철도의 운영이 대륙철도 사령관의 명령 체제 하에 들어갔다.

대륙철도 시스템이 재편됨에 따라 화북교통은 자활자전 태세를 상정하여 1945년 4월 1일에 명실공히 군 기관인 북지나교통단北支那交通團으로 개편되었고, 각 철로국은 지방 교통단이 되었다. 그리고 적의 공격에 따른 철도 분단에 대비하여 철로국별로 자활자전 태세를 정비하고, 그 일환으로 정저우 사무소를 정저우 사무국으로 강화했다.[44] 특히 본사 운수국은 제1·2운수국으로 개조되었고, 도쿄 지사는 도쿄 사무국으로 개칭되었다. 총재는 장관, 부총재는 차관, 이사는 참의가 되었고, 일본인 사원은 군속, 중국인 사원은 군속 취급이 되어 군령의 지휘를 받기로 했다. 기존의 수송위원회를 대신하여 전시 수송 총사령부가 설치되어 군 작전에 의거한 수송계획과 실행을 처리했다.[45]

동시에 자재 조달에서도 자활자전 원칙이 견지되었다. 1945년 3월 16일 각의에서 '대륙철도 현지 자급 태세 확립에 관한 건'(표 5-10)이 결정되어, 차량을 비롯한 석탄, 유지, 침목 등을 현지에서 자급하는 것을 원칙으로 하고, 일본 내지의 지원이 불가피한 인원과 기재의 전출과 자재 공급을 6월 말까지 완료하라는 지령이 내려졌다.[46] 화북의 경우는 연료탄을 비롯한 지하자원은 풍부했지만, 차량 및 관련 자재를 공급할 수 있는 것은 화북교통의 시설과 자본으로 설립된 화북차량밖에 없었다. 그래서 막대한 시설과

도대는 제2야전철도 사령부, 철도제6연대, 철도제18연대, 독립철도제13대대, 독립철도제14대대, 독립철도제16대대, 제145·151정차장사령부(갑), 제115·126·182·183·184·188·189정차장사령부(을), 제11장갑열차대를 예하 부대로 두었다. 「外地鐵道部隊編成表」, 大江志乃夫 編, 『支那事變大東亞戰爭間動員概史』, 不二出版, 1988年, 240쪽.

44 「華北交通發生の經緯とその性格」, 『華交互助會』, 第2號, 1963年 1月 1日, 5쪽.

45 이와 같이 군 관리가 단행되었다고 하지만, 전시 수송 사령부가 일상의 철도수송에 관여한 적은 거의 없었다고 증언되고 있다. 萩秋次郎, 「終戰時の軍用貨物賣拂い:徐州での話」, 『華交』, 第41號, 1973年 3月 15日, 12~13쪽.

46 「大陸鐵道現地自給態勢確立ニ關スル件」, 『公文類集第69編昭和20年第63卷交通門通信』.

표 5-10 화북교통의 현지 자급 태세

기계류	현지	중앙
차량	철로공창 자급 태세를 확립하는 동시에 수리 능력을 증강	일본 내지에서 기계류와 기술 요원을 공출
차량 자재 주요 부품	특수 부품에 관한 자급 능력을 증강	조선 겸이포(지금의 황해북도 송림)의 관판罐板 현지 취득 확보
기타 자재	중국 현지에서 자급이 불가능하거나 능력이 부족한 자재는 주로 만주, 조선에 기대	불가피한 것은 일본 내지에 기대

자료: 「대륙철도 현지 자급 태세 확립에 관한 건大陸鐵道現地自給態勢確立に關する件」, 『공무류집 제69편 쇼와 20년 제63권 교통문 통신公文類集第69編昭和20年第63卷交通門通信』, 일본 국립공문서관 소장.

기술을 도입하여 모든 제작 공정을 현지에서 해결하는 것은 불가능했으며, 특수 부품은 일본과 만주에 기댈 수밖에 없었다. 그럼에도 불구하고 "특수 부품을 제외하고 화북교통이 필요로 하는 기자재를 북지에 있는 기기와 시설을 전용하거나 활용하여 확보"하지 않으면 안 되었다. 또한 궤도의 부속인 레일과 이음판의 경우는 일본 내지에 의존했지만, "공급원을 대륙으로 이전하기 위하여 선·만의 시설 확장을 기대"하는 동시에 선로변환기, 교량 및 신호 보안용 자재는 "화북차량의 사업 확장 계획을 지원하여 자활력을 부여"하기로 했다. 그러나 화북에서는 자활이 가장 곤란한 품목이 침목이었다. 그래서 침목은 "당분간 자활을 바랄 수 없어서 일본과 선·만에 대한 기대가 불가피하지만, 일부 실행되고 있는 식림 사업을 확장하여 장래의 자급을 기하기로 했다".

이와 같은 방침에 따라 화북교통은 1945년 4월 1일 철도기술연구소에 능률반을 편성하고 연구력을 강화했다.[47] 또한 7월에는 열차 전등·통신·전원과 자동차에 쓰이는 축전지를 일본 전시경제의 물자동원계획에 의존할 수 없게 되자, 축전지계係를 설치하고 폐기한 축전지를 재생하여 쓰기로 했다. 이와 동시에 설계 공작계를 설치하여, 일반 공장에 위탁했던 시

47 華北交通株式會社, 『華北交通の運營と將來』.

표 5-11 화북교통의 비상 배치 인원 계획

기관		비상 배치 소요원									현재원(1944년 11월 말)			차감		
		1급선		2급선		3급선		계								
		일	중	일	중	일	중	일	중	계	일	중	계	일	중	계
본부	본사 본부	1,303	802					1,303	802	2,105	2,063	1,094	3,157	-760	-292	-1,052
	철로국 본부	3,186	2,382	408	392	76	665	3,670	3,439	7,109	5,408	4,813	10,221	-1,738	-1,374	-3,112
	기타	5,438	7,232	401	1,537		1,811	5,839	10,580	16,419	6,768	11,588	18,356	-929	-1,008	-1,937
	계	9,927	10,416	809	1,929	76	2,476	10,812	14,821	25,633	14,239	17,495	31,734	-3,427	-2,674	-6,101
철도 현장	참(역)	6,157	826	1,490	1,436		1,907	7,647	4,169	11,816	3,646	22,396	26,042	4,001	-18,227	-14,226
	열차단	1,085		236	237		261	1,321	498	1,819	637	3,382	4,019	684	-2,884	-2,200
	기무단	4,601	4,439	1,196	3,329		3,362	5,797	11,130	16,927	3,232	18,652	21,884	2,565	-7,522	-4,957
	검차단	1,388	991	393	1,142		983	1,781	3,116	4,897	1,001	7,179	8,180	780	-4,063	-3,283
	공무단	4,742	1,196	997	1,495		5,214	5,739	7,905	13,644	1,765	16,037	17,802	3,974	-8,132	-4,158
	전기단	2,655	414	422	631		1,491	3,077	2,536	5,613	2,229	3,951	6,180	848	-1,415	-567
	전신소	562	20	58	58		96	620	174	794	402	379	781	218	-205	13
	철로공창	2,373	3,304	362	2,163		1,841	2,735	7,308	10,043	1,427	17,485	18,912	1,308	-10,177	-8,869
	차무단	585	30	137	150		164	722	344	1,066	337	209	546	385	135	520
	계	24,148	11,220	5,291	10,641		15,319	29,439	37,180	66,619	14,676	89,670	104,346	14,763	-52,490	-37,727
자동차 관계		1,139	2,968					1,139	2,968	4,107	1,139	2,968	4,107			
내수 관계		295	2,957					295	2,957	3,252	295	2,957	3,252			
경무 관계		3,700	16,393					3,700	16,393	20,093	3,700	16,393	20,093			
합계		39,209	43,954	6,100	12,570	76	17,795	45,385	74,319	119,704	34,049	129,483	163,532	11,336	-55,164	-43,828

자료: 화북교통주식회사 총무부인사, 「비상 배치 인원 계획표非常配置人員計劃表」, 1945년 2월 27일.

주: 본사 본부와 철로국 본부는 소운송 관계를 제외한 전부이다. 기타는 본사 직할(중앙경무훈련소, 경비견육성소, 소운송 관계 제외), 철로국 직할(관리소, 경무훈련소, 소운송 관계 제외). 자동차 관계는 자동차 영업소, 내수 관계는 항운 영업소, 경무 관계는 중앙경무훈련소, 경비견육성소, 경무훈련소, 경무단.

험 연구용 시험편試驗片, 실험 공시체供試體, 실험용 기구 등을 자체 제작했다. 이와 같이 현지 자급이 실시되기는 했지만, 일본과 만주에서 공급될 예정인 자재와 회사가 보유한 자재가 감소하는 가운데 기존 시설을 철거하고 전용하여 철도시설을 유지 보수하는 작업은 여의치 않았다.

인적자원 운용 계획도 종전과는 전혀 다른 '비상 배치 인원 계획'이었다. 이 계획은 교전 때문에 철도망이 끊기고 일부 중국인들이 직장을 이탈하는 상황을 상정하고 일본인을 중심으로 철도 운영을 유지, 강화하는 내용이었다. 주된 내용은 표 5-11에서 볼 수 있듯, 현업 부문은 일본인 200퍼센트 증원(1944. 11. 기준), 중국인 41퍼센트 감원, 본사 및 철로국 본부는 일본인 76퍼센트 감원, 중국인 85퍼센트 감원, 전체적으로는 일본인 133퍼센트 증원, 중국인 57퍼센트 감원 등의 직장별 조정이었다. 즉 일본인을 증원하여 현업 부문을 강화하려 한 것이다. 동시에 노선별 운영에서는 그 중요도에 비추어 일본인을 중점적으로 배치하기로 하여, 1급선(징산·진푸·징한·룽하이)은 일본인, 2급선〔징바오(다퉁 이동以東)·자오지·스타이〕은 일본인과 중국인 절반씩, 3급선(기타)은 중국인이 운영하도록 계획했다. 이에 증원이 요청된 일본인 현업원 1만 4,763명의 경우, 본사 본부와 철로국 본부에서 3,427명을 염출하는 것 외에 만철 파견 1,724명, 응소자 복귀 2,145명[48], 운수성(철도성의 후신) 파견[49] 및 일본 내지 채용 7,467명으로 조달할 계획이었다. 그러나 이러한 비상 배치 인원 계획은 당시 일본인 증원이 어려웠기 때문에 실행하기 곤란했다고 생각된다. 게다가 전황 전개는 본격적인 실행을 허락하지 않았다.

48 현지 부대 응소자의 원소속을 보면, 철도 직접 현장 542명, 본사·철로국 본부 1,320명, 자동차 관계 58명, 내수 관계 32명, 경무 관계 193명으로 도합 2,145명이었다. 華北交通株式會社, 「現地部隊應召者系統別人員調」, 1945年 2月.

49 운수성 파견 요청 인원은 역 관계 200명, 공무 관계 300명, 기무 관계 700명, 공창 관계 300명으로 도합 1,500명이었다. 華北交通株式會社東京支社, 「要請要員數」, 1945年 3月 9日.

(2) 일본의 결전수송과 패전

여기서는 화북교통이 북지나교통단으로 재편되면서 군의 관리하에 수행한 결전수송을 고찰하려 한다. 일본군은 1944년 말에 필리핀에서 벌어진 레이테 해전에서 연합군에 패했다. 대본영은 중국 대륙 방면의 작전 방침에서 미군이 중국 화남(동부 광둥 성과 남부 푸젠 성) 및 창장 강 하류 지구에서 접안 작전을 펼 것으로 예상하고 지나 파견군으로 하여금 대미 작전 준비에 중점을 둔 작전 방침으로 전환할 것을 명했다. 이에 샹구이湘桂 전투를 위해 동원된 철도부대의 대부분이 쉬저우 강남의 진푸 선과 하이난 선으로 옮겨져 대미 결전 태세를 정비했다.[50] 이를 위해 화북 방면에서 보병 7개 사단과 전차 1개 사단을 비롯한 병력이 이동하여 군사수송이 급증했다.

그 과정에서 결정된 1945년도 제1분기 물자동원 실시 계획에서는 미군의 일본 본토 상륙에 대비한 최소한의 전비를 위해 군수물자 생산에 주력하는 것 외에는 일본 내지의 식량 부족을 보충하기 위해 만주의 양곡과 대륙의 소금을 가장 먼저 확보하기로 결정하고 병목 구간에 중점적으로 수송력을 배분하기로 했다.[51] 그러나 이처럼 물자동원계획 방침이 결정되었지만, 실현 전망은 대단히 어려웠다.[52] 표 5-12의 1945년도 철도 정비 계획 자재 조서에 따르면 강재 12만 8,613톤, 침목 487만 1,250정, 목재 49만 5,530석, 시멘트 7만 2,612톤이었다. 이 중 철도용 강재를 들어 최소한의 소요량을 추계해보면 ① 기관차의 공습 피해를 1개월 평균 총격 200대, 폭격 50대, 연간 대파된 폐차 60대로 추정했는데, 이에 대한 복구와 방공 장치를 위한 강재가 4만 7,471톤, ② 현 시설과 차량 수리용 강재 3만 6,740

50 復員局, 『鐵道作戰記錄』, 1941年 3月, 77쪽; 服部卓四郞, 앞의 책, 80쪽.

51 軍需省, 「昭和二十年度第一四半期物動實施計劃要旨」, 1945年 4月 19日, 石川淳吉, 『國家總動員史 資料編 II』, 國家總動員史刊行會, 1975年, 1,132쪽.

52 華北交通株式會社, 『輸送の現況と輸送力確保對策』.

표 5-12 화북교통의 1945년도 철도 정비 계획 자재 조서 (1945. 1. 31.)

구분		강재(톤)	침목(정)	목재(석)	시멘트(톤)
일반 정비	개량	21,549	392,066	106,226	23,380
	철도차량	33,674		40,006	11
	자동차	449		9,929	1,330
	수운	130		1,561	270
	보안	25,340	3,874,784	111,081	8,342
	계	81,142	4,266,850	268,803	33,333
방공 대책	시설	16,800	316,400	89,742	34,804
	복구	30,671	288,000	136,985	4,475
	계	47,471	604,400	226,727	39,279
합계		128,613	4,871,250	495,530	72,612

자료: 『수송 현황과 수송력 확보 대책』, 1945년 2월.

톤, ③ 1943년도에서 이월된 징산 선 증강용 강재 5,741톤으로 도합 8만 9,952톤이었다. 이러한 최소한의 강재도 확보하기가 사실상 곤란했기 때문에 기존 시설을 대규모로 철거하여 현지 조달을 할 수밖에 없었다.

또한 미군의 공습이 심각해져 많은 피해를 입었는데, 총격으로 파손되는 경우도 1개월에 50대를 훨씬 웃돌 가능성이 있었다. 그 피해도 기관차뿐만 아니라 주요 조차장과 교량 등에 이르렀기 때문에 중국인 사원들과 노무자들의 공포와 불안감으로 인해 작업 능률이 상당히 낮아질 것으로 상정되었다. 이 때문에 1945년도의 철도수송 계획은 표 5-13처럼 1944년 말 이후의 수송 위기를 염두에 두어야 했다. A안은 1944년과 같은 실적을 기준으로 하는 안(1일 9만 6,000톤), B안은 1944년도 제3분기의 실적을 기준으로 하는 안(1일 8만 1,000톤), C안은 1944년도 제4분기의 실적 예상 73만 톤에 비해 1할 감소할 것으로 상정하는 안(1일 7만 3,000톤), D안은 1944년도 제4분기 실적 예상에 비해 4할 감소할 것으로 상정하는 안(1일 5만 톤)이었다. 이 중 전황의 악화가 필연적인 만큼, 1945년 철도화물 수송은 1일 평균 7만 3,000톤을 기초로 하여 1944년도 실적 전망의 3,448만 톤

표 5-13 화북교통의 1945년도 철도수송 계획안 (단위: 1천 톤, 퍼센트)

		A안: 1일 9만 6천 톤		B안: 1일 8만 1천 톤		C안: 1일 7만 3천 톤		D안: 1일 5만 톤	
		연간 수송량	%	연간 수송량	%	연간 수송량	%	연간 수송량	%
지구 외		6,620	100	4,960	75	3,620	55	2,000	30
지구 내	민수	8,530	100	6,390	75	4,730	55	3,600	42
	제철	2,400	100	800	33	800	33	800	33
	군수	12,000	100	12,000	100	12,000	100	8,250	69
	사용	5,500	100	5,500	100	5,500	100	3,600	65
합계		35,050	100	29,650	85	26,650	76	18,250	52

화북지구 이외 발송 할당안

		1944년도 제3분기 실적(Π)	B안 총량을 Π 비율로 안분		C안	
			연간	제1분기	연간	제1분기
일본	석탄	369	1,100	370	800	270
	기타	177	540	170	400	130
	계	546	1,640	540	1,200	400
조선	석탄	206	620		450	
	기타	121	400		290	
	계	327	1,020	340	740	250
만주	석탄	437	1,310		960	
	기타	312	960		700	
	계	749	2,270	750	1,660	550
화중	기타	34	30	10	20	
합계		1,656	4,960	1,640	3,620	1,200

자료: 화북교통주식회사, 「쇼와 20년도 화북철도의 수송 전망안昭和20年度華北鐵道輸送見透の一案」, 1945년 2월 13일.

주: 1. 1일 9만 6,000톤을 산정의 기초로 하여 군수품은 1944년도 38퍼센트 증가로 가정했다. 회사용품은 1944년도와 동일하며, 기타는 1944년도 제3분기의 4배이다.
2. 1일 5만 톤의 경우, 화북지구 이외의 발송 할당량은 카이롼탄을 150만 톤, 기타를 50만 톤으로 압축한다.
3. 지구 내 민수는 화중 민수탄을 포함하지 않지만, 군수는 화중행 화물 200만 톤을 포함한다.

에 비해 783만 톤이 감소한 연간 2,665만 톤으로 예측되었다. C안을 중심으로 수송 계획을 보면 지구 외 362만 톤(일본 내지 120만 톤, 조선 74만 톤,

표 5-14　화북교통의 1945년도 석탄 수송 계획안 (단위: 1천 톤)

		1943년도 실적	1944년도 실적견입	1945년도 계획 시안						
				요청량	A	B	C	1분기	D	1분기
생산		21,807	21,081	20,014						
지구 이외	일본	3,305	1,830	1,360	1,360	1,360	800	220	1,300	360
	조선	397	710	1,400	1,200	1,200	450	130	500	140
	만주	2,802	1,900	3,000	2,000	2,000	960	270	1,350	370
	화중	1,587	1,100	2,200	2,000	2,000	1,500	550	2,000	550
	계	8,091	5,540	7,960	6,560	6,560	3,710	1,170	5,150	1,420
지구 이내	군용	906	1,908	1,500	1,500	1,500	1,500	275	1,000	270
	철도	2,360	2,667	3,614	2,500	2,500	2,500	710	2,500	680
	전력	846	948	1,600	1,100	1,000	1,000	275	700	190
	제철	937	1,053	3,800	1,500	1,000	400	100	700	190
	인조석유			250	3	3	3		3	
	선박연료	286	120	350	200	150	150	30	80	20
	경금속		10	115	60	60	60	10	60	10
	공장	1,776	1,320	2,450	1,500	1,200	1,200	330	900	250
	예비		85	100	50	50	50	10	50	10
	즈푸芝罘 송출	72	50	120	100	50	50	10	50	10
	민수	3,740	2,517	4,700	2,927	1,727	2,377	650	1,807	520
	계	10,923	10,678	18,599	11,440	9,440	9,290	2,400	7,850	2,150
합계		19,014	16,218	26,559	18,000	16,000	13,000	3,570	13,000	3,570
총수송량		39,824	34,482		35,050	29,650	26,650	7,400	26,650	7,400

자료: 화북교통주식회사 운수국, 「20년도 석탄 사향선별 수송 계획 자료二十年度石炭仕向先別輸送計劃資料」, 1945년 2월 28일.

주: 5-10의 지구 내 군수의 화중행 화물 200만 톤의 일부는 지구 외 화중 석탄 150만 톤으로 계상되었다.

만주 166만 톤, 화중 2만 톤), 지구 내의 민수 473만 톤, 제철 80만 톤, 군수 1,200만 톤, 회사용 550만 톤이었다. 이 가운데 미군이 화중과 화남에 상륙할 것이 확실하였기 때문에 군수수송이 45퍼센트에 달한다고 예상되었다. 또한 단일 품목으로는 석탄이 표 5-14와 같이 연간 1,300만 톤(C안)을 기록하여, 모든 수송량의 약 50퍼센트를 차지했다. 그 수송량은 1945년도 요청량의 49퍼센트에 지나지 않았지만, 1944년도 실적 전망에 대해서는

87퍼센트를 기록할 것으로 상정되었다.

그러나 앞에서 언급한 화북의 병력 추출은 치안을 더욱 악화시켰기 때문에 항일 게릴라의 철도 파괴가 더욱 심각해졌다.[53] 또한 중국의 청두에서 태평양 마리아나 제도로 B-29 폭격기 전진기지가 이동하면서 미군의 화북교통 공습이 더욱 거세졌다. 이 때문에 중국인 종사원들은 더욱 동요했고, 특히 기관차 승무원들이 공습과 게릴라의 공격 위협 때문에 승무를 거부하는 경우가 속출했다. 그러자 화북교통은 승무원을 확보하기 위해 청년대원 중에서 지원자를 모집하고 철화대鐵火隊를 조직하여 간단한 기관차 운전 교육을 실시한 후 운전에 투입했다. 또한 철로국별로 국원의 현장 응원대를 편성하여 운전을 지원하는 한편, 직장별로 특설 응원대를 편성하여 "비상시 기동적 통용"을 꾀했다.[54] B-29의 잦은 내습에 대비하여 1945년 2월 1일부터 근무 시간을 1시간 연장하는 한편, 구호반을 재편성하여 확충하고 방공 근무방침을 제정했다. 요컨대 화북교통은 결전을 목전에 둔 수송 요청에 대응하지 않으면 안 됐지만, 인적난과 물적난, 특히 종사원의 소질 수준 저하, 부족한 선로 용량, 불완전한 신호 보안 설비, 공습과 게릴라 공격의 급증으로 인해 잦은 사고와 지연을 피할 수 없었고, 이로 인해 정상적인 철도 운영이 불가능했다.[55]

수송 위기를 타개할 수 없는 상황에서, 사원들에게는 군속으로서 "종사원의 결연한 마음가짐"만이 허무하게 강조될 따름이었다. 그러나 현업원은 생명이 위협을 받았을 뿐 아니라 결핵 발생이 증가하는 등 체력 저하가

53 門奈喜三郎, 「續華北銑後日記抄(六)」, 『華交』, 第10號, 1965年 6月 25日, 14쪽; 「同(七)」, 『華交』, 第12號, 1966年 1月 25日, 5~6쪽; 「同(八)」, 『華交』, 第13號, 1966年 3月 30日, 4~5쪽; 畑中進, 「空襲のころ」, 『華交』, 第18號, 1967年 6月 10日, 5~6쪽.

54 徐州鐵路局局長佐藤周一郎, 『徐州鐵路局概況報告書』, 1945年 2月 8日.

55 쉬저우철로국의 1월 중 1일 평균 열차 지연 실상을 보면 상행열차는 여객열차 4시간 50분, 화물열차 7시간 31분, 하행열차는 여객열차 7시간 13분, 화물열차는 8시간 9분이었다.

표 5-15 화북교통의 1개월 철로국별 평균 여객수송 (단위: 1천 명)

연월	톈진	베이징	장자커우	지난	타이위안	카이펑	스먼	쉬저우	합계
1939	834	730	219	623	63				2,469
1940	1,037	831	253	790	190	252			3,353
1941	899	843	267	677	255	301			3,242
1942	1,288	1,267	480	902	260	510			4,707
1943	1,532	1,900	616	1,605	526	1,218			7,397
1944	1,430	1,546	600	1,481	338	381	583	477	6,836
1945. 4.	1,175	1,519	436	1,533	134	185	246	433	5,661
1945. 5.	962	1,193	445	1,203	170	124	357	407	4,861
1945. 6.	1,028	1,076	505	1,185	156	144	320	435	4,849

자료: 『화북교통의 운영과 장래』, 1945년.
주: 스먼과 쉬저우의 1944년도 수치는 1944년 5월 이후의 수치이다.

심각해졌기 때문에 예방 대책이 시급했다. 이에 대해 화북교통은 1945년 7월 1일 철로의원 기구를 폐지하고 보건원으로 개편하는 동시에, 건강관리 규정을 제정하여 예방 업무 확립을 꾀하였다.[56] 그리고 일본인 사원에 대한 공제 제도를 폐지하고, 전 사원을 위한 의료 서비스를 회사급부로 전환했다. 직영 의료기관의 진료 부담은 치과 기공 등 특수한 사례를 제외하고 사원은 무료, 가족은 한 달에 최대 6엔 정도를 부담했는데, 이를 사원과 가족 모두에게 무료로 개정한 것이다. 직영 이외의 지정 의료기관에서도 치료를 회사급부로 전환하고, 건강진단 등의 보건 지도를 강화했다.

이러한 가운데 결전수송이 단행되었고, 연간 화물수송은 약 2,600만 톤, 여객수송은 약 4,500만 명으로 상정되었다.[57] 여객수송의 경우, 표 5-15에서 볼 수 있듯 1945년도 제1분기(4~6월)의 실적은 약 484~566만 명으로 1943~1944년의 수준에는 이르지 못했지만 1942년 정도의 수송 실적을

56 華北交通株式會社, 『華北交通の運營と將來』.

57 福田英雄·山口亮, 「インフレーション下の華北交通の經營」, 『インフレーションと鐵道』, 運輸調査局, 1946年, 119쪽.

나타냈다. 화물수송은 같은 기간의 실적을 자료로 확인할 수는 없지만, 1개월 평균 약 216만 7,000톤을 수송했다고 상정하면, 중일전쟁이 발발하고 얼마 지나지 않은 1938년도의 수준에 가깝다고 할 수 있다. 대일 총동원 물자에 대한 수송 요청은 양이 방대했고, 그 "성공 여하가 실로 중대하여 본토 결전 준비에 반드시 필요한 관건이 되었다"는 점에서 대륙철도의 소명 완수가 필요했다.[58] 제2분기 물자동원계획에서 "대륙과의 연락 수송력이 전황 전개에 따라 저하되었고, 이번 군수물자는 매우 적은 특수물자를 얻는 데 그쳤기 때문에 하반기 이후에는 대륙과의 교통 차단을 각오하고 대륙 자원 수송을 완전히 달성하는 체제를 확립"하는 데 무게가 실렸다.[59]

그러나 미군이 상륙하기 전에 소련이 8월 8일 대일 선전포고를 하고 장자커우와 산하이관 지구를 침공했다.[60] 또한 팔로군 연안총부八路軍延安總部는 마오쩌둥의 '일본 침략자와의 최후 일전' 명령에 따라 대규모 반격을 준비했다.[61] 1945년 8월 11일 제18집단군 총사령 주더朱德는 제5명령을 내려 징핑, 징쑤이, 퉁푸, 스더, 정타이, 다오칭, 진푸, 웨한, 후닝滬寧, 징우京蕪, 후항융, 광주, 차오산潮汕 등 철도 연선 해방구의 항일 부대에 "적극적으로 대항하여 적과 괴뢰를 무조건 항복시키라"라고 지시했다. 이에 각 해방구의 항일 게릴라들이 전면적인 공격을 벌이자 화북교통은 대륙철도뿐만 아니라 지역 내 철도로서도 분단되기에 이르렀다.

58 「於大陸鐵道輸送協議會席上大陸鐵道司令官挨拶要旨」, 『第七回大陸鐵道輸送協議會議事錄』, 1945年 3月.

59 軍需省, 「昭和二十年度第二四半期物動計劃運營要領」, 1945年 7月, 石川淳吉, 『國家總動員史 資料編 II』, 國家總動員史刊行會, 1975年, 1174쪽.

60 田添辰男, 「北支派遣から內地引上迄の思い出(9)」, 『華交』, 第18號, 1967年 6月 10日, 18쪽; 「秘史採錄:引き揚げ港, 天津局の村上さん」, 『華交』, 第29號, 1970年 2月 25日, 1~2쪽.

61 宓汝成, 『帝國主義と中國の鐵道』, 1987年, 310쪽.

Ⅵ 전후의 철도 운영과 국공내전

1. 중국의 철도 접수와 운영

(1) 중국의 화북교통 접수와 혼란상

이 장에서는 일본이 아시아태평양전쟁에서 패하고 중국의 제2차 국공합작이 붕괴되는 과정에서 화북교통을 접수한 국민당정부의 철도 운영을 밝히려 한다. 또한 국공내전에서 승리한 공산당이 주도한 사회주의적 철도 개조를 살펴보고자 한다. 먼저 전시에 국민당이 구상한 전후 철도정책의 관점에서 화북교통 접수 과정을 고찰해보자.

미국과 일본의 전력 격차가 뚜렷해져 연합군 측의 전승이 기대되던 1943년 11월 국민당정부 자원위원회는 '중·미 전시 및 전후 경제합작 방안 초안'을 작성하고, 전후에 '강한 중국'을 건설하기 위해 미군의 강력한 지원을 얻어 '전체적 경제 건설'을 구상하기 시작했다. 국민당정부는 1945년 1월에 이르러 제1기 5년 철로건설계획을 수립했다.[1] 미군의 지원

1 國民黨中國鐵路大事記政府資源委員會,「中美戰時及戰後經濟合作方案草案」, 1943年 11月, 國

표 6-1 전후 제1기 5년 철로건설계획 소요 자금

항목		내역	단위	수량	국폐國幣	달러
철로 건설	건축공비	국내 재료비	킬로미터	13,886	1,388,600,000	
	건축 재료	레일 및 부품	톤	1,524,000		99,300,000
		침목	정	24,254,000		25,245,000
		교함橋涵 강재	톤	316,000		31,600,000
		건축기재	톤	317,000		64,700,000
		통신설비				19,450,000
	차량 및 수리	기관차	대	2,300		104,000,000
		객차	대	3,000		60,000,000
		화차	대	27,000		54,000,000
		기관차 수리창	장소	9		13,200,000
		객화차 수리창	장소	18		14,100,000
		차고	장소	95		9,500,000
		통신기기 수리창	장소	6		900,000
제조창 설비		기관차 제조창	장소	2	32,200,000	18,400,000
		차량 제조창	장소	3	28,875,000	16,500,000
		강철용품 제조창	장소	2	28,875,000	16,500,000
		브레이크 제조창	장소	1	2,625,000	1,500,000
		교량 제조창	장소	4	40,250,000	23,000,000
		통신설비 제조창	장소	2	14,000,000	8,000,000
합계					1,535,425,000	579,895,000

자료: 링훙쉰淩鴻勛, 『중국철도지中國鐵路志』, 창류반월간사暢流半月刊社, 1954년, 24~25쪽.

하에 쉬쿤敍昆철도, 샹구이철도 등의 노선 1만 3,886킬로미터를 건설하고, 기존 노선 중 노후하거나 전쟁 피해를 입은 시설을 복구·개량하여 전후 경제 부흥을 물류 면에서 지원하려 한 것이다. 표 6-1에서 알 수 있듯이 전후 초기 단계에는 미국을 비롯한 외부에서 자재와 차량 등을 지원받아야 했지만, 향후 중국 국내 자재를 사용하여 자급자족을 달성하는 것을 목표로 삼았다. 미국이 이러한 중국의 경제 건설을 통해 사회주의 소련에 대항하는 방파제를 구축하려 한 것은 물론이다.

民黨政府資源委員會檔案; 宓汝成 著, 依田憙家 譯, 『帝國主義と中國鐵道』, 龍溪書舍, 1987年, 310쪽; 中國鐵路史編輯研究中心, 『中國鐵路大事記(1876~1995)』, 1996年, 153쪽.

1945년 7월 일본의 패배가 명백해지자 국민당정부는 '수복 지구 정치조시처政治措施處 요강 초안'을 제출하여, 일본과 괴뢰정부敵僞로부터 교통차량과 설비 일체를 회수하여 국유물로 삼고 교통기관을 통해 개별적으로 관리·정리한다는 방침을 수립했다.[2] 이어서 일본정부가 항복을 발표한 후에는 '중앙집중 접수' 방안을 통해 수복 지구의 철도를 6개 구역으로 나누어 접수할 것을 결정했다. 국민당정부가 정한 접수 구역은 다음과 같다. ① 동북구東北區: 동북의 모든 철도를 포함하여 산하이관과 구베이커우를 핑진구平津區와의 분계로 한다. ② 핑진구: 북쪽은 산하이관과 구베이커우에 달하고, 남쪽은 쉬저우와 정저우에 이르며, 징쑤이와 퉁푸의 전 노선을 포함한다. ③ 징후구: 진푸 선의 쉬저우 이남, 징후, 후항융, 쑤자蘇嘉, 장난江南, 화이난淮南, 저간 선의 항저우에서 진화金華에 이르는 구간을 포함한다. ④ 우한구: 핑한 선 정저우 이남과 웨한 선 창사長沙 이북의 철도를 포함한다. ⑤ 광저우구: 웨한 선의 창사 이남 및 광주, 광싼廣三 등의 철도를 포함한다. ⑥ 타이완구: 타이완 전 지역의 철도를 포함한다. 이러한 방침은, 앞에서 언급한 주더 총사령관의 제5명령으로 항일 게릴라들이 화북교통에 총공격을 단행하여 상당한 노선을 게릴라와 철로공작위원회가 실제로 장악했다는 사실을 부정하고 전후 재편 과정에서 국민당이 우위에 서고자 했음을 의미한다.[3]

국민당정부는 일본 측에 이러한 방침을 전달하기 위해, 화북교통을 비롯한 주요 산업의 일본인 대표자들에게 난징에 올 것을 명령했다. 화북교

2 金士宣·徐文述, 『中國鐵路發展史』, 中國鐵道出版社, 1986年, 471쪽; 『帝國主義と中國鐵道』, 311~312쪽.

3 이러한 접수 방침은 다른 부문에서도 마찬가지였다. 1945년 8월 28일에 오카무라 겐지岡村寧次 지나 파견군 총사령관은 중국군 부참모장 렁친冷欣 중장으로부터 "어떠한 일이 있어도 상하이·난징·베이핑·톈진·우한·칭다오·광저우·홍콩 등 8대 도시는 확보될 수 있도록 노력해주기 바란다"라는 중국 측의 의사를 전달받았다. 齊藤玄一, 「臨城愛路段 1」, 『華交』, 第41號, 1973年 3月 15日, 14쪽.

통에서는 총재 대리로 히라다 기이치로平田騏一郎 이사와 사하라 겐지佐原憲次 이사가 선발되었고, 사카이 요네이치境米市 등 몇 사람이 동행했다. 1945년 8월 19일 군용기로 베이징을 출발하여 난징에 도착한 두 이사는 일본인들을 조속히 귀국시켜달라고 요청했다. 그러나 중국 부참모장의 지시는, 일본인의 안전을 보장할 테니 "화북교통은 중국 철도 요원이 파견될 때까지 현 체제로 운영하며 지시를 기다려야" 하며 "화북교통의 요원들은 2~5년간 중국에 머무른다留用"는 것이었다. 이와 같이 국민당정부가 교통부를 통한 화북교통 접수 방침을 전달함에 따라, 화북교통 본사는 각 철로국에 직장에 머무르며 종전대로 직무를 수행하라는 방침을 전하고, 철도 접수에 응하기 위한 준비 작업에 들어갔다. 화북교통은 소련군의 침공이 시작된 장자커우와 산하이관 부근에서 패전 직후부터 귀환 수송을 단행하였다.[4] 특히 조직 구조 면에서는 1945년 4월에 단행된 '북지나교통단' 체제를 해제하고 원래의 직제를 복원하는 동시에, 철로국의 조직 기구를 간소화하여 종래의 총무·경리의 2부를 총무부로 정하고, 운수·공무·전기·자재 등을 일괄하여 운영부를 설치했다.[5]

특히 일찍이 만철 이사로서 만주의 북만철도 접수를 실행했던 우사미 총재는 중국 측의 철도 접수에 즈음하여, 1935년 3월 23일 운전사령용 전화로 "한 대의 열차도 멈추지 않고 운전 지연도 생기지 않도록" 했던 북만철도 접수와 같은 방식을 상정했다.[6] 이를 위해, 명령을 내리는 자는 바뀌더라도 철도는 그대로 운영되도록 "와해되려는 기능을 엄중히 유지하며 국

4 門奈喜三郎, 「續華北鐵後日記抄(八)」, 『華交』, 第13號, 1966年 3月 30日, 4~5쪽; 佐藤九眞男, 「張家口鐵路局平津地區引揚の前後」, 『華交』, 第30號, 1970年 7月 20日, 4~5쪽; 富田界一郎, 「蒙古から故國日本へ」, 『華交』, 第33號, 1941年 6月 15日, 4쪽.

5 萩秋次郎, 「終戰時の軍用貨物賣拂い: 徐州での話」, 『華交』, 第41號, 1973年 3月 15日, 12~13쪽.

6 「華北交通發生の經緯とその性格」, 『華交』, 第2號, 1963年 1月 1日, 5쪽.

민당정부의 접수를 기다렸다". 그리고 다른 일본계 사업과 같이 해체를 전제로 재산을 처분하여 직원 구제에 사용하는 등의 조치는 취하지 않았다. 그러나 이러한 방침과는 대조적으로, 각 현장에서는 중국인들이 철도 운영의 주력이 되고 있었다. 그 중에는 철로국에 따라 직제상 부장副長이었던 중국인을 가능한 한 많이 참·단의 장으로 세워 지휘권을 이양하는 곳도 있었으나, 공산당의 영향력이 강해진 지역에서는 중국인들의 '폭행'과 일본인들의 본국 귀환에 의해 운영권이 '탈취'되는 경우도 있었다.

이러한 가운데 국민당정부는 구체적인 철도 접수에 나섰다.[7] 우선 9월에 철도 접수 선발위원을 보낸 다음, 10월 11일 교통부 핑진구 특파원 판공처주석 접수위원인 스즈런을 파견하여 우사미 총재와 본사를 접수하도록 했다. 이를 전후로 각 철로국도 교통부의 각지 특파원 판공처에 접수되었다. 베이징철로국은 앞서 본사를 접수한 다음, 계속해서 관내 각 현장 기관에 담당자를 파견하여 현지 접수를 실시하였다. 10월 초 국민당정부 교통부 핑진구 접수위원 스즈런의 대리로 선원쓰沈文泗 이하 20여 명이 찾아와 사토 소사부로佐藤總三郎 부국장을 상대로 접수에 들어갔다. 카이펑철로국은 10월 9일 교통부 핑진구 특파원 판공처 접수위원이자 룽하이 철로관리국 부국장이었던 우스언吳士恩이 접수했다. 톈진철로국은 10월 하순에 스즈런을 대신하여 핑진구 접수위원 쉬야한徐亞韓이 류劉 총무처장과 함께 방문하여 접수에 관여했다. 지난에서는 10월 20일 전前 진푸구 철로관리 국장 천순겅陣舜畊과 지난 철로국장 가타세 히로시片瀨普가 철로국

7 若井佐市郞,「北京鐵路局日籍連絡團のこと」,『華交』, 第8號, 1964年 12月 15日; 加藤吉和,「石門鐵路局」,『華交』, 第25號, 1969年 3月 30日, 6~7쪽;「引き揚げ港, 天津局の村上さん」,『華交』, 第29號, 1970年 2月 25日, 1~2쪽; 新見嘉一,「さらば徐州よ」,『華交』, 第69號, 1978年 1月 1日, 8쪽; 華北交通株式會社社史編集委員會 編, 앞의 책, 168~172·569~570·582~583·614~615·655~657·668~669·677~678·689~690쪽; 北京市地方誌編纂委員會,『北京市·市政卷·鐵路運輸誌』, 2004年, 北京出版社, 406쪽.

전반을 접수하고 인계했다. 스먼철로국은 10월 25일 주석 접수위원 스즈런이 접수하여 스자좡 철로판사처가 되었다.

접수를 위한 사무를 절충하는 과정에서, 화북교통의 예상과 달리 중국 측 접수위원들이 "전체적인 기능 활동 접수를 고려하지 않고 제각기 재산 접수를 중시" 했기 때문에 일본 측의 접수 방법과 맞지 않았다. 중국 측은 '수복구 적위敵僞 교통기관 재산 접수 방법' 에 입각하여 침목 1정, 침목정 1개에 이르기까지 틀림없이 개수를 맞춰줄 것을 요구했다. 말 그대로, "국내 각 개소, 각 부분의 목록이 정확성을 기하여 조금이라도 틀려서는 안 되는 상태" 였다.[8] 그 밖에 철로국별로 철도 연선에서 귀국하는 종사원의 주거와 생활 문제, 종사원의 사택 양도, 귀국 준비, 전범으로 수감된 종사원 구출 등에 관해서도 사무상의 절충이 거듭되었지만, 국민당 측이 철도 운영을 중국인에게 인계하기 위해 일본인의 잔류를 요구함에 따라 1,856명에 달하는 일본인들이 지명이나 본인의 희망에 따라 중국에 머물렀다.

베이징철로국의 사례를 보면, 중국에 남은 잔류자留用者 조직으로 일적연락단日籍連絡團(단장 이케하라 요시미池原義見 국장, 부단장 후쿠다 히데오福田英雄 총무부장)이 구성되었다. 처음에는 철로국의 일본인 간부 대부분이 남아 1급 유용원, 2급 유용원 등의 지령을 받으며 교통부 직원으로 근무하였다. 이로써 담당 업무는 물론 전시에 축적된 철도 운영 관리 능력과 기술이 불충분하게나마 중국인들에게 전수되었다.[9] 잔류한 일본인들을 활용한 방식을 보면, 업무 인계와 중국인 사원의 기술 습득에 따라 필요한 요원

8 片山英夫, 「戰爭の始めと終り」, 『華交』, 第64號, 1977年 3月 1日, 12~13쪽; 中國鐵路史編輯研究中心, 앞의 책, 155쪽.

9 철도 운영 능력의 인계에 관하여 "화북교통은 접수되었다. 그러나 그것은 형태만의 것이다. 총재로서 바라는 것은 일본의 높은 철도기술을 중국대륙에서 살리는 것이다" 라고 우사미 총재 본인이 강한 의지를 보였다. 「故宇佐美總裁を偲ぶ會」, 『華交』, 第14號, 1966年 6月 10日, 11쪽.

을 남겨놓고 불필요한 요원을 점차 해직시키는 식이었다. 이렇게 중국 측이 요청한 소수를 제외한 일본인 사원들이 해직되었기 때문에 일적연락단은 1946년 4월 21일에 해산되었다. 국민당정부가 처음에 2~5년에 걸친 일본인 잔류를 요구했음에도 불구하고, 반년 만에 마무리된 것이다. 소련군과 중국공산당이 몇 년간에 걸쳐 일본인들을 잔류시킨 만철과는 사뭇 달랐다.

이러한 접수 과정은 다른 철로국에서도 비슷했지만, 장자커우와 타이위안은 특이한 상황에 놓여 있었다.[10] 몽골 지구는 원래 제12전구戰區 장관 푸줘이傅作儀 상장上將이 접수하기로 결정되었지만, 소련군이 침공하자 8월 23일 철로국장 이하 모든 일본인 사원이 장자커우를 떠나 징진 방면으로 피난했기 때문에, 국민당 측의 장자커우철로국 접수는 실현되지 않았다. 한편 산시 성의 타이위안철로국은 국민당정부 교통부와는 직접적인 관련이 없는 제2전구의 옌시산 장군이 직접 접수했을 뿐만 아니라, 사토 철로국장에게 철도수송 협력을 요청하고 일본인 사원과 그 가족들의 안전과 생활보장에 대해 호의적인 처우를 제공했다. 이것이 효과를 발휘하여, 잔류한 일본인들의 규모가 이곳에서만 352명에 달했다. 또한 옌 장군은 철로국 경무 관계자로 하여금 호로총대護路總隊를 편성하도록 하여, 산시군 사령 자오청서우趙承綬 장군의 지휘로 군사작전에 동원하였다. 타이위안철로국 접수와 더불어 직제가 개편되어 궈신郭新 국장의 관리하에 처장과 과장에 중국인이 취임했지만, 종래의 일본인 부장과 과장이 각각 부처장과 부과장으로 업무에 참여했고 사토 전 국장도 철로국 고문직을 위탁

10 市丸善正, 「運城の終戰」, 『華交』, 第19號, 1967年 9月 5日, 7쪽; 佐藤九眞男, 「張家口鐵路局平津地區引揚の前後」, 『華交』, 第30號, 1970年 7月 20日, 4~5쪽; 元太原鐵路局長佐藤欣二, 「太原鐵路局(山西省)の鐵道」, 『華交』, 第66號, 1977年 7月 1日, 5~7쪽; 本庄進, 「華北交通の思い出」, 『華交』, 第35號, 1971年 12月 15日, 2~3쪽; 華北交通株式會社社史編集委員會編, 앞의 책, 638~644쪽.

받는 등 대다수의 일본인이 1946년 5월까지 남아 일했다. 산시 성 철도 관할을 둘러싸고 장제스와 옌시산이 대립하기는 했지만, 타협이 성립함에 따라 국민당정부 교통부가 1946년 1월에 타이위안과 냥쯔관단娘子關段 사이를, 5월에는 스자좡과 냥쯔관단 사이를 연이어 '접관接管'하여 푸지구普冀區철로관리국을 설치하고 정타이철도를 운영하기에 이르렀다.

이와 같이 국민당정부는 '중앙집중 접수' 방안을 표방했지만, 실제 접수는 철로국뿐만 아니라 각 현장에서 다양한 방식으로 이루어졌기 때문에 통일성이 없었다. 나아가 이러한 방안은 항일 게릴라들이 포위하거나 지배하는 철도를 중국공산당 측이 접수하는 것을 허용하지 않았기 때문에, 전후에도 철도시설에 대한 게릴라들의 투쟁은 더욱 격렬해졌고 많은 철도와 통신망이 끊겼다.[11] 이에 대한 중국공산당 측의 입장은, 인민이 획득한 권리를 결단코 방기할 수 없기 때문에 '역쟁力爭'을 통해 그 권리를 인민의 손으로 탈환해야 한다는 것이었다.[12] 일본군으로부터 철도를 접수하고 국민당의 철도 탈취에 반대한 중국 인민은 공산당의 지도하에 투쟁을 전개한 것이었다. 자오지 선에서는 종사원들에게 독자적으로 임금 등을 제공했을 뿐만 아니라 계급 교육과 공산당에 관한 기초 지식 교육을 실시하고 공회工會를 조직했다. 이 학습 과정을 통해 검증된 우수한 노동자는 당원으로 입당시켰다.[13] 그 결과, 화북의 철도는 주요 도시를 중심으로 곳곳에서 분단되어 사실상 해체되었다고 할 수 있다.[14] 이러한 국민당정부의 철도 운영은 중·미 양쪽의 기대에 도저히 미치지 못했다.

11 加藤吉和, 「石門鐵路局」, 『華交』, 第25號, 1969年 3月 30日, 6~7쪽; 今泉春男, 「終戰後のある列車事故」, 『華交』, 第29號, 1970年 3月 25日, 3쪽; 荒卷繁之丞, 「臨趙線と『かんざし』修理」, 『華交』, 第32號, 1971年 3月 25日, 8~9쪽.

12 李占才 編, 『中國鐵路史(1876~1949)』, 汕斗大學出版社, 1994, 313쪽.

13 中共青島鐵路地區工作委員會·中國科學院山東分院歷史研究所·山東大學歷史系 編著, 『膠濟鐵路史』, 山東人民出版社, 1961年, 156~157쪽.

14 「華北交通發生の經緯とその性格」, 『華交互助會會報』, 第2號, 1963年 1月 1日.

(2) 미국의 지원과 국민당정부의 철도 운영

미국은 동아시아의 안전 보장상 가장 중요한 국가로 중국을 지목하고, 통일된 '강한 중국' 정책을 추진했다. 그 정책 목표하에 대중 경제원조가 실시되었고, 그 일환으로 인프라로서의 철도 부흥이 중시되었다.

국민당정부 교통부는 철도를 접수하고 일본인 사원들 가운데 재산 관계 증인인 경리와 자재 관계 책임자, 중국인으로 바로 대치할 수 없는 기술자들을 잔류하도록 하여 1946년 초까지 관련 업무를 중국인 직원들에게 인계시켰다. 이후 교통부는 1946년 3월 1일에 '전국철로 실행간선구 관리제'를 선포하였다.[15] 이에 의해 핑진구, 진푸구, 징후구, 저간구, 웨한구, 샹구이첸구, 핑한구, 룽하이구, 쿤밍구昆明區, 핑지구平冀區 등에 철로관리국이 설치되어 관할 구역의 간선과 지선을 관리했다. 이 밖에도 동북지역에 특파원 판공처가 설치되어 진저우·선양瀋陽·지린吉林·치치하얼·무단장의 5개 철로관리국을 관할하였다. 국민당정부는 이러한 전국 철도의 중앙집중 관리를 철저히 하기 위해 철도 수입을 담보로 철로공채 5382만 4,000파운드를 발행하고 구舊차관을 정리하여, 전쟁 이전처럼 열강이 이권 개입하는 것을 차단했다.[16] 그 외에 전쟁 피해 시설과 노후 시설 등의 복구를 추진하여, 일시 중지되었던 열차 운행을 재개하고 치안력을 시급히 확보하면서 경제 부흥 계획을 추진했다.

제1기 5년 철로건설계획을 실현하려면 미국의 재정 지원이 필수적이었기 때문에, 국민당정부는 자원위원회 소속의 '주미중국물자공응위원회'의 임무를, 대여 방안에 따른 물자의 교섭·입수에서 미국과의 차관 교섭으로 바꿨다.[17] 국민당정부는 일찍이 1945년 11월에 UN구제부흥기관

15 中國鐵路史編輯研究中心, 앞의 책, 157~158쪽; 北京市地方誌編纂委員會, 『北京市·市政卷·鐵路運輸誌』, 2004年, 北京出版社, 411쪽.

16 張公權, 『抗戰前後中國鐵路建設的奮鬪』, 傳記文學出版社, 1974年, 203~204쪽.

17 宓汝成 著, 依田憙家 譯, 앞의 책, 313쪽.

United Nations Relief and Rehabilitation Administration, UNRRA으로부터 합계 6억 달러에 달하는 대량 구제 물자를 지원받았다.[18] 이 가운데 피해를 입은 교통시설을 복구하는 비용으로 9,990만 달러가 결정되었다. 철도 관련 항목의 내역을 보면, 1946~1948년의 선로 복구비 5,142만 달러, 기관차 242대, 객화차 3,466대, 레일과 부속품 8만 3,689톤, 교량 강재 4만 3,000톤, 침목 100여 정, 기계와 부품 1만 톤이었다. 이 자재들은 주로 웨한과 저간의 양대 간선, 광주 선, 난쉰 선南潯線을 복구하는 데 쓰였다. 1946년 2월에는 캐나다 차관 2,000만 캐나다달러를 받아 교통 자재 등을 구입했으며, 그중 철도 관련 자재는 레일과 부속품 2만 3,800톤, 전철기轉轍機 500개, 침목 127만 정, 강교 237개(1만 9,000톤) 등으로 총액 1,072만 8,000캐나다달러였다.

1946년 3월에서 6월에는 미국의 모리슨 너드슨 컨설팅 그룹Morrison Knudsen Consulting Group이 만리장성 이남의 철도 8,000킬로미터와 주요 항만을 조사·연구하여 '선후'와 '중건'이라는 2권의 보고서를 제출했다.[19] 보고서에 따르면 중국철도의 부흥에 필요한 비용은 3억 4,639만 달러에 달했는데, 그중 70퍼센트를 미국 차관으로 조달하고 미국의 기술 지도하에 교통 부흥사업을 일으키기로 했다. 1946년 5월과 7월에는 중국과 미국 간에 청위成渝(청두·충칭), 촨덴川滇(청두·쿤밍) 철로차관이 각각 체결되었다. 또한 1946년 6월에는 철도 자재에 관한 차관이 워싱턴 수출입은행에서 조인되었다. 차관액은 1,650만 달러, 기한은 30년이었으며, 레일 및 부품 6만 5,000톤, 전철기 720개, 침목 150만 정, 강교 422개, 교량

18 中國鐵路史編輯研究中心, 앞의 책, 155 · 157쪽.

19 Morrison-Knudsen Consulting Group in China, *Report on requirements for rehabilitation of railroads of China south of Great Wall*, San Francisco: Royal Blue Print Co., 1946; Morrison-Knudsen Consulting Group in China, *Report on harbors of China from Hulutao south*, San Francisco, Royal Blue Print Co., 1946; 李占才 編, 앞의 책, 318쪽.

재료 1만 5,000톤 등의 구매 자재는 용도가 철도 정비만으로 한정되었고, 다른 사용은 인정되지 않았다.

국민당정부는 이러한 미국의 지원에 입각하여 기존 노선 복구 작업에 돌입했고, 1946년 1월 11일에는 베이핑(베이징)과 톈진을 2시간 30분 만에 잇는 특별 쾌속 열차를 운행하는 등 노선 개통을 실현했다.[20] 그러나 1946년 7월부터 국공내전이 전면화했다. 귀국한 일본인들의 보고에 의하면 1946년 10월부터 화북의 철도는 공산당의 끊임없는 파괴 공작 때문에 복구가 진척되지 못했으며, 베이징과의 연락은 단지 톈진과 장자커우 정도만 가능하고 스먼, 타이위안, 지난 등의 주요 도시의 육로편은 두절되었다. 다만 옌시산의 '산시왕국'만이 홀로 완전 운행을 유지하는 상황이었다. 징한(베이징-바오딩 개통, 이남은 불통), 징쑤이(베이징-장자커우만 개통), 베이닝(베이징-선양 전 구간 개통), 스타이(타이위안-스먼 전 구간 개통), 진푸(여러 곳이 끊겨 전 구간 개통 불가능), 퉁푸(다퉁-푸저우 전 구간 개통), 자오지(자오난, 칭다오 부근만 개통), 룽하이(상황 불명), 스더(스먼 근교만 개통) 등은 지역의 상황에 따라 운행 양상이 달랐다.[21] 철도 자체가 군사작전과 밀접했던 만큼, 국민당정부 교통부의 철도 운영은 국공 간의 내전 추이에 따라 끊임없이 유동적이었다.

세부적인 운영에서도 체계적인 규율이 확립되기보다는 접수위원들의 성향에 많은 것이 좌우되고 있었다. 접수 물품 중 화물의 상당량이 자의적으로 처리되는 경우가 많았고,[22] 인원 정리가 감행되어 노사분규가 발생하는 등 노동자들의 생활도 결코 안정되지 못했다. 지난 철로국에서는 국민당 행정원의 국영사업 정책에 따라 6월 27일 '긴급 조치 수항'이 발표되어

20 中國鐵路史編輯研究中心, 앞의 책, 157쪽.

21 「復舊は遠い, 華北の鐵道」, 『華交互助會會報』, 2·3月號, 1947年 3月 25日.

22 中共青島鐵路地區工作委員會·中國科學院山東分院歷史硏究所·山東大學歷史系 編著, 앞의 책, 163~172쪽.

인원 정리 방안이 발표되자, 7월 4일에 긴축 감원에 반대하는 파업이 발생했다. 그러나 정리 대상자들은 3개월분 퇴직수당을 받고 정리해고되든지 다른 지역〔상구이, 구이저우貴州(黔), 저간, 룽하이〕으로 전출될지 선택하지 않으면 안 되었다. 국공내전이 전개되자 군사비 조달을 위한 통화 남발이 계속되어 인플레이션이 발생한 가운데 임금이 제대로 지불되지 않았기 때문에 종사원들은 생활을 위해 야채, 석탄, 양철, 용지 등을 판매하기도 했다.[23] 이에 대해 일본 점령기에는 "잡혀가 감옥 속에 앉아 있었被捉去坐過水牢"지만 국민당 통치하에서는 "병들고 굶어 고통당하다 죽게 되었다被病餓折磨而死"고 일컬어질 정도였다.

이러한 가운데, 미국의 경제계는 1947년 미 육군을 통해 '중국철로 건설계획'을 제출했다.[24] 이 건설계획은 룽하이철도의 톈수이天水-란저우 구간을 간선으로 하여, 북쪽으로는 간칭甘靑과 칭신靑新의 양 도로를 둘러싸고 서북의 신장新疆까지 달하는 노선, 남쪽으로는 톈청 선天成線(톈수이-청두)에 연결되는 노선, 서남으로는 윈난 성雲南省을 경유하여 버마(지금의 미얀마)에서 바다로 나오는 노선을 건설하고자 한 것이다. 이 계획을 접한 국민당정부는 국공내전 때부터 철도 건설을 검토하여 표 6-2와 같이 '철도 10년계획'을 작성했고, 부설이 시급한 9개 노선, 1만 1,515킬로미터를 대상으로 제1기 5년계획을 추진하려 했다. 그래서 '중국철로 건설계획'을 '5개년 국방계획'의 일부로 상정하여 실시하기로 한 것이다. 그러나 이 계획은 국공내전 때문에 제대로 실현될 수 없었다.

1948년 4월이 되어 국민당정부가 이미 국공내전에서 패퇴가 불가피해

23 전후 국민당정부는 물가 통제를 실시하고 공무원과 교원에게 현물을 배급하는 등 대응책을 제시하기도 하였으나 모순적인 통화 남발이 계속되어 1948년 10월 물가제한 포기를 선언하기에 이르렀다. 姬田光義 編著, 『戰後中國國民政府史の硏究 1945~1949』, 中央大學校出版部, 2001年, 11쪽.

24 李占才 編, 앞의 책, 318~319쪽.

표 6-2 국민당정부의 철도 10년계획 (단위: 킬로미터)

기별	방면	건설노선 및 거리
제1기	서북 방면	① 톈수이天水 · 청두 716, ② 톈수이 · 디화廸化 2,414, ③ 란저우 · 창두昌都 1,609
	서남 방면	① 청두 · 창두 1,513, ② 촨첸철로川黔鐵路 644, ③ 궤이양貴陽 · 웨이닝威寧 612, ④ 샹첸 선湘黔線 998
	동남 방면	① 징간京贛 · 민閩 998
	중부 방면	① 충칭 · 푸커우 2,012
	계	9노선, 11,515킬로미터
제2기	서북 방면	① 디화 · 소련 변경 724, ② 궤이쑤이歸綏 · 소련 변경 1,609, ③ 바오터우 · 란저우 1,094
	서남 방면	① 창두 · 다지링大吉嶺 1,207, ② 바안巴安 · 사디야Sadiya(인도) 805, ③ 촨샹 선川湘線(충칭 · 천시辰谿) 805, ④ 푸린富林 · 샹윈祥雲 563
	동남 방면	① 웨간 선粵贛線(취쟝曲江 · 난창南昌) 595, ② 싼수이三水 · 구이린桂林 515, ③ 민웨 선閩粵線(난핑南平 · 광저우) 1,046, ④ 샹구이철로(리탕黎塘 · 광저우 만廣州灣) 402, ⑤ 난닝南寗 · 친저우欽州 201, ⑥ 간셴贛縣 · 산터우汕頭 402
	중부 방면	① 지난 · 네이황內黃 322, ② 시안 · 샹양襄陽 402, ③ 광위안廣元 · 즈양紫陽 805
	계	16노선, 11,499킬로미터

자료: 장공취안, 『항전 전후 중국 철로 건설의 분투抗戰前後中國鐵路建設的奮鬪』, 촨지문학출판사傳記文學出版社, 1974년, 200~202쪽.

져 화남으로 철수하는 단계에 접어들자, 미 의회는 비로소 '중국 원조법'을 제정하여 국민당정부에 차관 4억 6,000만 달러를 제공하기로 했다.[25] 이중 6,000만 달러가 경제건설용으로 쓰일 것으로 결정되었고, 국민당정부는 웨한 선의 지선인 쑤이우穗梧(광저우–우저우梧州)와 하이난 섬海南島 철로를 정비할 계획을 세웠다. 1948년 6월에는 미국의 기술원조 조사단이 파견되어 국민당 통치 지구의 철도와 광산, 발전소 등을 조사했다. 8월에는 미국의 잉여물자 처리안 중 하나로 약간의 레일과 침목, 철도차량 등 237만 달러분이 국민당정부에 제공되었다. 그리고 미 경제협력처

25 金士宣 · 徐文述, 앞의 책, 480쪽.

Economic Cooperation Administration, ECA는 3,500만 달러에 달하는 원조 제공을 발표했고, 이 중 웨한·저간·핑진·타이완의 철로에 1,050만 달러의 원조가 할당되었다.

이와 같이 미국의 '대중국주의' 정책 때문에 국민당정부는 일관되고 방대한 경제원조를 받았다. 철도 부흥도 개시되어 웨한 선, 저간 선, 샹구이첸 선, 화이장 선淮江線, 장난 선 복구 작업이 추진되어 열차가 운행되었다. 국민당정부의 철도 운영(산하이관)을 보면, 1946년에는 영업노선 8,855킬로미터, 여객 1억 300만 명, 95억 3,800만 인킬로미터, 화물 1,067만 톤, 17억여 톤킬로미터였는데, 이듬해에 접어들어 영업노선은 8,506킬로미터로 다소 감소했지만, 수송량은 여객 1억 500만 명, 115억 3,200인킬로미터, 화물 1,661만 톤, 31억 9,600만 톤킬로미터로 오히려 크게 증가했다.[26] 그러나 1948년이 되면 랴오선 전역遼瀋戰役, 화이하이 전역淮海戰役 등의 내전에서 국민당 측이 공산당에게 연이어 패배하여 이미 전국적 철도 운영의 관리통제력을 상실하게 되었다.

다음 절에서는 국공내전을 통해 새로운 국가가 창출되는 과정에서 철도가 어떠한 위치를 차지하였으며, 한국전쟁에서 어떻게 전시동원되었는지를 검토하도록 하자.

2. 국공내전과 신국가 건설

(1) 국공내전과 전시동원

일본의 패전이 확실시되어 국공대립이 표면화되자, 마오쩌둥은 내전을 피하기 위해 1945년 8월 충칭을 방문하고 장제스와 1개월 이상 교섭을 계속

26 凌鴻勛, 『中國鐵路志』, 暢流半月刊社, 1954年, 74~75쪽.

하여 10월 10일에는 '쌍십협정'을 체결하고 국내 화평, 내전 회피, 정치협상 회의의 개최에 관하여 합의했다.[27] 이에 입각하여 1946년 1월에 국공정전협정이 성립하고 정치협상 회의가 열려 중국 통일정부 등이 결의되었다.[28] 그러나 국민당정부가 3월에 이러한 결의를 파기하고 6월에 공산당 측의 해방구로 진격했기 때문에 7월부터 전면적인 내전이 발발하였다. 이를 계기로 중국의 철도는 다시금 전시동원되었고, 그 가운데 공산당 측의 철도 운영 시스템이 정착되었다.

국민당 측은 철로 직공들을 국민당과 삼민주의 청년단에 가입시켜 국공내전하에서 조직 기반을 다지려 했다. 자오지 선의 저우춘周村–칭다오 간 국민당 특별당부特別黨部는 1947년경에 규모가 구분부區分部 108곳, 당원 4,051명에 달했다. 또한 종사원들 사이에 국민당 측 공회를 조직하고, 전투에 대비하여 '철로초비호로종대鐵路剿匪護路縱隊'라는 무장조직을 설치했다.[29] 그 밖에도 내부 노동자들을 감시하여 공산당계로 판단된 경우 체포하여 린치를 가하고 반성원反省院에 보냈다. 전황이 악화되자 이들은 종사원들을 철수시켜 공산당 측으로 요원이 유출되는 것을 막으려 했다. 1947년 2월 라이우 전역萊蕪戰役(인민해방군 화동야전군이 산둥 성 린이臨沂 남쪽에서 라이우에 이르는 지역에서 국민당군의 진격에 맞서 승리한 전투) 후에는 자오지 선에서 철수한 요원이 지난 2,600명, 팡쯔坊子 557명, 칭다오 806명으로 도합 3,963명에 달했다. 그럼에도 불구하고 공산당계 종사원들은 국민당의 영향 아래 있는 철도에 대한 지하투쟁을 모색했고, 경우에 따라서는 인민해방군 진입에 즈음하여 국민당 측이 철도시설을 파괴하고 요원 철수작

27 李占才 編, 앞의 책, 320~321쪽.

28 미국의 조지 마셜 원수를 비롯한 군사3인위원회가 1946년 1월 26일에 정전협정을 성립시켰다.

29 中共青島鐵路地區工作委員會·中國科學院山東分院歷史研究所·山東大學歷史系 編著, 앞의 책, 163~167쪽.

전을 펴는 것에 맞서 호로호창투쟁護路護廠鬪爭을 전개했다.[30]

공산당 측에게 반격의 기반이 된 철도망은 전국 철로망의 절반을 차지한 구舊만철의 동북지역이었다. 공산당은 1946년 6월 동북민주연군東北民主連軍 철도 사령부를 설치하고 예하에 동만주와 서만주의 호로군護路軍 사령부를 두어 7개 보병단과 1개 장갑대대, 병력 6,298명의 부대를 편성했다.[31] 이를 통해 원래 동만주, 서만주, 쑤이자綏佳, 방쑤이浜綏, 중창中長 등의 노선에 분산된 각 호로부대를 통일하여 북만주 해방구의 노선 약 5,000킬로미터를 방위하도록 했다. 그 병력 규모는 1947년에 이르러 8,500명에 달하였다. 나아가 중공중앙동북국의 '철로 업무 강화에 관한 결정'에 따라 1946년 7월 27일 천윈陳云을 겸임국장으로 하는 동북철로총국이 조직되어 중창철로 이외의 동북 철로사업에 임하는 한편, 인민해방군의 군사 작전과 병참 수송을 담당했다. 동북해방구 동북철로총국은 차량 등의 부족을 완화하기 위해 '파손 기관차 복구死機復活'와 '파손 차량 복구死車復活'를 실시했고, 하얼빈 기무단도 노후 기관차 재생을 서둘렀다.[32]

1945년 8월 14일 국민당정부와 소련이 우호동맹조약을 체결함에 따라 양측이 합작한 중국창춘철도(다롄·하얼빈 간과 만저우리滿洲里·하얼빈·쑤이펀허綏芬河 간)가 건설되었지만, 소련군이 동북 지방에서 철수한 이후 내전 속에서 국민당정부의 파견 관리자가 소개했다. 이후 중공중앙동북국과 소련이 협상하여 동북철로총국과 중국 창춘철로관리국의 '합서판공合署辦公(부서를 합쳐 사무를 보는 것)'을 결정했다. 나아가 동북철로총국은 공안

30 中共青島鐵路地區工作委員會·中國科學院山東分院歷史研究所·山東大學歷史系 編著, 앞의 책, 174~178쪽.

31 中國鐵路史編輯研究中心, 앞의 책, 158~159·162~165쪽; 金士宣·徐文述, 앞의 책, 474~477쪽.

32 이 중 기관차 두 대에 '마오쩌둥호毛澤東號'와 '주더호朱德號'라는 이름이 붙었다.

기관(공안처-공안분처)을 설치하여 치안에도 주력했다. 기술자가 부족했기 때문에 많은 일본인 만철 사원이 소련의 점령하에서 잔류하여 철도 관리와 기계·토건 설계 등의 업무에 종사했다. 이러한 상태는 중화인민공화국이 수립된 후에도 이어졌다.[33] 1947년 1월에는 동북해방구의 동북철로직공학교(1946년 11월 설립하여 1947년 3월에 동북철로학원으로 개칭)의 제1기 학원생 500명이 6주간의 교과를 거쳐 배출되었다. 공정·전무·기무·차무·역무·재료·회계의 7개 학과가 설치된 이 학교는 수업 기간 5~10개월의 교과 과정으로 철도 노동자들을 교육했다. 그 밖에도 『서철도소식西鐵道消息』, 『동북철로광보東北鐵路廣報』, 『철로생활鐵路生活』 등을 간행하여 사상교육과 함께 원활한 업무와 현장에 대한 교육을 시도했다. 이와 같이 공산당은 내전 중에도 철도 동원을 위한 교두보를 동북해방구에 구축했다.

내전의 추이를 보면, 처음에는 미국의 지원을 받은 국민혁명군이 압도적인 우세를 보인 끝에 1947년 3월에 공산당의 근거지인 옌안延安을 점령하였다.[34] 이와 함께 장제스는 국민당정부의 신헌법(1947. 1.)을 공포하고, 이듬해 총통에 취임하였다. 이에 대해 공산당 측은 토지개혁을 실시하여 중국 인구의 대다수인 농민의 지지를 얻었고, 1947년 중반부터 본격적인 반격을 가했다.

동북해방구에서도 공산당 측은 철도 운영을 위한 제반 제도를 정비하는 한편, 해방 지구 확보에 따라 철도 관리 기구를 정비해갔다. 동북철로총국은 1947년 10월 철로운수 임무를 명확히 하고, 내부 경영자원을 운용할 때 사전 준비를 철저히 하며, 동계 수송을 엄중히 완수할 것을 결정했다. 이러

33 「大陸の動脈を支えた日本人」, NHK, 「留用された日本人」, 取材班, 『「留用」された日本人:私たちは中國建國を支えた』, 日本放送出版協會, 2003年; 長見崇亮, 「滿鐵の鐵道技術移轉と中國の鐵道復興: 滿鐵の鐵道技術者の動向を中心に」, 『日本植民地硏究』 15, 2003年 6月.

34 橫山宏章, 『中華民國史: 專制と民主の相剋』, 三一書房, 1996年(요코야마 히로아키, 박종현 옮김, 『중화민국사』, 신서원, 2000년).

표 6-3 국공내전 및 부흥기의 공산당 측 철도영업킬로

연도	철도영업킬로
1947	6,884
1948	12,768
1949	21,715
1950	22,238
1951	23,063
1952	24,232
1953	24,821

자료: 지위齊語 編, 『신중국의 철도건설新中國的鐵道建設』, 싼롄서점三聯書店, 1953년 8월.
(중국문제연구소中國問題研究所, 『중국의 교통운수 문제中國の交通運輸問題』, 국제선린협회國際善隣協會, 1976년 3월에서 재인용)

한 운동 기간 중에 산하의 전 직원이 동원되었고, 특히 간부진에게 학습 기술과 숙련 업무, 사상에 대한 교육이 실시되었다. 나아가 '철로 재산 보호 및 철로 운수력 사용 잠정 시행 조례', '철로 직원의 복무와 대우에 관한 잠정 시행 규정', '철로 기업화의 실행에 관한 요구'(1947. 12.)가 제정되어 경영자원 관리와 수익 관리가 체계화되었다. 공산당의 이러한 철도 운영은 동북 이외의 지역으로 확대되었다. 1947년 11월 10일에는 진차지 변구晉察冀邊區(진晉은 산시 성의 약칭, 차察는 차하얼 성察哈爾省의 약칭, 지冀는 허베이 성의 약칭으로, 중일전쟁 당시 중국공산당의 항일 근거지였다) 철로관리국이 스자좡에 성립하여, 해방된 스타이, 핑한, 스더 등의 철로 수송을 회복시켰다.

1948년부터 인민해방군은 동북, 화북, 북서의 각 전장에서 승리를 거듭했고, 4월에는 옌안을 탈환했다. 9월부터 12월에 걸쳐 랴오선遼瀋·화이하이淮海·핑진의 3대 전역에서 승리하여 동북 및 화북 지방을 점령했고, 1949년 1월 말에는 베이징에 입성하였다. 이에 따라 공산당이 관할하는 철도는 표 6-3과 같이 급속히 확대되었다.

1948년 9월 화북 인민정부가 스자좡에 성립한 후 교통부를 설치하고 우징톈武競天을 부장으로 육운·수운·우편·전력의 4개 분야를 관할하였

다.[35] 특히 동북해방구 철도는 9월 12일부터 10월 12일까지 랴오선 전역에서 군용열차 631대, 화차 1만 9,561대를 운행하여 58만 6,830톤에 달하는 군수품을 수송했다. 물자의 대부분은 동북철로총국 서부선을 따라 요동을 경유하여 정자툰 역鄭家屯站(지금의 솽랴오) 등에서 하역된 후 자동차 등으로 작전지까지 운반되었다. 11월 1일 중국인민해방군 지난 특별군사관제위원회는 지난에 화동구 철로관리총국과 중공 화동철로위원회를 설치했다. 1948년 말에 이르러 공산당 측은 관할하는 철도가 1만 2,768킬로미터에 달했고, 화북과 서북 지구에서도 5,000여 킬로미터의 철도를 확보했다(표 6-3). 이 가운데는 진푸 선 북 구간, 징한 선 남 구간, 룽하이 선 동 구간, 퉁푸 선 남북의 일부 구간, 징쑤이 선, 자오지 선, 정타이 선 등의 화북철도가 많이 포함되었다.

공산당의 내전 승리가 거의 확정된 1949년에 이르자 전국의 철도를 통일적으로 운영할 필요성이 대두되었다.[36] 1949년 1월 10일 중국인민혁명군사위원회 철도부(군위 철도부로 약칭)가 중국인민혁명군사위원회(중앙군위로 약칭)의 전령에 의해 텅다이위안滕代遠을 부장으로 스자좡에 성립하였고, "전국 각 해방구의 철로 복구, 관리, 운수를 통일하라"는 명령을 내렸다. 같은 달 28일부터 2월 7일에 걸쳐 군위 철도부는 스자좡에 각 해방구의 책임자를 소집하여, 전국 철도 관리를 통일할 필요성을 역설했다. ① 철도 관리 조직을 일원화함으로써 전시동원 및 경제 건설에 대응한다. ② 자재 조달과 사용을 일원화하여 신속한 철도 부흥과 건설을 꾀한다. ③ 또한 철도 관리에 필요한 주요 규정과 시설 보수 및 건설 규격 표준을 통일하여 안전 확보와 원가 절감 등을 추진한다는 것이었다. 나아가 이 회의는 "해방군이 타도하는 곳마다 철로를 복구한다"는 전국 철로 직원들의 슬로건으

35 中國鐵路史編輯硏究中心, 앞의 책, 168~169쪽.

36 鐵道部檔案史誌中心, 『新中國鐵路50年』, 中國鐵道出版社, 1999年, 25~31쪽.

로 '해방전쟁'을 적극 지원하기로 했다. 3월 21일에는 텅다이위안 서기를 비롯한 9명의 위원으로 구성된 중공군위철도부위원회가 구성되었다.

그 후 4월에 이르러 베이징에서 공산당과 국민당의 화평회담이 개최되었지만, 국민당은 공산당의 요구를 거부했다. 이에 인민해방군은 4월 21일에 총공격을 개시하여 난징과 우한, 상하이를 점령하고, 패주하는 국민혁명군을 추격하여 화남으로 진격했다.[37] 이를 지원하기 위해 4월 8일에 군위 철도부가 베이핑에서 전국철로운수회의를 개최하여 인민해방군을 신속히 남하 수송하는 방안을 논의했다. 이에 새로운 수송 계획이 수립되었고, 직군直軍 운용열차 편성, 군용차량 일원적 배분, 군사수송 임무 완수가 결정되었다. 군위 철도부는 또한 '철로군 운송 잠정 시행조례鐵路軍運暫行條例'(1949. 4. 10.)를 제정하여 군사수송의 통일성과 규율을 강조하는 한편, 각급 부대가 군위 철도부가 작성하여 제정한 군사수송 계획과 철도 규정 등을 엄수하도록 요청했다. 이것이 중앙군위가 처음으로 제정한 통일적인 군사수송 조례였다. 4월 12일에는 군위 철도부 주최로 전국철로공무공정회의가 개최되어, 해방군이 남하한 후의 철도수송 수요에 대응하기 위한 철도 복구 계획을 중점 논의하고 4월부터 연말까지 2,167킬로미터를 복구하기로 결정했다.

이후 표 6-4와 같이 전국에 통일적인 철도 시스템을 구축하기 위해 각 부문마다 전국철로회의를 열고 철도 정책의 방향을 정했다. 전국철로조도회의全國鐵道調度會議(1949. 5. 16.)에서는 전국 철도의 배차 업무와 보고 체계를 일원화하여 수송 계획과 기술 계획에 입각한 계획수송 체제를 정비하기로 하고, 차량 운용 계획 수립과 차량 정류 시간 단축을 통한 효율화를 꾀하였다. 이에 따라 '철로조도통일판법'(1949. 6. 1.)이 제정되었다. 5

37 국민당정부는 1949년 5월 이후 타이완 이전을 개시했고, 장제스는 1949년 12월에 50만의 병력과 함께 타이완으로 망명했다.

표 6-4 중국의 전국철로회의 연표 (1949~1950년)

1949년 1월 28일	전국철로공작회의: 전국 철도 관리를 통일할 필요성을 역설. ① 철도 관리 조직의 일원화→전시동원 및 경제 건설에 대한 대응, ② 자재 조달 및 사용의 일원화→신속한 복구 및 건설, ③ 철도 관리의 주요 규정과 시설 보수 및 건설 규격 표준 통일→안전 확보와 원가 절감 등.
4월 8일	전국철로운수회의: 신속한 인민해방군 남하 수송에 관한 논의. 직군直軍 운용열차 편성, 군용차량의 일원적 배분, 군사수송 임무의 완수 역설.
4월 12일	전국철로공무공정회의: 해방군의 남하 후 철도수송 수요에 대응하기 위해 철도 복구 계획을 중심으로 논의, 4월부터 연말까지 2,167킬로미터를 복구.
5월 16일	전국철로조도회의: 전국 배차 업무와 보고 체계를 일원화. 계획수송 체제 확립→각 관리국은 수송 계획 및 기술 계획을 수립·실시. 차량 정류 시간 단축 등에 의한 효율적인 차량 운용.
5월 18일	전국철로운가회의: 전국 철도에 통일적인 화물 등급 및 기술적 적재 톤수를 규정. 운임 책정의 원거리체감 원칙을 확정. 전국 철도 객·화 운임 규정 및 객·화운수 규칙에 관해 논의.
6월 27일	전국철로기무회의: 기관차 승무원의 책임 제도를 확립. 기관차 정기 검사 킬로미터 표준 제도, 차량 수리 인공 시간 표준, 객·화차 검수 보양 규정 등을 제정.
7월 1일	전국철로직공 임시대표대회: 텅다이위안 등 53명을 선출, 전국철로노동조합준비위원회를 조직.
10월 17일	전국철로공무회의: 1950년 복구 사업 계획 및 전국 철도 긴급 수리 통일 표준을 작성. 선로 복구 및 교량 검수 제도를 확립. 전국 철로 보선 책임제 실시를 결정.
10월 20일	전국철로재무회의: 전국 철도 회계 제도를 통일하여 예산 제도를 강화. 철도부 재무국은 5월부터 소련철도 회계 제도의 기본 원칙을 채용하고, 미·영·일 3개국 회계 제도의 장점을 도입. 철도 기업의 특성을 중시하여 원가 계산, 수속의 간소화를 추진. 특히 영업 수입 예산과 사업비 예산을 분리하여, 정밀 계산에 의한 생산 임무 및 표준을 확립→예산 편성.
10월 24일	전국철로기무창검수 연석회의: 신해방구의 기관차 접수와 객·화차 노획에 따라 전국 공창 및 기무단·검차단의 검수 능력을 확정. 소련 및 동북철도의 선진적 검수 방법을 도입.
1950년 1월 17일	전로 제1차정치공작회의: 1950년 정치공작의 기본 요구를 확정하고, 생산 수송의 임무 완수 논의. 현장 업무 학습 강화 역설.
1월 17일	전로 공정 계획 연석회의: 1950년 복구 공사 배분과 시공 실시 계획을 확정. 공사 순서는 징한·웨한→룽하이, 교량 영구 복구 공사→선로 영구 복구공사. 창장 강 이남은 1950년 4월까지, 황허 강 이남은 1950년 5월까지

	완성. 소련철도의 경험에 입각해서 설계 세칙, 교량 규정, 기술 규정 등에 관해 토론.
1월 25일	전국철로 재료회의: 자력갱생 원칙하에 과학적 관리 방법을 채택하여 자재 업무를 추진하기로 결의. 자재 관리를 기업화. 종래의 분산적 재고를 지양하여 철도부 재료국에 재고 관리를 집중→자재 낭비 방지.
2월 7일	중국철로공회 전국대표대회: 대표자 273명이 전국 32만 철로공회 회원을 대표하여 전국 철로의 합리화를 결의. 나아가 중국철로공회 전국위원회 위원 72명을 선출.
2월 27일	전국철로인사회의: 기술자 양성, 우수 간부 발굴, 노동 규율 확립, 통일적 임금제 확립.
3월 6일	전국철로창무회의: 철로공창의 기업화 경영, 차량 검수의 잠정 방법과 기계 관리 사용·검수 규정 잠정 방법을 결정.
3월 6일	전국철로공안회의: 철도 치안 확립, 운수 안전 확보 등.
4월 4일	전국철로위생공작회의: 철도 의료 시설 복구, 예방 중심의 의료 방침 확립 등.
6월 30일	전국철로차량통계 및 화운貨運통계회의: 과학적 철도 통계 작성, 통계 양식 통일, 인재 양성.
8월 24일	전국철로계획공작회의: 1951년 철도 계획 및 1951~1953년 철도 건설 방침을 수립. 국방 강화, 경제발전, 서북·서남 전략 기지 건설→서북·서남 철로 간선 복구 개량·건설.
9월 27일	전국철로행차안전감찰회의: 운전 사고 방지를 위해 운전 안전 관찰 공작 제도 확립.
11월 1일	전로재무회의: 경제적 채산 제도 도입. 회계 제도 개선에 의한 분국의 책임 소재 확립. 현업 단위 회계 제도 및 유동 자금 제도 확립. 수입 검사 강화. 현장장 기금제現場長基金制(각 현업 기관장이 기금을 관리하는 제도) 실시→수입 초과분에 대한 인센티브 제공.
12월 20일	전국철로차량회의: 불량 수리 차 감소, 수리 시간 단축→운용 차 증대

자료: 중국철로사편집연구중심中國鐵路史編輯硏究中心, 『중국철로대사기中國鐵路大事記(1876~1995)』, 1996년.

월 18일에 열린 전국철로운가회의全國鐵路運價會議에서는 화물 등급과 기술적 적재 톤수를 확정하고 원거리체감법을 적용한 통일적 운임 제도를 정했다. 6월 27일에 개최된 전국철로기무회의에서는 기관차 정기 검사 표준에 의한 정기 수리 제도가 결정되어 차량 수리 인공 시간 표준, 객·화차 검수 보양保養 규정 등이 제정되었다.

이러한 가운데, 1949년 6월에는 난징발 급행열차가 상하이에 들어오고, 12월 말에는 광저우에서 열차 운행이 재개되었다. 이와 같이 철도 관할권이 중국의 모든 지역으로 확대되자 군위 철도부는 탈환된 지구의 철도 관리 기구를 정비하는 한편 이들 철도 관리국을 통제하는 자체의 조직 능력을 강화하기 시작했다.[38] 4월 27일에는 부 내에 운수국·기무국·전무국·공무국·공정국·재료국·재무국·인사국·공안국·정치부·판공청·계획처·위생처를 설치한 다음 7월 25일에 조직을 개정했다. 즉 공정국을 폐지하고 창무국·감찰실·참사실을 신설하는 동시에 계획처를 계획국으로, 위생처를 위생국으로, 판공청 총무처를 직속처로 개편했다. 지방의 관리 조직으로는 동북 지구에 동북철로총국을 두고 그 산하로 하얼빈·치치하얼齊齊哈濱·지린·선양·진저우에 철로관리국을 두었으며, 나아가 산하이관 이남 핑진·지난·타이위안·정저우·상하이·헝양衡陽의 6곳에 철로관리국을 설치했다. 이러한 조직 개편과 더불어 마오쩌둥의 사상과 중국 혁명 이론을 학습하는 운동이 전개되어 사회주의적 이데올로기 교화가 전면적으로 수행되었다.[39] 드디어 1949년 10월 1일 중화인민공화국이 성립하자, 중국의 철도는 군위 철도부에서 중앙인민정부 철도부로 개편되었다.

(2) 중화인민공화국 성립과 국유철도 운영

중화인민공화국이 성립하는 것과 더불어 전국의 철도도 사회주의 개조가 단행되어 국유화되었다. 그때까지 부설되었던 철도가 약 2만 2,000킬로미

38 金士宣·徐文述, 앞의 책, 487쪽; 中國鐵路史編輯硏究中心, 앞의 책, 174·178~180쪽.

39 학습교재는 『중국혁명과 중국공산당中國革命和中國共産黨』, 『신민주주의론新民主主義論』, 『연합정부를 논한다論聯合政府』, 『인민민주주의 정치를 논한다論人民民主專政』 등이었다. 中共青島鐵路地區工作委員會·中國科學院山東分院歷史硏究所·山東大學歷史系 編著, 앞의 책, 183쪽.

터에 달했지만, 그 대부분이 전쟁에서 피해를 입었기 때문에 운행이 가능한 구간은 1948년에 1만 2,768킬로미터에 지나지 않았다. 남북 종관선(징한·웨한·진푸)과 동서 횡단선(룽하이·저간) 중에서 전 구간 운행이 가능한 노선은 전혀 없었다.

이에 신정부는 우선 파괴된 노선을 수복하는 작업에 돌입하지 않으면 안 되었다. 물론 해방 이전부터 철도 응급 복구가 실시되었지만, 1949년 9월 15일에는 중앙군위로부터 '전방 철로의 복구 및 후방 철로의 영구 복구 공정 진행 준비에 관한 명령'이 내려졌다. 선로와 교량을 복구하는 계획을 세워 기한과 열차 운행 기일을 정하고 사업을 강화하는 동시에 후방에서는 응급 복구된 시설을 영구 복구하도록 지령이 내려졌다.[40] 그래서 제1회 전국철로공작회의(1949. 1. 28.)에서 선로 2,765킬로미터 복구를 결정했는데, 실제로는 이를 크게 웃도는 8,364킬로미터가 복구되었다.[41] 이러한 복구 작업에는 철도 노동자뿐만 아니라 인민해방군의 철도부대도 동원되었다. 철도부대는 군사물자 수송뿐만 아니라 복구 작업과 신노선 건설에도 투입되었다. 연선의 주민들도 철도 부흥에 적극 협력했다. 그 결과 선로 복구 작업이 급속히 진행되었는데, 퉁푸 선 남부의 복구 공사에서는 1일에 12킬로미터가 부설되었다고 한다.

복구 작업 과정에서 대단히 곤란했던 부분은 교량 수리 작업이었다. 예를 들어 징한 선의 3킬로미터짜리 황허 강 철교는 이미 내용연수耐用年數가 경과하여 소형 기관차로 열차 1대를 둘로 나누어 시속 5킬로미터로 운전해야만 했다. 이에 1949년 12월부터 1952년 10월까지 5회에 걸친 보강 공사가 실시되어 미카 1형 기관차가 2,000톤을 견인하여 교량을 5분 안에 통과시킬 수 있었다.[42] 한편 자재가 심각하게 부족했기 때문에 동북의 진

40 中國鐵路史編輯硏究中心, 앞의 책, 179쪽.

41 山田俊明, 『鐵道からみた中國』, 1985年, 15쪽.

표 6-5 중화인민공화국 성립 이후 2년간의 철도 복구 상황

항목	복구 실적
선로 복구	1만 4,089킬로미터
건물 복구·신축	150만 평방미터
교량 복구	94.5킬로미터
파손 기관차 수리	566대
파손 객차 수리	983대
파손 화차 수리	1만 1,494대
신규 제조 화차	1,419대
전선 복구	24만 킬로미터
전선 신설	12만 킬로미터

자료: 외무성 아시아국제2과外務省アジア局第二課, 『중공철도의 현황中共鐵道の現況』, 1954년 3월 31일, 6쪽.

注: 1951년 가을 중국 인민정치협상회의 제1회 전국위 제3차회의 텅다이위안 철도부장의 보고.

구 선錦古線과 예펑 선葉峰線 그리고 창바이 선長白線, 화북의 징구 선京古線 등과 같은 '불요불급' 노선을 철거하여 염출한 자재로 화동·화중의 간선을 복구한 사례도 있다. 표 6-5에 나타나듯 신정부 성립 이후 2년간 복구된 선로와 건물은 1만 4,089킬로미터, 150만 평방미터에 달했다. 파손 차량 수리도 기관차 566대, 객차 983대, 화차 1만 1,494대에 이르렀다. 이와 같은 작업으로 1951년 7월에는 모든 기설 노선 복구가 기본적으로 완료되었다.

기설 노선 복구와 함께 1950년 하반기부터 신노선이 건설되기 시작했다. 1949년 10월 17일에 전국철로공무회의가 열려 철도건설 5개년계획이 결정되어 1950년 이후 5년간 33선구 1만 3,877킬로미터를 부설하기로 했다. 그러나 이 5개년계획은 국가 예산의 대부분을 투입해야 비로소 가능한 대규모 계획이었던 만큼 그대로 실현되지는 못하고 청위, 톈란天蘭, 라이무來睦의 3개 선 같은 일부 건설 계획만 우선 실행되었다. 여기서도 잔

42 外務省アジア局第二課, 『中共鐵道の現況』, 1954年 3月 31日, 5쪽.

류한 일본인 기술자들이 터널과 교량 설계, 신호와 전기 설치, 공사 기구 수리, 자재와 연료 운반, 최종 검사 등을 담당했다.[43] 철도 건설은 제1차 경제5개년(1953~1957)계획과 더불어 본격화되어 1950년대 중반 이후 많은 노선이 건설되었다.[44]

이처럼 철도 부흥과 신노선 건설이 진행되는 가운데, 교통부의 철도 시스템 운영도 상당히 개선되었다. 기존 철도는 외국 자본이 건설했기 때문에 선로 규격은 물론 터널과 교량에서조차 통일된 기준이 없었다. 그래서 표 6-4와 같이 규격을 통일하여 관리 체제를 일원화하는 제반 조치가 일찍부터 취해졌다.

여기서 주목해야 할 것은 중국이 소련의 관리 제도와 업무 방식을 도입했다는 점이다. 중국창춘철도는 1952년 말에 중국에 인도되기까지 중·소 양국이 공동으로 관리(중창철도공사)했지만, 그간 소련식 철도 운영이 깊이 도입되어 그 경험이 다른 철도에도 전파되었다. 중화인민공화국 성립일인 10월 1일 중공 철도부 당위는 '인민철도 건설에서 소련의 선진 경험 학습에 관한 결정'을 내려, 동북철도가 소련의 경험을 학습하여 책임제를 중심으로 하는 새로운 생산·관리 제도 등을 받아들이고 소련 전문가를 초빙하여 3년 이내에 각 직장의 간부를 중심으로 소련의 사례를 학습할 것을 결정하였다. 1951년 8월 7일 철도부는 '사회주의 소련 철로 건설의 선진 경험 학습 강화에 관한 결정'을 내려, 소련식 철도 운영을 보다 조직적으로 학습했다.[45] 각 업무 단위마다 업무 개선 연구 태세 확립, 행정 관리인의 비율 축소, 업무 단위의 재료·연료·노동력 이용 표준 작성과 실시, 독립채산제 적용, 노동자 대표가 참여한 관리위원회 제도, 노동자의

43 「大陸の動脈を支えた日本人」, 앞의 책, 57쪽.

44 中國鐵路建設史編委會, 『中國鐵路建設史』, 中國鐵道出版社, 2003年, 37~43쪽.

45 中國鐵路史編輯研究中心, 앞의 책, 180·198~199쪽.

표 6-6 중국 교통부의 철도 운영 효율성 향상 (단위: 지수)

연도	화차 회전 시간	노동생산성	수송 비용	상납 이윤
1951	103.9	124.7	89.00	204
1952	115.7	138.5	86.00	295
1953	108.0	91.1	79.14	160

자료: 『중공철도의 현황』, 1954년 3월 31일, 20쪽.
주: 화차 회전 시간은 1~8월의 것이다. 노동생산성과 상납 이윤은 상반기만의 결과이며, 수송 비용은 1년간의 것이다. 수치 단위는 자료상 불명이다.

평의에 의한 급료 결정 제도, 노르마(목표) 달성에 대한 포상 제도 등이 조직적으로 학습되기에 이르렀다. 중창철도에서는 '만재초축滿載超軸(표준 적재량과 견인 톤수 초과) 500킬로미터 운동' 등의 사회주의 생산 투쟁도 시작되었다. 경영, 관리, 근무, 기술 연구, 건설 등에서 "노동자의 주도성과 적극성을 끌어내어 비판과 자기비판을 하고 단호하게 국난을 극복한다"는 사회주의적 철도 운영 방식이 이와 같이 시작된 것이다.[46] 이것은 조직 내부에서 반혁명 분자를 축출하고 조직 성원의 사회주의 개조를 강조하는 과정이었다.

이러한 조치들에 따라 차량 운용 효율이 높아지고 수송력도 증강되었다. 표 6-6과 같이 계획 중에서 개선 표준을 정하고 의식적으로 실행함으로써 차량 회전 시간 단축, 열차 속도 상승, 적재 중량 증대, 연료 소모량 감소, 재료와 인공의 소모 기준 저하가 실현되어 노동생산성이 향상되고 비용도 절감되었다. 다만 이 표에서 노동생산성과 상납 이윤은 상반기만의 결과이므로 이를 1년으로 바꿀 경우에는 두 배로 계산해야 한다. 이처럼 효율성이 증가하자 해방 당시보다 많은 여객과 화물이 수송될 수 있었다. 부흥기의 수송량이 해방 이전의 최고 기록에 달하지는 못했지만, 표 6-7을 통해 1949년과 1953년의 수송량을 비교해보면 여객은 1억 297만 명에서 2억 2,861만 명으로, 화물은 5,589만 톤에서 1억 6,131만 톤으로

46 外務省アジア局第二課, 『中共鐵道の現況』, 1954年 3月 31日, 11쪽.

표 6-7 중국 교통부의 철도 수송량

연도		1949	1950	1951	1952	1953	1954	1955
여객	명(1만)	10,297	15,691	16,037	16,352	22,861	23,286	20,801
	인킬로미터(1억)	130.0	212.4	230.5	200.6	281.7	294.7	267.4
화물	톤(1만)	5,589	9,983	11,083	13,217	16,131	19,288	19,376
	톤킬로미터(1억)	184.0	394.1	515.6	601.6	781.4	932.4	981.5

자료: 중화인민공화국 국가통계국中華人民共和國國家統計局, 『위대한 10년偉大的十年』, 인민출판사人民出版社, 1959년, 129~133쪽.

급증한 것을 알 수 있다. 그러나 1953년부터 철도 수송력이 모든 수요에 응할 수는 없었기에 화물 위탁 수송 계획은 항상 사정査定이 실시되어 감소하지 않을 수 없었다. 그 때문에 한산기를 이용하여 대량 화물(석탄, 목재, 식염 등) 평조수송을 실행하여 수송력 낭비를 방지했다. 구체적으로는 수송과 생산의 불균형을 시정하는 계획수송이 강조된 것이다.

한편 한반도에서는 냉전체제하에 성립한 두 국가 간에 전쟁이 발발하였다. 이에 중국공산당이 '항미원조抗米援朝'를 결정하자, 철도부는 전시동원 명령에 응하여 중국 동북 지방에서부터 대군이 남하하는 것을 지원했을 뿐 아니라 지원군 철도병단支援軍鐵道兵團, 철로공정총대鐵路工程總隊, 지원원조대대志願援朝大隊를 조직하여 한반도에 배치하고, 군사작전 수송에 임했다. 이와 더불어 전국에서 인적·물적자원을 염출하여 동북 지구의 철로 공작을 강화했다.[47] 즉 중국 철도부는 다시 '일면전쟁, 일면수송, 일면건설'의 전시 수송에 돌입했다. 해방 후 신국가 경제를 건설하기 위해 모든 역량을 투입해야 하는 국면에서 중국의 철도는 또다시 전시동원된 것이다.

47 中共青島鐵路地區工作委員會·中國科學院山東分院歷史研究所·山東大學歷史系 編著, 앞의 책, 182쪽; 鐵道部檔案史誌中心, 앞의 책, 33~36쪽.

맺음말

1. 일본의 화북철도 점령

이 책은 중일전쟁 이전 국민당이 중심이 된 국유철도와, 전후 국공내전기를 거치면서 공산당이 중심이 된 국유철도라는 역사적 단면 사이에 존재하는 '일본 점령하 화북교통주식회사의 철도 운영'을 철도의 내부와 외부라는 복안적 시각으로 검토했다. 이를 통해 만철의 파견 기관으로 출발한 화북교통이 어떻게 점령 지역을 유지하고 일본 전시경제의 재생산을 뒷받침했는지를 분석했다. 이와 더불어 전쟁 당시의 특징뿐만 아니라 전후사적 의미도 추출하려 했다. 그럼 이 책에서 밝혀진 논점을 요약하고, 그것이 시사하는 점을 음미해보자.

첫째, 중국 화북의 군사수송과 점령은 사전에 계획되었는가 아니면 우발적이었는가? 화북교통 성립은 전쟁 이전 중국의 국유철도 운영에서 어떤 의미를 갖는가? 또한 이는 실질적인 모기업인 만철에 무엇을 의미하는가?

전쟁 이전의 화북은 수운 중심의 화중·화남에 비해 만철의 동북지역처럼 철도가 중심이 된 지역이다. 그 철도 대부분은 석탄과 광물 등을 개발하기 위해 외국 차관으로 건설되었다. 그래서 철도 건설과 운영에 서구 열강과 일본의 이권이 폭넓게 얽혔기 때문에 철도 운영의 '분립'을 가져왔다. 이에 중국 국민당정부는 북벌에서 승리하여 중국을 통일한 다음, 철도부를 설치하여 통일성을 띤 교통 인프라를 구축하는 데 착수했다. 회계, 자재, 인사, 경찰력에 대한 중앙통제를 추진하는 한편, 상업적 경영을 통하여 경영 합리화를 꾀하기도 했다. 이 조치들은 일정한 효과를 거두었지만, 근본적인 개혁을 이루지는 못했다. 철도 관리에서 분구제가 아닌 분선제가 채택된 것에서 알 수 있듯 열강의 이권과 지역의 각 군벌의 영향력으로부터 철도 운영이 완전히 자유롭지는 못했던 것이다. 즉 국민당이 추진한 국유철도의 일원적 운영과 관리는 완료형이 아닌 현재진행형이었다.

이러한 중국 측의 시도에 대해, 일본 군부는 만철과 그 자회사인 흥중공사를 통해 경제적인 면에서 화북 분리 공작을 전개했다. 만주국을 성립시켜 중국 대륙과 동북3성을 분리하는 데 성공한 관동군과 지나 주둔군은 무력충돌과 더불어 경제적으로도 화북지역을 국민당의 영향력이 강한 화중과 화남에서 분리시키려 했던 것이다. 이는 화북에서 종합국책회사로 성장하려 했던 만철의 이해관계와도 맞아떨어졌다. 이에 베이닝철도 운용계획은 물론, 화북의 8개 노선에 대한 상세한 조사가 이루어졌다. 이러한 화북 분리 공작은 결국 루거우차오 사건을 계기로 중국과 일본의 전면전쟁으로 이어졌다. 이 과정에서 국민당정부의 철도정책은 당연히 부정되었지만, 일본 측에게는 화북에서 어떻게 새로운 철도시스템을 형성할 것인지가 문제되지 않을 수 없었다.

루거우차오 사건이 발생하자 관동군 철도선구 사령부은 만철에 파견 준비를 명하였다. 이에 만철은 철도총국 내에 수송본부를, 산하이관에 수송반을, 톈진에 연락반을 설치한 다음, 베이닝철도에 역구를 설치하였다. 베이닝 측에는 현업원을 파견한다는 취지를 통보한 후, 주요 역에 만철 사원을 배치하고 집중수송을 담당하게 했다. 그리고 임시 북지사변 사무국을 설치하여 종사원 배치와 동원 집중수송 등에 관한 업무 일체를 처리했다. 전쟁이 베이닝철도에 머물지 않고 화북의 각 노선까지 확대되자, 톈진에 만철 북지사무국이 설치되어 점령철도 운영과 군사수송을 관할했다. 또한 북지사무국은 군사수송 기관인 철도감부와 구역을 조정하여 철도대 구역까지 철도를 연장하여 운영했다.

집중 군사열차가 544회 운영된 후, 북지사무국은 북지나 제 철도 운영 요강에 따라 신속히 교통을 회복시켜 일반 민간 수요에 대응하는 가영업을 개시했다. 쉬저우회전 이후 화북의 거의 모든 지역을 점령한 일본은 영국의 이권을 고려하여 이원적으로 운영하고 있던 베이닝철로국을 폐지하고, 북지사무국의 톈진철로국을 설치하여 철도 운영을 일원화했다. 또한 가영업을 본영업으로 전환하고 그 후 피해 시설을 신속하게 복구한 다음 수송력도 증강해야 했다. 그러나 당시의 실태를 보면, 수송력이 수요 증가를 따라가지 못해 오히려 수송력 부족 현상이 발생했고, 항일 게릴라들이 대규모로 공격하여 피해가 급증했다.

일본 측은 점령철도를 운영하는 한편, 새로운 회사를 설립하는 준비에 돌입하였다. 만철은 전쟁 발발 직후부터 만철을 중심으로 한 종합적 화북 개발안을 제시하였으나, 북지나방면군 특무부는 화북흥업공사를 설립하고 일본의 경제계를 자유롭게 참여시킨다는 구상을 명확히 했다. 그 때문에 만철로서는 화북철도를 위탁 경영하는 것 외에 선택의 여지가 없었다. 그러나 이것도 군부와 기획원이 반대하여 실현되지 못했고, 새 회사를 설립하는 것으로 논의가 정리되어 결국 1939년 4월에 화북교통이 북지나개발의 자회사로 설립되었다. 그러나 대륙철도 간 연락수송의 중요성이 고려되었기 때문에 화북교통은 만철과 긴밀한 관계를 갖도록 배려받았다.

요컨대 일본의 화북철도 점령과 군사수송은 사전에 일본 군부와 만철이 준비한 결과이다. 실제로 수송 과정에서 우발적 요인이 발생하는 것은 피할 수 없었지만, 일본 측이 8개 노선의 중요 시설은 대부분 파악하고 있었다고 봐야 하며, 이것이 점령철도를 운용하는 데 대단히 요긴했음은 재론의 여지가 없다. 또한 일본 측의 화북교통 설립은 국민당정부의 철도부가 추구한 일원화 정책을 부인하는 것이었지만, 그 일원적 운영을 점령지 운영과 주요 자원 수송을 위해 실현하는 것이기도 했다. 사실상 이 모든 것을 주도한 주체가 만철인데도 불구하고, 군부의 대소 전략에 대한 집중 요구와 일본정부 및 재계의 진출 반대 때문에 만철 북지사무국은 화북교통주식회사로 재편되었고, 모기업으로서의 지위도 인정받지 못했다. 다만 철도 운영상 만철과 화북교통주식회사의 연관성이 강조되었고, 만철은 화북교통 설립과 운영의 모델이 되었다.

2. 화북교통의 자원 동원과 운영

둘째, 다음으로 내부 자원 동원과 운영에 관하여 살펴보자. 과거에는 외부의 경영자원 확보가 원활하게 진행되었는가? 이를 위한 대책은 평시와 같았는가? 전시의 특징은 찾아볼 수 없었는가?

경영자원은 물적자원과 인적자원으로 나누어 검토할 수 있다. 철도를 포함하여 경제활동을 하는 조직체는 외부로부터 물적·인적자원을 동원한 후 조직 내부에서 결합하여 상품이나 서비스를 생산하고, 이를 조직 외부에 판매하거나 배분한다. 당연히 철도의 경우, 상품이란 여객과 화물이라는 수송 대상을 운반하는 서비스를 제공하는 것을 뜻한다. 이것은 서비스인만큼 생산과 더불어 소비된다는 특징이 있다.

상품을 생산하려면 다른 무엇보다 외부에서 경영자원을 확보하지 않으면 안 되는데, 전시의 '부족 경제'에서는 이를 지불할 의사와 예산이 있더라도 바로 확보할 수 있는 것은 아니었다. 당시 철도의 경우, 물적자원과 인적자원 모두 생산요소 시장에서 보면 초과수요 상태였다고 할 수 있다. 즉 수요제약형 경제demand-constrained economy가 아니라 자원제약형 경제resource-constrained economy였다. 이 상태에서는 경영 주체가 시장의 단순 구매에만 의존할 것이 아니라, 경우에 따라서는 시장에 직접 개입하여 생산자와의 거래를 조직하고, 이를 위해 지속적이고 포괄적인 관계를 발전시키며 상위의 자원 배분 기관인 계획 주체 혹은 지령 주체인 국가기구나 이에 필적하는 기관과의 의견 조정을 확대할 필요가 있다.

우선 물적자원을 중심으로 살펴보자. 일본의 화북 점령 초기에 많은 차량을 비롯하여 막대한 물적자원이 요청되었고, 처음에는 만철이 이를 조달했지만, 만철도 수송력 부족이 염려되었기 때문에 부족한 부분의 일부를 철도성과 조선철도국에서 조달하는 동시에 현지의 노획 차량 등을 활용했다. 그러나 가영업이 본영업으로 전환됨에 따라, 화북교통에 대한 수송 수요가 급격히 늘었다. 화북이 개발됨에 따라 광산물을 중심으로 영업품이 급증했고, 수송 경로별로 보면 일본과 화중으로 보낼 화물 때문에 칭다오와 탕구에 도착하는 물량이 급증했다. 그러나 수송 실적은 계획을 밑돌았고, 수송력 부족이 석탄 생산을 제약하여 이른바 수송난이 발생했다.

이처럼 수송력이 부족해지자 화북교통은 수송력 증강을 계획했다. 우선 간선망 건설이 주요 내용인 북지 신설철도 및 주요 강화철도 3개년계획을 작성했는데 자원적 제약 때문에 실행이 곤란해지자 지선 건설, 경편선 개궤, 개량사업 위주의 북지·몽골철도 수송력 증강 5개년계획을 북지산업개발 5개년계획의 일부로 작성하고 실행했다. 그렇지만 이 사업도 자재가 부족하여 불가능해졌고, 결국 화북교통의 철도 투자는 개량사업이 중심이 되었다. 요컨대 점령지가 개발됨에 따라 수송량이 급증했고, 이에 대응하는 수송력 증강이 계획되었지만 '부족 경제' 때문에 불가능해진 것이다.

초기 화북교통의 자재 조달 시스템을 보면, 경리의 관점에서 운영되었지만 주요 자재 조달 상황은 입수율이 매우 저조했다. 이 때문에 화북교통은 보다 많은 자재를 확보하기 위해 외부의 요소시장에 적극 개입하기 시작했다. 도쿄 지사에 기술감을 상주시켜 차량 제작과 발주 자재 확보 업무를 맡도록 하고, 철도차량협의회와 철도차량기술협의회에도 적극적으로 참여하여 차량 확보에 애쓰는 동시에, 각 제조회사에는 직원을 파견하였다. 나아가 자회사로 화북차량주식회사를 설립하여 스스로 차량 생산 태세를 정비했다. 조직 내부에서도 경리부를 해체하고 금전부의 주계국과 물품 부문의 자재국을 신설했으며, 자재국을 중심으로 확실한 자재 조달을 위해 힘썼다. 또한 업무심의회에 자재 전용 분과회, 물자절약 분과회, 대용품 연구 분과회를 설치하여 물자절약과 대용품 개발에도 주력했다.

나아가 육운전가 때문에 화중과 만주를 연결하는 전략적 종관 간선의 수송력을 강화할 필요성이 대두되자, 화북교통은 운탄선 이외에는 가능한 한 신노선 건설을 억제하고 징산과 진푸 양 노선을 증강하는 한편 일·만·지 자재간담회와 대륙철도 수송협의회를 통해 중앙정부를 상대로 자재를 확보하려 했지만, 실제로 입수한 자재는 극히 적었다. 게다가 신규 차량 입수도 저조하여 특단의 조치가 필요했다. 여기서 단행된 조치는 신노선 건설 중지와 기설 노선 철거였다. 그러나 일상적인 철도 운영 과정에서도 자재가 부족하여 차량 수리가 곤란해졌고, 선로 유지 보수도 불충분하여 레일이 파손되고 침목 노후화가 진행되었다. 이러한 문제를 해결하기 위해 화북교통은 자재 절약과 대용품 사용을 연구하는 철도기술연구소를 설치했다.

즉 평시의 물적자원 조달 경로와는 전혀 다른 방식이 도입되어, 자원 조달 경로를 화북교통이 스스로 조직화했다. 생산자와는 물론 정부와도 협의하여 필요한 자재들이 물자동원계획에 반영되도록 하고, 경영자원 조달의 각 단계에서 할당량이 입수되도록 조정했다. 그럼에도 불구하고 갈수록 입수량이 적어졌을 뿐만 아니라 질 또한 조악해져 일상적인 운영조차 곤란해졌다. 급기야 1945년 들어 미군의 상륙이 예상되면서부터는 현지에서 자재를 조달하도록 각의에서 결정되었다. 화북교통은 차량을 비롯한 석탄, 유지, 침목 등을 원칙적으로 자급하고, 일본 내지의 지원이 불가피한 요원과 기계류의 전출, 자재 공급을 완료하기로 했다. 사실상 물적자원의 극단적인 부족이 전제가 된 현지 조달로는 더 이상 정상적인 철도 운영을 기대하기 어려웠다고 볼 수밖에 없다.

3. 화북교통의 인적자원 운용

셋째, 그렇다면 인적자원은 어떠했는가? 인적자원의 경우도 질적 저하 현상은 마찬가지였으나, 그 대응은 약간 다른 측면을 띠었다. 즉 물적자원 부족 때문에 생긴 문제점을 인력으로 채우려 하는 움직임이 있었는데, 그렇다고 해서 인적자원이 무한대로 풍부했던 것은 결코 아니었으며 기대수준을 밑돌 수밖에 없었다. 즉 노동집약적인 철도 운영이 진행되었지만, 결과는 역시 늘 계획을 밑돌았다.

루거우차오 사건이 발생한 직후, 점령철도 운영에 필요한 요원은 만철에서 파견되었다. 그러나 물적자원과 마찬가지로 만철의 수송력 저하가 염려되었기 때문에, 그 부족한 인력을 철도성과 조선철도국에서 조달하는 동시에 현지의 구종사원들을 활용하는 방안이 추진되었다. 그러나 구종사원들의 잔류율은 50퍼센트 정도에 지나지 않았고, 1만 명 이상의 중국인을 신규 채용하지 않으면 안 되었다. 철도 요원의 민족별 구성을 보면, 화북교통은 타이완철도와 조선국철, 만철에 비해 창립 당시부터 일본인의 비율이 극히 낮았다. 그래서 일본인 사원들이 전쟁하의 점령철도를 어떻게 장악하여 효율적으로 운용하는가, 바꿔 말하면 조직 내부의 인적 운용에서 철도 운영의 '일본인 중심주의'를 어떻게 관철하는가가 다른 식민지 철도보다 화북교통에게 절실한 과제였다. 이에 따라 새 회사는 만철을 모델로 디자인되고 운영되었으며, 일본인에게 기밀, 계획, 교육, 기술 부문을 담당시키는 한편, 중국인은 주로 현장 노동력으로 활용하고 그 중 유능한 자를 일본인 사원의 '협력자'로서 간부급에 배치하는 식민지 철도의 인적 운영 방식이 정비되었다.

인적자원 측면에서도 저학력 청소년 종사원을 대량으로 채용하여 노동력의 질적 저하가 진행되자 화북교통은 자가 양성 방침을 세워 철로학원 체제를 정비했다. 여기서 주목할 만한 점은 중앙철로학원이 일본인 중심, 철로학원이 중국인 중심으로 각각 운영되어, 적은 일본인에게 고급 기술을 습득할 수 있는 기회를 보다 많이 제공했다는 것이다. 이러한 교육기관은 일본의 효율적 철도 운영 시스템이 도입되는 창구였다. 한편 화북교통은 사원회와 청년대를 통해 이데올로기 교화를 추진하는 동시에, 이를 사원들의 생활 연성과 연결시켜 정신력을 고양시키려 했다. 중국인들에게도 폭넓게 일본어를 교육하고 조직 내부에 통합시키며 연선 각지에서 강연회 등을 개최하여 화북교통 정신을 철저히 확립시키려 했다. 이상의 내부 교육이 민족별 계층 구조와 밀접한 연관을 띠었고 그것을 재생산한 것은 물론이다.

화북교통은 특히 육운전가 이후 인적자원이 심각하게 부족해지자 기존 시설을 더욱 노동집약적으로 운영했다. 요원 운용에서도 현장 중심의 조직 구조 재편을 단행하여 본사로부터 사원 약 1,000명을 현업 기관에 전입시켰다. 또한 도쿄 지사 총무과를 주체로 관계 관청의 협력을 얻어 요원을 공출받는 체제를 정비했다. 그 밖에 노동력이 격심하게 유동적으로 변하자 양성 부서를 강화하고 철로학원 이외의 현장에서 이루어진 '학원 외'의 단기 양성을 폭넓게 전개했다. 기존 사원을 배치할 때도 수가 적은 일본인을 신분별로 중간관리층이나 현장 상층부에, 직장별로는 운영 관리, 운영 계획 및 기술 부문에 중점적으로 배치하여 운영의 주도권을 유지하고 장악하려 했다. 나아가 인플레이션이 진행되어 사원들의 실질임금이 낮아지고 직장 이탈 현상이 나타나자, 생계소를 충실히 운영하고 생활필수품을 할당하며 사원을 위한 석탄을 지급하는 등 부가혜택인 현물 급여를 확충하고 인센티브 제공을 늘렸다. 나아가 1944년에는 생활안정 대책과 수송 긴급 대책이라는 항목으로 별도의 예산을 책정했다.

그러나 요원 확보난은 갈수록 심각해졌고, 특히 중국인의 경우 공산계 지하조직의 활동도 있었기 때문에 직장 이탈이 눈에 띄게 나타났다. 현업원의 결근율은 철도 공습과 게릴라 활동이 잦아짐에 따라 1944년 12월에 24퍼센트로 상승했고, 지역에 따라 40퍼센트에 가까운 곳도 있었다. 그러나 요원 부족을 심각하게 만든 요인 중의 하나는 일본군이 전개한 대륙타통작전이었다. 남방과의 육상 교통로를 장악하고자 한 이 작전은 많은 요원을 분산시키는 결과를 가져왔다.

한편 미군의 상륙으로 인한 철도망 단절에 대비하여 화북교통이 북지나교통단으로 재편됨에 따라, 일본인 사원들은 군속이 되어 군의 지휘를 받게 되었다. 교전 상태에서 중국인들이 이탈한 상황을 가정한 비상 배치 인원 계획도 수립되었다. 주요 내용은 본사 본부와 철로국 본부에서 일본인들을 염출하는 것 외에, 외부의 지원을 얻어 보다 많은 일본인을 현장에 중점적으로 배치하여 일본인 중심의 철도 운영을 유지한다는 것이었다. 그러나 항일 게릴라의 철도 파괴, 미군의 공습, 직장 규율의 이완이 이어졌고, 이에 따라 화북교통은 청년대원 중에서 지원자를 모집하여 철화대를 조직하고 근무 시간을 연장하여 결전수송을 감행했다.

물적자원 부족을 인적자원으로 보완하여 수송 능력을 배가시키려 하는 과정에서 노동집약적 철도 운영이 실현되었지만 인적자원은 제대로 공급되지 않았다. 특히 일본인 사원은 늘기는커녕 오히려 상대적으로뿐만 아니라 절대적으로도 줄어들었다. 이 난관에 화북교통은 내부의 교육 시스템과 민족별 계층 구조를 일본 중심주의로 더욱 강화하여 대처했다. 그 결과, 현장노동력인 중국인은 많이 늘었지만, 기술관리 부문의 중국인은 일본이 패전할 때까지 상대적으로 소수에 불과하였다. 이것이 전후 철도 운영 관리 면에서 기술적 공백을 가져오는 요인이 되었다. 이를 해결하기 위해서는 일본인 기술자들의 잔류가 필수적이었지만, 국민당 치하의 화북지역에서 그 일이 체계적으로 이루어졌다고 보기는 힘들다.

4. 위기 속의 수송력 증강 대책

넷째, 이와 같이 조직 외부에서 물적·인적자원을 확보하기 곤란한 상황에서 필요한 해결책은 무엇이었을까? 만약 근본적인 해결이 불가능하다면 어떻게 수송력 증강을 달성하였는가?

화북교통의 경우도 일본제국의 다른 철도들과 마찬가지로 기존 시설 개량을 위한 투자를 하고 시설 효율화를 도모했다. 그러나 이 과정은 결코 조직 내부에 국한되지 않았다. 조직 외부에 있는 수송 수요자와, 때로는 다른 교통기관과 연계하여 수송력 배분을 둘러싸고 사전 조정을 강화하려 했다.

먼저 철도시설을 효율적으로 운용하려 한 측면을 살펴보자. 화북교통은 차량 수리를 담당하는 철로공창을 각 철로국별로 정하고, 차량의 상태를 적확하게 파악하여 수리 책임을 명확히 한 다음, 기관차와 객·화차별로 검사 수리 기간을 정하여 정기 검사 시스템을 구축했다. 그리고 수리 시설 정비와 작업 인센티브를 강화한 결과, 화북교통의 수리 능력은 크게 향상되었다. 출창차의 평균 재창 일수는 1938년에서 1941년에 걸쳐 대폭 줄었고, 그후 기무단과 검차단에서도 수리 개선에 노력을 기울여 철도차량의 운용 효율이 크게 향상되었다. 다음으로 배차 업무를 강화하는 한편, 화차 운용에 관한 모든 것을 계획적으로 처리했다. 배차과장 회의를 열어 수송 능률 증진을 꾀하고, 화물주의 협력을 얻어 평조수송을 확보했다. 또한 화차 정류 시간을 단축시키기 위해 역 구내 작업도 정형화했고, 1941년 10월에는 소운송을 취급하는 화북운수를 설립하여 화차를 효율적으로 운용하고 차량 부족을 완화시켰다.

그러나 화북교통이 모든 수송 요청에 응할 수는 없었기 때문에 불요불급한 부분의 수요가 조정되었다. 특히 대소전쟁의 첫걸음으로 실시된 관동군 특종연습 때문에 차량들이 만주로 공출됨에 따라 당초 상정한 화물수송 감소가 여의치 않자 화물수송 통제가 강화되었다. 이로 인해 주요 물자의 수송은, 제2야전철도 사령부의 영향하에 있는 북지나 수송통제본부를 정점으로 수송 공급자 측의 화북교통 운수국과, 수요자 측의 수송조합 혹은 배급통제기관의 3자 간에 결정되었다. 이른바 계획수송이 실시되었던 것이다. 이러한 철도를 둘러싼 통제는 철도 내부에 머무르지 않고 연선 주민에 대한 통제로 확대되었다. 당시 게릴라들의 활동이 실질적으로 최대의 저해 요인이었던 화북교통은 경무 능력을 높이는 한편 애로공작을 전개하여 게릴라에 의한 피해를 줄였다. 이상과 같이, 화북교통의 철도수송은 전쟁 전에 비해 매우 효율적이었지만, 아시아태평양전쟁 개전 이후 해상 수송력이 감퇴하자 종전과는 다른 상황에 놓이게 된다.

선박 부족 현상을 완화하기 위해 육운전가수송이 결정되자, 화북교통은 전시육운 비상체제를 정비했다. 우선 항만의 해륙 일관 수송 체제를 강화하고, 하역력 증강을 도모했다. 또한 철도운수 업무 방침을 결정하고, 차량 운용을 중심으로 하는 기존 시설을 노동집약적으로 운영했다. 그러나 부족한 차량을 동원하여 만주와 조선을 거쳐 수송해야 했기 때문에, 차량이 혹사당하는 현상은 어쩔 수 없었다. 고장도 계속 이어졌으나 부품이 부족하여 계획대로 수리되지 못하였고, 기관차의 휴차율도 증가하기 시작했다. 또한 장거리 화물수송 때문에 소요되는 운용 차가 많아지고 효율은 낮아졌다. 이에 대해 화북교통은 수송 단위의 장대화를 통해 효율 저하를 보완하려 했다. 즉 화차의 적재량과 기관차의 견인 차량을 늘림으로써 화물열차의 수송 톤수를 증가시켰던 것이다. 화차의 정류 시간이 가장 길었던 석탄 전용 철도는 운영을 일원화하는 조치를 취하고, 차량을 염출했다.

이러한 가운데, 화북교통은 보다 많은 화물을 수송하기 위해 단체여행 제한, 여객열차 운휴, 여행증명서 제도를 강화하여 국제열차를 포함한 여객수송을 축소시켰다. 그 결과 좌석 사용 효율을 봐도 화북교통이 일본국철과 만철보다 높을 정도로 여객수송이 대폭 축소되었다. 또한 대일 화물수송이 화중철도→화북교통→만철→조선국철→단거리 해상 수송→일본국철이라는 경로를 따랐던 만큼, 다른 대륙철도와의 긴밀한 조정이 중요한 문제로 대두되었다. 이 문제를 해결하기 위해 화북교통은 다른 대륙철도, 즉 만철과 조선국철, 화중철도와 대륙철도 수송협의회를 구성했다. 이 협의회를 통해 수송 계획과 시설 개선 계획을 결정하고, 철도 간에 자재 조정과 차량 융통, 운영 방식의 통일화를 추진하였다. 계획수송은 화북지역에 한정되지 않고 일본제국권의 모든 철도로 확대되어갔던 것이다.

이렇게 실시된 육운전가수송이 반드시 원활했다고는 할 수 없다. 배선 계획과 실제 상황은 괴리가 있었고 생산 계획과도 시간이 맞지 않아, 1943

년도 철도수송 실적은 계획을 10퍼센트 가까이 밑돌았다. 그럼에도 불구하고 노동생산성은 1943년까지 증가해서, 화북교통의 대응이 어느 정도는 유효했음을 알 수 있다. 그러나 1944년에 들어 수송력 저하가 현저해지고 같은 해 말에 수송 위기가 발생하자, 대륙철도 차원에서 특단의 조치가 모색되었다. 그 방법은 만철을 중심으로 대륙철도를 통합하는 것이었다. 그러나 만철의 조선국철 위탁 경영이 결정되지 못했기 때문에 대륙철도의 완전한 일원화는 불가능했고, 결국 육군의 철도 관리권이 발동되어 이를 통해 각 지역마다 군사수송을 일원적으로 운용하는 방안이 결정되었다. '지나철도'의 군 운영 관리요령이 각의 결정되자, 대륙철도 운영은 대륙철도 사령부의 명령체제하에 놓였다.

전쟁 시기 철도시설의 효율적 운영은 단순히 철도 내부에 머물지 않고 조직 외부에 대한 통제에까지 확대되었다. 수송 효율화는 사전에 수송력을 배분하는 것을 의미하는 계획수송으로 발전했고, 이는 화북 점령지에 국한되지 않고 일본제국권의 대륙철도 간의 조정을 낳기에 이르렀다. 생산과 수송을 계획적으로 조정하는 것은 철도의 독점성에 근거를 두었지만, 소비자인 여객과 화물 소유주의 가격에 의거한 선택권을 우선순위라는 수직적 공공성으로 부정하는 것이다. 이러한 수송의 계획성이 전후의 사회주의적 철도 운영에 보다 친화적이었음은 부인할 수 없다.

5. 화북교통의 대응이 드러낸 한계

다섯째, 그렇다면 화북교통의 철도수송이 전시에 효율성과 계획성을 추구했는데도 불구하고 왜 한계에 봉착했을까? 조직 내부의 운영상의 문제인가 아니면 외적 요인 때문이었는가?

화북교통의 이러한 효율성과 계획성에 대한 추구가 전쟁 수행을 위한 합리성에 근거했음에도 불구하고 전쟁 그 자체의 비합리성에 의해 파괴되어갔다는 것은 일종의 역설이다. 중일전쟁기에도 항일 게릴라들의 공격이 끊이지 않았고 외부의 경영자원을 조달하는 데도 어려움이 있었지만, 화북교통은 철로애호촌 사업과 내부의 효율화를 통해 대응해갈 수 있었다. 그렇기 때문에 1941～1942년에 화북교통은 치안문제에 대해 자신감을 표명했고, 생산성과 경영 안정성을 확보할 수 있었다. 이는 회사 설립 시에 제시된 바와 같이 초기에는 적자경영을 어쩔 수 없지만 1941년부터는 흑자경영이 가능하리라는 예상이 실현된 것에서도 확인할 수 있다.

그러나 중일전쟁이 아시아태평양전쟁으로 확전되자 이 상황은 한계에 다다랐다. 좀 더 정확히 말한다면, 해상 수송력 부족을 완화하기 위해 전시 육운비상체제가 실시되면서 화북교통의 대응력에는 한계가 나타나기 시작했다. 화북의 대일 중계수송은 1942년의 약 7만 3,000톤에서 1944년에 100만 톤 이상이 되었고, 또한 이를 크게 웃도는 규모로 대륙 교류 물자가 수송되었다. 예를 들어, 화북에서 만주로의 수송은 1943년도에 약 344만 톤, 화북에서 화중으로의 수송은 186만 톤에 달하여, 화북은 석탄, 광석 등의 공급지가 되었다. 또한 화북에서의 수·이출 수송도 해상 수송에서 육상 수송으로 전환되어, 절약된 해상 수송력이 남방에서 대일 수송으로 이용되었다. 이러한 육운전가 때문에 일반화물 수송이 제한되었고, 수송력 부족의 지표가 되는 체화는 30만 톤 이상이 되었으며, 육운전가의 부담이 중국인 여객수송에 가장 크게 미쳐 문자 그대로 '수송 지옥'이 연출되었다.

또한 육운전가수송은 회사의 경영수지를 악화시켰다. 저운임 화물의 장거리 수송은 채산성을 도외시한 것이다. 육송 전가화물 증가 덕분에 운임수입이 증가하기는 했지만, 그것을 웃도는 규모로 다른 화물과 여객의 운임 수입이 감소했다. 순손익을 보면 1943년부터 회사 경영은 다시 적자를 기록했고, 1944년에는 감가상각을 계상하지 않음으로써 겨우 흑자를 유지하고 있었다. 그 때문에 화북교통은 회사 자금 조달의 70퍼센트 이상에 달하는 차입금을 모기업인 북지나개발로부터 받지 않을 수 없었다. 이러한 부담을 어떻게든 줄이기 위해, 회사는 여객운임 인상을 단행하고 여객에서 화물로의 내부 보조를 꾀하였다. 이처럼 심각한 경영자원 부족과 각종 사고에도 불구하고 화북교통은 1943년도까지 어떻게든 조직적으로 대응할 수 있었지만, 1944년에 접어들어서는 수송 위기에 봉착하지 않을 수 없었다.

화물수송의 실적도 1944년 6월은 양호한 성적을 보였지만 7월부터 떨어지기 시작해, 연말에는 위기를 드러냈다. 이러한 수송력 감퇴는 공습, 하역 장애, 타선 관계 화차의 출입 불균형, 그리고 운전 사고나 수해 때문이었다. 그 원인으로는 먼저 경영자원의 운영력 저하와 유출을 들 수 있다. 당시 요구량에 비해 입수된 자재와 인력의 비율은 종래보다 낮아졌고, 요원 확보난이 심각해진 상황에서 대륙타통작전이 실시되어 경영자원 유출이 불가피해졌다. 항일 게릴라의 공세 또한 격해져 기존에는 적었던 피해도 1943년에 1941년의 수준으로 돌아갔고 1944년에는 328건이 증가하였다. 게릴라의 공격 내용 또한 전보다 대담하고 적극적이었다. 이는 중국 전선에서 남방으로 병력이 이동하여 화북의 전력이 약해진 결과였다. 또한 미군 항공기의 화북교통 공격도 거세졌다. 마터호른작전이 펼쳐지자 공습이 본격화되었고, 1944년 5월부터 12월까지 연 738기에 달하는 미군기가 내습하여 상당한 피해를 입혔다. 게다가 인명피해도 많았기 때문에 화북교통은 시급히 방공 시책에 돌입했다.

이와 같이 철도수송력이 감퇴하는 가운데 연말부터 한기가 내습하여 분기별 철도수송력은 1,000만 톤에서 '거의 반감하는 상황'이 되었다. 이에 대해 화북교통은 '수송력 확보 대책'을 세워 기존의 계획을 축소 조정한 다음, 본사에 임시수송 추진기관을 설치하여 노무관리를 강화하고 군의 협조를 얻어 위기를 돌파하기로 했다. 그렇지만 실적률은 50퍼센트대에 지나지 않았다.

나아가 군의 화북교통 관리가 실시되고, 미군이 화남 및 창장 강 하류에서 접안 작전을 펼 것이라는 예상에 대비하여 화북으로부터 병력 수송 등의 결전수송이 단행되었다. 그러나 잦은 운전 사고와 열차 지연을 피할 수 없었기 때문에 정상적인 운행이 불가능했고, 일본과 대륙의 교통이 차단되기에 이르렀다. 이에 더하여 연합군의 공격이 북으로부터 개시되어 소련이 대일 선전포고를 한 다음 화북으로 진군하고, 중국공산당도 철도 연선 해방구의 항일 부대에 명령을 내려 게릴라들의 공격이 전면화하였다. 화북교통은 대륙철도뿐만 아니라 지역 내 철도로서도 분단되기 시작했던 것이다.

이상과 같이, 화북교통은 외부 환경의 변화에 경영자원 확보와 내부 운영 합리화, 그리고 외부 기관과의 조정을 통해 대응했지만, 전황 악화와 함께 나타난 외적 충격에 유연하게 적응해나갈 수 없었고 조직적 대응력의 한계를 표출했다. 이는 곧 '점'과 '선'의 붕괴를 의미했으며, 중국의 화북교통 접수와 해체로 이어졌다.

6. 새로운 중국의 화북철도

여섯째, 화북교통은 일본 패전 이후의 국공내전과 신중국 성립에 어떤 의미를 갖는가? 즉 그 전후사적 의미는 무엇일까? 과연 그것은 신중국 성립에 기여하는 정正의 유산이 되었는가, 아니면 신중국의 성립에 장애가 되는 부負의 유산이 되었는가?

우선 일부 노선 건설과 개궤 공사 등 철도 투자가 광범하게 이루어졌다는 것은 긍정적인 요인이다. 그러나 아시아태평양전쟁 개전 이후 물적자원 부족이 심각해지면서 일상적인 유지 보수가 충분하지 못하고 차량 혹사가 불가피하여 시설 노후화를 불러왔다는 점도 중요하다. 이것이 전후에 대규모 철도 부흥 계획이 요청되는 배경이 되었다.

또한 인적자원 측면에서는 대규모로 신규 인력이 채용되어 많은 중국인 청소년이 철도 운영에 참여하는 계기가 만들어졌다는 점도 평가할 수 있다. 그러나 그들이 주로 신분별로는 용원 등의 하층부, 직장별로는 현업기관에 배치되었다는 사실은 식민주의적 고용 구조colonial employment structure로부터 결코 자유롭지 못했다는 것을 의미한다. 이러한 민족별 계층 구조는 중국인들의 철도 운영이 곧바로 정상화되지 못하는 원인이 되었다. 그래서 국민당정부 측의 철도 접수와 더불어 운영 관리와 계획 및 기술 공백을 채우기 위해 일본인들이 잔류하여 그 노하우가 중국인들에게 전수되었다. 그러나 일본인들의 잔류가 전체적으로 6개월에 불과했고, 접수 과정에서 기능적 부분보다는 물품 및 시설의 인수인계가 중시되었다는 점은 중국인으로의 포괄적인 기술 전수가 불충분하였음을 뜻한다. 또한 지역 차원에서 중국인들이 철도를 접수하여 자주적으로 운영하거나 공산당계가 항일 게릴라와 연계해 무장투쟁을 벌이는 등 다양하고 복잡한 양상을 보였다.

그 후 미국의 지원을 얻은 국민당이 주도하여 중국인에 의한 철도 운영이 개시되었다. 그러나 철도는 국공내전 때 다시 분단되어 국민당이 지배하는 구간과 공산당이 지배하는 구간이 혼재했고, 국민당이 지배권을 탈환한 지역에서도 지하활동 등에 의한 방해 공작이 전개되었다. 중국철도는 다시금 전시동원되었지만, 전황의 추이와 더불어 국민당정부의 철도 운영력도 약해지지 않을 수 없었다. 여기서 중국공산당 측의 반전 기반이

된 철도망이 바로 구舊만철이 지배하던 동북 지역이었다. 소련이 있었기 때문에 가능했지만, 중국공산당은 당시 중국 철도망의 절반을 차지한 이 지역을 얻음으로써 인민해방군 남하와 더불어 신속하게 군사수송과 병참을 펼 수 있었다. 이 지역에서는 오히려 오랫동안 체계적으로 만철 사원들을 활용하여 기술을 제대로 이전받았다.

이 과정에서 중국공산당 측의 철도 운영이 계속 확대되어 철도의 일원적 관리가 회복되었고 공산당은 내전 승리를 달성했다. 이후 중국철도는 새로운 국가와 계획경제의 물적 기반이 되었고, 나아가 한반도에서 일어난 냉전의 열전화를 북으로부터 견지하는 보급로가 되었다. 또한 소련의 기술 지원이 본격화되면서 중국 국유철도의 사회주의식 철도 운영이 성립했다.

이와 같이 국민당정부의 철도 접수 과정에서 화북교통의 전시 경험은 중국인들에게 부분적으로만 인계되었다. 이를 화북교통에 국한하지 않고 만철을 포함하여 보다 넓은 시각에서 보면, 직무의 계층과 서열로 막혀 있던 민족 간 기술 이전이 일본인 잔류를 통해 부분적으로 이루어졌다고 할 수 있다. 이는 일본의 패전과 전후 재편이라는 크나큰 단절의 역사 국면에서 보이는 철도 운영의 연속적 측면이다. 하지만 그 또한 국공내전과 해방 후의 신국가 성립 과정에서 변용이 불가피했다. 일본 점령하의 철도 운영 경험이 전후 중국인의 철도 운영을 바로 보장하는 것은 아니었지만, 전후 중국철도의 재편이 시작되는 역사적 출발점이었던 것은 분명하다. '중국'의 근대국가 창출과 이를 위한 국민경제 건설은 일본의 침략으로 좌절되었지만, 그것을 극복하고 역사 창출의 계기momentum를 주도적으로 장악한 것은 바로 또 다른 '중국'이었다.

참고문헌

자료

交通通信省石田參事官·森田書記官·大東亞省好井技師, 「北支鐵道輸送視察報告(其の一)」, 1944年 5月 19日.

國民黨政府資源委員會, 「中美戰時及戰後經濟合作方案草案」, 1943年 11月, 國民黨政府資源委員會檔案.

軍事史學會 編, 『大本營陸軍部戰爭指導班機密戰爭日誌』, 錦正社, 1998.

軍需省, 「昭和二十年度第二四半期物動計劃運營要領」, 1945年 7月, 石川淳吉, 『國家總動員史 資料編 II』, 國家總動員史刊行會, 1975年, p. 1,174.

______, 「昭和十九年度物動計劃第四四半期實施計劃二關スル閣議說明要旨」, 1945年 2月 5日, 石川淳吉, 『國家總動員史 資料編 II』, 國家總動員史刊行會, 1975年.

______, 「昭和二十年度第一四半期物動實施計劃要旨」, 1945年 4月 19日, 石川淳吉, 『國家總動員史 資料編 II』, 國家總動員史刊行會, 1975年.

企劃院第三委員會, 「北支經濟開發方針及上海方面ニ於ケル帝國の經濟的權益設定ニ關スル件」, 1937年 12月 18日, 『公文雜纂·昭和十二年·第三の一卷·內閣三の一·第一委員會·第二委員會·第三委員會』, 國立公文書館所藏.

企劃院第五部, 「日滿支主要物資交流計劃に基づく輸送計劃資料」, 1943年 8月, 『柏原平太郎文書』, 457-5, 國立國會圖書館所藏.

吉原矩 編, 『燦たり鐵道兵の記錄』, 全鐵會本部, 1965年.

大江志乃夫 編, 『支那事變大東亞戰爭間動員概史』, 不二出版, 1988年.

大東亞省總經好井技師, 「二十年度北支鐵道輸送計劃參考案」, 1944年 11月 2日.

大東亞省總務局經濟課,『昭和十九年度滿州支那石炭物動計劃』, 1944年.
大陸鐵道輸送協議會事務局,「昭和十八年度轉嫁及交流物資輸送概況表」, 1944年.
______________________,『第二回大陸鐵道輸送協議會議事錄』, 1943年 9月.
______________________,『第五回大陸鐵道輸送協議會議事錄(別册)』, 1944年 9月.
______________________,『第五回大陸鐵道輸送協議會議事錄』, 1944年 9月.
______________________,『第六回大陸鐵道輸送協議會議事錄』, 1944年 12月.
______________________,『第七回大陸鐵道輸送協議會議事錄』, 1945年 3月.
大藏省財政史室藏,「萩元順朝所藏文書」, 所收.
東京商工會議所調查部編,『支那經濟年報』, 改造社, 各年度版.
鈴木貞 編,『北支派遣車輛修理班「鈴木部隊」の記錄』, 1978年.
遼寧省檔案館 編集,『滿鐵と盧溝橋事件 1, 2, 3』, 原書房, 1997年.
陸軍省,「滿鐵ニ對シ鐵道省從業員ノ派遣方ニ關スル件」, 1937年 7月 29日,『昭和十二年「陸滿密大日記 第十九號」』.
______,『北支那資源要覽 四部(12)』,『昭和十七年「陸支密大日記 第51號 1/2」』, 防衛硏究所圖書館.
滿鐵,「重役會議決議事項」, 1938年 5月 11日.
滿鐵·華北交通社員會編,『支那事變大陸建設手記』, 滿鐵社員會, 1941年.
滿鐵北支事務局 工作班,『工作班部所功績調查資料(自昭和 12. 7. 7 至昭和 13. 4. 30)』, 1938年 8月 29日.
滿鐵北支事務局,『北支鐵道狀況』, 1938年 12月 下旬分.
滿鐵社員會,『協和』, 各號.
滿鐵調查部 編,『支那經濟年報』, 改造社, 各年度版.
滿鐵鐵道總局輸送委員會,「戰時大陸鐵道總管理局設置ニ關スル法制的處置(案)」, 1938年 7 月, 大野綠一郞文書, 國立國會圖書館.
滿鐵通州建設事務所,『通古線建設概要』, 1938年 2月.
米國戰略爆擊調查團,『太平洋戰爭 V: 太平洋戰爭報告書 1946~1947』, 1975年, みすず書房.
復員局,『鐵道作戰記錄』, 1946年 3月.
北支那開發株式會社,『北支那開發株式會社竝北支那開發株式會社ノ關係會社概況』, 1939年度版.
北支那方面軍司令部,「監督機構竝監督要領」, 1938年 9月 1日.
_________________,「交通會社ノ監督ニ關スル處理事項」, 1938年 9月 1日.
_________________,「北支交通整備要領(自昭和十四年度至昭和十七年度)」, 1938年 9月 1日.
_________________,「北支交通整備要領(自昭和十四年度至昭和十七年度)說明書」, 1938年 9月 1日.
_________________,「北支那交通株式會社營業收支予想」, 1938年 9月 1日.
_________________,「北支那交通株式會社營業收支予想說明書」, 1938年 9月 1日.
_________________,「北支那株式會社所要員及人件費查定要領」, 1938年 9月 1日.

________________, 「北支ニ於ケル輸送狀況ト滯貨ニ就テ」, 1938年.
________________, 「日本軍最高司令官ノ交通會社ニ對スル指揮命令ニ關スル件」, 1938年 9月 1日.
________________, 『北支鐵道現況』, 1938年 11月.
________________, 『北支鐵道現狀』, 年度未詳.
北支那方面軍特務部, 「北支開發國策會社要綱送付の件」, 1937年 10月 15日, 『昭和十二年「陸支密大日記 第九號」』.
________________, 「北支經濟開發基本要綱(案)送付の件」, 1937年 10月 15日, 『昭和十二年「陸支密大日記 第十一號」』.
山田茂 編, 『鐵路を支えて: 鐵道第6連隊材料廠』, 火車會, 1984年.
生省復員局, 『軍事鐵道記錄 II』, 年度未詳.
市原善積(滿鐵北支事務局工作班長), 『業務日記』, 年度未詳.
阿部囑託, 『華北鐵道の概況』, 1944年 12月.
安達興助, 「日支事變に於ける鐵道戰史」, 1948年 3月.
愛路中央委員會, 「昭和十六年度北支交通線路愛護村工作計劃要綱」, 1941年 6月, 北京市檔案館.
宇佐美寬爾, 「華北交通ト愛路工作」, 年度未詳.
日本國 內閣決定, 「北支那開發株式會社設立要綱竝中支那振興株式會社設立要綱ニ關スル件」(內閣決定, 1938年 3月 10日), 『公文雜纂·昭和十三年·第二ノ三卷·內閣二ノ三·第三委員會』.
日本國, 「大陸鐵道現地自給態勢確立ニ關スル件」, 『公文類集第69編昭和20年第63卷交通門通信』.
______, 『公文類聚第六十九編昭和二十年第六十五卷交通通信(郵便 · 電信電話), 運輸(鐵道 · 航空 · 船舶)』, 國立公文書館所藏.
______, 『公文類聚第六十九編昭和二十年第三十九卷族爵位階勳等, 儀典服制國葬, 外事雜載』, 國立公文書館所藏.
______, 『公文別錄 · 內閣(企劃院上申書類) · 昭和十五年～昭和十八年 · 昭和十七年』, 國立公文書館所藏.
日本近代資料研究會, 『日滿財政經濟研究會資料: 泉山三六氏舊藏』, 第一卷, 1970年.
第二野戰鐵道司令部, 『第二野鐵追憶錄 第一號』, 1941年 6月 17日.
________________, 『狀況報告』, 1939年 1月 5日.
第一復員省史實調査部, 『大東亞戰爭間に於ける軍事鐵道記錄 其の一』, 1947年 3月, 防衛研究所圖書館所藏.
朝鮮鐵道局營業課旅客係長稻川正一, 「釜山 · 北京直通列車運轉に就て」, 朝鮮鐵道協會, 『朝鮮鐵道協會會誌』, 1938年 10月.
朝鮮鐵道協會 編, 「鐵道ニュース」, 『朝鮮鐵道協會會誌』, 1939年 6月.
中國鐵路史編輯硏究中心, 『中國鐵路大事記(1876～1995)』, 1996年.
中央檔案館 · 中國第二歷史檔案館 · 吉林省社會科學院, 『華北經濟略奪: 日本帝國主義侵華北檔案資料選集』, 中華書局, 2004年.
中華民國新民會, 「民國三十一年度北支交通愛路工作實施計劃要綱」, 1941年, 北京市檔案館.
支那駐屯軍司令部乙囑託班, 『隴海鐵道調查報告: 總務·經理關係』, 1937年 7月.
____________, 『北寧鐵道調査報告: 總務·經理關係』, 1937年 7月.
____________, 『北寧鐵道調査報告: 總務關係』, 1937年 6月.
____________, 『正太鐵道調査報告: 總務·經理關係』, 1937年 7月.
____________, 『平綏鐵道調査報告: 總務·經理關係』, 1937年 8月.
____________, 『平漢鐵道調査報告: 總務關係』, 1937年 6月.
知俠, 『鐵道遊擊隊』, 上海新文藝出版社, 1954年.
淺谷實次, 「日支事變に於ける鐵道戰史(北支, 自昭十三年四月下旬至昭十四年十二月上旬)」, 1947年 7月, 厚生省復員局, 『軍事鐵道記錄 II』, 年度未詳.
泉哲, 「北支ニ滿鐵高級委員會ヲ設クルノ必要及蒙古連合委員會ノ將來」, 1938年 2月 24日, 滿鐵資料館.
鐵道省上海辦事處, 『鐵道部成立後の支那鐵道』, 1935年.
參謀本部所藏, 『敗戰の記錄』, 原書房, 1979年.
河村弁治, 「滿洲に於ける鐵道管理」, 1947年 3月, 『軍事鐵道記錄 Ⅰ』, 年度未詳.
解學詩, 『隔世遺思: 評滿鐵調査部』, 2003年.
華交互助會 編, 『華交』, 各號.
______, 『華交互助會會報』, 各號.
華北交通社員會, 『華北交通社員會要覽』, 1940年 6月.
______, 『興亞』, 各號.
華北交通株式會社, 「機關車休車概表」, 1945年 1月 31日.
_______, 「旅行目的別調査表」, 1944年 11月.
_______, 「北支空襲狀況(自五月至十二月)」, 1945年.
_______, 「北支新設鐵道及主要强化鐵道三箇年計劃要綱(案)」, 1939年 9月 4日.
_______, 「生活安定方策」, 1945年 2月.
_______, 「設備上特ニ重点ヲオクベキ事項」, 1943年.
_______, 「昭和十九年七, 八兩月分貨物運輸成績不振ノ檢討」, 1944年 8月 24日.
_______, 「昭和十五年度車輛新造計劃要旨(準軌, 自昭和十五年四月至昭和十六年三月)」, 1939年 4月 1日.
_______, 「昭和十七年度北支交通愛路工作實施計劃要綱」, 1941年, 北京市檔案館.
_______, 「昭和二十年度防空對策整備ニ伴フ要望」, 年度未詳.
_______, 「昭和二十年度華北鐵道輸送見透の一案」, 1945年 2月 13日.
_______, 「輸送問題」, 1944年.
_______, 「輸移出貨物年度別經路別輸送瓲數總括表」, 1944年 11月 4日.
_______, 「運輸問題」, 1943年.
_______, 「運用車確保に對する對策」, 1945年.
_______, 「月別休務率調」, 1945年 2月.

______________, 「二十年度石炭仕向先別輸送計劃資料」, 1945年 2月 28日.
______________, 「日支事變前ニ於ケル支那陸上交通關係統計資料」, 年度未詳.
______________, 「自昭和十四年至昭和十七年間北支鐵道及港灣輸送能力調査附屬說明書」, 1939年 9月 1日.
______________, 「第一次北支鐵道新設及主要改良計劃要綱(自昭和十四年至同十七年)案に對する檢討」, 1939年 9月.
______________, 「鐵道技術硏究所槪況」, 1946年.
______________, 『決算說明資料』, 各年度版.
______________, 『膠濟津浦沿線ノ私設專用線調査報告』, 1943年 1月.
______________, 『陸送轉嫁ノ營業收支ニ及ボス影響調』, 1943年 11月.
______________, 『北京を中心とする小運送業調査報告槪要』, 1944年 7月.
______________, 『北支蒙古産業開發計劃ノ推進狀況』, 1942年 3月.
______________, 『北支鐵道狀況』, 各月版.
______________, 『北支鐵道增强計劃(自昭和13年度至昭和17年度)』, 1939年 10月 1日.
______________, 『昭和18年度配車統計年報速報』, 1944年.
______________, 『昭和二十年度機關車車輛補修能力增强對策』, 1945年.
______________, 『輸送ノ現況ト輸送力確保對策』, 1945年 2月.
______________, 『營業報告書』, 各年度版.
______________, 『鐵道車輛現在輛數表』, 各月版.
______________, 『統計年報 第四編運轉・工務・工作』, 各年度版.
______________, 『統計年報 第五編配車』, 各年度半.
______________, 『統計年報 第一編社務一般・經理・人事』, 各年度版.
______________, 『華北交通』, 1940年 12月.
______________, 『華北交通槪觀』, 1941年 12月.
______________, 『華北交通統計月報』, 各月版.
______________, 『華北交通會社事業の槪要』, 1940年.
______________, 『華北交通の運營と將來』, 1945年.
______________, 『華北展望』, 各月號.
______________, 『會社自動車運營ノ將來ト會社財政ニ及ボス影響(要約)』, 1943年 11月
華北交通株式會社 改良課, 『昭和十九年度濟鐵管內鐵道工務(改良)關係施設整備要領』, 1938年 9月 1日.
華北交通株式會社 工務局, 「華北鐵道電氣施設槪況」, 1944年.
華北交通株式會社 東京事務所交通課第一係, 「昭和十九年度鐵道運輸成績調」, 1945年.
華北交通株式會社 東京支社, 「要請要員數」, 1945年 3月 9日.
華北交通株式會社 防空總本部, 『新鄕開封塘沽空襲被害狀況說明』, 1944年 7・8月.
華北交通株式會社 徐州鐵路局局長佐藤周一郞, 『徐州鐵路局槪況報告書』, 1945年 2月 8日.
華北交通株式會社 業務課, 「昭和十五年度北支炭輸移出計劃實績比較表」, 1942年 1月.
華北交通株式會社 運輸局, 「從事員日華人男女別月別趨勢表」, 1944年 8月 25日.

華北交通株式會社 運輸部,「濟南站構內入換機關車給炭水設備計劃」, 1944年 1月 19日.
華北交通株式會社 運轉課,「津浦線濟南德縣間列車給水ニ關スル件」, 1944年 4月 15日.
華北交通株式會社 資業局,『華北交通概要』, 1942年 1月.
華北交通株式會社 主計局資金,「昭和十八年度事業資金調達對策ニ就テ(案)」, 1942年.
華北交通株式會社 車輛係,「昭和十九年度內新制車輛落成實績」, 1944年 10月.
華北交通株式會社 總務部人事,「非常配置人員計劃表」, 1945年 2月 27日.
華北交通株式會社 總裁室資業局交通課,「自昭和十四年至昭和十七年間北支鐵道輸送數量及能力想定ニ就テ」, 1939年 6月.
華北交通株式會社 總裁室總務部人事,『華北交通會社從業員表』, 1944年 11月.
華北交通株式會社社史編集委員會 編,『華北交通株式會社社史』, 華交互助會, 1984年.
華北交通株式會社創立史編纂委員會,『華北交通株式會社創立史』, 興亞院華北連絡部, 1941年.
華北勞工協會,「民國三十一年度北支交通愛路工作實施計劃要綱」, 1941年, 北京市檔案館.
華北合作事業總會,「民國三十一年度北支交通愛路工作實施計劃要綱」, 1941年, 北京市檔案館.
興亞院華北連絡部,「北支蒙古鐵道輸送力增强五箇年計劃(修正)案」, 1940年 7月 8日, 北京市檔案館.
______________,「北支産業開發五箇年計劃總合調整要綱」, 1940年 7月 4日, 北京市檔案館.
______________,『華北交通會社概說』, 1940年 8月.

연구서

윤휘탁,『중일전쟁과 중국혁명: 전쟁과 혁명의 이중주, 전쟁혁명』, 일조각, 2003년.
加藤聖文,『滿鐵全史:「國策會社」の全貌』, 講談社, 2006年.
岡部牧夫,『南滿州鐵道會社の研究』, 日本經濟評論社, 2008年.
溪友吉,『北支・蒙疆に於ける自動車運輸事業の開設』, 蒙疆會, 1987年.
高橋康隆,『日本植民地鐵道史論: 臺灣, 朝鮮, 滿州, 華北, 華中鐵道の經營史的研究』, 日本經濟評論社, 1995年.
關根保右衛門 編,『華中鐵道沿革史』, 華鐵會, 1962年.
臼井勝美,『日中戰爭』中央公論新社, 2000年.
金士宣・徐文述,『中國鐵路發展史(1876~1949)』, 中國鐵道出版社, 1986年.
金子文夫,『近代日本における對滿州投資の研究』, 近藤出版社, 1991年.
東亞研究所,『支那占領地經濟の發展』, 1944年 9月.
藤原書店 編,『滿鐵とは何だったのか』, 2006年.
劉大年・白介夫 編(曾田三郎 外 譯),『中國抗日戰爭史: 中國復興への路』, 櫻井書店, 2002年.
凌鴻勛,『中國鐵路志』, 暢流半月刊社, 1954年.

滿洲國史編纂刊行會 編,『滿洲國史各論』, 財團法人滿蒙同胞援護會, 1971年.
滿鐵會 編,『滿鐵四十年史』, 吉川弘文館, 2007年.
防衛廳防衛研修所戰史室,『大本營陸軍部 10』, 朝雲新聞社, 1975年, 92頁.
法政大學大原社會問題硏究所,『太平洋戰爭下の勞働者狀態』, 東洋經濟新報社, 1964年.
服部卓四郎,『大東亞戰爭全史 IV』, 鱒書房, 1953年.
宓汝成 著, 依田憙家 譯,『帝國主義と中國の鐵道』, 龍溪書店, 1987年.
福田英雄 編,『華北の交通史: 華北交通株式會社創立史小史』, TBSブリタニカ, 1983年.
北京市地方誌編纂委員會,『北京市·市政卷·鐵路運輸誌』, 北京出版社, 2004年.
山崎志郎,『戰時經濟總動員體制の硏究』, 日本經濟評論社, 2011年.
山田俊明,『鐵道からみた中國』, 1985年.
三浦康之,『滿鐵と東インド會社, その産聲: 海外進出の經營パラダイム』, ウエッジ, 1997年.
石島紀之·久保亨 編,『重慶國民政府史の硏究』, 東京大學出版會, 2004年.
鮮交會,『朝鮮交通史』, 1986年.
盛田常夫,『體制轉換の經濟學』, 新世社, 1994年.
________,『ハンガリー改革史』, 日本評論社, 1990年.
小林英夫,『近代日本と滿鐵』, 吉川弘文館, 2000年.
________,『滿鐵:「知の集團」の誕生と死』, 吉川弘文館, 1996年.
________,『滿鐵調査部の軌跡 1907～1945』, 藤原書店, 2006年.
蘇崇民著·山下睦男·和田正廣·王男 譯,『滿鐵史』, 葦書房, 1999年(原著『滿鐵』, 中華書房, 1991年).
松本俊郎,『「滿洲國」から新中國へ: 鞍山鐵鋼業からみた中國東北の再編過程 1940～1954』, 名古屋大學出版會, 2000年.
松本俊郎,『侵略と開發: 日本資本主義と中國植民地化』, 御茶の水書房, 1988年.
松村高夫·柳澤遊·江田憲治 編,『滿鐵の調査と硏究: その「神話」と實像』, 靑木書店, 2008年.
松村高夫·解學詩·江田憲治 編著,『滿鐵勞働史の硏究』, 日本經濟評論社, 2004年.
安藤彦太郎,『滿鐵: 日本帝國主義と中國』, 御茶の水書房, 1965年.
外務省アジア局第二課,『中共鐵道の現況』, 1954年 3月 31日.
原田勝正,『滿鐵』, 日本經濟評論社, 2007年(岩波新書『滿鐵』, 1981年の增補版).
庾炳富,『滿鐵撫順炭鑛の勞務管理史』, 九州大學出版會, 2004年.
李占才 編,『中國鐵路史(1876～1949)』, 汕斗大學出版社, 1994年.
李占才·張勁,『超載: 抗戰與交通』, 廣西師範大學出版社, 1996年.
日本國有鐵道,『日本國有鐵道百年史 10』, 1973年.
林采成,『戰時經濟と鐵道運營:「植民地」朝鮮から「分斷」韓國への歷史的經路を探る』, 東京大學出版會, 2005年.
張公權,『抗戰前後中國鐵路建設的奮鬪』, 傳記文學出版社, 1974年.
張端德,『中國近代鐵路事業管理的硏究』, 中央硏究院近代史硏究所, 1991年.
田中申一,『日本戰爭經濟秘史: 十五年戰爭下における物資動員計劃の概要』, コンピューター·エージ社, 1975年.

齊語 編,『新中國的鐵道建設』, 三聯書店, 1953年 8月.
竹前榮治,『占領戰後史: 對日管理政策の全容』, 雙柹舍, 1980年.
中共青島鐵路地區工作委員會·中國科學院山東分院歷史硏究所·山東大學歷史系 編著,『膠濟鐵路史』, 山東人民出版社, 1961年.
中國問題硏究所,『中國の交通運輸問題』, 國際善隣協會, 1976年 3月.
中國鐵路建設史編委會,『中國鐵路建設史』, 中國鐵道出版社, 2003年.
中村隆英,『戰時日本の華北經濟支配』, 山川出版社, 1983年.
中華人民共和國國家統計局,『偉大的十年』, 人民出版社, 1959年.
陳暉,『中國鐵路問題』, 三聯書店, 1955年.
淺田喬二 編,『日本帝國主義下の中國: 中國占領地經濟の硏究』, 樂游書房, 1981年.
鐵道部檔案史誌中心,『新中國鐵路 50年』, 中國鐵道出版社, 1999年.
萩原充,『中國の經濟建設と日中關係: 對日抗戰への序曲 1927～1937年』, ミネルヴァ書房, 2000年.
沈予,『日本大陸政策史(1968～1945)』, 社會科學文獻出版社, 2005年.
澤井實,『日本鐵道車輛工業史』, 日本經濟評論社, 1998年.
下谷正弘·長島修,『戰時日本經濟の硏究』, 晃洋書房, 1992年.
華北交通外史刊行會,『華北交通外史』, 1988年.
華北交通株式會社社史編集委員會 編,『華北交通株式會社社史』, 華交互助會, 1984年.
橫山宏章,『中華民國史: 專制と民主の相剋』, 三一書房, 1996年(요코야마 히로아키, 박종현 옮김,『중화민국사』, 신서원, 2000년).
姬田光義 編著,『戰後中國國民政府史の硏究 1945～1949』, 中央大學校出版部, 2001年.
アジア經濟硏究所,『中國統一化論爭資料集』, 1971年.
NHK,「留用された日本人」取材班,『「留用」された日本人: 私たちは中國建國を支えた』, 日本放送出版協會, 2003年.

Balcerowicz, Leszek, *Socialism, Capitalism, Transformation,* Central European University Press, 1995.
Kornai, Janos, *The Road to a Free Economy: Shifting from a Socialist System, the Example of Hungary,* Norton, 1990.
Lavigne, Marie, *The Economics of Transition: from Socialist Economy to Market Economy,* St. Martin's Press, 1995.
Young, Arthur N., *China and the Helping Hand, 1937-1945,* Harvard University Press, 1963.

연구논문

임채성, 「만철의 화북 분리 공작과 화북 진출」, 경제사학회, 『경제사학』 40, 2006년 6월.

高橋泰隆, 「日本帝國主義による中國交通支配の展開」, 淺田喬恭二 編, 『日本帝國主義下の中國』, 樂游書房, 1981年.

內田知行, 「抗戰前中國國民政府の鐵道建設」, 東洋文庫近代中國硏究委員會, 『近代中國硏究彙報』 第10號, 1988年.

大上末廣, 「支那資本主義と南京政府の統一政策」, 『滿州評論』 12卷 12~17號, 1937年.

東條由紀彦, 「勞務動員」, 原朗 編, 『日本の戰時經濟: 計劃と市場』, 東京大學出版會, 1995年.

尾崎秀實, 「支那の産業開發と國際資本」, 『自由通商』, 1937年 5月.

福田英雄・山口亮, 「インフレーション下の華北鐵道經營に就て」, 『インフレーションと鐵道』, 運輸調査局, 1947年.

小林英夫, 「華北占領政策の展開過程: 乙囑託班の結成と活動を中心に」, 『駒澤大學經濟學論集』 第9卷 第3號, 1977年 12月.

矢內原忠雄, 「支那問題の所在」, 『中央公論』, 1937年 2月.

原朗, 「『大東亞共榮圈』の經濟的實態」, 『土地制度史學』 71, 1976年 4月.

____, 「『滿洲』における經濟統制政策の展開」, 安藤良雄 編, 『日本經濟政策史論 下』, 東京大學出版會, 1976年.

____, 「經濟總動員」, 大石嘉一郎 編, 『日本帝國主義史 III』, 東京大學出版會, 1994年.

____, 「日本戰時經濟分析の課題」, 『土地制度史學』 151, 1996年 4月.

林采成, 「日本國鐵の戰時動員と陸運轉移の展開」, 『經營史學』 46-1, 2011年 6月.

______, 「日中戰爭下の華北交通の設立と戰時輸送の展開」, 政治經濟學・經濟史學會, 『歷史と經濟』, 193, 2006.

______, 「戰時期華北交通の人的運用の展開」, 經營史學會, 『經營史學』 42-1, 2007年 6月.

______, 「戰爭の衝擊と國鐵の人的運用」, 政治經濟學・經濟史學會, 『歷史と經濟』 209, 2010.

______, 「戰前期國鐵における鐵道運營管理の特質と內部合理化」, 『戰間期の都市化と交通・運輸』, 日本經濟評論社, 2010年.

長見崇亮, 「滿鐵の鐵道技術移轉と中國の鐵道復興: 滿鐵の鐵道技術者の動向を中心に」, 『日本植民地硏究』 15, 2003年 6月.

中西功, 「支那社會の基礎的範疇と『統一』化との交涉」, 『滿鐵調查月報』, 1937年 8月.

幸野保典, 「華北交通株式會社創立史解題」, 『華北交通株式會社創立史 第三分册(復刻版)』, 本の友社, 1995年.

찾아보기

ㄱ

ㅊ

ㅋ

ㅌ

ㅍ

ㅎ

중일전쟁과 화북교통

중국 화북에서 전개된
일본제국의 수송전과
그 역사적 의의

1판 1쇄 펴낸날 2012년 2월 24일

지은이 임채성
펴낸이 김시연

펴낸곳 (주)일조각
등록 1953년 9월 3일 제300-1953-1호(구 : 제1-298호)
주소 110-062 서울시 종로구 신문로 2가 1-335
전화 734-3545 / 733-8811(편집부)
733-5430 / 733-5431(영업부)
팩스 735-9994(편집부) / 738-5857(영업부)
이메일 ilchokak@hanmail.net
홈페이지 www.ilchokak.co.kr
ISBN 978-89-337-0623-7 93910
값 28,000원

* 지은이와 협의하여 인지를 생략합니다.
* 이 도서의 국립중앙도서관 출판시도서목록(CIP)은
e-CIP홈페이지(http://www.nl.go.kr/ecip)와
국가자료공동목록시스템(http://www.nl.go.kr/kolisnet)에서
이용하실 수 있습니다.
(CIP제어번호 : CIP2012000819)